2018年11月，新时代公共图书馆服务与建设创新研讨会在南京顺利召开

2019年5月，江苏省图书馆学会第八次会员代表大会在宜兴市图书馆召开

2019年10月,江苏省图书馆学会2018—2019学术年会暨纪念成立40周年学术研讨会在徐州工程学院逸夫图书馆召开

2020年2月,疫情防控期间组织党员志愿者落实联防联控工作

2020年6月,2020年苏陕扶贫协作公共图书馆第一期培训班在安康市成功举办

2020年10月,海峡两岸第七届玄览论坛在南京和台北两地以线上线下相结合的方式成功举行

2021年3月,"陶风青蓝工程"——全省中青年图书馆员科研能力提升培训班在南京图书馆举办

2021年4月,"江山如此多娇——庆祝建党100周年主题阅读活动"在南京图书馆开幕

2021年4月,苏陕公共图书馆签订"十四五"协作交流框架协议

2021年6月,南京图书馆"百年党史·百人百事——庆祝中国共产党成立100周年馆藏文献专题特展"开幕

2021年11月,南京图书馆赴拉萨市开展援藏调研交流工作

2021年12月,海峡两岸第八届玄览论坛成功举行

2020年第二届南京市公共图书馆读者节开幕式现场表彰"阅读之星"

金陵图书馆"文都之窗"

金陵图书馆参加2018年中国图书馆学会年会

金陵图书馆

金陵图书馆与熙南里历史文化休闲街区合作打造南京共享图书馆

金陵图书馆工人文化宫分馆（职工云书屋）正式对外开放

金陵图书馆外事工作掠影

金陵图书馆在幕燕风景名胜区投放的智能借阅柜

南京 18' 法律咨询广场开启市区街联动启动仪式

南京市少儿图书室（阅读空间）2022 年暑期阅读推广活动

金陵图书馆"朗读者"项目：

"文化盲道"铺到"最后一公里"

本报记者 王彬

用声音传递文化的温度，率先创立盲人剧场，开发体验互动式服务，确立盲有助犯严权……在江苏南京的金陵图书馆，志为"朗读者"的公益盲人志愿服务项目已经服务近10年，在社会广泛参与之下，让文化的光芒陪着了特殊群体的心田，让盲者因而步入的生活，扑通了盲人阅读的"最后一公里"，形成了独具特色的助盲志愿服务体系。

公益助盲 从"等"到"送"

一边是盲人群体渴望通过"阅读"了解世界，一边是空旷率着诸提高的公共图书馆视障阅览室，长期欠发达状况之。党春皆盲阅读障碍，带着这样的初心，金陵图书馆多年来有意识打破，与传统"等"盲人上门不同，金陵图书馆一开始就确立了"主动送"的思路，有针对性创新，品类视障阅读者、盲人文软等盲不阻在题积深，在此基础上，广泛开展对外合作，打造出一批助盲文化成果。

在视障阅览室，读者的"双悦物"一份文图书"你选书，我买单"服务，一直开通会发到视障读者家中，这一系列助盲便门在线约的到馆时间。同时，一组组助盲而缩影的阅读成果无处涌现，直管馆员有动走出馆舍，深入残联系统。读者的家，不断延伸馆金陵图书馆服务触角，推进精准阅读外延，改变了以往单独立盲者被动辑等馆书馆向盲者提供文图书时的状况。

实践就如加速，公益助盲志愿服务项目应运而生，拓度了助盲人阅读障碍的通道，2012年，金陵图书馆联合南京新闻广播走入发展"朗读者"项目，通过招募朗读志愿者，和社会各界特殊单位读盲志愿者联盟，将校园内作品形成有声说物，通过传统的实体光盘和数字化的网络平台进行传播分享，并通过公共服务场地递送方式，让视障群体及其他有需求的人群，获得阅读体验。

有声阅读是视障盲人群体接触新知、认识信息量的大门、分析盲人平等开放、主动送。在助盲公益服务过程中、长校坚持到不了发进来。从2012年来一举一用声音点亮生命的光"到2021年来年，金陵图书馆联合南京新闻广播发展用发展"朗读者"项目一举一金牌，深融社会运步方向，同作者和出版单位联合开展图书的公益朗读授权，并向社会公开招募志愿者，进行有序培训、组织、管理、开展首录音、基建和公益等工作，所有有声作品形成基地通过借阅、赠送、邮寄、网络等等方式及金陵基地。产生了广泛的影响。

衍生服务 从单一向多元

完成从"等"到"送"的转化后，金陵图书馆又更进一步。在"朗读者"项目中，于2016年轻在全国率先开设"盲人剧场"创新板块，依托盲人馆藏资源，以障碍身合作的形式，开展真曾、讲唱、戏曲、话剧、朗诵、朗读、广播剧、光缘电影类等活合盲人欣赏的艺术演出一站式服务，打来了盲人服务中艺术形式短时单一的短板。

金陵图书馆馆员、志愿者与文化机构的"黄金组合"，共同提供助盲阅读服务，大大丰富了视障群体知识身。在"世界读书日"和传统节日、视障群体起放悦心神，便利地在本馆文化之翼，从南京市民到外国留学生，帮来不同层次的助盲志愿广泛参与，带来持续的温暖和活力；扩大合作面，联合南京创新名城文化之心，南京文学之都理念会，让视障群体更爱充分社会公益事联和乐，让视障群体更受充分的文化服务。

共筑展览，实现一对阅读服务发展多元的文化助盲，金陵图书馆的创新脚步让外步界一新。总结"朗读者"和"盲人剧场"的成功经验，馆馆不断学生图书的公益朗读授权。2020年10月，启动了一项创新事业，"黑暗再见对一触电视光明，守护黑夜光明"视障体验活动，一刻钟、黑暗服务、一刻钟体验黑暗，主要面对儿童，通过影集听和两觉的打于。该活动是联全到招募4人共，同多型科视体验，还为内科视体验、大家模式是科技的能为视障提供面对、触视体验和技知识、让该活动对象具身体验他感受到暗中的世界，同时，邀请智慧多与活动，他们作为筹划者、参与者和号者。身体验的小读者共同完成、增加了与小读者之间的交流融合，凸显了该活动，推荐平等的理念。据统计，活动开展以来，共有近1000人次儿童、视障儿童30人次参与，活动总体满意度99.2%。

共创共享 铺设"文化盲道"

从2012年项目开展至今，"朗读者"累计志愿服务人数已达1.1万，服务江苏省图书院音设置1读者3万余人，共录制有声100种，原作品90余辑，总时长超过300小时，正式出版有声读物13种，举办公益活动170余场，成功招募人群中的一通用耳朵科材的图书馆"。

在积极开展活动之外，"朗读者"项目品牌形成，"盲人剧场"名特别"朗读者"活动加强体建设信息朗读，这些品定理播出来自众多品牌活动项目简明，延续基盲下朗读活动板块，构建了动项目专业化和高品牌的新初动力。

"共要特殊群体、倾听盲者声音，我们一直往努力，希望通过品牌项目的志愿服务向社会公众、私助盲群体、让全社会达立在视障的关怀和包容。"金陵图书馆馆长表示，公共阅读推进全民阅读的环境下，以先其聚阅服务为重点，从单一活动到多元展现视障群体，多角度诠释地铁促盲者、人文合作，传播文化共融的"文化盲道"，让其人读者无障碍共享文明成果，促进社会公平。

中国文化报撰文介绍金陵图书馆"朗读者"项目

金陵图书馆组织文化

南京市文学之都促进会揭牌仪式暨 2020 南京文学季发布会

首届南京都市圈图书馆学术论坛暨南京都市圈公共图书馆共享发展协作体成立大会于 2022 年 6 月成功举行

无锡市图书馆

首届大运河文化生活节暨2019无锡阅读与文创展开幕式

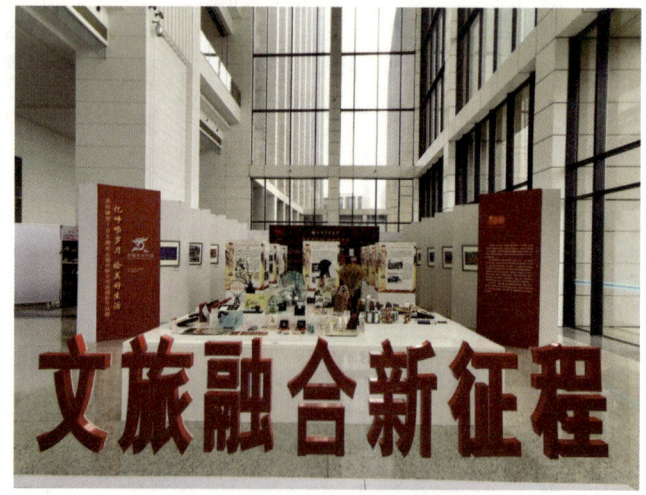

"阅百年历程 传精神力量"庆祝中国共产党成立100周年特展

江苏省首批最美公共文化空间：无锡地铁分馆

江苏省最美公共文化空间：万欣社区分馆

"全澄共读"——2021年江阴市"阅读马拉松"大赛

江阴市图书馆"三味书咖"城市阅读联盟：绮山路分馆

宜兴市图书馆举办"中秋国庆双重奏,我和祖国共畅想"百米画卷大型现场创作活动

宜兴市图书馆外景

滨湖区图书馆"书香滨湖"千场阅读进校园

梁溪区图书馆开展"读享乐趣"梁溪特色书展

锡山区图书馆举办图书馆自然探索奇妙夜

新吴区图书馆举办"走读伯渎 畅游新吴"阅读实地分享活动

惠山区图书馆举办"强国时代 科技领航"航模比赛

徐州图书馆

鼓楼区图书馆外景

邳州市图书馆外景

云龙区图书馆外景

泉山区图书馆外景

新沂市图书馆外景

文博园丰县图书馆外景

徐州市图书馆"一路书香"走进徐钢企业

秋墨汉乡大型文化雅集——徐州汉文化艺术节徐州市图书馆分会场

打造书香徐州 宣传《公共图书馆法》

米兰城市书房揭牌仪式

沛县图书馆4·23世界读书日

经济开发区图书馆低幼阅览区开展的夜宿图书馆活动

常州图书馆

常州市图书馆外景

金坛区图书馆外景

钟楼区图书馆外景

常州市图书馆六楼自习区

金坛区图书馆书山琴台

经济开发区图书馆少儿借阅区

溧阳市图书馆绘本借阅室

天宁区图书馆绘本活动区

武进第三图书馆开展图书馆第一课活动

新北区图书馆内景

苏州图书馆

苏州少年儿童图书馆

第一届"手说江苏"手语总决赛

姑苏区潼泾分馆"小候鸟"系列活动——大雪兆丰年

苏州图书馆"姑苏八点半"直播活动

张家港市图书馆"竹林童话书屋"

常熟市图书馆戴逸学术馆

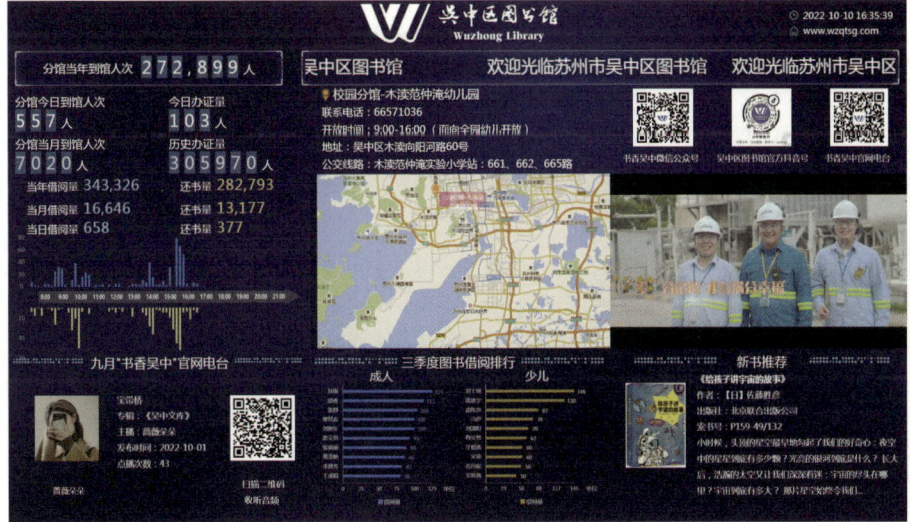
智慧吴中区图书馆大数据展示平台

《长三角智慧阅读倡议书》在苏州发布

苏州工业园区图书馆北部市民中心馆

"我是你的眼"荣获最佳志愿服务项目称号

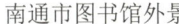

南通市图书馆外景

海安市图书馆外景

如皋市图书馆外景

如皋市少年儿童图书馆外景

如东县图书馆外景

海门区图书馆外景

启东市图书馆外景

启东市少年儿童图书馆外景

通州区图书馆外景

崇川区图书馆外景

经济技术开发区图书馆外景

连云港市图书馆

连云港市图书馆外景

连云港市图书馆书香大厅

连云港市图书馆文旅会客厅

连云港市图书馆共享书房

连云港市图书馆：山海书谭名家讲堂

连云港市图书馆：致敬百年路 奋斗新征程——庆祝中国共产党成立100周年文化系列活动

连云港市图书馆苍梧绿园城市书房揭牌

连云港市少儿图书馆举办义务小馆员颁奖活动

东海县图书馆：《如何让孩子爱上阅读》亲子阅读讲座

灌云县图书馆图书漂流活动现场

灌南县图书馆：乡村阅读季系列活动

赣榆区图书馆：《徐福文化》专题讲座

海州区图书馆成功举办"我是小小石曼卿"少儿古诗词朗诵大赛

连云区图书馆："七彩夏日 全民阅读"活动

淮安市图书馆

"追寻光辉足迹 做向上好少年"志愿活动走进红色金南人民兵工精神馆

淮安市图书馆红色阅读之旅——"追寻光辉足迹 做向上好少年"

"追寻光辉足迹 做向上好少年"志愿活动走进新安旅行团历史纪念馆

我们的节日——"丹桂飘香秋月浓"中秋节系列活动

我们的节日——"金猪送福欢闹元宵"元宵系列活动

我们的节日——"沐浴书海 春暖花开"端午节系列活动

我们的节日——五福齐送，纳福迎新"新春系列活动

翔宇讲坛：火星我们来了

翔宇讲坛：世界军事形势和国家安全

翔宇讲坛：金钱与战争

盐城市图书馆

盐城市图书馆外景

盐城市图书馆杨国美麋鹿摄影作品展在上海市崇明区图书馆开展

"盐渎风"盐城市第九届读书节

"三下乡"集中服务活动

"盐阜文化铜川行"盐城市捐赠万册图书分馆揭牌

盐城市图书馆信息服务助力"两会"

"带本好书回家过年"活动

"月明赏花灯,大美家国情"——中秋花灯展

"微笑朝阳 温暖你的世界"公益活动

上海图书馆—盐城市图书馆战略合作启动仪式

古籍线装书制作培训班

盐城市承办2018年中国图书馆年会第6分会场学术活动

"在图书馆三十年"代表颁奖仪式

盐城市图书馆开放日活动

"和谐"国学经典诵读比赛

扬州市图书馆

高邮市图书馆新馆外景

扬州市图书馆：一束光·竹西城市书房

《扬图讲堂》：易中天"孔子与孟子"讲座

扬州市图书馆："2018，寻找2018位朗读者"启动仪式

扬州市图书馆：三湾城市书房

宝应县图书馆："书香朗读大赛"品牌活动

江都区图书馆:常春藤读书会举办童心向党音"阅"会

扬州市少年儿童图书馆:"异想书开"少儿立体书展

仪征市图书馆:"仪童成长"品牌活动

镇江市图书馆

镇江市图书馆外景

句容市图书馆外景

八叉巷小学分馆内开设的阅读课

4·23图书馆之夜——"唱"享阅读暨"阅读与微笑"摄影活动

从小爱场馆活动——手工制作

红色流动书屋进商圈活动

"学习百年党史,书写诗韵华夏"百人百米书法长卷现场创作展示活动

文化助残进社区活动

面向残疾人的"书服到家"项目启动仪式

困境儿童畅游图书馆活动

以"文心"为主题的系列活动——文心讲堂

完成100册《镇江文库》编撰

15分钟公共图书馆服务圈——上河书房

泰州图书馆

对话靖江——朱根勋先生与《古今靖江诗抄》对话座谈活动在容湖书房举行

海陵图书馆低幼借阅区对外开放

装修改造后的泰州市图书馆少儿图书室

靖江市图书馆容湖书房正式对外开放

泰兴市新时代文明实践中心内的羽惠河城市书房对外开放

兴化籍作家作品馆成立

改扩建后的高港区图书馆重新对外开放

姜堰区图书馆与泰州市图书馆实现通借通还

姜堰区图书馆"小手牵大手——亲子阅读"志愿服务项目获评姜堰区新时代文明实践志愿服务"七个一批"——最佳志愿服务项目

泰州市图书馆"凤城讲坛"邀请方笑一教授

姜堰区图书馆举办"王栋读书节"启动仪式

"魅力昭阳·书香社区" 暨兴化市图书馆昭阳分馆正式成立

"悦读芬芳 共享书香"全民阅读启动仪式暨"4·23世界读书日"推广活动开幕

泗阳县图书馆外景

沭阳县图书馆外景

泗洪县图书馆外景

泗阳县图书馆少年儿童馆外景

宿城区图书馆外景

宿迁市图书馆新馆效果图

宿豫区图书馆外景

宿城区图书馆在宿城区现代实验学校开展"钟吾大讲堂"第十三期讲学活动

宿豫区图书馆开展"绿书签"行动走进校园

宿迁市图书馆开展"阅读点亮心灯"阅读关爱活动

宿迁市图书馆开展"全民阅读春风行动"阅读关爱活动

"童心向党,礼赞百年"纽扣画手工留守儿童专场活动

宿迁市图书馆联合社区开展未成年人阅读活动

江苏省公共图书馆事业发展报告
（2018—2021）

江苏省图书馆学会
南　京　图　书　馆　编

东南大学出版社
SOUTHEAST UNIVERSITY PRESS
·南京·

图书在版编目（CIP）数据

江苏省公共图书馆事业发展报告. 2018—2021 / 江苏省图书馆学会，南京图书馆编. -- 南京：东南大学出版社，2024. 11. -- ISBN 978-7-5766-1817-4

Ⅰ. G259.275.3

中国国家版本馆CIP数据核字第2024M57W06号

责任编辑：马　伟　　责任校对：子雪莲　　封面设计：余武莉　　责任印制：周荣虎

江苏省公共图书馆事业发展报告（2018—2021）
Jiangsu Sheng Gonggong Tushuguan Shiye Fazhan Baogao(2018—2021)

编　　者：	江苏省图书馆学会　南京图书馆
出版发行：	东南大学出版社
社　　址：	南京四牌楼2号　邮编：210096
网　　址：	http://www.seupress.com
出 版 人：	白云飞
经　　销：	全国各地新华书店
印　　刷：	南京爱德印刷有限公司
开　　本：	787 mm×1 092 mm　1/16
印　　张：	29.5
字　　数：	736千字
版　　次：	2024年11月第1版
印　　次：	2024年11月第1次印刷
书　　号：	ISBN 978-7-5766-1817-4
定　　价：	198.00元

本社图书若有印装质量问题，请直接与营销部联系。电话（传真）：025-83791830。

编辑委员会

主　任　钱　钢
副主任　陈　军　戴洪宇
委　员　许建业　姚俊元　黄世刚　陈　立　焦　翔
　　　　　许铭瑜　闫云飞　钱　竑　接　晔　季丰吉
　　　　　梁继东　郁建伟　黄兴港　朱　军　褚正东
　　　　　沈　俊　王　虎

编辑组

主　编　陈　军

副主编　李　浩

编　辑（按姓氏笔画排序）

丁　勇	马　晴	马云贺	王　虎	王　俊	王　萍	王仁同
仇素文	亢丽芸	邓宣玮	石一梅	叶志军	田　丰	史叶明
司　维	朱　姝	朱　彦	朱可铮	任海涛	刘　佳	刘　娟
刘振玲	闫云飞	池　沁	孙晓闽	杨　秀	李　浩	李　晴
李　霞	李宏巧	李海燕	吴冬梅	吴爱武	吴莹莹	邹刘芳
沈爱文	张　珺	张小琴	张安红	张前永	张菲菲	张梦笛
张潇雨	陈　雪	陈　萍	陈振杰	罗　丹	季丰吉	金　颖
胡　冰	胡宁涛	赵　霞	俞　萍	袁　芳	袁　晖	钱　竑
钱舒屏	徐　荣	徐俊杰	殷　默	郭倩倩	唐　红	黄　洁
曹宁欣	曹语乔	接　晔	章素梅	梁谷嘉	梁雯雯	韩文甲
葛雪玲	董　莹	掌　惠	曾　茹	褚正东	蔡　健	缪剑飞
薛　妍	戴　慧					

前　言

2018—2021年的四年间,江苏省各级政府高度重视公共文化服务事业发展,积极鼓励、引导与支持各级公共图书馆提升服务效能、加强业务建设、完善保障条件。在2023年11月公布的第七次全国县级以上公共图书馆评估定级结果中,江苏省有114家被评为一级图书馆、2家被评为二级图书馆,一级图书馆数量占参评馆数量的比例为97.4%,上等级图书馆数量占参评馆数量的比例为99.2%,均位列全国各省第一名。与第六次全国县级以上公共图书馆评估定级结果相比,我省一级图书馆增加14家,二级图书馆减少4家,未上等级图书馆减少2家。尤其是本次新参评的9家图书馆(徐州市鼓楼区图书馆、泉山区图书馆、云龙区图书馆;常州市新北区图书馆、钟楼区图书馆、天宁区图书馆、经济开发区图书馆;南通市崇川区图书馆、经济技术开发区图书馆)全部被评为一级图书馆,上次参评的6家二级图书馆(丰县图书馆、如皋市少年儿童图书馆、涟水县图书馆、淮安市淮阴区图书馆、盐城市亭湖区图书馆、宿迁市宿豫区图书馆)中有4家(丰县图书馆、涟水县图书馆、盐城市亭湖区图书馆、宿迁市宿豫区图书馆)升级为一级图书馆,上次参评的3家未上等级的图书馆(徐州市贾汪区图书馆、泰州市高港区图书馆、泗洪县图书馆)中有2家(泰州市高港区图书馆、泗洪县图书馆)升级为一级图书馆。

为全面系统总结全省公共图书馆事业的发展成就,找出问题和不足,进一步推动高质量发展,在江苏省文化和旅游厅的指导下,江苏省图书馆学会和南京图书馆具体组织实施,依托第七次全国县级以上公共图书馆评估定级数据平台,在各设区市图书馆学会和业界同行的配合协助下,编辑出版了《江苏省公共图书馆事业发展报告(2018—2021)》。

本书分为五个部分,包括江苏省公共图书馆事业发展总报告(2018—2021)、江苏省公共图书馆事业发展区域报告(2018—2021)、江苏省公共图书馆大数据分析报告

(2018—2021)、江苏省公共图书馆事业发展创新案例选编和附录。全书立足全省、放眼全国,从多个维度进行了剖析对比。既在纵向上分析了2018—2021年江苏省公共图书馆事业主要指标的逐年情况,又从横向上分析了广东省、江苏省、浙江省、山东省、安徽省、上海市公共图书馆事业主要指标的对比情况;既分析了全省16家市级公共图书馆(包含3家市级少儿图书馆)事业主要指标对比情况,又分析了100家县级公共图书馆(包括4家县级少儿图书馆)事业主要指标对比情况;既有业务数据对比,又有优秀案例分享;既有经验介绍,又有问题分析,找出了差距和不足,以期起到存史、资政和供学术研究参考等作用。

本书所涉及数据均来源于第七次全国县级以上公共图书馆评估定级各单位的填报数据。

《江苏省公共图书馆事业发展报告(2018—2021)》编写组
2024年11月

目　录

第一部分　江苏省公共图书馆事业发展总报告（2018—2021） ………………………… **001**

第二部分　江苏省公共图书馆事业发展区域报告（2018—2021） ………………………… **025**
　　南京图书馆事业发展报告 ………………………………………………………… 026
　　南京市公共图书馆事业发展报告 ………………………………………………… 035
　　无锡市公共图书馆事业发展报告 ………………………………………………… 050
　　徐州市公共图书馆事业发展报告 ………………………………………………… 059
　　常州市公共图书馆事业发展报告 ………………………………………………… 077
　　苏州市公共图书馆事业发展报告 ………………………………………………… 085
　　南通市公共图书馆事业发展报告 ………………………………………………… 094
　　连云港市公共图书馆事业发展报告 ……………………………………………… 100
　　淮安市公共图书馆事业发展报告 ………………………………………………… 108
　　盐城市公共图书馆事业发展报告 ………………………………………………… 116
　　扬州市公共图书馆事业发展报告 ………………………………………………… 126
　　镇江市公共图书馆事业发展报告 ………………………………………………… 132
　　泰州市公共图书馆事业发展报告 ………………………………………………… 140
　　宿迁市公共图书馆事业发展报告 ………………………………………………… 148

第三部分　江苏省公共图书馆大数据分析报告（2018—2021） ………………………… **157**
　　江苏省公共图书馆评估概览 ……………………………………………………… 158
　　核心指标分析 ……………………………………………………………………… 192
　　指标效能分析 ……………………………………………………………………… 198
　　广东、江苏、浙江、山东、安徽、上海六省（市）公共图书馆对比分析 ………… 207

第四部分 江苏省公共图书馆事业发展创新案例选编 219

百馆合力阅读推广　书香江苏纵深推进
　　——南京图书馆"百馆荐书　全省共读"项目 220
南京图书馆"文化筑梦"书香童年1+N项目 226
"南京共享图书馆"市区联动共建共享服务体系创新实践 231
"书香金陵"——南京市公共图书馆读者节的创新实践 235
助力谱牒传承释疑　赓续优秀传统文化
　　——无锡市图书馆谱牒文化特色服务及家谱馆建设 239
江阴市公共文化艺术发展中心(江阴市图书馆)艺风书房、艺风微书房创新实践 245
"由绘本爱上阅读"——宜兴市图书馆绘本阅读推广的创新实践 248
"徐图+社会团体"——徐州市图书馆地方文献工作创新案例 252
徐州地区公共图书馆社会化运营工作实践 257
馆校共建,探索公共图书馆服务新征"图" 261
秋白书苑,新型公共文化服务空间的"常州模式" 264
以"融"为媒,常州市图书馆"悦读经典"的实践探索 267
昆山市图书馆"E养天年"老年人智能手机培训项目 270
苏州市吴中区图书馆"有书童享　流动儿童关爱行动" 276
太仓市图书馆"好阅连节"传统节日阅推活动 281
南通市图书馆新媒体阅读推广服务的创新实践 286
启东市图书馆创新案例之24小时城市书房 290
海岛书房看大海　缕缕书香海上来——江苏海岛书房建设案例 293
连云港市图书馆解锁"新"玩法,文旅融合绘就乡村振兴美丽画卷 297
"追寻光辉足迹,做向上好少年"——党史教育研学打卡系列活动 302
"淮上讲堂"公益讲座项目 306
盐城市图书馆"故事时间"绘本亲子阅读的创新实践 309
盐城市图书馆推动阅读空间效能建设的创新实践 313
宝应县图书馆研学旅行服务模式的实践探索
　　——"畅游宝应　阅走悦美"文旅暑期亲子研学游 317
扬州市图书馆智慧城市书房 324

"残健携手　书适相伴"——镇江市图书馆分众化服务特殊群体实践 ………… 329

镇江市图书馆"从小爱场馆"项目创新实践 ……………………………………… 336

"靖享阅读·书香润企" ………………………………………………………………… 340

泰州市姜堰区图书馆多彩主题宣教助力阅读推广 ……………………………… 344

宿迁市图书馆"无边界服务体系"构建的创新实践 ……………………………… 347

宿迁市图书馆"关爱基层留守少儿"的创新实践 ………………………………… 351

第五部分　附录 …………………………………………………………………… **355**

附录一　文化和旅游部办公厅关于开展第七次全国县级以上公共图书馆评估

　　　　定级工作的通知 ……………………………………………………… 356

附录二　关于组织参加第七次全国县级以上公共图书馆评估定级工作的通知

　　　　………………………………………………………………………… 359

附录三　第七次全国县级以上公共图书馆评估定级上等级馆名单 ………… 362

后记 ……………………………………………………………………………… 401

第一部分
江苏省公共图书馆事业发展总报告
（2018—2021）

2018—2021年的四年是我国公共图书馆事业向高质量发展具有里程碑意义的重要阶段。2018年1月1日,我国图书馆领域第一部国家法律——《中华人民共和国公共图书馆法》正式实施;2019年9月8日,中共中央总书记、国家主席、中央军委主席习近平给国家图书馆8位老专家回信,指出"图书馆是国家文化发展水平的重要标志,是滋养民族心灵、培育文化自信的重要场所。希望国图坚持正确政治方向,弘扬优秀传统文化,创新服务方式,推动全民阅读,更好满足人民精神文化需求,为建设社会主义文化强国再立新功"。

这四年,江苏省各级公共图书馆认真贯彻落实《中华人民共和国公共图书馆法》和习近平总书记给国家图书馆老专家回信精神,围绕江苏省委省政府"强、富、美、高"新江苏建设目标,克服疫情影响,踔厉奋发、勇毅前行,服务能力不断加强,服务保障措施持续完善,社会效能显著提升,为深入推进全民阅读、实施文化畅通工程和精准惠民工程做出了应有贡献。截至2021年底,全省各级公共图书馆共117家(省级1家;副省级1家;地市级15家,其中少儿馆3家;县级100家,其中少儿馆4家),普通文献馆藏量13 634.98万册件,从业人员5 304人,建筑面积201.43万平方米。2018—2021年,全省公共图书馆周开馆8 305.8小时,文献外借总量15 751.46万册次,开展讲座、展览、培训活动49 955次,媒体宣传报道51 757次,开展阅读推广活动51 531场,年网站访问量27 309.55万页次,对外服务数字资源量31 942.43 TB(少儿馆没有此指标数据),自建数字资源量18 715 527条,年人均新增文献入藏量0.28册件,年均财政拨款137 611.22万元。

一、聚焦服务效能,进一步提升服务质量

(一) 坚持免费开放,每周开馆(馆均)约71小时

江苏省各级公共图书馆始终秉承"以读者为中心"的服务理念,坚持免费开放,积极回应和满足读者日益增长的阅读需求。2018—2021年,全省117家公共图书馆的周开馆时间总计达到8 305.8小时,相当于每家公共图书馆每周开放约71小时,充分提高了读者对公共图书馆的利用率。

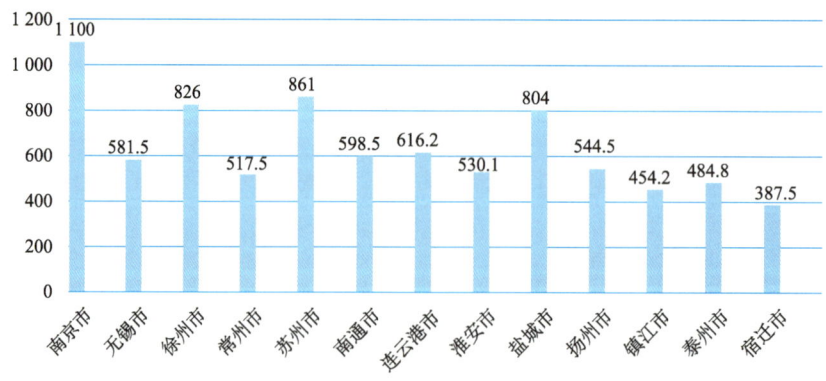

2018—2021年江苏省各地区周开馆时间对比分析

全省公共图书馆周开馆时间排名前三的地区为南京（1 100 小时）、苏州（861 小时）、徐州（826 小时）。省级公共图书馆（南京图书馆）周开馆时间为 79 小时。16 个副省级/地市级公共图书馆（包括 3 家地市级少儿图书馆）周开馆时间总计 1 183.7 小时，其中盐城市图书馆周开馆时间最长，为 91 小时。100 家县级公共图书馆（包含 4 家县级少儿图书馆）周开馆时间为 7 075.1 小时，其中南京市建邺区图书馆周开馆时长为 146.5 小时，在全省范围内排名第一。

（二）注重基础借阅，文献外借量呈复苏趋势

江苏省各级公共图书馆通过总分馆制、流动服务点、24 小时自助图书馆、"你选书、我买单"等文化惠民措施，为读者提供精准化文献借阅服务。2018—2021 年，全省 117 家公共图书馆文献外借总量为 15 751.46 万册次。受新型冠状病毒感染疫情影响，文献外借量从 2018 年的 4 204.21 万册次减少到 2019 年的 4 026.23 万册次，2020 年持续减少至 3 226.66 万册次。2021 年疫情防控取得了显著成效，全省公共图书馆有序恢复并开展大部分工作，文献外借量迅速上升至 4 294.36 万册次，同比增长了 33.09%，呈现出强劲的复苏趋势。

2018—2021 年江苏省公共图书馆文献外借量统计表

时间	总外借量（万册次）	增长率
2018 年	4 204.21	/
2019 年	4 026.23	−4.23%
2020 年	3 226.66	−19.86%
2021 年	4 294.36	33.09%

全省公共图书馆文献外借量排名前三的地区是苏州（4 111.23 万册次）、南京（2 079.27 万册次）、无锡（1 294.47 万册次）。省级公共图书馆（南京图书馆）文献外借量为 514.62 万册次。16 个副省级/地市级公共图书馆（包括 3 家地市级少儿图书馆）文献外借量为 4 627.79 万册次，排名靠前的是苏州图书馆（1 249.67 万册次）、无锡市图书馆（385.74 万册次）、南通市图书馆（383.55 万册次）。100 个县级公共图书馆（包含 4 家县级少儿图书馆）文献外借量总计 10 609.65 万册次，其中苏州工业园区图书馆文献外借量最多，为 946.67 万册次。

2018—2021 年江苏省各地区公共图书馆文献外借量统计表

地区	文献外借量（万册次）
南京	2 079.27
无锡	1 294.47
徐州	555.17
常州	1 180.32
苏州	4 111.23
南通	1 196.23

(续表)

地区	文献外借量(万册次)
连云港	823.69
淮安	866.92
盐城	697.86
扬州	709.61
镇江	791.11
泰州	724.15
宿迁	721.43

(三) 关注社会需求,读者活动丰富多彩

江苏省各级公共图书馆坚持开展讲座、展览和培训等读者活动,吸引读者使用图书馆,增强公共图书馆的影响力和美誉度。2018—2021年,全省117家公共图书馆开展讲座、展览、培训活动次数共计49 955场,其中南京地区为9 332场,在江苏省各地区中排名第一;扬州地区(7 169场)和苏州地区(5 782场)举办活动场次在全省也处在领先水平。

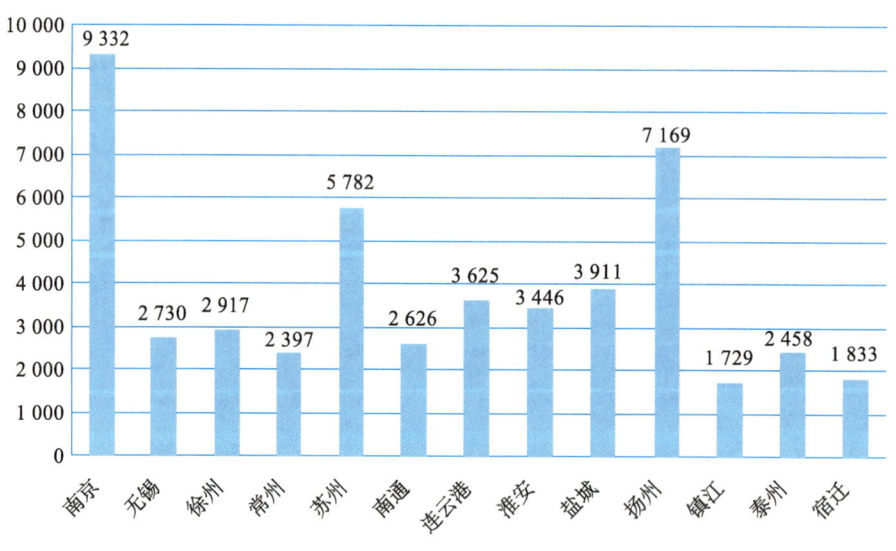

2018—2021年江苏省各地区公共图书馆开展讲座、展览、培训活动情况对比分析

2018—2021年,省级公共图书馆(南京图书馆)将读者活动精品化作为发展目标,开展高品质讲座、展览、培训活动355场,并积极推进读者活动品牌共建和资源共享,促进全省各级公共图书馆读者活动的高质量发展。16个副省级/地市级公共图书馆(包括3家地市级少儿图书馆)在推动文化服务、知识普及和公众教育方面也做出了显著贡献,为读者提供讲座、

展览、培训活动16 348场,其中扬州市少年儿童图书馆举办活动5 093场,在各地市级公共图书馆中排名第一。100个县级公共图书馆(包含4家县级少儿图书馆)开展讲座、展览、培训活动33 252场,发挥了县级公共图书馆在关注和满足读者服务需求方面的基础性作用,其中兴化市图书馆(1 224场)在各县级公共图书馆中排名第一。

(四) 加强服务宣传,社会关注度不断攀升

江苏省各地区公共图书馆通过媒体和网站等途径积极开展服务宣传,帮助公众了解图书馆和使用图书馆,进而扩大服务范围和社会影响。

2018—2021年,全省117家公共图书馆的媒体宣传报道总数共51 757次,其中南京地区(9 941次)、连云港地区(9 489次)和苏州地区(7 421次)在全省各地区公共图书馆的媒体宣传报道次数较多,为读者获取公共图书馆资讯提供了更多的机会。

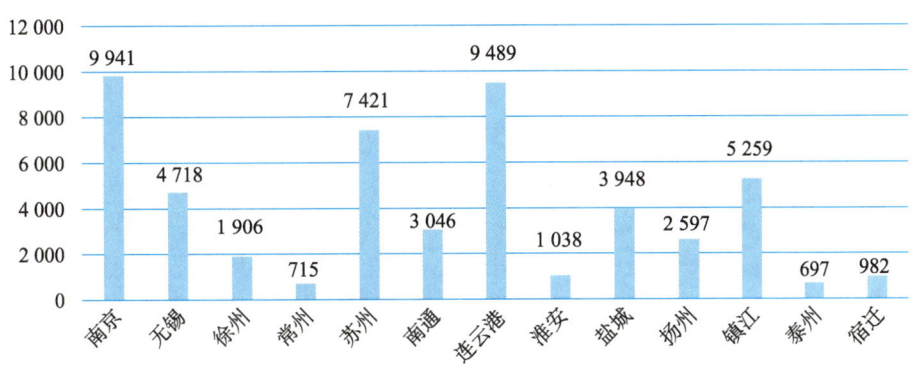

2018—2021年江苏省各地区公共图书馆媒体宣传报道总数对比分析

省级公共图书馆(南京图书馆)媒体宣传报道共计606次。16个副省级/地市级公共图书馆(包括3家地市级少儿图书馆)的媒体宣传报道共计22 419次,排名前三的是连云港市图书馆(6 530次)、金陵图书馆(5 067次)、苏州图书馆(2 663次)。100个县级公共图书馆(包含4家县级少儿图书馆)的媒体宣传报道总数为28 732次,排名前三的是南京市溧水区图书馆(2 392次)、启东市图书馆(1 635次)和连云港市赣榆区图书馆(1 224次)。

2018—2021年,全省117家公共图书馆的年网站访问量共计27 309.55万页次,其中,南京地区(10 370.36万页次)、苏州地区(2 920.11万页次)和扬州地区(2 905.42万页次)的年网站访问量次数相对较多,表明这些地区公共图书馆的网站利用率达到了较高水平,图书馆活动资讯得到了更多读者的关注。

省级公共图书馆(南京图书馆)的年网站访问量为9 206.8万页次。16个副省级/地市级公共图书馆(包括3家地市级少儿图书馆)的年网站访问量次数为7 392.27万页次,排名靠前的是苏州图书馆(1 888.43万页次)和无锡市图书馆(1 340.3万页次)。100个县级公共图书馆(包含4家县级少儿图书馆)年网站访问量为10 710.48万页次,排名靠前的是丹阳市图书馆(1 072.56万页次)、宝应县图书馆(840.32万页次)。

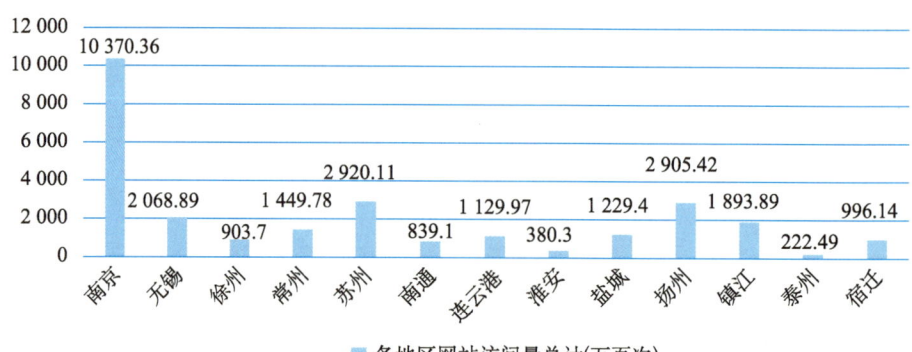

2018—2021 年江苏省各地区公共图书馆年网站访问量总体情况统计分析

（五）重视品牌建设，阅读推广活动蓬勃发展

2018—2021 年，全省各级公共图书馆积极打造服务品牌，通过良好的品牌效应，吸引更多的读者亲近阅读。全省各级公共图书馆累计创建阅读推广品牌 912 个。省级公共图书馆（南京图书馆）通过创新探索和积累，创建了 10 个阅读推广品牌。16 家副省级/地市级公共图书馆（包括 3 家地市级少儿图书馆）一共创建 191 个阅读推广品牌，其中数量较多的是苏州图书馆（26 个）、金陵图书馆（21 个）、南通图书馆（19 个）。100 家县级公共图书馆（包含 4 家县级少儿图书馆）创建阅读推广品牌共计 711 个，其中张家港市图书馆、宿迁市宿城区图书馆、江阴市公共文化艺术发展中心（图书馆）创建的阅读推广品牌较多，分别为 20 个、16 个和 15 个。

2018—2021 年，全省各级公共图书馆阅读推广活动也呈现出蓬勃发展的态势，总计达 51 531 场，其中苏州地区（14 714 场）和南京地区（9 418 场）表现尤为突出，反映了这些地区公共图书馆在阅读推广方面的积极态度。

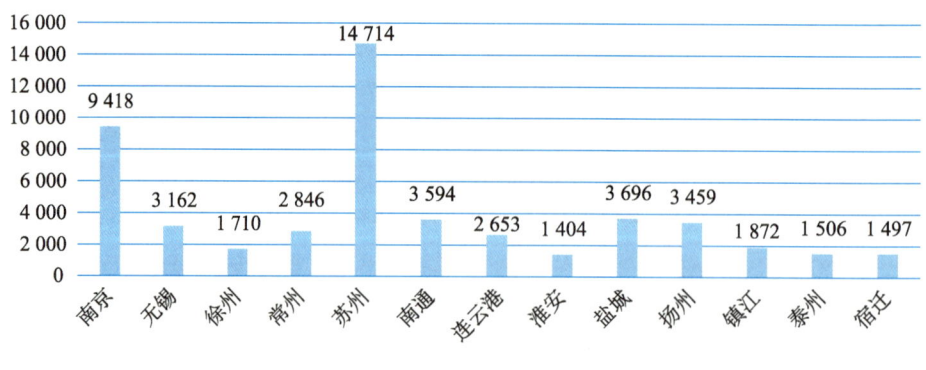

2018—2021 年江苏省各地区公共图书馆阅读推广活动情况对比分析

省级公共图书馆（南京图书馆）开展的阅读推广活动数量为 777 场。13 家副省级/地市级公共图书馆（少儿馆没有此指标数据）的阅读推广活动总数为 15 821 场，排名靠前的为苏州图书馆（6 366 场）、盐城市图书馆（2 131 场）和金陵图书馆（2 121 次）。96 家县级公共图书

馆(少儿馆没有此指标数据)阅读推广活动总数为34 933场,为读者提供了丰富的阅读体验和学习机会,其中排名靠前的是苏州市吴中区图书馆(1 767场)、苏州高新区公共文化艺术中心(图书馆)(1 592场)和南京市江北新区图书馆(1 489场)。

(六) 强调数字赋能,数字资源利用率大幅提升

2018—2021年,江苏省各级公共图书馆积极推动数字化转型,以满足读者日益增长的数字化阅读需求。一是建设种类丰富的资源库,涵盖了各种文献类型、多媒体资源和互动学习工具。二是注重数字资源更新优化,实现数字资源动态管理,提升读者对数字化服务的体验感。三是拓宽服务路径,通过开设线上数字资源服务窗口,引进线下数字服务终端,提升数字资源利用率。全省110家公共图书馆(少儿馆没有此指标数据)对外服务数字资源总量为33 890.62 TB,其中排名前三的地区为南京(5 475.59 TB)、无锡(3 580.54 TB)、苏州(3 076.83 TB)。

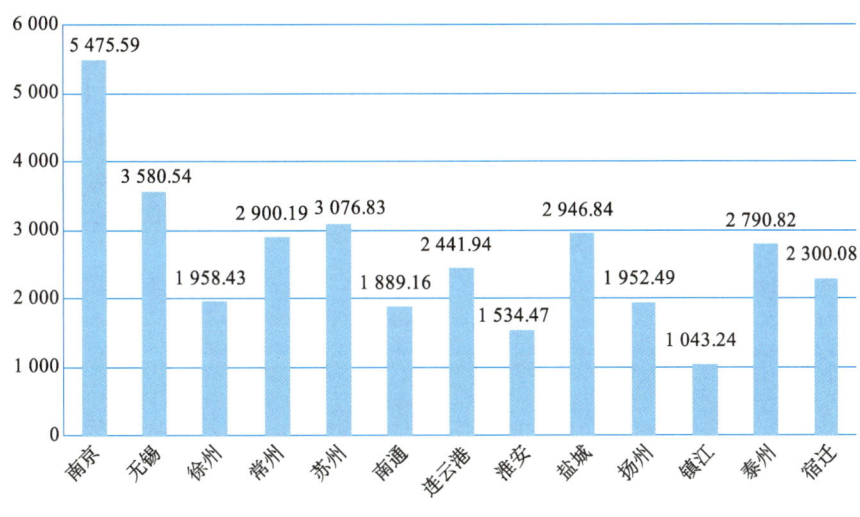

2018—2021年江苏省各地区公共图书馆对外服务数字资源量对比分析

省级公共图书馆(南京图书馆)对外服务数字资源总量为751 TB。13家副省级/地市级公共图书馆(少儿馆没有此指标数据)对外服务数字资源总量为7 810 TB,其中金陵图书馆(1 007 TB)最多。96家县级公共图书馆(少儿馆没有此指标数据)对外服务数字资源总量为25 329.62 TB,其中南京、无锡和苏州地区相对较多,分别为3 717.59 TB、2 885.54 TB、2 647.83 TB。

(七) 提供参考咨询,专业化发展稳步推进

江苏省各级公共图书馆设有专门的参考咨询部门,以协助检索、解答咨询和专题文献报道等方式向读者提供事实、数据和文献线索,为读者利用文献、寻求知识和情报提供专业化服务。2018—2021年,全省110家公共图书馆(少儿馆没有此指标数据)的普通参考咨询总量为10 243 020次,排名靠前的地区是南京(2 983 333次)、无锡(1 364 370次)和苏州(1 223 363次)。

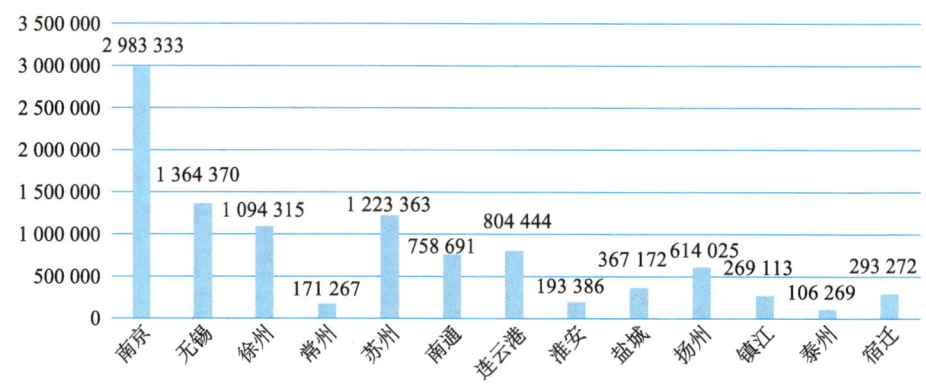

2018—2021 年江苏省各地区公共图书馆普通参考咨询总量对比分析

省级公共图书馆(南京图书馆)普通参考咨询总量为 1 236 780 次。13 家副省级/地市级公共图书馆(少儿馆没有此指标数据)的普通参考咨询总量为 3 804 443 次,排名靠前的图书馆为金陵图书馆(1 245 722 次)、无锡市图书馆(1 024 620 次)、连云港市图书馆(506 000 次)。96 家县级公共图书馆(少儿馆没有此指标数据)的普通参考咨询总量为 5 201 797 次,排名靠前的图书馆分别是苏州工业园区图书馆(685 969 次)、徐州市睢宁县图书馆(536 809 次)和徐州市泉山区图书馆(243 970 次)。

二、加强业务建设,进一步守正创新发展

(一) 采集地方文献,自建数字资源

江苏人文荟萃,地方文献资源丰富。江苏省各级公共图书馆历来高度重视地方文献的采集、整理与开发利用,通过地方文献的数字化工作,积极自建数字资源,取得了显著成绩。

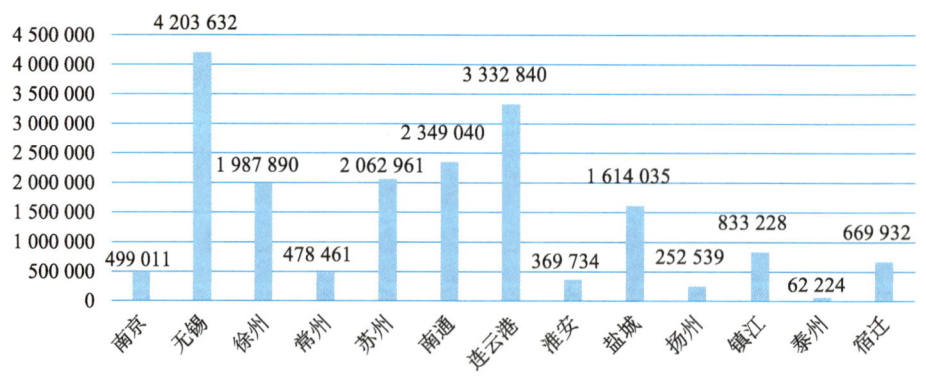

2018—2021 年江苏省各地区公共图书馆自建数字资源量对比分析

2018—2021年,全省117家公共图书馆的自建数字资源总量为18 715 527条,排名靠前的地区为无锡(4 203 632条)、连云港(3 332 840条)和南通(2 349 040条),充分体现了这些地区公共图书馆在地方文献采集和自建数字资源方面的努力。

省级公共图书馆(南京图书馆)自建数字资源总量为333 302条。16家副省级/地市级公共图书馆(包括3家地市级少儿图书馆)的自建数字资源总量为4 665 715条,排名靠前的是苏州图书馆(421 654条)、无锡市图书馆(3 371 687条)、淮安市图书馆(194 955条)。100家县级公共图书馆(包含4家县级少儿图书馆)的自建数字资源总量为13 716 510条,其中连云港市海州区图书馆、昆山市图书馆和启东市图书馆的自建数字资源量相对较多,分别为6 312 070条、2 862 929条、2 142 057条。

(二)专注古籍保护,传承地方文脉

自"中华古籍保护计划"实施以来,江苏省古籍保护中心经过十多年的艰苦努力,收集全省168家古籍收藏单位的古籍书目数据25万余条。目前已有33家单位的古籍普查登记目录正式出版,另有8家单位的目录进入出版排版阶段。

江苏省积极推动省内古籍收藏单位参与一至六批《国家珍贵古籍名录》、国家级古籍重点保护单位评选工作,同时还组织评选了五批《江苏省珍贵古籍名录》和"江苏省古籍重点保护单位""江苏省古籍保护单位"。截至2021年底,全省共有21家单位入选全国古籍重点保护单位,22家入选全省古籍重点保护单位,26家入选全省古籍保护单位。江苏共有1 422部珍贵古籍入选一至六批《国家珍贵古籍名录》,占全国总量的10.9%;在此基础上,江苏省古籍保护中心整理出版了前五批《江苏省国家珍贵古籍名录图录》。另有3 026部古籍入选一至五批《江苏省珍贵古籍名录》。

为进一步加强古籍修复人才培养,提升古籍修复技术,江苏省古籍保护中心协助南京大学、南京图书馆、金陵刻经处等单位成功设立国家级古籍修复传习中心江苏传习所;2020年,江苏省古籍保护中心组织全省20家单位、70位修复人员参加国家古籍保护中心开展的《全国古籍保护人员名录古籍·修复师》的申报工作。同时,在国家古籍保护中心开展"古籍修复技艺竞赛暨古籍修复成果展示"活动中,江苏省筛选出4家单位6位修复人员的作品参赛,其中1位获二等奖,5位获优秀奖。

在古籍整理与研究方面,江苏省重视以项目为抓手来强化全省古籍整理与研究能力。其中,江苏省社会科学重大基金项目"江苏经籍志"已结题,江苏省古籍保护中心牵头省内多家公共图书馆参与的《中国茶文化资料集成·江苏卷》编纂工作也已全部完成。目前,江苏省正积极推进《江苏文脉·书目编》和《中华古籍总目·江苏分省卷》的编纂工作。

为了更好地普及古籍保护知识,营造全社会共同保护古籍的良好氛围,江苏省近年来持续加大古籍保护的宣传力度。为宣传"中华古籍保护计划"实施成果,江苏省古籍保护中心举办"册府千华——2018江苏省藏国家珍贵古籍特展"及"江苏省古籍保护十周年成果展";自2019年起,江苏省古籍保护中心每年组织和引导全省各地区开展各类主题宣传活动,如"中华传统晒书活动""古籍修复技艺进校园"、节日庆典活动,内容包括展览、讲座、线下体验、线上互动等。仅在"十三五"期间,省内古籍收藏单位在线下举办了各类文化讲座270场,展览175次,其他特色体验活动超300场,并且运用新闻媒体、微信公众号、官方网站、微博等网络平台开展宣传工作,社会反响良好。

全省各公共图书馆古籍收藏单位多年来积极开展古籍数字化工作,截至2021年底,全省已有2万多部1566万拍古籍进行了数字化,南京图书馆、苏州图书馆、苏州吴中区图书馆等多家古籍收藏单位参加国家古籍保护中心举办的古籍数字资源联合在线发布活动。镇江、扬州、苏州、南通、徐州等地公共图书馆,南京大学、南京中医药大学等高校图书馆均建立了馆藏特色古籍数据库。"十四五"期间,江苏省将重点打造数字资源建设项目——江苏省珍贵古籍数字资源集成。

江苏省古籍保护中心通过外派学习、自主培训以及合作办学等方式,系统培养全省古籍保护工作人才。截至2021年底,共举办全省古籍保护工作培训班24期,培训千余人次。自"中华古籍保护计划"实施以来,江苏省古籍保护从业人员由过去的30多人发展到目前的173人,副高级以上职称人员达40人。

(三)聚力创新项目,助力行业发展

江苏省各级公共图书馆紧跟行业发展趋势,制定各项鼓励创新的政策与措施,积极开展业务创新工作。2018—2021年,省级公共图书馆(南京图书馆)开展"百馆荐书 全省共读"、公共图书馆咨询服务标准化项目、长三角公共图书馆智库服务联盟、南京图书馆陶风图书奖项目、江苏省公共图书馆大数据工程、国家语言文字推广基地、玄览论坛、"南图姐姐"——天天悦读"1+X"、陶风网借、江苏文旅书亭等10项具有行业影响力和社会效益的创新项目,取得了良好的实施效果。16家副省级/地市级公共图书馆(包括3家地市级少儿图书馆)全面聚焦服务创新,将创新项目作为提升读者服务效能的新的增长点。以金陵图书馆为例,金陵图书馆创新了"阅汇点"数字阅读平台,创设了以"阅美四季"为主题的全年阅读推广活动体系,并在全国公共图书馆界首创了读者自己的节日"读者节"。100家县级公共图书馆(包含4家县级少儿图书馆)不断推陈出新,创新服务理念,深度挖掘地方文化资源,打造特色创新项目,例如昆山市图书馆开展"我和我的祖国"夜读系列创新项目、邳州市图书馆开展"左手城市 右手乡村"携手共推城乡少儿阅读项目等,与省、市两级公共图书馆创新项目形成互补,成为江苏省公共图书馆创新发展体系中不可或缺的组成部分。

(四)完善志愿服务,提升工作效率

四年来,江苏省各级公共图书馆通过不断的探索,逐渐形成了较为完善的适合发展特点的文化志愿者服务体系,包括建立招募注册培训机制和完善管理使用机制,为推动志愿服务工作规范化和常态化推进提供有力保障。省级公共图书馆(南京图书馆)拥有一套严密完善的招募注册培训体系,志愿者办理相关手续后,在完成技术讲座、交流座谈会、文化参观活动等岗前培训后才能参加志愿服务。志愿者的管理使用主要根据不同岗位的特点,本着"奉献、友爱、互助、进步"的志愿精神,按照志愿者管理制度规定,确保每个志愿者都被纳入管理范围,并优化志愿者的保障。16家副省级/地市级公共图书馆(包含3家地市级少儿图书馆)中,金陵图书馆依托"阅美"志愿天地(志愿者之家)和志愿者管理平台等线上线下融合的方式开展志愿者招募。无锡市图书馆制定《无锡市图书馆志愿者管理办法》,建立长期有效的志愿者招募和培训机制,提供多层次的服务项目,严格进行日常服务管理,全面提升志愿服务水平。

志愿服务作为图书馆提升读者服务效率的常规性补充手段,为江苏省公共图书馆事业

高质量发展做出了巨大贡献。据统计,省级公共图书馆(南京图书馆)登记注册的志愿者有575人次;16家副省级/地市级公共图书馆(包括3家地市级少儿图书馆)登记注册的志愿者有55 094人次,其中苏州图书馆(23 315人次)和金陵图书馆(13 403人次)登记注册的志愿者人数较多;100家县级公共图书馆(包含4家县级少儿图书馆)登记注册的志愿者有48 022人次,其中宜兴市图书馆(3 335人次)、靖江市图书馆(2 466人次)和无锡市梁溪区图书馆(2 297人次)登记注册的志愿者人数较多。

(五) 发挥省图学会职能,引领全省学术发展

近年来,江苏省图书馆学会积极开展学术交流、行业协作、队伍培训、科研创新、组织建设等工作,取得了显著成绩,促进了全省图书馆事业的繁荣和发展。

1. 开展学术交流,进一步提升了在学界业界的美誉度

(1) 在中国图书馆学会的指导下,积极参与全国性学术活动。一是四年来贯彻落实中国图书馆学会各类文件通知240多个。二是持之以恒组织中国图书馆学会年会征文活动。江苏省征文数和获奖数在全国各省蝉联第一。三是组织专家学者参加学术研讨。在历次年会上,都有江苏省专家学者的身影。四是在"第三届全国图书馆未成年人服务论坛"中荣获"最佳组织单位称号"。

(2) 立足本省,自主开展各类学术活动。一是坚持开展两年一次的全省图书馆学情报学学术成果评奖活动。2018年和2020年接连举办第六届、第七届图书馆学情报学学术成果评奖。二是坚持开展两年一次的江苏省图书馆学会年会。2019年,在徐州召开江苏省图书馆学会2018—2019学术年会暨纪念成立40周年学术研讨会。受疫情影响,2021年没有召开线下年会,只开展了江苏省图书馆学会2020—2021学术年会论文和业务案例征集评审。三是坚持开展两年一次的省图书馆学会课题研究。2020年确定60项立项课题,其中重点课题4项、一般课题56项。四是坚持开展两年一次的江苏省"超星杯"图书馆创新服务征文活动。2018年收到稿件142篇,评出一等奖11篇、二等奖25篇、三等奖43篇、优胜奖45篇。2020年共有获奖论文57篇,其中一等奖9篇、二等奖16篇、三等奖32篇。

(3) 联系兄弟学会,协同开展跨区域的学术活动。一是苏陕公共图书馆协作渐入佳境。2020年,组织江苏省10名图书馆专家分两批到安康市和榆林市进行业务授课;在常州市图书馆举办了2020年苏陕公共图书馆馆员挂职培训开班仪式;在南京图书馆举办了2020年陕西省图书馆干部素质提升研修班。2021年,南京图书馆馆长陈军带队一行7人参加了在延安召开的苏陕公共图书馆协作交流座谈会,并签署了《苏陕公共图书馆"十四五"协作交流框架协议》。二是苏青图书馆扶贫协作拉开序幕。三是坚持开展两年一届的川吉苏冀桂五省(区)图书馆学会学术研讨会。2018年,第十六届学术研讨会在河北邢台召开。2020年,第十七届学术研讨会在四川成都召开,江苏省图书馆学会组织了本省的征文和评审工作,共收到征文108篇,共评出一等奖11篇、二等奖16篇、三等奖28篇、优秀组织奖8个。

(4) 协调各市学会和专业委员会,鼓励开展各具特色的专题学术活动。一是阅读推广专业委员会坚持每年开展活动。2019年,在江阴市图书馆联合举办了"文旅融合背景下的阅读推广阵地建设"研讨暨江苏省图书馆学会阅读推广委员会2019年工作会议。阅读推广委员会、未成年人服务专委会在常熟联合举办了2020"书香江苏行动"暨常态化疫情防控下的图书馆读者服务创新研讨会。在汪曾祺先生诞辰100周年之际,还牵头举办了"品读汪曾

祺"征文、书画活动。二是未成年人图书馆服务专业委员会依托江苏省少儿数字图书馆扎实有效地开展活动。2019年,在南京图书馆举行2019年度江苏省少儿数字图书馆少儿数字资源联合采购谈判会暨省图书馆学会未成年人服务专委会工作会议。同年12月,启动了"2020年儿童图书馆员读书计划"。三是智慧图书馆研究专业委员会坚持每年召开年会。2019年,在常州大学图书馆联合举办了2019年学术年会。

2. 加强行业协作,进一步提升业界凝聚力和影响力

(1) 积极参与组织抗疫工作。疫情防控期间,江苏省图书馆学会在网站上持续推送中国年俗文化活动等资源礼包;号召全省各级各类图书馆向武汉捐助抗疫物资,有12家图书馆捐赠物资十余项,数量约5万件;组织"书香助力战'疫',阅读通达未来——图书馆员业务能力提升"主题活动。

(2) 积极联系高校,合作举办国际研讨会。2019年,由江苏省图书馆学会、江苏省高校图书情报工作委员会联合主办,江苏大学图书馆承办了"图书馆战略规划与学科发展"国际研讨会,来自高校图书馆和公共图书馆的240余名代表参加了会议。

(3) 以上级评选为契机,积极推荐先进集体。2018—2021年,每年向中国图书馆学会推荐申报全民阅读示范基地、全民阅读优秀组织奖、先进单位和"书香社区""书香城市(区县级)"等评选工作。

3. 开展业务培训,提高馆员的专业素质和图书馆意识

(1) 坚持举办中青年馆员科研能力提升培训班。2021年3月起,南京图书馆和江苏省图书馆学会联合主办了"陶风青蓝工程——全省中青年图书馆员科研能力提升培训班",并通过线上线下的方式面向全省各级各类图书馆同步直播。

(2) 与高校联办馆长培训班。2019年,举办了"新时代图书馆的智慧化与服务创新"馆长培训班,来自全省各级各类图书馆长近200人参加了培训班。本次培训班创新了办班模式,由江苏省图书馆学会和江苏省高校图工委首次联合南京理工大学一起办班,加大了三大系统图书馆的融合力度。

4. 开展科研创新,形成了一批较高质量的学术成果

(1) 编制出版《江苏省公共图书馆事业发展报告(2013—2017)》。该书是江苏省编制出版的第一套较为完整的公共图书馆事业发展报告,也是基于第六次全国县级以上公共图书馆评估定级大数据形成的重要成果,这在历次评估定级中尚属首次,走在了全国的前列,起到了存史、资政和供学术研究参考等作用。

(2) 组织实施《我们这十年:新时代江苏省公共图书馆发展成就(2012—2021)》的编辑出版工作。图文并茂地总结了党的十八大、十九大期间的发展成就,为促进社会各界更好地了解图书馆、走进图书馆、使用图书馆,进一步推动全民阅读和建设书香社会发挥了积极作用。

5. 加强组织建设,省、市图书馆学会实现协调发展

(1) 牢固树立"四个意识",不断加强党建工作。根据江苏省级机关工委、省民政厅、省文化和旅游厅的要求,成立了以理事长为党支部书记的功能型党组织,明确秘书长为党建工作联络员,做好社团组织的党建摸底、上报和日常工作。同时南京图书馆第十一党支部(学会秘书处、研究部、业务管理部、学报编辑部四个部门的联合党支部)探索开展学术、业务、党建"三位一体"工作模式,先后被授予"省级机关'两聚一高'先锋行动队"和"省级机关党支部

书记工作室"等荣誉称号。

（2）规范制度管理，夯实工作基础。积极做好上级部门文件和指示的上传下达及兄弟学会的联系工作。2021年6月投入使用了江苏省图书馆学会会员智慧服务平台，实现了会员动态化管理和信息化服务。自从江苏省民政厅建立实施了"江苏省社会组织登记管理网上填报系统"，按照要求按时办理完成了社会组织法人变更、税务登记手续和年审工作。

（3）加强组织建设，推动了整体工作的协调发展。2019年5月，在宜兴市图书馆圆满召开了江苏省图书馆学会第八次会员代表大会。同年11月，推选并组织参加了中国图书馆学会第十次全国会员代表大会。

（4）加强研究和宣传阵地建设，扩大了江苏省图书馆学会的影响力。一是认真完成江苏省图书馆学会双月内刊《江苏图书馆之窗》的编辑发行。二是及时做好江苏省图书馆学会网站的建设和维护工作。三是做好年鉴、大事记等档案管理工作。

三、完善保障条件，进一步夯实发展基础

（一）财政拨款适时调整，经费使用规范合理

江苏省各级财政为公共图书馆事业发展提供了坚实的经费保障，各级公共图书馆坚持规范合理地使用经费。2018—2021年，全省117家公共图书馆的财政拨款总额为550 444.88万元，年均财政拨款为137 611.22万元，馆年均财政拨款为1 176.16万元。2018年，财政拨款为156 434.58万元。2019年，受新冠疫情影响，在确保服务质量的基础上，江苏省各级公共图书馆财政拨款都进行了调整，财政拨款总额调整至145 207.47万元。2020年，财政拨款进一步调整为118 703.39万元。2021年，由于疫情防控工作取得了显著成效，江苏省各级公共图书馆有序恢复大部分工作，提供了更多的读者服务，财政拨款上升至130 099.44万元。

2018—2021年江苏省公共图书馆财政拨款总额及年增长率

时间	财政投入（万元）	增长率
2018年	156 434.58	/
2019年	145 207.47	−7.18%
2020年	118 703.39	−18.25%
2021年	130 099.44	9.6%

2018—2021年，省级公共图书馆（南京图书馆）的财政拨款总额为86 906.2万元，年均财政拨款为21 726.55万元。16家副省级/地市级公共图书馆（包括3家地市级少儿图书馆）财政拨款总额为218 292.56万元，排名靠前的是苏州图书馆（85 841.52万元）、金陵图书馆（24 678.56万元）、无锡市图书馆（15 671.92万元）。100家县级公共图书馆（包含4家县级少儿图书馆）中财政拨款总额为245 246.12万元，排名前三的分别是张家港市图书馆（9 049.43万元）、张家港市少年儿童图书馆（8 947万元）、常熟图书馆（7 911.84万元）。

江苏省各级公共图书馆坚持合理合规、科学高效地使用财政拨款，始终严格执行国家对

公共图书馆的资金使用及管理的相关规定,并且设置内部审计组,对经费使用的合法性和效益性进行综合评估,确保经费使用规范合理。

(二) 文献资源稳步上涨,人均馆藏持续增加

2017年底,全省公共图书馆普通文献馆藏总量为13 464.7万册件,至2021年底,普通文献馆藏总量稳步增加到13 634.98万册件,其中排名靠前的地区为南京(2 569.98万册件)、苏州(2 565.39万册件)、南通(1 307.01万册件)。省级公共图书馆(南京图书馆)的普通文献馆藏量为1 262.29万册件。16家副省级/地市级公共图书馆(包括3家地市级少儿图书馆)普通文献馆藏总量为3 175.66万册件,排名靠前的是苏州图书馆(658.94万册件)、金陵图书馆(521.96万册件)、无锡市图书馆(366.08万册件)。100家县级公共图书馆(包含4家县级少儿图书馆)的普通文献馆藏量为9 197.03万册件,其中昆山市图书馆、常熟市图书馆和江阴市图书馆相对较多,分别为334.3万册件、311.48万册件、303.24万册件。

2021年底江苏省各地区公共图书馆普通文献馆藏量对比分析

地区	普通文献馆藏量(万册件)
南京	2 569.98
无锡	1 279.75
徐州	698.3
常州	636.13
苏州	2 565.39
南通	1 307.01
连云港	618.77
淮安	609.62
盐城	683.64
扬州	675.46
镇江	612.48
泰州	774.5
宿迁	603.95
总计	13 634.98
平均值	1 048.84

2018—2021年,全省116家公共图书馆(省级馆没有此指标数据)的年人均新增文献入藏量为0.28册件,排名前三的地区是扬州(0.47册件)、南通(0.42册件)、苏州(0.37册件)。16家副省级/地市级公共图书馆(包括3家地市级少儿图书馆)的年人均新增文献入藏量为

0.25 册件,淮安市少儿图书馆(1.17 册件)在年人均新增文献入藏量方面表现最为突出。100 家县级公共图书馆(包含 4 家县级少儿图书馆)年人均新增文献入藏量排名靠前的分别是苏州工业园区图书馆(3.1 册件)、徐州市泉山区图书馆(1.44 册件)、南京市鼓楼区图书馆(1.1 册件)。

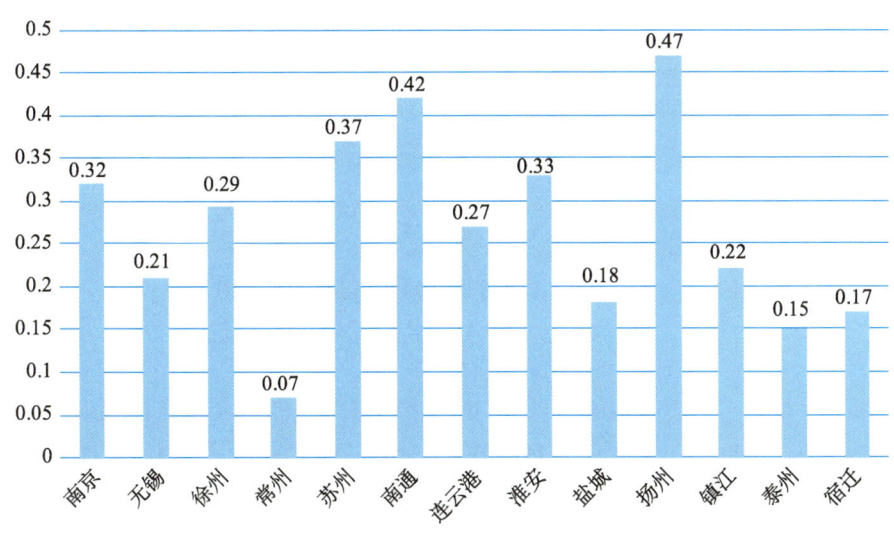

2018—2021 年江苏省各地区公共图书馆年人均新增文献入藏量对比分析

(三)建筑面积快速增长,阅读空间显著改善

受限于传统图书馆的空间承载力,读者日益增长的多元阅读诉求得不到有效满足。为了给读者提供更好的阅读体验,江苏省各级政府逐步加大对公共图书馆建设的资金投入,全省公共图书馆的建筑面积快速增长,图书馆阅读环境显著改善。

2017 年底,全省公共图书馆建筑面积为 116.2 万平方米,至 2021 年底,建筑面积为 192.67 万平方米,增长了 65.8%。省级公共图书馆(南京图书馆)建筑面积为 9.84 万平方米。16 家副省级/地市级公共图书馆(包括 3 家地市级少儿图书馆)的建筑总面积为 49.38 万平方米,排名前三的是苏州图书馆(9.32 万平方米)、金陵图书馆(4.64 万平方米)和连云港市图书馆(4.45 万平方米)。100 家县级图书馆的总建筑面积为 142.213 万平方米,排名靠前的有张家港市图书馆(4.46 万平方米)、张家港市少年儿童图书馆(4.21 万平方米)和东台市图书馆(3.94 万平方米)。

全省各地区公共图书馆坚持为读者提供更优质的阅读环境,不断创新建设理念,持续增加资金投入,在打造新型阅读空间方面也取得了显著成果。例如,连云港市图书馆的海岛书房,是省、市文旅部门共同实施的文化惠民项目。其坐落于风光秀丽的羊山岛景区,海洋文化元素随处可见,阅读空间舒适惬意,是一家极具特色的海岛渔民书房。常州市图书馆的秋白书苑,是在探索高质量发展背景下整合各类社会资源,引入社会力量运营模式,以图书阅读为基础功能,实现多功能、高品质的公共文化服务,打造全民阅读新阵地。在扬州,坐落在

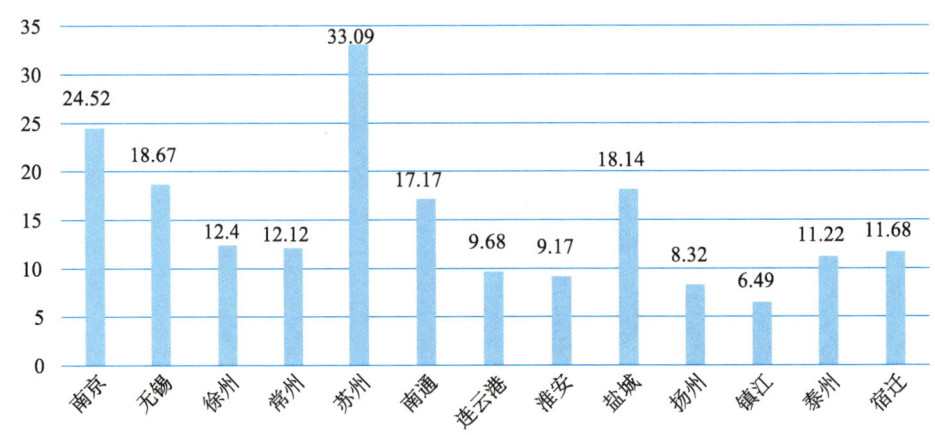

2021年底江苏省各地区公共图书馆建筑面积对比分析

各处的城市书房是城市一道亮丽的风景线,扬州市图书馆积极引入标准化的理念和方法,为市民提供24小时"不打烊"、无人值守自助式、"一站式"阅读体验、"一卡通"通借通还、现代数字智能化、温馨舒适个性化等服务。相对于传统图书馆而言,江苏省各地新型阅读空间的空间承载力得到有效提升,阅读环境显著改善,读者满意度节节攀升,实现了良好的社会效益。

（四）人员配备科学合理,队伍结构不断优化

2018—2021年,江苏省各级公共图书馆积极开展服务队伍建设,人员配备科学合理,队伍结构不断优化,为公共图书馆事业发展提供了更为坚实的人员保障基础。

截至2021年底,江苏省各地区公共图书馆共服务人口8 505.40万人,人口数量相对较多的地区为苏州(1 284.78万人)和南京(942.34万人)。全省117家公共图书馆工作人员共计5 304人,人数较多的地区是苏州(1 418人)和南京(1 133人)。省级公共图书馆(南京图书馆)工作人员有723人;16家副省级/地市级公共图书馆(包括3家地市级少儿图书馆)工作人员有1 608人,人数较多的是苏州图书馆(446人)和金陵图书馆(138人)。100家县级公共图书馆(包含4家县级少儿图书馆)的工作人员有2 793人,排名前三的是张家港市图书馆(243人)、昆山市图书馆(120人)和苏州高新区图书馆(97人)。可以看出,南京地区和苏州地区公共图书馆的工作人员较多,与其服务人口的规模是相适应的。

2021年底江苏省各地区公共图书馆服务人口统计表

地区	人口数量（万人）
南京	942.34
无锡	747.95
徐州	902.85
常州	534.96

(续表)

地区	人口数量(万人)
苏州	1 284.78
南通	773.30
连云港	460.20
淮安	456.22
盐城	671.30
扬州	457.70
镇江	321.72
泰州	452.18
宿迁	499.90
总计	8 505.40

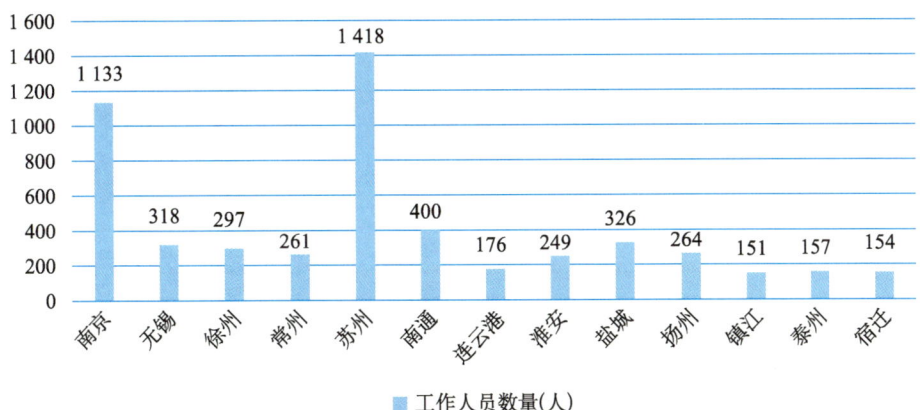

2021年底江苏省各地区公共图书馆工作人员对比分析

江苏省各地区公共图书馆通过公开招聘、在职培训和赴先进图书馆跟班学习等措施,着力提升工作人员的专业技术能力,并实行科学规范的工作岗位管理,严格做到岗位责任制,对工作人员进行考核,采用激励机制鼓励工作人员提升业务能力,为公共图书馆事业发展提供人才支撑。2021年底,省级公共图书馆(南京图书馆)大学专科及以上学历工作人员占比为87.66%,专业技术人员占比为93.95%,中级职称及以上工作人员占比为33.95%。16家副省级/地市级公共图书馆(包括3家地市级少儿图书馆)中,大学专科及以上学历的工作人员占比均值为76.39%,专业技术人员占比排名前三的是连云港市图书馆(100%)、淮安市图书馆(94.5%)和南通市图书馆(92%),中级职称及以上工作人员占比排名前三的是连云港市少年儿童图书馆(74.9%)、扬州市少年儿童图书馆(73.3%)和淮安市少儿图书馆(60%)。100家县级公共图书馆(包含4家县级少儿图书馆)中,大学专科以上工作人员占比均值为90.1%,专业技术人员占比达到100%的有31家,中级职称及以上工作人员占比达到100%的有11家。

四、现阶段事业发展存在的问题

(一)核心指标相对落后,与经济实力不匹配

根据国家统计局网站 2021 年数据显示,江苏实现地区生产总值 117 392.4 亿元,全国排名第二。就人均生产总值而言,江苏省人均 GDP 为 138 255 元/人,全国排名第一。此外,江苏省 13 个设区市全部是全国百强市。可以说,江苏省是我国综合发展水平最高的省份之一。江苏省作为经济文化大省,公共图书馆事业发展在全国也处于领先地位,文献外借量、年均活动次数及活动参与人次、总流通人次、总馆藏及人均馆藏量、每万人占有图书馆面积等核心指标均有不错的表现。但这些指标和广东、浙江、山东、安徽、上海等地区相比还存在一定的差距,公共图书馆事业发展与经济实力不完全匹配。

首先,文献借阅总外借量差距明显。2018—2021 年,江苏省公共图书馆文献外借量(24 682.92 万册次)在六省(市)中排名第三,显著低于广东省(38 509.17 万册次),与浙江省(27 727.68 万册次)也存在一定差距。

2018—2021 年六省(市)文献总外借量统计表

地区	总外借量(万册次)
广东	38 509.17
江苏	24 682.92
浙江	27 727.68
山东	15 430.91
安徽	13 157.4
上海	6 613.5

在年均活动次数及活动参与人次方面,江苏省公共图书馆在六省(市)中均排在第四位。活动次数排名靠前的是山东省(22 296 次)、广东省(20 333 次)和浙江省(17 964 次),远远超过江苏省(10 356 次)。年均活动参与人次最高的是广东省(3 015.77 万人次),是江苏省(1 507.36 万人次)的两倍。

2018—2021 年六省(市)年均活动次数及活动参与人次统计表

地区	年均讲座、展览、培训活动数量(次)	年均活动参与人次(万人次)
广东	20 333	3 015.77
江苏	10 356	1 507.36
浙江	17 964	2 405.27
山东	22 296	1 948.47
安徽	8 547	1 054.24
上海	3 446	660.06

2018—2021年,江苏省公共图书馆年均流通人次为9 824.62万人次,高于六省(市)平均水平,但与广东省(13 444.61万人次)和浙江省(10 043.27万人次)相比,还有一定的提升空间。

2018—2021年六省(市)公共图书馆年均流通人次统计表

地区	年均流通人次(万人次)
广东	13 444.61
江苏	9 824.62
浙江	10 043.27
山东	6 185.66
安徽	4 677.8
上海	2 307.81
平均值	7 747.3

2021年底,江苏省公共图书馆总馆藏(13 634.98万册件),在六省(市)公共图书馆中排第二位,低于广东省(15 211.78万册件);人均馆藏量(1.61册件)处于第三名,低于上海市(2.40册件)和浙江省(1.85册件)。

六省(市)总馆藏量及人均馆藏量统计表

地区	总馆藏量(万册件)	人均拥有图书馆馆藏量(册件/人)
广东	15 211.78	1.21
江苏	13 634.98	1.60
浙江	11 970.81	1.85
山东	9 648.18	0.95
安徽	5 721.22	0.94
上海	5 971.50	2.40

2021年底,每万人占有公共图书馆面积方面,江苏省(223.01平方米)低于六省(市)平均值(248.84平方米),排名第四位,低于广东省(341.13平方米)、浙江省(297.92平方米)和上海市(236.76平方米)。

2021年底六省(市)每万人占有公共图书馆面积统计表

地区	每万人占有公共图书馆面积(平方米)
广东	341.13
江苏	223.01
浙江	297.92
山东	206.67
安徽	187.55
上海	236.76
平均值	248.84

（二）区域数量分布失衡，少儿馆建设力度小

江苏省各地区公共图书馆数量存在较大差异。截至 2021 年底，全省公共图书馆共计 117 家，其中南京市最多，共有 15 家公共图书馆，其中省级 1 家、副省级 1 家、县级 13 家；宿迁市最少，只有 6 家公共图书馆，其中地市级 1 家、县级 5 家。

2021 年底江苏省各地区公共图书馆数量统计对比分析表

地区	数量（家）			
	省级 公共图书馆（家）	副省级/地市级 公共图书馆（家）	县级 公共图书馆（家）	总计（家）
南京	1	1	13	15
无锡	/	1	7	8
徐州	/	1	10	11
常州	/	1	7	8
苏州	/	1	11	12
南通	/	1	9	10
连云港	/	2	6	8
淮安	/	2	6	8
盐城	/	1	9	10
扬州	/	2	5	7
镇江	/	1	6	7
泰州	/	1	6	7
宿迁	/	1	5	6
总计	1	16	100	117

全省独立建制的少年儿童图书馆仅有 7 家，数量总体偏少，且没有省级少年儿童图书馆。在地区分布上，地市级少年儿童图书馆仅连云港、淮安和扬州各 1 家；县级少年儿童图书馆南京 2 家、苏州 1 家、南通 1 家。独立建制的少年儿童图书馆能够为少儿读者群体提供更丰富的个性化服务，目前在总体数量和区域分布上，江苏省少年儿童图书馆均有较大的建设空间。

（三）财政支持力度不同，服务效能存在差距

2018—2021 年，江苏省公共图书馆财政拨款共计 550 444.88 万元。累计得到财政支持最多的地区是南京（151 184.00 万元）和苏州（147 242.80 万元），而宿迁（15 098.26 万元）、淮安（15 115.33 万元）、连云港（15 168.29 万元）等地区相对较少。

2018—2021年江苏省各地区公共图书馆财政拨款表

地区	财政拨款（万元）
南京	151 184.00
无锡	36 011.67
徐州	19 485.90
常州	26 763.84
苏州	147 242.80
南通	33 428.61
连云港	15 168.29
淮安	15 115.33
盐城	30 706.63
扬州	27 352.43
镇江	15 194.81
泰州	17 692.32
宿迁	15 098.26
总计	550 444.88

2021年底，从服务人口与服务效能对比来看，苏州（1 284.78万人）、南京（942.34万人）较多，是宿迁（499.90万人）、镇江（321.72万人）、连云港（460.20万人）等地区的2~3倍，但财政拨款的差距却达到10倍以上。

服务效能方面，苏州地区总体表现最好，整体服务效能处于领先地位，在文献外借量、开展讲座培训、阅读活动推广、数字资源建设等方面均位居全省前列。例如苏州图书馆文献外借量（1 949.18万册次），遥遥领先省内所有公共图书馆；县级公共图书馆文献外借量前三名为苏州工业园区图书馆、张家港市图书馆和昆山市图书馆，均属于苏州地区。苏州工业园区图书馆文献外借量为1 178.97万册次，在同等级别图书馆中表现最为突出。财政投入相对较少的宿迁、镇江、连云港等地区，在文献外借量、开展讲座培训、阅读活动推广、数字资源建设等方面虽然也有不错的成绩，但整体服务效能明显落后，以文献外借量为例，宿迁、镇江和连云港地区地市级公共图书馆分别为265.44万册次、289.93万册次、212.25万册次。在县级公共图书馆中同样存在这种情况，宿迁、连云港、镇江地区文献外借量最多的分别是泗阳县图书馆、东海县图书馆和润州区图书馆，文献外借量分别是243.48万册次、242.04万册次、214.93万册次，与苏州地区的县级公共图书馆相比，还存在较大的差距。

（四）建筑面积没有达标，功能适应性受影响

公共图书馆建筑面积应与服务人口规模相适应。按照《公共图书馆建设用地指标》和《公共图书馆建设标准》中的规定，服务人口在150万~1 000万的，建设2万~6万平方米的大型公共图书馆。

2021年底，在江苏省各副省级/地市级公共图书馆中，建筑面积较大的有苏州图书馆

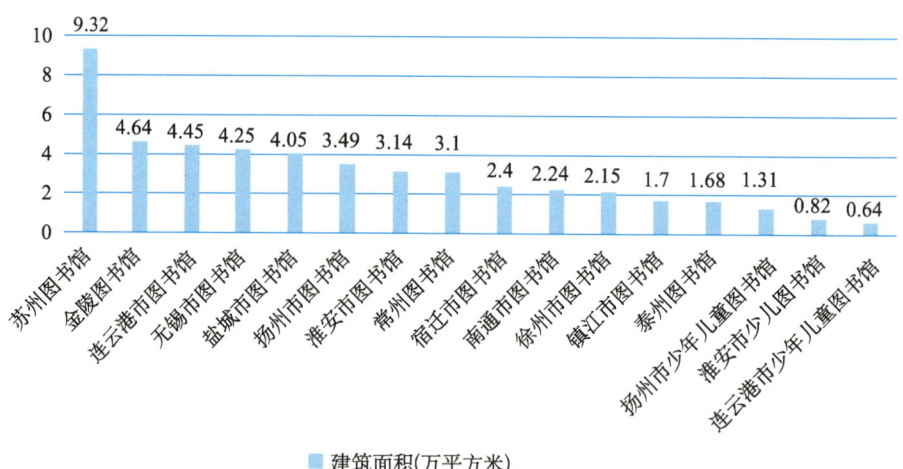

2021 年底江苏省各副省级/地市级公共图书馆建筑面积

(9.32 万平方米)、金陵图书馆(4.64 万平方米)、连云港市图书馆(4.45 万平方米),而镇江市图书馆(1.7 万平方米)、泰州图书馆(1.68 万平方米)的建筑面积相对较小。建筑面积不达标,图书馆应向读者提供的功能区就得不到保障,读者的借阅活动以及馆内文化活动都会受到影响。

(五)业务建设存在短板,制约服务效能提升

业务建设存在短板,制约着公共图书馆事业发展速度和服务效能的提升。目前,江苏省公共图书馆业务建设尚存在以下几方面的问题需要解决。

一是年人均新增文献入藏量过低。由于购书经费增长较慢、缺乏稳定性以及总体偏少等问题,2018—2021 年,江苏省 13 个副省级/地市级公共图书馆(少儿馆没有此指标数据)年人均新增文献入藏数量平均值仅为 0.14 册件,其中扬州市图书馆(0.522 6 册件)最高,泰州图书馆、金陵图书馆和盐城市图书馆相对较少,分别仅有 0.044 5 册件、0.041 8 册件、0.038 2 册件。而在县级公共图书馆中,部分图书馆存在个别年份未见有新增文献入藏的问题。这种情况与当下图书市场的增长趋势不符,也必然不能满足读者日益增长的多元化阅读需求。

二是信息基础保障建设有待加强。2021 年底,仍存在 1 个县级图书馆没有网站,且还有 11 个县级图书馆网站没有独立域名,这说明这些县级图书馆没有认识到网站建设的重要性,网站建设与维护投入力度严重不足,不仅无法有效满足读者对图书馆网站的服务需求,更与现今信息化社会的发展态势严重不适应。

三是部分公共图书馆创新项目数量偏少。技术创新、产品创新、服务创新、方法创新等以及自行研发或引进、移植创新项目,能够促使公共图书馆在建设、管理、服务等领域取得突破,是公共图书馆满足读者日益丰富多元的阅读需求,吸引读者走进图书馆、使用图书馆的重要举措。2018—2021 年,全省 110 家公共图书馆(少儿馆没有此指标数据)创新项目数量为 846 个,但创新项目最多的图书馆有 25 个,创新项目最少的有 0 个,且创新项目为 1~4 个的有 19 个,包括 1 个地市级公共图书馆。

五、高质量发展路径探索

江苏省公共图书馆事业发展情况总体较好,而其中亦有提高空间。《中华人民共和国公共图书馆法》规定:公共图书馆肩负推动、引导、服务全民阅读的重要使命。因此,公共图书馆如何加强业务建设,完善保障条件,进而提升服务效能,是需要重点思考的问题。

(一)坚持读者路线,推动品质发展

公共图书馆事业的发展质量取决于读者对图书馆服务的满意程度。公共图书馆唯有始终坚持读者路线,坚持以读者为本,解决读者在使用图书馆过程中遇到的现实问题,不断提升读者的阅读体验,才能最终实现品质发展。江苏省各级公共图书馆要不断强化服务意识,坚持读者至上的服务理念,及时收集、处理和反馈读者的意见和建议,想读者所想,急读者所需,建设成为真正使读者满意的公共图书馆。

(二)坚持目标导向,实现可持续发展

新时代公共图书馆建设处于创新、协调、绿色、开放、共享的大环境中,从行业角度思考,公共图书馆必须坚持智能、融合、跨界等发展目标,适应新时代发展需求。江苏省公共图书馆事业已经取得了令人瞩目的成绩,在未来的事业发展进程中,要始终坚持目标导向,依托现有的信息化技术平台,通过技术创新、区域协作、资源共享等方式,促进图书馆智慧化转型,实现可持续发展。

(三)加强统筹建设,推动均衡发展

在均衡发展方面,江苏省一方面要统筹全省各地区公共图书馆建设,建立健全帮扶机制,促进区域协调发展;另一方面要着力加强城乡公共文化服务体系一体化建设,通过总分馆制、流动服务等措施,推动基本公共文化服务均等化。要始终坚持全省公共文化服务建设一盘棋,应当在对地区人口数量、人口分布等进行综合评估的基础上,结合本地区的经济实力,积极开展新馆建设,增加公共图书馆建筑面积,或者适当增设公共图书馆和独立建制的少年儿童图书馆,促进江苏省公共图书馆全面均衡发展,使公共图书馆建设水平与江苏省经济实力相适应。

(四)完善立法保障,促进行业规范

自《中华人民共和国公共图书馆法》颁布实施以来,江苏省各级公共图书馆坚持依法履责,贯彻落实所有法律条款的规定,事业发展水平又迈上一个新的台阶。为了进一步建立健全公共图书馆建设的法律保障,江苏省立法机关和政府部门应高度重视并且大力支持公共图书馆的立法工作,坚持问题导向,组织开展立法调研,解决事业发展过程中迫切需要解决的经费保障、社会参与、区域合作、图书呈缴、文献剔除,以及固定资产管理等问题。同时出台配套制度,并持续跟进完善,通过评估、宣传和修订,确保公共图书馆立法工作做细做实,从而以法治化促进公共图书馆管理与运营的规范化和高效化。

（五）补齐业务短板，夯实事业基础

公共图书馆应不断加强自身业务建设，补齐业务短板，夯实事业发展基础。一是强化文献资源建设。扩大有效的馆藏文献规模，并通过开展形式多样的读者活动，完善服务项目，提高文献利用率。二是重视人才队伍建设。高素质的人才队伍是现代图书馆良好运营的保证，是沟通读者的桥梁，也是提高图书馆科研水平的关键。要重视培养高素质综合人才，不断提升馆员的学历、职称和专业技术能力。三是加强信息设施建设。要完善图书馆网站和新媒体服务建设，加强服务宣传，以适应信息社会的发展和当地人民群众的需求。四是坚持业务创新。要加强业务研究，坚持业务创新，寻找公共图书馆服务效能的增长点，满足读者日益多元的阅读需求。

六、结语

2018—2021年，江苏省坚持把握高质量发展战略定位，致力于文化强省建设，江苏省公共图书馆事业稳中求进，服务理念不断创新、队伍结构不断优化、服务效能显著提升，取得了较大进步。面向未来，各级政府要进一步重视图书馆事业，加大人、财、物的投入，为公共图书馆营造一个良好的发展环境。各级公共图书馆要担当使命、奋发有为，坚持高质量发展目标，深入推进全民阅读工作，实现高品质、规范化、可持续发展，为全面建设"书香江苏"和加快建设社会主义文化强国先行区贡献更多的智慧和力量！

（执笔人：李　浩　马云贺）

第二部分
江苏省公共图书馆事业发展区域报告
（2018—2021）

南京图书馆事业发展报告

南京图书馆(江苏省古籍保护中心)(以下简称：南京图书馆)是江苏省省级公共图书馆，国家一级图书馆，首批全国古籍重点保护单位、国家级古籍修复中心和国家古籍保护人才培训基地。其前身可追溯至清政府于1907年创办的江南图书馆和国民政府于1933年筹建的国立中央图书馆，1954年正式定名为南京图书馆，至今已有114年的历史。

一、基本情况

南京图书馆现有馆舍建筑面积9.61万平方米，包括大行宫馆区和成贤街馆区。大行宫馆区建成开放于2007年，提供集藏、借、阅、咨询、检索、培训、展览、讲座等读者活动、业务建设与管理为一体的综合性服务；成贤街馆区以储存利用率较低的馆藏文献为主要功能。南京图书馆积极建设新型阅读空间，凸显"馆中馆"阵地特色，少儿馆、馆史馆、国学馆、十德堂和畅文苑等阵地着力打造温馨、舒适、具有特色的空间布局，为读者提供便利贴心的服务。

南京图书馆馆藏文献体系较为完整，涵盖人文与社会科学、自然科学和工程技术等各学科门类。截至2021年底，普通文献藏量1262万册件，位居全国第三，其中古籍160万册件，包括善本14万册，已有631种古籍入选《国家珍贵古籍名录》，民国文献70万册件。2018—2021年期间，年财政拨款总额约2.2亿元，其中年均文献购置费2229.76万元，年均接待读者272.74万人次，年均文献外借量145.12万册次，年阅读推广活动216场，读者满意率达98.16%。

2018—2021年，南京图书馆在江苏省委、省政府以及省文化和旅游厅的正确领导和关心支持下，坚持以《中华人民共和国公共图书馆法》为引领，秉持"读者第一、服务至上"服务理念，践行"惜阴尚思，启智明德"馆训，与时俱进、锐意进取、开拓创新，馆藏资源更加丰富，服务举措持续有效，管理方法科学合理，在保存典籍、传承文明、引领阅读、启迪智慧上久久为功，先后荣获"江苏省文明单位"、"全国文明单位"、"省级机关领导班子考核优秀"、"国家语言文字推广基地"、全国"青年文明号"等多项集体荣誉，受到了读者与同行的广泛好评以及社会各界的充分认可。

二、服务效能

1. 读者服务保质保量

南京图书馆实施全面免费开放服务，坚持双休日、国家法定节假日开放，每周为读者提供服务时长 65 小时,每周错时或延时开放总时长 14 小时。

南京图书馆积极开展分众阅读服务,根据读者的阅读兴趣、阅读偏好、阅读习惯和阅读能力等方面的不同特点,建设并开放少儿馆、国学馆、馆史馆、十德堂等新型阅读空间,切实提高阅读推广服务的作用价值和社会效能。少儿馆分为 0~3 岁、4~6 岁、7~15 岁三个区域,各区域依据儿童的阅读习惯和特点配备了不同的阅读资源并持续进行更新、完善,自开放以来,累计服务约 235 万人次少儿读者及家长。国学馆是弘扬优秀传统文化的重要阵地,向读者提供免费古籍与民国文献阅读服务。馆史馆以实物、图片、文字以及视频形式多角度、全方位展示南图百年大馆历史,彰显江苏文化深厚底蕴。

2. 品牌活动深耕不辍

南京图书馆作为社会民众进行阅读的公共场所,在开展全民阅读推广工作的过程中积极发挥自身的主导性作用,面对各类人群开展形式多样的阅读推广活动,形成具有南图特色的阅读推广品牌。2018—2021 年期间,南京图书馆具有代表性的阅读推广品牌活动主要有 10 个,分别是:南图阅读节、南图讲座、江苏省少儿数字图书馆、百馆荐书 全省共读、南图姐姐——天天悦读"1+X"阅读活动、文化走读、书海识·遗、关爱之旅 你我同行、江苏作家周、阅读马拉松。南图阅读节已连续举办十四届,形成了以中华经典著作作为引领、以阅读节日为载体、以唤起大众对于历史先贤和优秀传统文化的重视为己任、以"与名著对话、与大师同行"为目标的阅读推广新形态。南图阅读节凸显出阅读的仪式感、体验感、获得感,有力地提升了图书馆知名度和影响力,为广大读者营造了更有温度、更有情怀的阅读氛围、活动场景与丰厚内容,有力地促进了全民阅读工作。

3. 信息服务提量增质

智能化和数字化正成为图书馆事业发展的重要抓手。南京图书馆积极探索公共图书馆数字资源开放共享的新路径,通过购买商用数据库和自建特色数据库结合的方式,为广大读者提供内容丰富的数字文化阅读资源。

南京图书馆向读者提供馆藏资源统一检索与知识发现平台、电子书刊数字阅读平台等数字化平台,为读者提供便利的数字阅读服务。同时,通过微信公众号、App、手机借还书小程序为读者提供了多项智慧图书馆服务,读者足不出户便可实现在线预约、办证、网上借书、馆藏搜索、续借、电子阅读等服务。

陶风网借文化惠民项目旨在向全国读者提供"网上借书,送书到家"服务,是南京图书馆在"十四五"时期重点打造的创新项目。2018—2021 年,陶风网借文化惠民项目已覆盖 31 个省、自治区、直辖市,不仅为读者提供馆藏纸本图书送书到家,还提供本馆电子书刊及自建数字资源,形成纸电一体的服务模式。

4. 参考咨询服务广泛开展

南京图书馆注重参考咨询的专业性,充分利用江苏省公共图书馆联合参考咨询网、南京图书馆网上咨询平台、江苏省工程文献中心等信息服务平台常年开展信息咨询服务。

南京图书馆重视智库服务工作,发起成立长三角地区公共图书馆智库服务联盟,与南京大学、江苏省社科联等单位合作开展智库研究与服务。2018—2021 年,南图智库决策报告得到省部级以上领导批示 10 余件,调研报告收到有关部委答复 20 余件。

南京图书馆立法决策研究服务稳中有进。南图"两会"服务已连续开展了十四年,为江苏省的两会代表、委员们精心组织"嵌入式"信息服务,依托丰富的馆藏资源、专业数据库及网络资源,组建专业的政策法规研究参考咨询队伍。编印《信息荟萃》《对策研究》《审议参阅》《港台报摘》等决策咨询类资料,搭建决策咨询网络服务平台,以多种形式为领导决策参考提供高效、精准的专题信息服务。

5. 宣传工作主动作为

南京图书馆致力宣传推广与社会教育,通过纸本宣传、线上数字化宣传、多媒体视频宣传等渠道积极推广南图珍藏古籍、纸质资源、数字资源、特色服务、阅读推广活动等,取得良好的社会效益。

南京图书馆积极向社会公众宣传弘扬南图服务宗旨和办馆理念,推广馆藏资源和特色服务,提升南图品牌形象。南图积极拓展宣传工作覆盖面,在图书馆服务宣传周、"4·23"世界读书日、传统节日、寒暑假等重要时间节点重点宣传本馆阅读推广活动。坚持线上荐书、线上讲座、线上直播等活动广泛"出圈"。南图官方微博继续入围"全国十大图书馆微博",位列"江苏十大文旅系统微博"榜单第二名。依托新媒体平台打造了"书香精灵"IP形象,赋能外宣品牌,增加读者与南图的黏合度。

6. 入藏资源严格把关

南京图书馆是全省文献信息资源保障中心,扎实规范地推进文献资源建设。南图设立馆藏文献采购委员会,制定《南京图书馆馆藏发展政策》《文献采选条例》《馆藏文献加工周期管理规定》《图书馆排架与维护》《文献编目标引和编目工作细则》《南京图书馆馆藏文献信息处置工作细则》,合理规划与适时调整馆藏结构,科学规范文献处置流程。南图加强数字资源建设与发展,形成了结构合理、重点突出的馆藏保障体系,促进实体馆藏与虚拟馆藏协调发展。截至2021年底,馆藏纸质书籍达到1 262万册,对外服务的数字资源总量达到751 TB。

南京图书馆是国家联合编目省级分中心,严格执行编目制度,努力提升编目绩效。积极开展"陶风采——你选书,我买单"读者荐购服务(PDA),活动推出迄今,读者参与选书总册数已超47万册,读者总参与人数超26万人次,合计码洋超1 700万元。2019年,南图与江苏凤凰新华书店集团有限公司签订战略合作协议,形成了更为紧密的"馆社店"业务融合发展模式,有力助推了江苏全民阅读的高质量发展。

二、业务建设

1. 聚焦远景目标

"十四五"是我国开启向基本实现社会主义现代化国家迈进的重要时期。立足时代新坐标,南京图书馆在认真总结"十三五"工作的基础上编制了《南京图书馆"十四五"事业发展规划》,确立今后五年的发展目标、任务及基本措施。拟通过管理机制建设、文献资源建设、阅读服务与推广、文旅融合、学术科研、人才培养、事业保障等十三项重点任务来切实推进事业发展。南京图书馆认真做好专项工作规划和年度工作计划,切实落实年报制度,定时编制并发布《南京图书馆年度报告》。

2. 优化馆藏结构

南京图书馆设立馆藏文献采购委员会,先后制定《南京图书馆馆藏发展政策》《文献采选条例》《馆藏文献加工周期管理规定》《图书馆排架与维护》《文献编目标引和编目工作细则》《南京图书馆馆藏文献信息处置工作细则》，合理规划与适时调整馆藏结构，科学规范文献处置流程，促进实体馆藏与虚拟馆藏协调发展，加强数字资源建设与发展，经过长年实践形成了结构合理、重点突出、具有特色的馆藏保障体系。截至2021年底，馆藏纸质书籍达到1 262万册，对外服务的数字资源总量达到751 TB。

3. 注重古籍保护工作

南京图书馆注重古籍保护工作，提升整体保护能力，传承中华传统文化。截至2021年底，南京图书馆馆藏古籍均已进行普查编目整理，总量约20万部计160万册（件），《南京图书馆古籍普查登记目录》于2019年正式出版，该目录收录了南京图书馆馆藏古籍书目数据8.6万余部，民国时期文献普查编目为图书73 104种、期刊2 068种、报纸11 568种计70万册（件），历史文献著录详尽、质量较高，体现出南京图书馆多年来在版本鉴定、文献编目、收藏保管等方面的深厚积累，是集体智慧的结晶。

4. 发挥古籍保护中心作用

自"中华古籍保护计划"实施以来，南京图书馆在全省古籍普查、保护修复、古籍数字化、整理出版、人才培养、宣传推广等方面取得了显著成绩。省古籍保护中心联合全省古籍收藏单位，实施"省、市、基层"三方联动，圆满完成全省古籍普查工作。实际收录全省68家单位250 455条古籍书目，名列全国省份第一。全省入选国家珍贵古籍名录1 422部，占全国总量10%以上。设立国家级古籍修复传习中心江苏传习所，古籍修复影响力辐射全省以及河北、吉林等多地。重视以项目为抓手，强化全省古籍整理与研究能力，在"江苏文脉整理与研究"工程项目中，承担《书目编·典藏志》的编纂，系统开展25万条古籍书目的整理著录，分类排序，形成全省古籍目录成果。

5. 规划出版项目

南京图书馆注重特色资源开发，加快整理出版进程，规划出版项目。2018年至今已陆续整理出版了《南京图书馆藏未刊稿本集成》（经部66册、子部53册、史部91册），《江苏第五批国家珍贵古籍名录图录》《水浒人物像传》《砥砺奋进，继往开来——江苏省古籍保护工作回眸（2007—2017）》《家国书运——八千卷楼藏书特展图录》《江苏省第六批国家珍贵古籍名录图录》《汪伪政府公报》（地方卷100册）、《见证-中文报刊里的南京大屠杀报道汇编》（2册）、《民国日报（宁夏版）》（10册）、《民国江苏省政府公报》（20册）、《近代大运河史料丛编》（50册）、《南京图书馆藏民国统计调查资料》（144册）、《中国抗战戏剧文献丛编》（30册）、《近代地方治理文献丛编》（60册）等古籍与民国文献16种631册，并多次入选国家出版基金资助项目、国家重点古籍出版资助项目、"十三五""十四五"国家重点出版物规划项目、国家革命文献与民国时期文献整理出版资助项目等，且多次荣获各级各类奖项。

6. 开发革命文献

南京图书馆重视革命文献的整理与开发工作，整理并拟出版《南京图书馆藏革命文献书目》。在进行革命文献整理与开发的同时，南京图书馆注重提升革命文献的知名度，以展览、短视频等多种方式开展宣传推广工作。策划与展出的展览包括："南京图书馆藏系列革命文献展览""红色的足迹：南京图书馆藏珍贵革命文献展""不忘初心：马克思主义在中国的传播与发展文献纪念展""'典'亮中国：中华优秀传统典籍中的马克思主义原理专题文献展"等革命文献专题展览。

7. **自建多部数据库**

南京图书馆加大自建数据库的力度,陆续建成并开通《江苏地区老报纸数据库》《江苏作家作品数据库》《新型冠状病毒肺炎——江苏疫情专题库》《南京解放 70 周年》《共建江苏"一带一路"》《"强富美高"新江苏》《江苏知识产权》《南京大屠杀死难者国家公祭日》《江苏法治政府建设》《江苏全民阅读》《青奥会》等具有独立知识产权的数据库。加大古籍与民国文献数字化工作力度,自建《南京图书馆藏清人文集全文影像数据库》《南京图书馆藏稀见方志全文影像数据库》等数据库,公开发布已完成数字化的古籍达 400 余种。其中,以"清人文集"为首期内容的《江苏省珍贵古籍全文影像数据库》入选 2021 年度国家古籍数字化工程专项资助项目。

8. **统筹建设全省公共数字文化项目**

南京图书馆联合全省 117 家公共图书馆共同建设江苏省少儿数字图书馆项目、"百馆荐书·全省共读"阅读推广项目。其中,江苏省少儿数字图书馆精选 11 种国内主流全形态少儿资源通过多平台访问,实现"线上资源访问与活动结合、线下设备访问体验与现场活动呼应"的 O2O 服务模式,是国内最大的省级少儿读者服务项目。"百馆荐书·全省共读"阅读推广项目以每月推送 35 本畅销书(电子版)的方式向全省读者提供免费扫码看书服务,充分发挥数字阅读优势,提升公共文化服务效能。

南京图书馆联合 13 个地级市馆以"江苏记忆"大型文化数据库集群为总建设框架,包括文化遗产和当代文化两条主线,全面开展特色数据库建设。截至 2021 年底,共建成 42 个地方特色资源数据库,总容量超过 120 TB。2019 年,南京图书馆建成并完善全省共享的综合性公共图书馆数字化云服务管理平台,建设"江苏省公共图书馆大数据服务平台"。数据中心现已采集 115 家公共图书馆业务数据、98 家客流数据、86 家活动数据,实现公共图书馆数据共享、备份修复、分类排行、可视分析等功能,为数据成果转化打下良好基础,并于 2020 年 12 月获得江苏省文旅厅首批重点实验室认定,探索数字赋能、智慧服务的新途径。

三、业务创新

1. **创新工作项目**

南京图书馆始终紧跟行业发展趋势,制定鼓励创新的政策措施,近年来在创新项目、阅读空间、智慧应用场景、文旅融合、馆藏开发与文创等五个方面开展业务创新。2018 年以来至今,我馆实施了 12 项创新项目,包括南京图书馆陶风图书奖、公共图书馆咨询服务标准化项目、长三角公共图书馆智库服务联盟、"百馆荐书 全省共读"项目、江苏省公共图书馆大数据中心、国家语言文字推广基地、玄览论坛、南图姐姐——天天悦读"1+X"、陶风网借、江苏文旅书亭、文化援疆、智慧典阅。通过"项目创新"的方式培养了人才,带动了队伍,提升了服务效益,树立了良好的服务品牌和服务形象。

2. **创新阅读空间**

南京图书馆在优化现有馆外流通服务网点的基础上,结合服务覆盖范围、用户需求、资源建设等要素,以"小而美""多而精"为主要特点,通过社会化合作方式陆续打造了 11 个富有创意融合、特色化、主题性的新型阅读空间。实施"书香机关 悦读阅美"流通服务项目,逐步形成"机关＋主题"管理模式,实现"书香机关＋陶风采＋网借"通借通还的服务新业态,为业界新型阅读空间构建提供南京图书馆特色方案。

3. 创新文旅融合

南京图书馆高度重视文旅融合,将特色馆藏资源转化为优质的旅游资源,让馆藏古籍里的文字活起来,通过对景区赋予文化诠释让读者充分了解景区历史文化,激发读者的阅读热情。2019年以来,在文旅融合实践、特色空间建设等方面打造了江苏文旅书亭、文化走读、书海识遗等文旅融合项目,让人们在"行万里路"中"读万卷书",在旅游中感悟中华文化、增强文化自信。

4. 创新标准化建设

南京图书馆充分认识到行业标准化工作对于公共图书馆的高质量发展的重要意义。南京图书馆于2021年成立"公共图书馆咨询服务标准化试点"领导小组及办公室,根据江苏省标准化研究院的专业指导要求,着手制定公共图书馆参考咨询服务各项工作的标准化文件,构建出彼此联系、彼此支持、同中有异、异中有同的标准化体系。"公共图书馆咨询服务标准化试点"入选国家级公共服务(文化)标准化试点项目,成为我省唯一获得立项的文化类别公共服务项目。

5. 创新人才培养品牌

南京图书馆聚焦面向全省地市级、县级图书馆的业务辅导、培训,建立了多层级、多专业的培训体系以及实用高效的馆员教育学时认定管理方式。在全员培训基础上注重新进员工培养,2018年以来开展包括"陶风青蓝工程——全省中青年图书馆员科研能力提升""全省公共数字文化业务培训""全省古籍保护、编目、修复业务培训"在内的33场业务培训,共计约92.4万人次参与,在业界形成了品牌。

四、交流合作

1. 重视业务交流合作

南京图书馆积极与本省以外各类型图书馆开展跨区域交流合作。南京图书馆作为长三角图书馆联盟的发起馆之一,是长三角图书馆中发展合作模式起步最早、工作最扎实、成效最显著的图书馆。2018年9月,与沪浙皖签订《长三角图情战略合作协议》,建立战略合作关系,就长三角公共图书馆阅读推广(阅读马拉松)、联合发布长三角公共图书馆发展报告、网上联合知识导航、公益性巡讲巡展以及信用服务联盟等5个战略项目开展跨区域合作。2020年5月牵头成立长三角公共图书馆智库服务联盟,并列入了江苏省文旅厅《2020年长三角文化和旅游联盟重点工作计划》,对促进长三角公共图书馆智库服务成果的共建共享和全面提升决策咨询服务能力发挥了重要作用。2021年4月,南图与陕西省图书馆签署《苏陕公共图书馆"十四五"协作交流框架协议》,开展深度协作和交流,形成长期合作、互利共赢、多层次、常态化的工作机制和协作格局。

2. 鼓励学术研讨交流

南京图书馆学术委员会切实履行工作职责,制定业务激励与保障的政策文件、明细相关奖励措施、编辑发行学术期刊等方式,让馆员能够实时紧跟科研热点,广泛开展学术交流,提高图书馆的学术素养与科研能力。四年间,馆员发表图书馆学、情报学、文献学相关专业论文共计262篇,成功申报并完成了众多国家级、省部级以及全国性专业学会课题,2018—2021年共完成国家级科研项目2项,省部科研项目8项,厅局级科研项目13项,全国性行业组织5项,专业学(协)会项目5项,作为中国图书馆学会表彰刊物、CSSCI扩展版来源期刊的《新世纪图书馆》,积极发挥引领学术创新、学科转型、学问精进的平台作用。南京图书馆与台湾汉学研究中心联合发起主办了"玄览论坛",至今已成功举办九届,作为海峡两岸最高层次的图书馆界学术交流活动,在两岸文化交流史上留下绚丽篇章;积极开展古籍学术研究与交流,先后主办、联办"传承 融合 发展——2018年古籍整理与保护学术研讨会"、"2019中国四库学研究高层论坛"、"2020年文脉传承与地域文化——大型地方历史文献编纂与出版学术研讨会"、2022年第三届江南文脉论坛"孕育与流传——江南典籍与长江文化"分论坛等多个大型学术研讨会,举办《沈燮元文集》《南京图书馆藏稀见书目书志丛刊》《南京图书馆未刊稿本集成》首发仪式等,提升了古籍学术研究影响力。

3. 发挥业务指导职能

南京图书馆彰显省馆龙头作用,发挥省馆业务指导职能,搭建"江苏公共图书馆学习平台",在全省范围内形成以赛促学、以赛促练、以赛促用的公共图书馆员继续教育新业态。南京图书馆积极配合江苏省文化和旅游厅举办全省六届公共图书馆业务竞赛。

作为江苏省图书馆学会的挂靠单位,南京图书馆与省学会以业务综合能力建设为着眼点,凝聚全省业界力量,完善自身建设,充分发挥学会联系交流、协作协调的职能。省学会组织开展图书馆学情报学学术成果评奖活动、川、吉、苏、冀、桂五省(区)图书馆学会征文活动、"超星杯"图书馆创新服务征文比赛、课题申报等工作,并发挥各专业委员会、市学会的积极性,积极推动江苏全省的公共图书馆事业向高质量发展。

五、保障机制

1. 党建引领事业发展

党的十八大以来,南京图书馆党委以习近平新时代中国特色社会主义思想为指导,始终坚持和加强党的领导,坚定办馆方向,馆党委、各支部以及全体党员深入学习贯彻习近平新时代中国特色社会主义思想和党的十九大、二十大以及省第十四次党代会精神。把政治建设摆在首位,深入贯彻落实党中央、省委、厅党组关于加强党的政治建设的部署要求,以"三个表率"模范党组织建设为抓手,引导全馆党员干部不断提高政治判断力、政治领悟力、政治执行力。在组织建设上,充分发挥党委政治核心作用。健全并完善党建责任体系,加强支部标准化建设,严格落实"三会一课"制度,从严规范党员发展,推进党建工作信息化,开展党建信息化培训工作,全面提升党员素质。积极推进"两学一做"学习教育、"不忘初心 牢记使命"主题教育、党史主题学习教育与业务工作紧密结合,扎实开展"我为群众办实事"实践活动、党史学习教育常态化长效化,做好疫情防控工作,引导党员领导干部和全馆党员积极响应、主动作为,确保学习扎实开展、走深走实。

2. 狠抓意识形态工作

南京图书馆成立了本馆意识形态工作领导小组,制定工作制度,将意识形态工作贯穿于图书馆各项业务工作之中；加强党风廉政建设，召开全面从严治党专题工作会议，签订党风廉政建设责任书，完善《南京图书馆"三重一大"决策制度》。馆党委和各部门、各支部负责人签订年度《南京图书馆党风廉政建设责任书》，落实"一岗双责"，努力打造一支信念坚定、为民服务、清正廉洁的党员干部队伍。

3. 强化内部科学管理

南京图书馆立足现实，稳步推进改革发展。围绕管理体系建设，对业务职能适时调整，先后增设典阅部、参考咨询部和社会工作部（阅读推广部）等3个内设机构，有效助推业务能力提升。加强考核机制建设，坚持多元评价，优化绩效考核制度，健全人才评价体系，把好领导班子、中层干部、普通馆员三级考评考核关，以考评考核、内部管理、业务发展为抓手，加强对道德操守、职业能力、业绩贡献等要素的考核力度。作为较早推进实施法人治理的文化机构，南京图书馆先后颁布了《南京图书馆理事会章程》《南京图书馆建立法人治理结构工作方案》等政策性文件，通过召开理事会，讨论和审议图书馆重大决策和工作要点，对公共图书馆科学治理进行了有益探索。

4. 注重专业人才培养

人才是图书馆事业发展的根基。南京图书馆高度重视人才队伍建设，努力推进人才活力激发、人才素质提升和人才结构优化，先后制定了包括《南京图书馆岗位设置实施方案》《南京图书馆专业技术岗位竞聘工作方案》《南京图书馆读者服务明星评比细则》《南京图书馆奖励性绩效工资分配方案（试行）》《南京图书馆学术道德规范》《南京图书馆学术研究成果奖励办法》《南京图书馆干部交流轮岗制度》在内的人才培养和荣誉奖励相关制度文件。在立足本馆职工综合能力建设的基础上，着眼于全省图书馆系统的人才素质提升，以"陶风青蓝工程"和"全省业务竞赛"为抓手，加强全省图书馆员职业生涯的规划，帮助馆员确定自身发展空间与事业方向，为馆员提供职业精神、专业知识、业务技能等方面的培训支持，为促进全省公共文化服务事业的健康发展提供坚强有力的组织保障和智力支撑。

5. 压实安全主体责任

南京图书馆坚持强化安全主体责任，坚决筑牢安全防线，成立以主要领导挂帅的安全生产、网络安全工作领导小组，健全各项安全制度，先后出台《南京图书馆安全生产专项整治实施方案》《南京图书馆承租单位消防安全管理规定》《公共卫生突发事件应急处置方案》《南京图书馆网络安全工作责任制实施办法》《南京图书馆信息系统及网络安全管理制度》等系列文件，落实"一岗双责"职能，每年年初与各部门签订《安全生产责任书》，确保各项安全制度和措施落实到各部门、各岗位。定期召开安全生产、网络安全工作专题会议，在节庆假日、重要时间节点组织开展安全生产、网络安全大检查，举办各类消防讲座和应急演练，联合外包物业开展安全设施维保工作。加大网络安全方面的投入，新上线多套网络安全软硬件防护系统，依据《信息安全技术网络安全等级保护定级标准》，组织专家对本馆系统网络安全等级保护进行论证评审，通过升级改造，提升网络防御技术手段，加强业务系统防护能力，确保了业务系统在安全的基础上有效运行。

6. 做好内控内管内监

南京图书馆全力抓好疫情防控工作，最大程度保障了广大读者和工作人员的生命安全和身体健康。疫情防控期间，全馆同仁坚守服务阵地，创新服务方式，利用新媒体平台积极推送防疫科普和线上阅读活动，助力读者居家抗疫。为推进内部控制工作，针对工程、项目、采购等多个类别任务，我馆设立内部审计小组，制定了单位层面、业务层面系列工作制度和办法，强化内部工作制约和有效监督，提升了公共服务效能和内部治理水平，努力使安全生产、网络安全成为确保事业高质量发展的"压舱石"。

六、结　语

在今后工作中，南京图书馆将坚持以习近平新时代中国特色社会主义思想为引领，深入贯彻党的二十大精神，切实把思想和行动统一到促进图书馆事业高质量发展上来，把智慧和力量凝聚到公共文化服务上来，以更加开放的服务理念、更加丰富的服务内容和更加便利的服务举措，不断满足人民群众高品质的精神文化需要，为谱写"强富美高"新江苏现代化建设新篇章作出更大的贡献。

（执笔人：丁　勇　梁雯雯）

南京市公共图书馆事业发展报告

截至 2021 年底,南京市下辖 11 个区,此外,设立国家级新区江北新区,总面积 6 587 万平方千米,常住人口 942.3 万人。现有副省级图书馆 1 家,县级图书馆 11 家,县级少年儿童图书馆 2 家,全部获评国家一级图书馆。通过对第七次评估定级情况研究发现,南京地区公共图书馆事业发展整体向好。

一、保障条件

1. 经费投入

2018—2021 年间,除了 2020 年南京市对公共图书馆的年财政拨款总额与上年持平外,其余年份的年财政拨款总额均为正增长。与 2018 年相比,2021 年南京市对公共图书馆的年财政拨款总额增加了约 0.23 亿元,增长了 15.6%。同时,南京市财政收入 4 年间连续增长,且基本上每年与公共图书馆年财政拨款总额保持 1 000∶1 的比例关系。

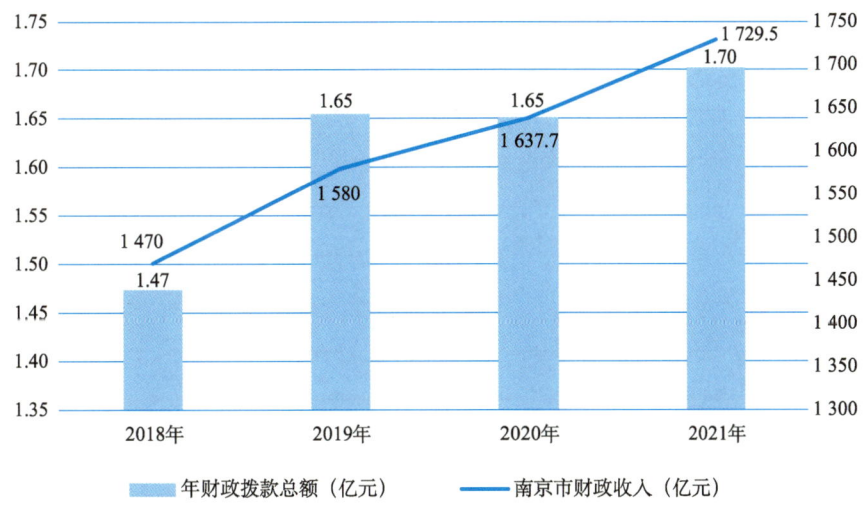

2018—2021 年南京市公共图书馆年均财政拨款总额与全市财政收入对比

南京市 13 家县级馆四年年均财政拨款总额均远高于评估标准中东部地区一级馆规定的 160 万元。

2018—2021 年南京市各公共图书馆年财政拨款总额

图书馆	年财政拨款总额(万元)				
	2018 年	2019 年	2020 年	2021 年	平均
金陵图书馆	5 152.3	6 629.9	6 718.9	6 543	6 261.03
秦淮区图书馆	889.1	632	598.5	670.3	697.48
建邺区图书馆	979.5	908.9	909.2	695.5	873.28
鼓楼区图书馆	577.3	590.4	632.7	826.2	656.65
栖霞区图书馆	642.7	738.5	492.8	602.6	619.15
雨花台区图书馆	303.8	398.8	437.3	684.3	456.05
江宁区图书馆	1 317.4	1 212.7	1 243.3	1 265.8	1 259.8
浦口区图书馆	1 383.6	1 531.3	1 550.4	1 448	1 478.33
六合区图书馆	1 340.1	1 142.3	1 381.0	1 390.7	1 313.53
溧水区图书馆	420.2	713.9	614.9	630.8	594.95
高淳区图书馆	537.6	578	576.6	566.1	564.58
江北新区图书馆	616.3	809.4	809.4	975	802.53
玄武区少年儿童图书馆	305.6	303.6	316.1	318.9	311.05
溧水区儿童图书馆	238.7	276.3	495.1	497.5	376.9

但是,与全国其他副省级城市相比,南京市公共图书馆年财政拨款总额与其经济、政治地位不相称。以 2020 年为例,南京市一般公共预算收入在 15 个副省级城市中位列第三,但市属公共图书馆年财政拨款总额却排名第六位。

2020 年全国 15 个副省级城市公共图书馆年财政拨款总额对比表

图书馆	年财政拨款总额(万元)	排名
金陵图书馆	6 719	6
哈尔滨图书馆	3 648.2	11
长春图书馆	1 200	15
沈阳图书馆	1 534.6	14
大连图书馆	6 191	7
西安图书馆	2 186	13
成都图书馆	3 451.6	12
济南图书馆	5 000	9
青岛图书馆	4 466.2	10
武汉图书馆	5 549	8
杭州图书馆	10 972.6	3

(续表)

图书馆	年财政拨款总额(万元)	排名
宁波图书馆	7 577.6	4
厦门图书馆	7 214	5
广州图书馆	24 110.9	1
深圳图书馆	23 323.35	2

文献资源是图书馆业务发展的基石,而文献购置费则对公共图书馆文献资源建设水平有重要影响。从文献专项购置费来看,2018—2021 年,南京市公共图书馆年文献购置总额和年人均文献购置费均在 2019 年下降后,在 2020 年和 2021 年连续两年上涨。

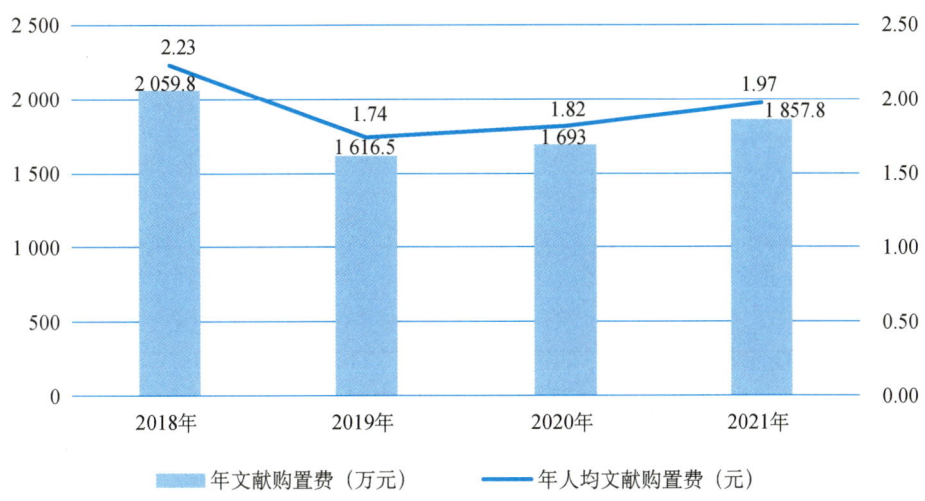

2018—2021 年南京市公共图书馆年文献购置费与年人均文献购置费对比

2018—2021 年南京市公共图书馆年文献购置费、常住人口、年人均文献购置费对比表

指标	2018 年	2019 年	2020 年	2021 年
年文献购置费(万元)	2 059.8	1 616.5	1 693	1 857.8
常住人口(万人)	924.4	928.2	932	942.3
年人均文献购置费(元)	2.23	1.74	1.82	1.97

县级馆中,四年年均文献购置费最多的是六合区图书馆,其次是江北新区图书馆。这反映出这两个区在有效确保馆藏得到及时补充更新方面的投入力度较大。

2018—2021 年南京市各公共图书馆年文献购置费

图书馆	年文献购置费(万元)				
	2018 年	2019 年	2020 年	2021 年	平均
金陵图书馆	520	520	630	609.9	569.98

（续表）

图书馆	年文献购置费(万元)				
	2018年	2019年	2020年	2021年	平均
秦淮区图书馆	94.9	103	92.7	92.7	95.83
建邺区图书馆	145	140	130	130	136.25
鼓楼区图书馆	100	100	100	300	150
栖霞区图书馆	100	100	100	100	100
雨花台区图书馆	50	45	60	190	86.25
江宁区图书馆	40	30	30	30	32.5
浦口区图书馆	67	70	80	80	74.25
六合区图书馆	727.9	66.5	52.6	43.2	222.55
溧水区图书馆	45	56	51.7	42	48.68
高淳区图书馆	60	80	60	80	70
江北新区图书馆	70	266	266	130	183
玄武区少年儿童图书馆	20	20	20	10	17.5
溧水区儿童图书馆	20	20	20	20	20

2. **实体文献资源**

2018—2021年，南京市公共图书馆实体文献馆藏总量逐年增长，从2018年的752.84万册件增长到2021年的904.18万册件，增长率20.1%。全市人均公共图书馆藏量呈现相同趋势，从2018年的0.81册件增长到2021年的0.96册件，增长率18.52%。

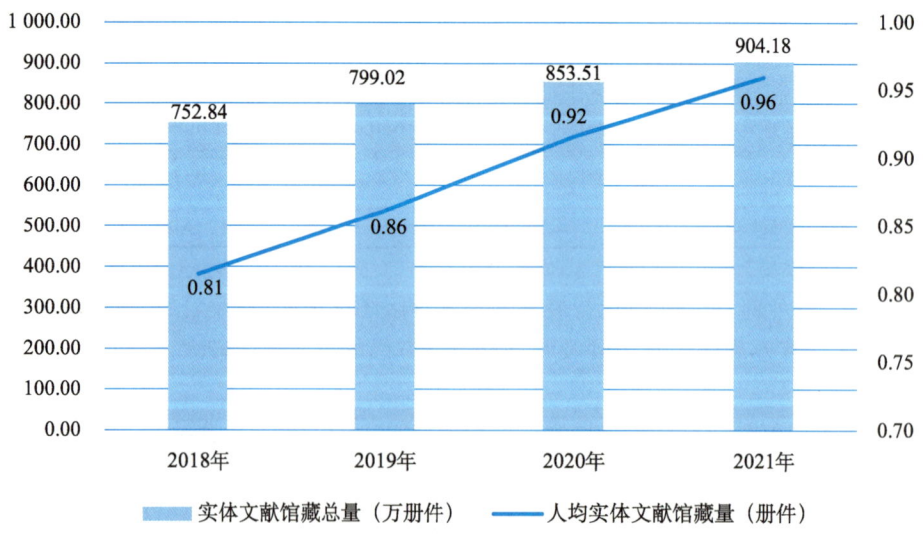

2018—2021年南京市公共图书馆实体文献馆藏总量、人均实体文献馆藏量

值得注意的是,根据文旅相关部门的数据,截至 2021 年底,全国人均公共图书馆藏量为 0.89 册件,江苏省人均公共图书馆藏量为 1.31 册件。可见,目前南京市人均公共图书馆藏量虽高于全国平均水平,但仍然低于全省平均水平。

2018—2021 年南京市各公共图书馆实体文献馆藏总量

图书馆	实体文献馆藏总量(万册件)			
	2018 年	2019 年	2020 年	2021 年
金陵图书馆	238.22	246.93	254.11	262.61
秦淮区图书馆	56.01	60.83	62.95	64.73
建邺区图书馆	50.28	56.99	59.88	64.07
鼓楼区图书馆	46.50	49.61	51.10	59.62
栖霞区图书馆	38.19	42.35	67.41	51.84
雨花台区图书馆	14.98	16.43	18.13	24.43
江宁区图书馆	103.22	104.22	105.86	108.12
浦口区图书馆	34.42	38.61	43.18	43.07
六合区图书馆	30.07	31.69	33.15	34.52
溧水区图书馆	33.53	34.09	36.02	43.98
高淳区图书馆	33.02	34.67	37.38	40.2
江北新区图书馆	34.58	39.84	39.84	61.88
玄武区少年儿童图书馆	20.96	21.56	22.16	22.50
溧水区儿童图书馆	18.86	21.22	22.33	22.61

3. 建筑面积

2018—2021 年,南京市公共图书馆建筑面积在 2019 年大幅增长后趋于稳定。截至 2021

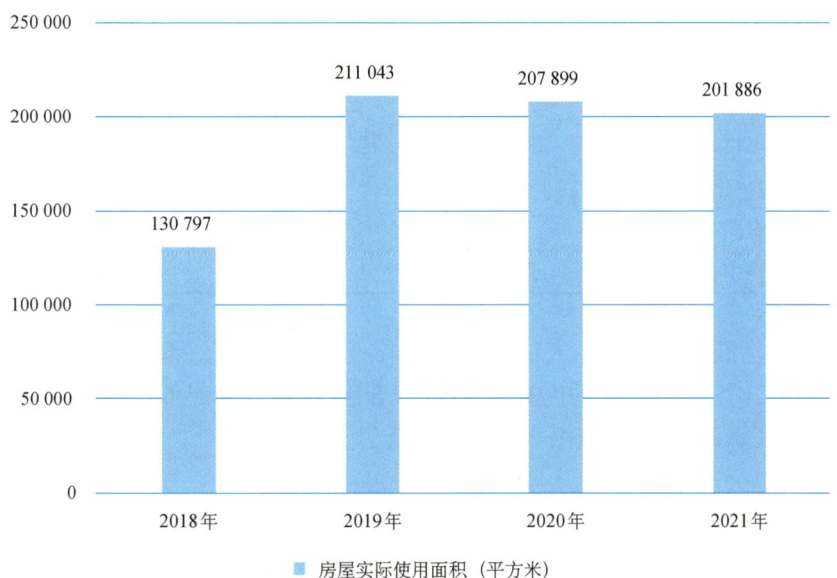

2018—2021 年南京市公共图书馆房屋实际使用面积

年底,全市平均每万人拥有图书馆建筑面积达到214.3平方米,高于全国平均每万人拥有图书馆建筑面积(135.5平方米)和江苏省平均每万人拥有公共图书馆建筑面积(191平方米)。

这与"十三五"期间南京市大力建设覆盖城乡的四级公共文化服务网络设施有关。根据南京市统计局数据,2019年南京市每万人拥有公共文化设施面积指标的水平指数居全省第二位。

二、服务效能

1. 实际持证活跃读者数

2018—2021年,南京市各区馆实际持证活跃读者人数均稳步增长,截至2021年底实际持证活跃读者数量最多的是江宁区图书馆,数据为18.29万人,最低的是雨花台区图书馆,数据为1.43万人。

2018—2021年南京市各公共图书馆实际持证活跃读者数

图书馆	实际持证活跃读者数(万人)			
	2018年	2019年	2020年	2021年
金陵图书馆	11.37	9.94	5.97	8.10
秦淮区图书馆	1.10	3.70	5.61	6.39
建邺区图书馆	2.26	5.17	7.23	10.90
鼓楼区图书馆	3.05	4.16	7.84	9.71
栖霞区图书馆	1.51	2.03	2.40	2.76
雨花台区图书馆	0.67	0.71	0.72	1.43
江宁区图书馆	8.07	12.00	14.45	18.29
浦口区图书馆	2.14	3.17	8.79	12.03
六合区图书馆	1.93	3.08	4.02	3.69
溧水区图书馆	2.12	4.34	6.33	9.66
高淳区图书馆	2.04	2.36	2.42	2.66
江北新区图书馆	1.97	2.48	2.48	11.34
玄武区少年儿童图书馆	0.66	3.56	5.36	8.82
溧水区儿童图书馆	1.00	1.00	1.00	1.02

从实际持证活跃读者占常住人口比例来看,各区之间差异依然较大。以2021年为例,实际持证读者占比在20%以上的区有浦口区、六合区、溧水区和建邺区,在10%~20%的区有玄武区、鼓楼区和江北新区,其余5个区则都低于10%。

2. 总流通人次

南京市总流通人次在2019年实现正增长后,在2020年克服疫情影响,实现逆势增长,仅在2021年略有下降,但相较于2018年和2019年依然分别增长了15%和5%。究其原因,一方面可能是全市公共图书馆为克服疫情影响创新服务方式,采用展览这种较为灵活、服务范围较大的方式开展读者活动,如浦口区图书馆在2020年开展了104场展览,服务了72.45万人次,相较2019年分别增长了150%、243%;另一方面可能是得益于南京市公共图书馆总分馆服务体系,如溧水区图书馆分馆2020年服务了11.2万人次,相较于2019年的1.24万人次,增长了近10倍。

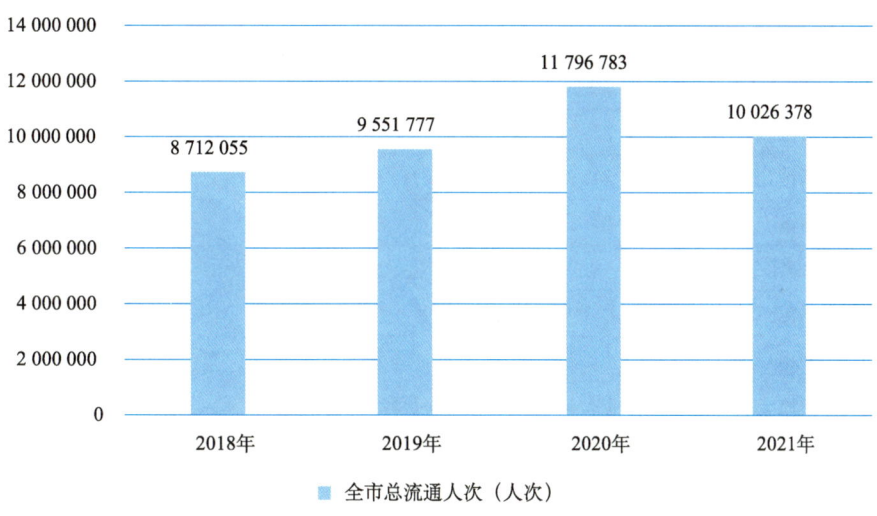

2018—2021年南京市公共图书馆总流通人次

3. 文献借阅情况

南京市文献外借量在2019年同比增长了16.7%。2020年克服疫情影响,全市文献外借量较上年增长了13.7%。2021年,全市文献外借量则较2020年下降了12%。

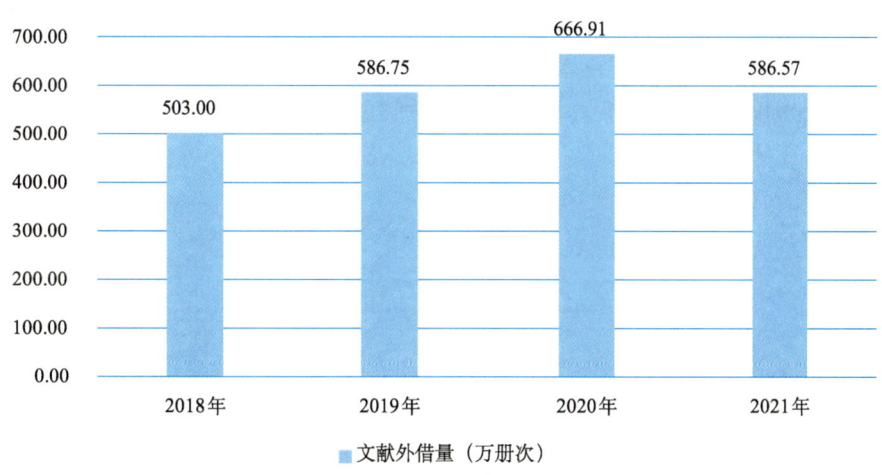

2018—2021年南京市公共图书馆文献外借量

2018—2021年,金陵图书馆年均外借量为97.4万册次。南京市所有县级综合型公共图书馆年均外借量均高于东部地区县级公共图书馆一级馆所要求的13万册次以上。玄武区少年儿童图书馆和溧水区儿童图书馆也都达到了20万册次以上,达到少年儿童图书馆评估指标的优秀水平。

各馆文献流通率差异较大,以 2021 年数据为例,浦口区图书馆、六合区图书馆、溧水区儿童图书馆、江宁区图书馆、雨花台区图书馆、栖霞区图书馆文献流通率达到 100%以上。

2021 年南京市各公共图书馆开架馆藏量、文献外借量、文献流通率

图书馆	开架馆藏量(万册件)	文献外借量(万册件)	文献流通率
金陵图书馆	111.24	95.60	85.94%
秦淮区图书馆	52.91	28.85	54.53%
建邺区图书馆	33.07	19.34	58.48%
鼓楼区图书馆	37.88	24.71	65.23%
栖霞区图书馆	31.59	36.46	115.42%
雨花台区图书馆	18.54	23.13	126.47%
江宁区图书馆	104.61	149.56	142.97%
浦口区图书馆	11.52	37.28	323.61%
六合区图书馆	22.49	49.99	222.28%
溧水区图书馆	43.29	33.91	78.33%
高淳区图书馆	25.76	18.83	73.10%
江北新区图书馆	43.55	22.53	51.73%
玄武区少年儿童图书馆	21.91	16.53	75.45%
溧水区儿童图书馆	17.73	29.86	168.42%

4. 读者活动参与人次

2018—2021 年,南京市公共图书馆举办读者活动场次变化趋势与前文所述全市总流通人次变化趋势相同,2019 年实现正增长后,在 2020 年克服疫情影响从而实现逆势增长,2021 年略有下降,但相较于 2018 年和 2019 年依然分别有所增长。参加读者活动人次则在 2019 年略有下降后,在 2020 年快速增长,2021 年有所回落。

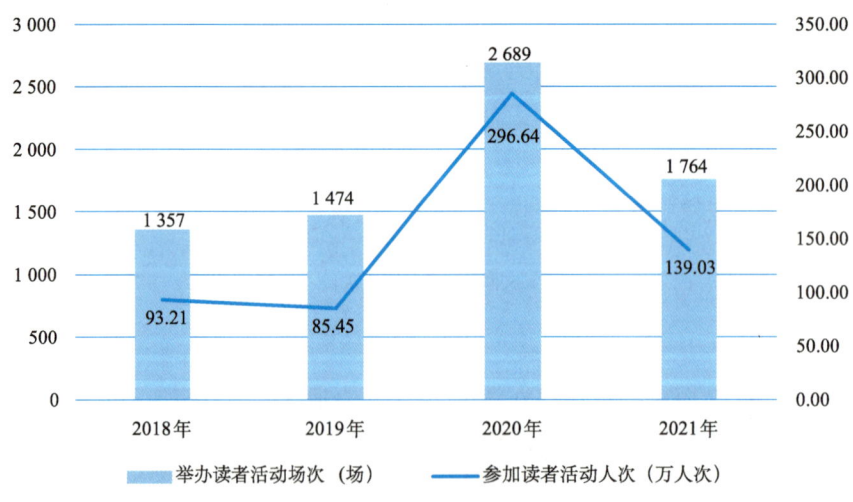

2018—2021 年南京市公共图书馆举办读者活动场次、参加读者活动人次

2018—2021年,南京市每万人参加读者活动次数变化趋势则与参加读者活动人次变化趋势相反。究其原因,发现与读者活动场次变化率低于参加读者活动人次有关。以2020年为例,全市举办读者活动场次较2019年增长了82.4%,而参加读者活动人次则增长了247%,最终导致全市每万人参加读者活动次数下降了47.5%。

2018—2021年南京市公共图书馆每万人参加读者活动次数

5. 数字资源访问情况

从资源数量来看,金陵图书馆拥有数据库数量达到51个。各区馆中,江北新区图书馆(28个)和六合区图书馆(22个)拥有数据库数量达到20个以上;江宁区图书馆、浦口区图书馆、秦淮区图书馆、鼓楼区图书馆和溧水区图书馆拥有数据库数量达到10个及以上。

从资源形式来看,南京市公共图书馆为读者提供了丰富的数字资源,包括图片、音频、视频等多种多媒体资源,有效弥补纸质书内容扁平化的不足。

从可远程访问的数字资源占比来看,目前建邺区图书馆、江宁区图书馆、六合区图书馆和溧水区儿童图书馆均达到了100%,秦淮区图书馆、栖霞区图书馆和雨花台区图书馆均达到了90%以上。

2021年南京市各公共图书馆数字资源总数、可远程访问的数字资源占比统计表

图书馆	数字资源总数(个)	可远程访问的数字资源占比
金陵图书馆	51	68%
秦淮区图书馆	15	93%
建邺区图书馆	5	100%
鼓楼区图书馆	15	87%
栖霞区图书馆	11	91%
雨花台区图书馆	11	91%
江宁区图书馆	16	100%

(续表)

图书馆	数字资源总数(个)	可远程访问的数字资源占比
浦口区图书馆	16	56%
六合区图书馆	22	100%
溧水区图书馆	10	40%
高淳区图书馆	6	67%
江北新区图书馆	28	48%
玄武区少年儿童图书馆	9	22%
溧水区儿童图书馆	1	100%

6. 新媒体服务

金陵图书馆一直致力于完善全媒体矩阵,定期推送优质特色栏目,面向读者开展丰富的图书馆在线服务。2018—2021年,金陵图书馆官方微博、微信公众号的发布量及用户量等数据表现均稳中向好。2020年,金陵图书馆开通抖音账号,以阅读推广创意短视频为主要内容,结合社会、网络热点向公众展现图书馆面貌、馆员风采及读者互动点滴。

2018—2021年金陵图书馆官方微博数据

指标	2018年	2019年	2020年	2021年
年发文量(条)	969	627	783	2 727
被转发量(条)	707	382	25 769	776
新增用户数	389	425	19 623	741
答复读者参考咨询数(条)	63	77	209	126

2018—2021年金陵图书馆微信公众号数据

指标	2018年	2019年	2020年	2021年
发布图文消息数(条)	379	384	381	384
被分享转发数(条)	15 424	17 490	25 343	12 483
全年净增用户数	13 001	8 868	10 280	16 631
处理读者留言咨询(条)	3 670	3 704	5 183	6 137

2020—2021年金陵图书馆官方抖音数据

指标	2020年	2021年
发布视频数(条)	233	341
阅读量(万次)	267	33.78
新增用户数	1 243	826
获点赞评论数	5 686	5 324

从开设账户情况来看,目前全市各区馆均设有微信公众号且通过其提供预约、检索、借阅等移动图书馆服务,绝大部分还设有微博官方号。此外,2019 年秦淮区图书馆开设 bilibili 号,2020 年鼓楼区图书馆和浦口区图书馆开设了抖音号。

2021 年南京市各区公共图书馆新媒体账户开设情况

图书馆	微信公众号	微博官方号	其他
秦淮区图书馆	√	√	2019 年开设 bilibili 号
建邺区图书馆	√	√	—
鼓楼区图书馆	√	√	2020 年开设抖音号
栖霞区图书馆	√	√	—
雨花台区图书馆	√	√	—
江宁区图书馆	√	√	—
浦口区图书馆	√	√	2020 年开设抖音号
六合区图书馆	√	√	—
溧水区图书馆	√	√	—
高淳区图书馆	√	2020 年注销	—
江北新区图书馆	√	√	—
玄武区少年儿童图书馆	√	√	—
溧水区儿童图书馆	√	√	—

从运营情况看,秦淮区图书馆、江北新区图书馆、六合区图书馆、浦口区图书馆、栖霞区图书馆和玄武区少年儿童图书馆新媒体用户数均稳步增长。截至 2021 年,区馆中新媒体用户数量居第一位的是建邺区图书馆。

三、业务建设

1. 数字资源建设

2018—2021 年,金陵图书馆数字资源体系已基本成形。截至 2021 年,通过商购、自建和参与国家数字图书馆推广项目、江苏省少儿数字图书馆联采等渠道,共发布 30 余种不同类型的数字资源供读者使用。同时,金陵图书馆还积极建设并常态化维护更新了包含馆藏签名本图书资源库在内的多项特色资源。

各区公共图书馆均结合自身特色积极建设数字资源,主要建设方式有商购和自建两种,其中商购又分为全市联采和自购。从数字资源本地存储量来看,截至 2021 年,六合区图书馆最高,达到 345 TB;其次是栖霞区图书馆,存储量为 127.57 TB。

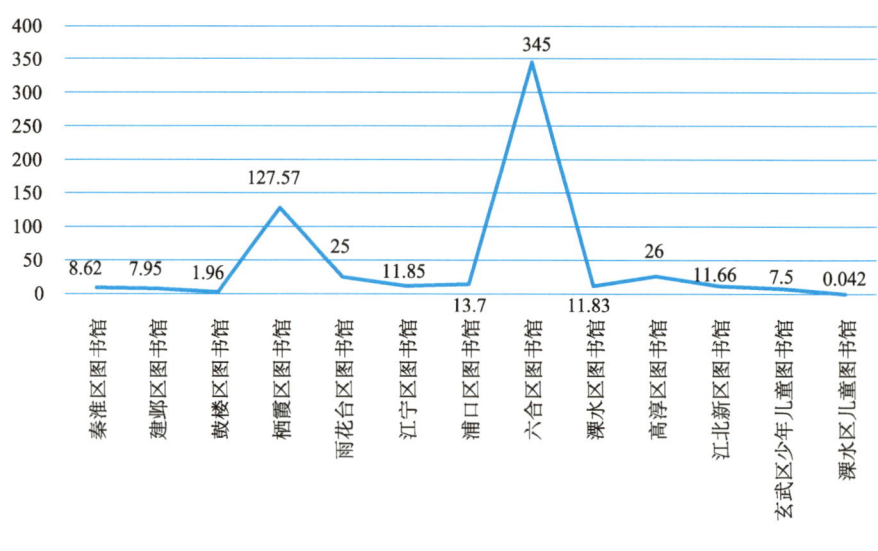

2021年南京市各区公共图书馆数字资源本地存储量

2. 总分馆建设

2018—2021年,南京市公共图书馆总分馆体系建设稳步推进。截至2021年,11家县级公共图书馆中,乡镇(街道)基本已纳入总分馆体系。同时,总馆与分馆的文献信息资源均实现了统一采购、统一编目、统一配送、统一检索、通借通还,且建成了标准统一、互联互通、覆盖城乡的县级公共图书馆总分馆制信息服务网络。

公共图书馆总分馆建设与南京市整体的公共服务体系建设水平较高相关。根据江苏省统计局、省发改委和省政府研究室联合发文(苏统〔2021〕43号)信息,2020年南京基本公共服务体系建设水平总指数连续四年保持全省第一,基本公共服务体系建设首位度进一步提升。

2021年南京市各区公共图书馆总分馆体系情况

图书馆	本区域乡镇(街道)总数(个)	纳入总分馆体系的乡镇(街道)数量(个)
秦淮区图书馆	12	12
建邺区图书馆	6	5
鼓楼区图书馆	13	13
栖霞区图书馆	9	9
雨花台区图书馆	8	8
江宁区图书馆	10	10
浦口区图书馆	5	5
六合区图书馆	9	9
溧水区图书馆	8	8
高淳区图书馆	8	8
江北新区图书馆	7	7

四、突出方面

1. 聚焦基础工作　增强业务效能

南京市各区公共图书馆一直专注服务效能、提升服务品质,致力于建立可持续发展的公共图书馆服务体系。图书馆是书与人连接的桥梁,图书馆服务对象群体的不断扩大可以使更多市民读者受益。评估发现,以溧水区图书馆为代表的很多图书馆在"一卡通"的基础上,启用大数据、自助办证、移动在线办证等先进的办证手段,探索在全区范围内免押金办理电子读者证的发展模式,更高效快捷地简化办证流程,降低读者办证门槛,提高了书刊借阅量,为盘活馆藏资源提供了便利条件,让更广大市民读者更好地享受图书馆。

此外,为了充分发挥图书馆功能从而提升利用率,鼓励更多读者在闲暇时走进图书馆,很多区馆都延长了开放时间。建邺区图书馆是南京首家24小时开放的区级公共图书馆。鼓楼区图书馆每周一至周六的服务时间延长至21点,是全市区级图书馆中唯一一家不借助第三方力量延时开放的图书馆。除此之外,各馆还通过总分馆制、流动服务点等工作的开展,调整供给、精准服务,有效提升了年书刊外借量、流通人次、书刊流通率。

2. 精筑服务品牌　突出活动亮点

各区公共图书馆始终关注对服务品牌的塑造,并通过各类优秀的阅读推广品牌效应吸引更多读者走进图书馆、走进阅读、走进知识。评估期内,不管是参与阅读推广活动的读者数量还是活动的频次都有逐年递增的趋势,全市阅读推广活动整体呈现出品牌精良、形式多样、人群广泛等喜人态势:六合区图书馆形成了"六图讲坛""六图展览""六图故事绘""六图放映室"以及互动体验、便民服务培训、少儿活动等为一体的主题性、系列性、常态化的活动体系;江宁区图书馆以"悦读江宁"为总品牌,下设五个子品牌,分别是"阅江宁·悦成长""阅江宁·悦传承""阅江宁·悦健康""阅江宁·悦发现""阅江宁·悦分享"系列活动。

少儿活动方面,高淳区图书馆推出"高图·淳少年"品牌活动,分为四个板块:"国学少年""文学少年""科学少年""研学少年",针对不同阶段少年儿童特点,组织开展主题活动;玄武区少年儿童图书馆充分利用邻近少年宫的区位优势,全年开展了文博夏令营、非遗系列手工、绘本亲子阅读活动、科普游学系列等活动,在疫情防控期间还开展了线上讲座、展览、竞答等活动,参与人数逾2万人次;作为溧水区少儿阅读活动的主阵地,溧水区儿童图书馆暑假期间与晶桥镇中心幼儿园等单位合作,开展"手把手"教你写作文、"书香润童年　经典伴成长"等主题活动,深受孩子们的喜爱。

3. 打造阅读空间　提升阅读氛围

以城市书房为主的各类新型阅读空间是为提升城市公共阅读服务整体效能,探索公共阅读服务提供主体多元化的新实践:江北新区图书馆打造的"YUE·未来"城市书房,面积480平方米,馆藏图书10 000余册,书房会不定期举办各种活动,让阅读融入新区市民的闲暇生活;2021年底,栖霞区图书馆打造栖阅时光·仙林大学书房,书房在展示栖霞区的旅游资源、非遗手工作品的同时还充分体现了仙林大学城的特色风貌;雨花台区图书馆也在五楼设计建造了融合图书阅读、艺术展览、文化沙龙、轻食餐饮等服务为一体的"百姓书房"。

评估期内适逢文旅融合新浪潮,很多图书馆都把文旅融合与阅读空间建设相结合,把阅读空间开进了旅游景点、美丽乡村。浦口区图书馆首创"无界阅读"项目,深化"行走的图书馆"这一概念,在区内街头转角、银行网点、医院、景点等位置,打造便民阅读点,助力文旅融合;秦淮区图书馆关注"转角·遇见"文化休闲空间打造,根据各个空间的特点个性化配书,为文旅强区秦淮增加书香。

五、不足之处

1. 学术科研能力薄弱　参考咨询服务缺位

在本次评估指标填报中,馆员学术科研成果的缺失成为不少区馆的弱项和短板项。一些馆员并非图书馆学专业出身,除了南京图书馆学会、金陵图书馆每年开展的业务培训以外,受制于图书馆的行政级别或经费等各方面影响,参与其他学习、提升的机会不多,从一定程度上导致了整体科研能力的薄弱。此外,各馆在专题咨询、两会服务与决策咨询方面的情况普遍不理想,究其原因,一是与疫情影响有关,二是与缺乏相关专业人才有关,三是与一些馆重视程度不够有关。

2. 馆藏古籍基础单薄　地方文献建设不足

文献资源建设是图书馆各项工作的基础,直接影响到图书馆的整体服务水平。本次评估中发现全市13家区馆中仅有6家完成馆藏古籍及民国文献的普查登记,而其余各馆仍有相当一部分并无古籍相关馆藏。由此也在整体上对地方特色文献的采集和建设产生了一定影响,导致地方文献数量偏少。

3. 自建数字资源匮乏　智能服务模式单一

除省、市资源联采外,各区馆自建数字资源比较缺乏。同时,区级公共图书馆当前服务模式主要开展的是文献保存、借阅管理、阅读推广等相关工作,整体服务模式比较单一,数字资源较少,数字服务项目也不多,一些图书馆的电子阅览室长时间没有开展过数字阅读活动或读者电子素养培训。

六、发展方向

1. 加强基础保障　提升特色服务

区级图书馆是公共图书馆体系的重要一环,也是图书馆服务体系中较为基础的基层单元。南京近年来人民富足、社会繁荣,公共文化服务也迎来新发展,但评估发现,身处基层的区级公共图书馆依然存在着人力资源短缺、财政支持力度不够以及馆舍面积空间受限等基础保障问题,这些问题制约着图书馆的发展。

一方面,继续呼吁和倡导图书馆行业加快推进地方立法进程,借助地方性法规来明确地方公共图书馆在赓续文脉、传承文明方面的重要性,加强政府对图书馆行业的重视,同时继续加强科研能力培养、科研素质提升在全市公共图书馆业务培训工作中的比重,拓宽区馆参与科研的渠道,锻炼馆员的科研能力;另一方面,各区图书馆也应深入挖潜自身特色、精准定位读者需求,强化富有区域特点的地方文献建设,同时在参考咨询工作中加大主动服务力度,有意识地创造专题咨询服务条件与场景,不断推出个性化、定制化便民惠民的阅读服务。

2. 着眼数智赋能　完善服务体系

智慧图书馆既是新时期智慧城市建设的重要组成部分,也是未来图书馆建设与发展的趋势。想要缓解全市公共图书馆存在的数字化、智慧化图书馆建设问题,首先要争取增加财政的支持力度,面对部分图书馆经费不足的尴尬境遇,应积极建议、倡导将图书馆智慧化建设经费纳入本级财政的专项预算拨出目录中;其次,在此基础上建立智能化的服务体系,全市应在市馆带领下继续深入挖掘、拓展信用网借"南京共享图书馆"的应用场景和数字资源联采等的发展潜力,在已经构建的信用网借平台、联采平台基础上,创新提升智慧化的服务体系建设水平。

与此同时,还可以在图书馆人才引进政策上入手,各馆在人员招聘时可根据当前数字化、智能化的实际需求,选聘计算机、人工智能、信息工程等专业,为图书馆补充相关领域人才。南京图书馆学会和金陵图书馆也将在现有培训体系中视情况增加数字化内容,积极培育并提高各馆现有员工关于信息管理和数字化建设等专业知识素养,全面提升馆员信息化实践操作能力和跨区域信息数据的管理应用能力。

3. 优化阅读空间　打造亮点品牌

城市书房已在许多城市打造了成熟完善的公共文化服务形态,让市民在家门口就能享受到便捷、高效、普惠的公共文化服务。江北新区图书馆、秦淮区图书馆以及江宁区图书馆等都在评估期内积极建设了多处城市书房,建邺区率先打造了 24 小时开放的图书馆阅读空间。未来,金陵图书馆将和各区图书馆联手,进一步完善馆藏资源建设,精铸阅读推广品牌,打造更多便民、高效、温馨的阅读空间、城市书房,并形成亮点品牌和服务体系,让公共图书馆作为以阅读指导功能为中心的学习空间和全民阅读工作阵地的重要作用得以展示和发挥,有效提升社会影响力和存在感。

七、结语

第七次全国公共图书馆评估定级适逢党的二十大胜利召开,中国式现代化道路开启奋斗新征程,南京市各公共图书馆定将牢牢把握此次评估定级工作契机,针对在评估中发现的问题认真总结并整改,从保障条件、业务能力和服务效能方面入手持续推进全市公共图书馆各项工作,真正实现以评促建、以评促管、以评促用、以评增效的目的,承担好新时代文化建设的重要任务,把握好繁荣发展文化事业的工作要求,打开公共文化事业发展新天地,走向文化兴盛、书香馥郁的新未来。

(执笔人:李海燕　张小琴　曹宁欣　胡宁涛　葛雪玲)

无锡市公共图书馆事业发展报告

无锡，简称"锡"，古称新吴、梁溪、金匮，地处长江三角洲江湖间走廊部分、江苏省东南部，北倚长江、南滨太湖，京杭大运河穿城而过，是典型的江南水乡，素有"太湖明珠"的美称。无锡行政区划面积 4 627.47 平方千米，现辖江阴、宜兴 2 个县级市，梁溪、锡山、惠山、滨湖、新吴 5 个区以及无锡经济开发区。截至 2021 年底，无锡地区有地市级公共图书馆 1 个，为无锡市图书馆；有县区级公共图书馆 7 个，为江阴市图书馆、宜兴市图书馆、梁溪区图书馆、锡山区图书馆、惠山区图书馆、滨湖区图馆、新吴区图书馆。近年来，无锡市进一步推动全民阅读实现高质量发展，健全公共文化服务体系，市、县区两级公共图书馆数量保持稳定，乡镇街道级和村、社区级图书室数量在 2018—2021 年间波动较小。党的十九大以来，无锡全力推动文化事业繁荣发展，着力优化公共文化设施布局，深入实施文化惠民工程，市、县区两级公共图书馆全部获评国家一级图书馆，街道（乡镇）图书馆百分百全覆盖，村（社区）均建成"家门口的阅览室"，市民精神文化生活极大丰富。现综合无锡地区公共图书馆发展实际及第七次全国县级以上公共图书馆评估定级情况进行研究发现，2018—2021 年无锡地区公共图书馆事业发展整体向好。

一、无锡市公共图书馆事业发展概况

2018—2021 年是无锡市公共图书馆事业快速发展的一个时期，市政府继续加大对公共文化事业的政策扶持和经费投入。高质量发展是推动"十四五"时期经济社会发展的重点要求，2021 年 3 月，文化和旅游部、国家发展改革委、财政部印发《关于推动公共文化服务高质量发展的意见》，无锡地区公共图书馆将"高质量发展"这个关键词贯穿于具体工作实践中，公共图书馆的服务效能、业务能力和保障条件都有了较为显著的提升。

1. 服务效能

（1）年总流通人次稳中有升

2018—2021 年，无锡市、县区两级公共图书馆持续完善公共阅读服务网络，不断完善硬件设施、调整空间布局，打造温馨舒适、极具特色的阅读新空间，广泛开展全民阅读推广活动，两级公共图书馆年总流通人次稳中有升。2018—2021 年，无锡市、县区两级公共图书馆流通总人次分别为 821.1 万人次、830.7 万人次、591.2 万人次、892.3 万人次。2020 年，受新冠疫情影响，年总流通人次回落显著，但几年来总体呈上升趋势。

从市级馆层面看，无锡市图书馆 2018 年总流通人次为 298.2 万人次，2021 年为 307.6 万人次，比 2018 年上涨 3.2%。

从县区级馆层面看,江阴市图书馆、宜兴市图书馆、梁溪区图书馆等7家县区级公共图书馆2018年总流通人次为522.9万人次,2021年总流通人次为584.7万人次,比2018年上涨11.8%。

(2) 文献外借量明显提升

2018—2021年,无锡地区公共图书馆服务网络不断完善,24小时自助图书馆逐渐增多,部分公共图书馆增设电子书借阅机、电子读报机等设备,为读者提供便捷化、智能化的阅读服务,读者充分享受阅读便利,年文献外借量得到显著提升。2021年,无锡市、县区两级公共图书馆文献外借量达786.2万册次,比2018年上涨15.2%。其中,宜兴市图书馆年文献外借量由2018年的26.6万册次提升至2021年的164.4万册次。锡山区图书馆年文献外借量由2018年的35.8万册次提升至2021年的66.4万册次。

(3) 新媒体服务满足多元化阅读需求

图书馆便捷高效的新媒体服务不仅可以提升读者的阅读体验、让读者获取图书馆最新的信息和资源,而且也成为很多读者学习、工作及生活的新需要。无锡市公共图书馆充分运用新媒体的影响,扩大宣传渠道,覆盖更广泛的受众群体。除传统网站外,无锡市公共图书馆都通过新媒体为广大读者提供丰富多彩的公共文化服务,如通过微信公众号定期推送服务信息,在微信端提供馆藏查询、借阅操作等服务;各馆均设有5台以上触摸多媒体设备,为读者提供图书检索、预览、电子书刊阅读和下载等服务。无锡市公共图书馆借助新的数字技术和新媒体技术,不断提升新媒体服务能力,满足市民读者的多元文化需求。

从市级馆层面看,"无锡市图书馆在线"新浪微博账号、"无锡市图书馆"微信公众号坚持每日推送读者活动、图书推荐等信息,2018—2021年的年均信息推送量1 560条,年均浏览量268万次;此外,无锡市图书馆还通过新浪无锡、"小鹅通"App、新华网客户端开展线上讲座、活动直播,并利用有声太空舱、AI光影阅读器、VR图书馆设备为读者提供全新阅读体验。

从县区级馆层面看,江阴市图书馆自媒体平台建设逐步推进,打造了抖音号和B站直播平台,抖音号累计发布64条作品,点击观看读者超过2万余人;B站阅读活动直播30余场次,参与读者1.9万余人;此外,江阴市图书馆还配备了瀑布流电子书借阅系统。2021年,宜兴市图书馆微信公众号共推送308条推文,29.4万余次浏览量,新增关注10 272人;微信视频号发布39个视频,近11万次浏览量。

(4) 数字资源服务能力逐年提升

无锡市、县区两级公共图书馆重视数字资源建设,采取购买、自建等形式来丰富各馆数字资源藏量,不断满足读者日益增长的数字文献需求。

从市级馆层面看,截至2021年底,无锡市图书馆拥有"中国知网""读秀中文学术搜索"等39种数据库资源,以及馆藏古籍全文数据库等14种自建数据库资源;2021年浏览量1 118万次,下载量189万篇次;对外服务的数字资源总量为694.7 TB;年均新增数字资源量20 TB。

从县区级馆层面看,县区级公共图书馆主要通过采购数字资源为读者服务,各馆均有5种以上数据库,资源类别涵盖电子书刊、学术文献、音视频、图片等;截至2021年底,7家县区级公共图书馆的数字资源总量达3 132.4 TB,年均新增数字资源量达到18.1 TB,总体呈逐年上升趋势。各馆还积极利用馆藏资源进行文献数字化。截至2021年底,无锡市县区级公共图书馆自建数据库达到 30 个,涵盖地方非物质文化遗产、陶瓷文化艺术、地方志、地方报纸、地方名人等,有效提升了无锡市地方文献数字化水平。

2. 业务能力

(1) 总分馆运行与服务情况良好

近年来,无锡市根据《关于推进县级文化馆图书馆总分馆制建设的指导意见》精神要求,积极推动图书馆总分馆建设,延伸阅读半径,增强文化辐射能力。市、县区两级公共图书馆总分馆建设持续推进,运行稳定,服务情况良好。

从市级馆层面看,无锡市图书馆坚持"政府主导、社会参与、全民共享"理念,以"主题+书香"模式,探索跨界合作和多元发展,持续推进城区总分馆体系建设;与景区、地铁、医院、社区、咖啡馆等合作,建设特色分馆。至 2021 年,城区公共图书馆总分馆体系成员馆达 30 家,覆盖城区的总分馆通借通还服务惠及众多市民。其中,无锡地铁分馆、开原寺分馆被成功打造为 2021 年度江苏省"最美公共文化空间"。

从县级馆层面看,无锡地区县区级公共图书馆对辖区街道实现分馆建设百分百覆盖。江阴市图书馆推出"艺风书房"自助图书馆以及"艺风微书房"智能信用借书柜,至 2021 年底,形成以江阴市图书馆为基干,乡镇街道分馆为分支,"三味书咖"城市阅读联盟、单位共建分馆、"艺风书房"、"艺风微书房"等为枝叶的总分馆服务体系。梁溪区图书馆在 16 个街道 156 个社区实行总分馆制,街道覆盖率 100%,社区覆盖率 99.4%;每年为街道分馆和社区基层服务点开展图书流转服务,不断满足群众阅读需求。

(2) 数字化服务平台建设有效提升信息服务水平

公共图书馆数字化服务不受时空地域的限制,借助数字化服务平台向广大读者提供优质服务和海量信息资源,可以为公众提供更好的服务体验,扩大影响力和覆盖面。无锡地区市、县区两级公共图书馆充分利用阅读小程序等不同功能的数字化服务平台,从不同服务渠道为读者提供类型多样的图书馆数字化服务,包含但不限于馆情资讯、通知公告、活动预约、馆藏检索、数字阅读等。无锡市图书馆、江阴市图书馆、宜兴市图书馆及锡山区图书馆利用数字化平台实现网上借阅服务,增强借阅便捷性,提升阅读体验。梁溪区图书馆利用读联体-数字阅读共享服务的智慧化平台,整合购买数字资源以及自建数据库,并共享国家图书馆和省级图书馆各类数字资源,为读者提供一站式数字阅读服务。

(3) 智慧化应用场景满足阅读新需求

近年来,依托数字化信息技术,各级各类图书馆都积极推动资源、服务、设施、管理等领域的智慧化创新,深度聚焦用户多元文化需求和体验升级,不断创新公共文化服务供给模式。无锡市、县区两级公共图书馆积极探索新技术,以 RFID 技术为载体推进智慧应用场景建设,实现架位信息采集、图书地址信息采集,建立书架分布地址数据模型图,完成排架、查找和统计分析,方便快捷地进行日常图书管理。宜兴市图书馆利用智能盘点机器人实现精准的全自动图书盘点,不仅节省了人力,还提高了盘点准确率。无锡地区部分公共图书馆引入朗读亭、听书太空船、VR 阅读器、光影阅读器等新型设备,打造智慧场景体验空间,拓展"图书馆+"服务,将智慧型图书馆的前沿服务推送给读者。截至 2021 年底,无锡市、县区两级公共图书馆平均拥有智慧应用场景达到 5 项。

(4) 文旅融合聚力探索创新

近年来,无锡地区公共图书馆充分利用自身独特的文化旅游资源,不断探索文旅融合创新发展道路,更好地发挥文化阵地在新时代的引领作用,2018—2021年,市、县区两级公共图书馆累计开展文旅融合项目达到58个。

从市级馆层面看,无锡市图书馆深入贯彻落实文旅融合理念,形成文旅融合项目14个。以"主题+书香"的模式与社会力量跨界融合,先后建成开原寺分馆、东林书院分馆、双虹园分馆等,为市民打造景区里的阅读家园;充分发挥自身优势及桥梁纽带作用,整合多方资源,携手无锡地区旅游景点、博物馆、名人故居、文化空间等,策划举办"游学锡城名胜——走·读蠡园"系列活动,"寻访红色足迹 讲述无锡故事"系列红色主题阅游,创新开展首届大运河文化生活节暨2019无锡阅读与文创展,"吴水漾洄"大运河文化推广活动以及文旅体验冬令营、夏令营等,社会效益和活动影响显著。

从县区级馆层面看,江阴市图书馆、宜兴市图书馆、梁溪区图书馆、锡山区图书馆4家图书馆开展的文旅融合项目均达到7个。梁溪区图书馆结合区域内优质的历史人文资源,将传统的文化活动切入文商旅融合的大格局下,举办"读享乐趣"梁溪特色书展、"爱上读来读往"文化寻访活动、"与君同源来"两岸文化交流系列活动等影响力大、文商旅联动的文化活动;锡山区图书馆参与协办的"蒲公英阅读节"牵手"锡山文旅消费节",走进荡口古镇、走进屺源艺术馆,开展活字印刷、无锡人文之旅等活动,并开发手绘地图、阅享卡、福盒等文创产品;新吴区图书馆组织开展"走读伯渎""小小少年研学""行走的阅读"等文旅融合项目,以旅游促进文化传播,将文化内容、文化符号、文化故事融入景区景点。

3. 保障条件

(1) 财政保障整体持续稳定

2018—2021年,无锡地区市、县区两级公共图书馆年均财政拨款总额达8 778.08万元,年均财政拨款整体情况良好,稳中有升。2020年,无锡地区公共图书馆财政拨款受疫情影响,部分图书馆略有下降,整体情况呈增长态势。无锡市图书馆作为公益类全额拨款事业单位,人员、文献、运转等所有经费均列入当年财政预算,年均财政拨款3 917.98万元;年财政拨款总额从2018年的3 640.86万元提升到2021年的4 136.09万元,提高了13.6%。2家县级公共图书馆年均财政拨款均超千万,江阴市图书馆1 486.15万元,宜兴市图书馆1 217.76万元。锡山区图书馆年财政拨款总额由290.54万元增加到524.78万元,提高了80.62%。梁溪区图书馆、锡山区图书馆、惠山区图书馆3家县区级公共图书馆的年均财政拨款均在400万元以上。2021年,无锡地区7家县区级公共图书馆年财政拨款总额共计5 171.12万元,均超过第七次全国县级以上公共图书馆评估定级中,县区级馆一级图书馆必备条件160万元的标准。

(2) 馆藏文献资源不断丰富

截至2021年底,无锡市、县区两级公共图书馆普通文献馆藏量(不含电子文献)达1 276.2万册件。文献资源持续丰富和优化,基本满足无锡地区市民群众阅读的需求。

从市级馆层面看,无锡市图书馆科学制定馆藏发展政策,明确文献资源采选原则、工作机制和业务规范。每年根据经费下达情况及读者需求,制订科学合理的文献采选计划,确保文献资源建设质量。至2021年底,馆藏总量达428万余册件,其中普通文献馆藏量366.1万册件。

从县区级馆层面看,无锡地区县区级公共图书馆对馆藏发展的目标、馆藏组织与调配、文献采选方式、馆藏保护与剔除、馆藏评价、资源共享等进行规范化要求,持续丰富馆藏文献资源。截至 2021 年底,江阴市图书馆、宜兴市图书馆、梁溪区图书馆、惠山区图书馆普通文献馆藏量均超 100 万册件。

(3) 年人均新增文献入藏量先升后降

2018—2021 年,无锡地区市、县区两级公共图书馆新增文献入藏量分别为 117.7 万册件、108.7 万册件、202.8 万册件、50.3 万册件,年人均新增文献入藏量分别为 0.158 5 册、0.145 9 册、0.271 7 册、0.067 3 册。无锡地区市、县区两级公共图书馆年人均新增文献入藏量呈现出先升后降的趋势。2021 年,新增文献入藏量下降幅度较大。

(4) 建筑面积总体增加

截至 2021 年底,无锡地区市、县区两级公共图书馆总建筑面积 152 147.8 平方米,其中包含各馆实际使用面积、直属分馆及馆外书库等。第七次全国县级以上公共图书馆评估定级将建筑面积作为一级馆必备条件,因将直属分馆和馆外书库等计入总建筑面积,无锡地区市、县区两级公共图书馆建筑面积总体显现增长趋势。

从市级馆层面看,截至 2021 年底,无锡市图书馆及其直属分馆合计建筑面积 42 543.8 平方米。无锡市图书馆现馆于 2000 年建成开放,主楼 13 层,裙房 7 层,建筑面积 28 243.8 平方米;直属分馆 24 个,馆舍面积 14 300 平方米。

从县区级馆层面看,全市 7 家县区级公共馆(不含直属分馆等)的建筑面积共计 7.92 万平方米,馆均 1.13 万平方米。各县区级公共馆建筑面积差异明显,江阴市图书馆、宜兴市图书馆、滨湖区图书馆 3 家建筑面积均在平均数之上;锡山区图书馆、惠山区图书馆、新吴区图书馆如果不加上直属分馆的面积,均达不到第七次评估定级县级公共图书馆一级图书馆必备条件(0.6 万平方米)。江阴市图书馆、梁溪区图书馆、锡山区图书馆、惠山区图书馆、新吴区图书馆 5 家县区级图书馆的直属分馆面积共计 2.87 万平方米,其中江阴市图书馆直属分馆面积 1.09 万平方米,占比达 38%。

(5) 专业技术人员占比基本达到要求

近年来,无锡市、县区两级公共图书馆深化事业单位改革,工作人员数量呈略微下降趋势。2021 年两级公共图书馆在编人数 142 人,其中专技人员 135 人。

从市级馆层面看,无锡市图书馆深化事业单位改革,完善岗位设置、绩效考核;完善人才管理、选拔和培训机制,营造人尽其才、充满活力的选人用人环境,开展第八轮全员聘用(任)、中层干部竞争上岗工作,进一步优化人才队伍年龄结构、激发干事热情。激励馆员创优争先,持续提升服务质量。无锡市图书馆共有工作人员 103 人(其中,在编人员 76 人,劳务派遣人员 25 人,服务外包人员 2 人),大学本科及以上学历工作人员占比达 77.7%,在编工作人员中专业技术人员占比达 80.3%,具有高级职称工作人员占比达 11.8%。

从县区级馆层面看,部分县区级公共图书馆工作人员较少,工作人员数量这一指标未达满分。宜兴市图书馆专业技术人员占比 85.7%,梁溪区图书馆专业技术人员占比 85.7%,锡山区图书馆专业技术人员占比 83.3%,惠山区图书馆专业技术人员占比 100%。梁溪区图书馆重视人才培养与队伍建设,在无锡市县区级公共图书馆中从业人员最多,截至 2021 年底,共有 25 名工作人员,其中 7 名为在编人员,18 名为聘用制人员。

4. 优秀做法和亮点

(1) 保障机制逐步完备

近年来,无锡市政府重视图书馆建设及发展,将"倡导全民阅读,提升公共阅读设施效能,加大阅读资源供给,推进'书香无锡'建设"等纳入《无锡市国民经济和社会发展第十四个五年规划和二〇三五年远景目标纲要》;将"完善图书馆、文化馆总分馆制建设,建立以县区级公共图书馆为总馆,乡镇(街道)综合文化站、社区图书室等为分馆的总分馆体系";"推进图书馆特色分馆建设"等纳入《无锡市"十四五"文化和旅游发展规划》;无锡市文化广电和旅游局印发《无锡市区公共文化设施布局规划(2018—2035)》,提出无锡地区公共图书馆建设标准,为无锡地区公共图书馆建设提供了政策保障。无锡市图书馆在总结"十三五"工作成果的基础上,科学谋划、统筹协调,制定"十四五"发展规划,围绕优化馆藏结构、提升服务质量、建设智慧图书馆、推动文旅深度融合等方面,提出未来五年发展的重点方向和目标。

(2) 阅读推广活动提质升级

近年来无锡地区公共图书馆充分发挥全民阅读主阵地作用,注重整合社会资源,聚力活动创新,持续推进品牌阅读推广活动的深耕细作、提质升级,对推动全民阅读高质量发展、助力书香城市建设起到了积极的促进作用。2018—2019年无锡地区公共图书馆共开展阅读推广活动 1 427 场次,打造阅读推广品牌 60 余个,80.57 万人次参与活动。

从市级馆层面看,无锡市图书馆持续打造"梁溪大讲堂·东林文化讲坛""阅读使者全城行"阅读推广等活动品牌,通过品牌引领,丰富文化供给,读书征文、讲座展览、主题推广、诗文朗诵等活动参与度高、覆盖面广,在全市频掀阅读热潮;通过精准服务,突出分众特色,广泛开展"彩虹桥"阅读推广系列活动、"七色花"阅读推广计划等,助力青少年阅读素养提升;关注视障读者需求,策划"耳边的世界"爱心助盲系列活动,丰富特殊群体的精神文化生活;连续多年参与主办长三角地区公共图书馆阅读马拉松大赛,在2021阅马大赛中获优秀组织奖。依托图书馆微信公众号、主流媒体直播平台等,拓展线上阅读推广模式,打造云上书香嘉年华。2018—2021年,开展阅读推广活动近 600 场次,成效显著。2020 年 7 月,无锡市图书馆被江苏省全民阅读促进会授予第三届全民阅读"十佳阅读推广机构"。

从县级馆层面看,江阴市图书馆坚持线上与线下相结合的方式,持续做好全民阅读推广,2021 年以"书香江阴"读书节和"建党百年"为主题,策划开展各类阅读推广活动 180 余场次。梁溪区图书馆做强品牌活动,开展的阅伴童年、梁溪书声、梁溪雅韵、梁溪茗鉴等活动覆盖各个社会阶层、各个年龄段受众。新吴区图书馆广泛开展分众阅读活动,与机关单位、社区、学校、企业、部队等深入合作,年均开展阅读服务进机关、进社区、进学校、进企业等活动 180 余场次。

(3) 新型阅读空间持续建设完善

近年来,无锡市高度重视新型阅读空间建设,随着城市化进程加快以及公共文化服务体系的不断完善,无锡地区新型阅读空间逐渐增多并不断完善。2018—2021 年,无锡地区公共图书馆以社会力量合作共建、政府购买服务等为主要的合作形式,积极开展新型阅读空间建设。截至 2021 年底,共建设新型阅读空间 145 个,总面积达 36 780.58 平方米。以无锡市图书馆为例,先后与街道、社区、医院、地铁、学校、综合体、名人故居、园林景区、咖啡馆及研究院所等与大众日常生活密切相关的行业、组织及机构紧密合作,跨界打造新型阅读空间,极大丰富了市民的阅读体验。至 2021 年底,无锡市图书馆成功打造东林书院分馆、无锡地铁分馆、朝阳农贸市场"三悦空间"等新型阅读空间 21 个,总面积 10 405 平方米。这些阅读空间拥有高颜值的阅读环境,提供特色化、品质化的阅读服务,营造出浓厚的主题阅读氛围,成功打造为适合读者放松、休闲、交流的空间。24 小时开放的智慧阅读新空间发展势头良好,截至 2021 年底,无锡地区 24 小时无人值守的智慧阅读新空间已经达到 10 家,采用 RFID 技术,结合门禁管理系统,实现 24 小时无人值守,读者可以自助办证、自助借还。

（4）创新项目亮点频现

2018—2021 年,无锡地区公共图书馆不断开拓创新,在公共图书馆建设、管理、服务等领域探索实施"特色分馆建设""家谱馆建设""馆校合作""VR 地图导引"等创新项目 53 个。

从市级馆层面看,无锡市图书馆打造创新项目 7 个。"首届大运河文化生活节暨 2019 无锡阅读与文创展"首次尝试将大运河文化的保护、传承和利用融入日常生活;持续推进无锡市图书馆特色分馆建设,"无锡市图书馆创新特色分馆建设新模式"在中国图书馆学会第二届公共图书馆创新创意征集活动中入选二等案例名单;创新管理模式,严格流程监督,通过手机 App 开展"安全生产点位化管理"。无锡市图书馆创新项目在业务、行政、内控等多个领域的探索和尝试取得了实实在在地提升,吸引业内外多家媒体广泛报道。

从县区级馆层面看,"依托多样馆藏资源,开展立体宣传推广"——江阴市图书馆地方文献征集、整理和推广活动在中国图书馆学会第二届公共图书馆创新创意征集推广活动中入选二等案例名单;宜兴市图书馆创新"馆校合作"模式,与学校共同设计开发青少年教育课程与阅读活动,2018 年近 50 所学校 1 万多名青少年到宜兴市图书馆参加社会实践活动,该项目被中图学会授予"2018 年全民阅读优秀案例奖项"。梁溪区图书馆打造"爱伴成长·悦享书坊""蓝星妈妈喘息服务站""云上梁图"等创新项目,新吴区图书馆打造"VR 地图导引""指静脉注册系统""神秘读者调查制度"等创新项目,均取得了良好的业内口碑和社会反响。

二、存在的问题和不足

2018—2021 年,无锡地区县区级以上公共图书馆的各项工作开展总体情况良好,成效明显。但对照无锡地区经济发展水平及群众高质量公共文化需求,对照先进地区公共图书馆建设与服务情况及第七次全国县级以上公共图书馆评估定级相关评估标准,仍存在一些问题和不足。

1. 公共图书馆的部分保障条件有待提升

2018—2021 年,无锡市综合实力持续增强,经济总量再上新台阶,但与此同时,无锡地区市、县区两级公共图书馆购书经费总体呈下降趋势,2021 年两级公共图书馆的年人均新增文献入藏量下降明显。另外,无锡市图书馆作为市级公共图书馆,现馆建成开放于 2000 年,建筑面积偏小,馆舍陈旧,设备老化,与江苏省内地市级公共图书馆横向对比,差距较为显著。部分区级公共图书馆的建筑面积偏小,设施逐渐老化,需加上直属分馆、馆外书库等的建筑面积,才能达到一级图书馆必备条件,已经不能满足周边读者对美好生活的新需求。无锡地区市、县区两级公共图书馆的购书经费、建筑与设施等保障条件有待提升。

2. 公共图书馆文旅融合有待深入推进

无锡地区公共图书馆努力推进文化和旅游深度融合发展,但是在具体工作实践中尚存在一些问题。部分公共图书馆对于文旅融合的理念、政策等的学习宣传还不够深入,具体实践处于初步探索阶段,典型实践偏少,通常表现为简单将阅读推广活动放在景区开展,还需要进一步对馆藏资源和本地旅游资源进行梳理整合,寻找切入点,让优秀地方文化资源在文化发展和旅游开发中发挥作用。部分公共图书馆利用5G网络、云计算、大数据、人工智能等现代先进技术构建文旅融合新技术平台的实践案例较少,基于新技术的文旅融合服务新体验不够丰富。

3. 公共图书馆智慧化转型速度偏慢

无锡地区部分公共图书馆设施设备传统、陈旧,少见有机器人、智能书库等智能化设备。部分区级公共图书馆的网站建设基础薄、功能弱,不能满足读者基本需求。部分区级公共图书馆对新媒体服务重视程度还不够,平台应用少,服务渠道少,文献信息提供量不多,加上日常推送量偏少,此项失分较多。部分区级公共图书馆在数字资源建设方面投入较少,采购数据库不多,造成数字资源的丰富性和多样性不足,服务能力不足。利用数字化服务平台方面,除江阴市图书馆、宜兴市图书馆外,其他县区级公共图书馆的重视程度不够,投入偏少,数字资源提供尚显不足。

三、发展建议

第七次全国县级以上公共图书馆评估定级对无锡地区公共图书馆的发展具有很好的导向作用,将引领无锡地区公共图书馆事业未来的发展新方向。

1. 加大政府保障力度,促进阅读空间建设与服务全面提升

公共图书馆作为公益性文化服务单位,要更好地服务读者,离不开政府在人力资源和财政经费方面的大力支持。与省内其他经济强市相比,近年来无锡地区公共图书馆的购书经费、人员编制差距明显。建议确保政府保障力度,逐步提高无锡地区公共图书馆人、财、物等方面的保障标准,有效提升无锡地区公共图书馆的服务效能。为尽力弥补部分公共图书馆场馆建筑面积偏小的现状,持续满足市民读者日益增长的美好生活新需要,无锡地区公共图书馆要继续积极开展馆外阅读空间建设。以社会力量合作共建、政府购买服务等为主要的合作形式,大胆探索跨界融合,引入休闲阅读、艺术展览、文化沙龙、轻食餐饮等服务,让阅读活动更为多元和便捷。与此同时,市、县区两级公共图书馆要积极争取专项经费投入,依托技术创新,促进阅读空间建设与服务全面提升,借助公共图书馆的智慧化转型,逐步实现各级总馆对馆外阅读空间运行的全流程智慧化监管,不断提升用户体验。

2. 推进文旅融合持续创新,传承优秀地方文化

新时代新征程,无锡地区公共图书馆要树立文旅融合新理念,不断探索文旅融合发展的新模式和新路径,推进公共图书馆事业高质量发展。可发挥图书馆建筑空间美学价值,打造城市旅游新地标;结合本地旅游资源特色,构建主题图书馆;深挖地方旅游文化资源,持续开展文化走读活动,传承优秀地方文化;发挥图书馆信息服务专业优势,建设旅游文化专题资源;依托旅游住宿点,策划文化打卡活动,提升旅游体验的文化内涵等。积极应用5G网络、大数据、人工智能等现代先进技术,进一步创新"图书馆+旅游"服务的内涵与方式,构建文旅融合新技术平台,提升公共图书馆与旅游融合的智能化、信息化程度,推动图书馆服务效能、地方文化传承、游客满意度的多方面提升。

3. 加快公共图书馆智慧化转型,加强新技术应用

随着各类新技术的普及应用,读者对智慧化知识服务体验的需求日益加强。根据文化和旅游部发布的《"十四五"公共文化服务体系建设规划》要求,无锡地区公共图书馆要以全国智慧图书馆体系建设项目和公共文化云项目为引领,推动公共文化数字化、网络化、智能化发展取得新突破;要借助新的数字技术和新媒体技术,不断加强智能化、数字化服务能力。无锡地区公共图书馆要积极引入大数据、智能物联网、云计算、区块链等新技术,进一步推进智慧图书馆建设,构建图书馆读者服务新生态,有效提升读者的阅读体验和满意度。另外,在数字化转型和数智服务的升级改善方面,市、县区两级公共图书馆需深化合作,尝试开展体系化、规模化和标准化的地区智慧图书馆建设,搭建无锡地区文献信息资源共建共享平台,实现全市公共图书馆数字资源共享和市域借阅一体化服务,提升无锡地区公共图书馆的数字化服务水平,满足新时代市民读者的新需求。

(执笔人:赵 霞 金 颖 蔡 健 朱可铮)

徐州市公共图书馆事业发展报告

一、引言

1. 课题研究意义

党的十八大以来，以习近平同志为核心的党中央高度重视文化建设，多次论述核心价值观和文化自信，从理论和实践的高度指明了文化前进的方向。"十三五"期间，公共文化服务水平得到大幅提升，更好地满足了人民群众精神文化需求，推进城乡公共文化服务体系一体化建设，创新实施文化惠民工程，倡导全民阅读，文化事业和文化产业繁荣发展。从中央到地方相继出台了《国民经济和社会发展第十四个五年规划和2035年远景目标纲要》和《"十四五"文化发展规划》，强调要"完善公共文化服务体系""提高公共文化服务覆盖面和实效性""提升公共文化服务水平""推进城乡公共文化服务体系一体建设，保障人民群众文化权益"，由此迎来了文化的大繁荣大发展。

徐州市委、市政府对文化建设进行多次调研，听取专家意见建议，加大投入部署文化强市战略，贯彻实施《中华人民共和国公共图书馆法》，加强组织领导，完善政策支持，加强文旅人才培养，强化监督考核，不断完善公共文化服务体系。徐州市、县区两级文旅部门认真落实，以高质量考核为契机，新建、改扩建一大批公共图书馆，取得了一系列公共文化服务成果。

为全面反映徐州地区公共图书馆事业发展的综合情况，进一步贯彻落实第七次全国县级以上公共图书馆评估定级"以评促管、以评促建"的宗旨，提升图书馆服务效能，促进图书馆高质量发展，现对徐州地区2018—2021年第七次评估定级期间公共图书馆发展情况进行综合分析并形成专题报告，主要从必备条件、服务效能、业务建设、保障条件等几方面进行分析。

2. 徐州地区基本情况

针对第七次评估定级工作，徐州地区各公共图书馆严格按照文化和旅游部制定的县级以上公共图书馆评估标准为依据，除标准中另有规定之外，评估数据主要采用2018—2021年评估期数据。徐州地区共有公共图书馆12个，其中市级1个，县区级11个，分别是丰县图书馆、沛县图书馆、睢宁县图书馆、邳州市图书馆、新沂市图书馆、铜山区图书馆、鼓楼区图书馆、泉山区图书馆、云龙区图书馆、贾汪区图书馆、经济技术开发区图书馆。经济技术开发区图书馆于2022年开放，不在此次评估范围之内，其他馆都在参评之列。

二、必备条件

1. 文献外借量

文献借阅是公共图书馆的基本服务,书刊外借册次是衡量图书馆服务效能的重要指标。如下表所示,2018—2021 年徐州地区公共图书馆文献外借量从 163.08 万册次增加到 259.89 万册次;第六次评估定级年均文献外借量为 193.95 万册次,第七次评估定级时增长到了 268.25 万册次,整体呈稳步增长趋势。在第七次评估定级周期内,徐州地区公共图书馆 2018—2019 年外借量稳步提升,2020 年受疫情影响文献外借量有所减少,徐州市图书馆则因为闭馆改造的原因,2021 年外借册次为零,但是随着鼓楼区、泉山区、云龙区图书馆的建成开放运行,2021 年文献外借量显著增长。徐州地区除了铜山区图书馆和贾汪区图书馆外,其他各馆该项指标均达到了一级馆的要求。

2018—2021 年徐州地区公共图书馆年文献外借量(万册次)

名称	2018 年	2019 年	2020 年	2021 年
徐州市图书馆	40.86	41.48	34.27	0
丰县图书馆	28.59	29.53	24.22	22.99
沛县图书馆	26.24	40.85	38.4	55.75
睢宁县图书馆	23.37	26.63	11.38	15.81
邳州市图书馆	12.7	31.99	5.12	6.91
新沂市图书馆	19.04	19.7	14.24	17.29
铜山区图书馆	2.59	3.12	1.72	1.78
贾汪区图书馆	9.69	10.11	3.35	5.02
鼓楼区图书馆	—	2.23	18.36	30.38
泉山区图书馆	—	—	9.33	56.17
云龙区图书馆	—	—	—	47.79
合计	163.08	205.64	160.39	259.89

徐州地区公共图书馆第六、七两次评估定级年均文献外借量

名称	第六次评估定级 年均文献外借量(万册次)	第七次评估定级 年均文献外借量(万册次)
徐州市图书馆	45.94	43.5
丰县图书馆	11.52	26.34
沛县图书馆	15.54	40.31
睢宁县图书馆	35.28	19.3
邳州市图书馆	19.38	14.18

(续表)

名称	第六次评估定级 年均文献外借量（万册次）	第七次评估定级 年均文献外借量（万册次）
新沂市图书馆	11.77	17.73
铜山区图书馆	54.22	2.3
贾汪区图书馆	0.3	7.05
鼓楼区图书馆	—	17
泉山区图书馆	—	32.75
云龙区图书馆	—	47.79
合计	193.95	268.25

2. 年均财政拨款

2013—2021年徐州地区市、县区两级公共图书馆经费状况整体稳定，除了受疫情、徐州市图书馆闭馆改造等因素影响，以及个别年份财政投入有所减少外，财政拨款整体逐步提升。第六次评估定级时徐州地区市、县区两级公共图书馆年均经费总额3 148.8万元，第七次就已达到了7 433.49万元，增幅明显。其中，徐州市图书馆年财政拨款额从2013年的1 091.415万元跃升至2021年的1 850.54万元，增加的759.125万元，增长率69.55%，达到了第七次评估定级要求的满分项标准；各区县馆的年财政拨款均值从2013年的1 201.82万元增长至2021年的6 293.21万元，实现5 091.39万元的增长额，增长4.24倍，徐州地区除贾汪区图书馆没有达到一级馆必备项要求，其他各馆均符合一级馆必备要求，但丰县图书馆距离评估定级的满分项还有一定的差距。区（县）图书馆财政拨款的高速增长主要是由于鼓楼区、泉山区、云龙区图书馆的新建投入。

徐州地区公共图书馆第六、七两次评估定级年均财政拨款总额

名称	第六次评估定级 年均财政拨款总额（万元）	第七次评估定级 年均财政拨款总额（万元）
徐州市图书馆	1 015.49	1 685.36
丰县图书馆	189.16	176.16
沛县图书馆	479.31	866.76
睢宁县图书馆	163.75	255.57
邳州市图书馆	472.43	533.92
新沂市图书馆	467.03	391.2
铜山区图书馆	341.63	263.71
贾汪区图书馆	20	20
鼓楼区图书馆	—	262.24
泉山区图书馆	—	375
云龙区图书馆	—	2 603.57
总额	3 148.8	7 433.49

3. 馆藏总量

馆藏总量是图书馆开展读者服务工作的基础,2018—2021年第七次评估定级周期内徐州地区公共图书馆不断加强馆藏资源建设力度、优化馆藏结构,馆藏总量整体保持连年上升的态势。从全市层面看,由于泉山区图书馆、鼓楼区图书馆以及云龙区图书馆的建成开放,全市馆藏册数由第六次评估定级的499.46万册件上升至第七次评估定级的626.5万册件,实现了127.04万册件的新增馆藏量,除了铜山区图书馆因为馆设问题,处于半闭馆状态,其他各馆文献馆藏总量均稳步提升,全市总馆藏量与第六次评估定级相比增幅达到25.44%。徐州市图书馆总馆藏量121.96万册件,距离第七次评估定级地市级普通文献馆藏量满分200万册件的标准,差距还是很大,而县区级公共图书馆,除去鼓楼区图书馆、泉山区图书馆、云龙区图书馆新建投入运行的情况外,贾汪区图书馆馆藏量明显低于40万册件满分项的标准,这些情况凸显了徐州市、县区两级公共图书馆文献馆藏总量不均衡的状态。第七次评估定级,徐州地区市、县区两级公共图书馆馆藏资源类型以纸质图书、期刊与报纸的合订本为主,其他种类的资源占比非常少,主要由于录像带、录音带这类资源目前几乎退出了阅读市场,但是手稿以及小册子等类型的资源还有待丰富,资源结构仍需优化。

徐州地区公共图书馆第六、七两次评估定级文献馆藏总量

名称	馆藏总量(万册)	
	截至第六次评估定级	截至第七次评估定级
徐州市图书馆	98.62	121.96
丰县图书馆	35.34	45.55
沛县图书馆	61.5	107.78
睢宁县图书馆	48.2	132.39
邳州市图书馆	54.25	68.72
新沂市图书馆	47.66	58.47
铜山区图书馆	149.89	37.48
贾汪区图书馆	4	13.5
鼓楼区图书馆	—	9.07
泉山区图书馆	—	17.09
云龙区图书馆	—	14.49
合计	499.46	626.5

徐州地区公共图书馆第七次评估定级文献馆藏量

名称	文献馆藏量(万册件)							
	纸质图书(含古籍)	期刊与报纸的合订本	小册子	手稿	缩微制品	录像带	录音带	光盘
徐州市图书馆	116.64	5.08	0	0.07	0	0	0	0.17
丰县图书馆	41.47	3.84	0.16	0	0	0	0	0.08
沛县图书馆	105.05	2.58	0.03	0.02	0	0	0	0.103 6
睢宁县图书馆	82.09	1.67	0	0	0	0	0.08	1.09

(续表)

名称	文献馆藏量(万册件)							
	纸质图书（含古籍）	期刊与报纸的合订本	小册子	手稿	缩微制品	录像带	录音带	光盘
邳州市图书馆	64.19	2.77	0	0	0	0	0	1.76
新沂市图书馆	57.94	0.49	0	0	0	0	0	0.03
铜山区图书馆	33.25	3.99	0	0	0	0	0	0.156 3
贾汪区图书馆	13	0.5	0	0	0	10	0	20
鼓楼区图书馆	9.03	0.05	0	0	0	0	0	0.026
泉山区图书馆	17.09	0	0	0	0	0	0	0
云龙区图书馆	14.14	0.17	0	0	0	0	0	0.18

4. 建筑面积

2018—2021年第七次评估定级周期内徐州地区陆续建设开放了鼓楼区图书馆、泉山区图书馆、云龙区图书馆。第七次评估定级时，徐州地区市、县区两级公共图书馆总建筑面积达到12.25万平方米。

徐州地区公共图书馆第六、七两次评估定级建筑面积

名称	截至第六次评估定级（万平方米）	截至第七次评估定级（万平方米）
徐州市图书馆	2.15	1.89
丰县图书馆	0.22	0.91
沛县图书馆	1.1	1.1
睢宁县图书馆	0.9	1.13
邳州市图书馆	1	1
新沂市图书馆	1.45	1.45
铜山区图书馆	0.4	0.4
贾汪区图书馆	0.15	0.65
鼓楼区图书馆	—	1.22
泉山区图书馆	—	1.49
云龙区图书馆	—	1.01
合计	7.37	12.25

从市级馆层面看，徐州市图书馆于2003年建成投入使用，经过2021年至2023年历时两年多的闭馆改造，建筑面积达1.89万平方米，在江苏省地级市公共图书馆中排名靠后。按照第七次全国县级以上公共图书馆评估定级要求，东部地级市一级图书馆的满分要求达到4万平方米，徐州市图书馆的建筑面积还有一倍多的差距。

从县区级馆层面看，各县区馆建筑面积差异明显，前三名的图书馆分别是泉山区图书馆（1.49万平方米）、新沂市图书馆（1.45万平方米）、鼓楼区图书馆（1.22万平方米）。建筑面积最小的是铜山区图书馆，仅有0.4万平方米，没有达到一级馆必备项的要求。

徐州地区市、县区两级公共图书馆布局符合公共图书馆建设标准,功能基本齐全,除铜山区图书馆面积较小外,其他馆都设有借阅室、活动室、自修室、展厅等功能区域。2020年到2021年间,鼓楼区图书馆、泉山区图书馆、云龙区图书馆三家县区级公共图书馆陆续建成开放更是为市区读者提供更大、更丰富的借阅、活动空间。

三、服务效能

1. 持证读者分析

持证读者是图书馆服务的核心目标,在第七次评估定级期间,徐州地区市、县区两级公共图书馆注册持证读者数量和持证读者在服务区域内人数占比均呈现稳步增长趋势。

持证读者数量方面,从市级层面看,徐州市图书馆持证读者数量对比第六次评估定级有小幅提升,增长了1万多人。从县区级馆层面看,各馆注册证件读者数量都有不同程度提升。持证读者数量最多的分别是邳州市图书馆、云龙区图书馆和沛县图书馆,人数分别为7.36万、5.26万和4.68万。从增长数量上看,前三名的分别是云龙区图书馆、睢宁县图书馆和泉山区图书馆,分别增加了5.26万、2.02万和2.01万。其中,云龙区图书馆和泉山区图书馆是新建设开放馆,且都位于市区内,弥补了市馆难以覆盖到的区域,且市馆因进行提升改造工程而闭馆,因此持证读者增长数量较多。

从持证读者数量占服务区人口比例看,市级馆层面的徐州市图书馆占比有小幅降低,县区级层面的各家图书馆都有所提升。在第七次评估定级期间,徐州市图书馆于2021年初进行闭馆提升改造,直至第七次评估定级时还未开馆;与此同时,市区内鼓楼区图书馆、泉山区图书馆以及云龙区图书馆先后成立开放,吸引了大量读者到馆,缓解了市区无图书馆开放服务的困境。云龙区图书馆作为最后一个新建开放的市区内公共图书馆,从建馆到开放就一直受到服务区域内市民的关注和推崇,开放后注册读者数量不断新增,截止到填报评估定级数据时,持证读者占服务区人口比例高达11.69%,远超其他公共图书馆。

2. 参加活动人次分析

相对于第六次评估定级,第七次评估定级中徐州地区市、县区两级公共图书馆参加活动年均人次,除丰县图书馆和邳州市图书馆外都呈现增长形势。在第七次评估定级期间,全国范围内都遭遇了新冠疫情,公共图书馆到馆人次受到了巨大的影响,因此积极开展线上阅读推广活动成为图书馆主要工作方向之一。

在市级层面,徐州市图书馆由于提升改造工程闭馆,大力开展了线上活动,年均参与活动人次大幅提升,高达30.33万人次,达到市级一级馆评估定级满分年均25万人次的要求。

在县区级馆层面,各馆在线上活动方面也各有重视和投入,年均参与活动人次,除邳州市图书馆和丰县图书馆外,均有不同程度的提升。云龙区图书馆和泉山区图书馆作为新建设开放馆,年均参与活动人次最多,分别有32.6万人和21.26万人,遥遥领先其他县区馆。在其他县区馆中,达到县级一级馆评估定级满分年均8万人次要求的只有睢宁县图书馆和邳州市图书馆。剩余图书馆中,贾汪区图书馆和鼓楼区图书馆该项指标数据较低,差距较大,还需在该方面相关工作上加以重视和提升。

3. 新媒体服务

(1) 新媒体数量

在第七次评估定级期间,徐州地区市、县区两级公共图书馆在新媒体服务方面都给予了重视与投入,所有馆都至少有一个新媒体渠道进行线上服务。

新建成开馆的鼓楼区图书馆、泉山区图书馆和云龙区图书馆为抓住时代发展趋势,在新媒体服务上投入了更多的精力和资源,分别注册经营了5个、4个和3个新媒体服务,在如今"流量为王"的时代拔得了头筹。沛县图书馆紧随其后,新增了2个,总量上也达到了4个新媒体服务。

(2) 新媒体信息推送量

新媒体信息推送量是新媒体服务的基础工作,在第七次评估定级期间,徐州地区市、县区两级公共图书馆在新媒体信息推送数量上都有不同程度的提升。

徐州地区公共图书馆第七次评估定级新媒体年均信息推送数量

名称	第七次评估定级新媒体年均信息推送数量(条)
徐州市图书馆	532
丰县图书馆	47.86
沛县图书馆	137
睢宁县图书馆	374.75
邳州市图书馆	57
新沂市图书馆	107.25
铜山区图书馆	36
贾汪区图书馆	120
鼓楼区图书馆	430
泉山区图书馆	376
云龙区图书馆	457

徐州市图书馆作为市级馆,在2019年新注册新浪微博账号后,新媒体信息推送数量稳步提升。截至第七次评估定级,新媒体年均信息推送达到532条,但与地市级一级馆该项指标满分要求(年均600条)相比还稍有差距。

在县区级各馆第七次评估定级期间,在年信息推送数量趋势上,丰县图书馆、沛县图书馆和新沂市图书馆提升幅度较大,其余馆平稳提升。在年均信息推送数量上,云龙区图书馆、鼓楼区图书馆、泉山区图书馆以及睢宁县图书馆大幅领先,超出了县级一级馆该项指标满分要求(年均200条),分别达到年均457条、430条、376条和374.75条。剩余图书馆均未达到满分要求,其中铜山区图书馆、丰县图书馆和邳州市图书馆该项指标数量较小,与要求差距较大,还有不少提升空间。

（3）新媒体信息浏览量

新媒体信息浏览量是新媒体服务成果最直观的体现，2018—2021年期间，徐州地区市、县区两级公共图书馆在新媒体推送信息浏览量上呈现总体上升形势。

徐州地区公共图书馆第七次评估定级期间新媒体服务年推送信息浏览量

名称	2018年(万次)	2019年(万次)	2020年(万次)	2021年(万次)
徐州市图书馆	7.65	24.36	31.93	35.45
丰县图书馆	5.72	4.84	0.13	0.51
沛县图书馆	1	1	2.7	1.5
睢宁县图书馆	2.31	3.01	5.16	4.97
邳州市图书馆	2.48	2.08	1.86	3.38
新沂市图书馆	2.7	11	15	14
铜山区图书馆	—	—	—	0.4
贾汪区图书馆	0.6	0.5	0.6	0.8
鼓楼区图书馆	—	1.37	8.83	9.68
泉山区图书馆	—	—	3.6	11.7
云龙区图书馆	—	—	—	149.32

在市级层面，徐州市图书馆新媒体推送信息浏览量逐年增长，2018年只有7.65万次，到2021年上升到35.45万次。虽然徐州市图书馆该项数据上升迅速，但与市级一级馆该项指标满分要求（年均50万次）相比还有不小的差距，因此徐州市图书馆在新媒体服务方面仍需继续努力。

在县区级层面，除丰县图书馆以外，其他馆新媒体推送信息浏览量都在增长，尤其云龙区图书馆、泉山区图书馆和新沂市图书馆年均推送信息浏览量达到了县区级一级馆满分标准，其他馆则增长缓慢，上升空间还很大。丰县图书馆因评估定级期间经历新旧馆址更换和疫情防控等问题，在新媒体服务方面人手有欠缺，导致该项服务整体数据严重下滑。

4. 数字资源服务

（1）数字资源浏览量

图书馆馆藏数字资源浏览量是数字资源服务的主要内容之一。徐州市图书馆数字资源浏览量在2019年达到了峰值，其后两年均呈下滑趋势。截至第七次评估定级时，年均数字资源浏览量约179.25万次，仅超出市级一级馆该项目满分标准（350万次）一半的数值。

徐州地区公共图书馆第七次评估定级年均馆藏数字资源浏览量

名称	第七次评估定级年均馆藏数字资源浏览量(万次)
徐州市图书馆	179.25
丰县图书馆	35
沛县图书馆	67.745

(续表)

名称	第七次评估定级年均馆藏数字资源浏览量(万次)
睢宁县图书馆	430.2
邳州市图书馆	33.38
新沂市图书馆	395.94
铜山区图书馆	8.37
贾汪区图书馆	0.76
鼓楼区图书馆	32.86
泉山区图书馆	23.68
云龙区图书馆	82.46

徐州地区县区级公共图书馆在2018—2021年间数字资源浏览量表现较为稳定。其中睢宁县图书馆和新沂市图书馆数字资源浏览量连年大幅度增长,到第七次评估定级时分别达到430.2万次和395.94万次浏览量,遥遥领先其他县区图书馆。其余县区馆数字资源浏览量呈现较小幅增长或基本保持状态。在具体数值上,达到县级一级馆该项指标满分要求(年均50万次)的有睢宁县图书馆、新沂市图书馆、云龙区图书馆和沛县图书馆。剩余馆中,贾汪区图书馆和铜山区图书馆差距较大,有待图书馆重视,加强相关工作,提高数字资源服务。

(2) 数字资源下载量

数字资源下载量同样是衡量图书馆数字资源服务效能的主要指标之一。市级层面,徐州市图书馆在2018—2021年期间数字资源下载量维持在一个稳定区间内小幅震荡,截至第七次评估定级时年均馆藏数字资源下载量约20.3万篇次/册次左右,距离市级一级馆该项目满分标准(年均30万篇次/册次)还有一定的差距。

徐州地区公共图书馆第七次评估定级年均馆藏数字资源下载量

名称	截至第七次评估定级年均馆藏数字资源下载量(篇次/册次)
徐州市图书馆	203 068
丰县图书馆	72 223.5
沛县图书馆	203 598
睢宁县图书馆	137 500
邳州市图书馆	72 081.5
新沂市图书馆	30 063.75
铜山区图书馆	22 598.75
贾汪区图书馆	6 000
鼓楼区图书馆	119 000
泉山区图书馆	145 929
云龙区图书馆	115 200

在县区级层面,泉山区图书馆从2020年建馆到2021年该项指标有较大增幅,其余各馆藏数字资源下载量均呈现稳定区域内小幅增长形态。但是各馆截至第七次评估定级时年均数字资源下载量差异较大,其中沛县图书馆以年均下载量20余万篇次/册次领跑各馆,泉山区图书馆、睢宁县图书馆、鼓楼区图书馆和云龙区图书馆紧跟其后,且都达到县级一级馆该项指标满分(年均10万篇次/册次)的要求。剩余馆则还有提升空间,尤其是贾汪区图书馆,可提升空间较大。

四、业务建设能力

1. 数字资源建设

(1)数字资源数据库数量

数字资源建设是图书馆数字资源服务的基础保障,图书馆发布的数据库数量可以从侧面反映出该馆在数字资源投入和服务的情况。第七次评估定级期间,徐州地区市、县区两级公共图书馆在数字资源数据库方面都给予了重视与投入,各公共图书馆数据库数量均有不同程度的增加。

市级层面,徐州市图书馆新增了两个数据库,总数量11个,增幅不大。

县区级层面,邳州市图书馆数据库总数高达21个,新增了9个,遥遥领先其他馆。铜山区图书馆、贾汪区图书馆和沛县图书馆在该方面相对落后,但也分别新增了1个、3个和3个数据库。总数量上也是铜山区图书馆最少,仅有2个数据库。

图书馆发布的数字资源是否可远程访问也是图书馆数字资源服务的重要评定标准之一。徐州地区市、县区两级公共图书馆数字资源可远程访问占比绝大多数都达到了100%,仅有鼓楼区图书馆、铜山区图书馆和邳州市图书馆未达到,其可远程访问资源占比分别为16.67%、20%和50%。

徐州地区公共图书馆第六、七两次评估定级可远程访问数字资源占比对比图

名称	第六次评估定级 可远程访问数字资源占比	第七次评估定级 可远程访问数字资源占比
徐州市图书馆	100%	100%
丰县图书馆	100%	100%
沛县图书馆	100%	100%
睢宁县图书馆	100%	100%
邳州市图书馆	100%	50%
新沂市图书馆	75%	100%
铜山区图书馆	20%	20%
贾汪区图书馆	0	100%
鼓楼区图书馆	—	16.67%
泉山区图书馆	—	100%
云龙区图书馆	—	100%

(2) 对外服务数字资源总量

在第七次全国公共图书馆评估定级期间,徐州地区两级公共图书馆对外服务数字资源总量都有较大幅度增长。徐州市图书馆作为市级馆,数字资源总量从 21.72 TB 增长到 316 TB,达到了市级一级馆该项目满分(300 TB)的要求。县区级馆中,丰县图书馆、泉山区图书馆和云龙区图书馆数字资源总量都是从零到有,且都增加了 300 TB 以上,增幅惊人,远超其他馆。邳州市图书馆和铜山区图书馆也达到了县级一级馆该项指标满分(80 TB)的要求。剩余图书馆都未达到满分要求,其中贾汪区图书馆差距最大,其对外服务数字资源总量仅有 0.02 TB。对外服务数字资源建设受多方面条件制约,比如经费、服务器、服务渠道、管理维护人员等等。未达到满分要求的图书馆应当考虑合理统筹安排已有资源,做好重点服务工作,全方位提升服务质量。

2. 自建数据库分析

公共图书馆自建数据库服务内容大都是该地区文化的经典缩影,体现了该地区文化特色和人文历史,因此自建数据库建设情况能侧面反映出该图书馆文化服务和数字服务的效能。第七次全国公共图书馆评估定级期间,徐州地区两级公共图书馆在自建数据库方面大多数馆都有所投入,数据库数量和数字资源量普遍增长。市级馆层面,徐州市图书馆自建数据库数量上只增加了 1 个,总数共 2 个。数字资源量增加幅度可观,从原有的 1 250 条增加到 21 907 条。整体上徐州市图书馆自建数据库和数字资源量均未达到市级一级馆该项目满分(10 种数据库、75 000 条资源量)的要求。

县区级层面,在自建数据库数量方面,邳州市图书馆新增了 10 个,总量达到 11 个;新沂市图书馆和贾汪区图书馆无自建数据库;其他图书馆均有 1~3 个增量,但总数量都未达到县级一级馆该项指标满分(5 个)的要求。在自建数字资源量方面,铜山区图书馆和丰县图书馆达到并远超出县级一级馆该项指标满分(10 000 条)的要求,其他馆距离满分要求还有一定的差距。

徐州地区公共图书馆第六、七两次评估定级自建数字资源量对比表

名称	第六次评估定级 自建数字资源量(条)	第七次评估定级 自建数字资源量(条)
徐州市图书馆	1 250	21 907
丰县图书馆	0	203 387
沛县图书馆	0	3 610
睢宁县图书馆	0	2 622
邳州市图书馆	560	4 431
新沂市图书馆	0	0
铜山区图书馆	710 000	897 729
贾汪区图书馆	0	0
鼓楼区图书馆	—	295
泉山区图书馆	—	463
云龙区图书馆	—	5 402

3. 总分馆体系建设

总分馆体系建设是第七次全国公共图书馆评估定级对县区级公共图书馆的考核内容。徐州地区县区级公共图书馆在第六次全国公共图书馆评估定级时,除去未开馆辖区,只有贾汪区图书馆和丰县图书馆未做到本区域乡镇(街道)都建有分馆,其他县区都达到了分馆占比100%。到第七次全国公共图书馆评估定级时,徐州地区所有的县区级公共图书馆都做到了本区域内建成分馆占比100%。

徐州地区各区县公共图书馆第六、七两次评估定级分馆数量与占比对比表

名称	第六次评估定级分馆数量	分馆占比	第七次评估定级分馆数量	分馆占比
丰县图书馆	15	100%	15	100%
沛县图书馆	13	68.42%	34	100%
睢宁县图书馆	18	100%	18	100%
邳州市图书馆	26	100%	26	100%
新沂市图书馆	16	100%	16	100%
铜山区图书馆	21	100%	21	100%
贾汪区图书馆	0	0	12	100%
鼓楼区图书馆	—	—	7	100%
泉山区图书馆	—	—	17	100%
云龙区图书馆	—	—	17	100%

五、保障条件

1. 文献购置费

从全市层面看,第六、七两次评估定级中徐州地区市、县区两级公共图书馆年普通文献购置费总额分别为621.9万元、929.245万元,其中徐州市图书馆、丰县图书馆、新沂市图书馆因闭馆改造以及疫情原因影响文献购置费有所回落,但整体呈平稳增长势态。第七次评估定级普通文献购置费相比第六次评估定级增长49.42%。

徐州地区公共图书馆第六、七两次评估定级年文献购置费

名称	第六次评估定级年均文献购置费(万元)	第七次评估定级年均文献购置费(万元)
徐州市图书馆	386.98	230.4
丰县图书馆	36	23.85
沛县图书馆	55	263.105

(续表)

名称	第六次评估定级 年均文献购置费(万元)	第七次评估定级 年均文献购置费(万元)
睢宁县图书馆	26.2	44.48
邳州市图书馆	37.5	96
新沂市图书馆	59.62	27.53
铜山区图书馆	8.6	8.6
贾汪区图书馆	12	13.5
鼓楼区图书馆	—	43.63
泉山区图书馆	—	88.75
云龙区图书馆	—	89.4
总额	621.9	929.245

从市级馆层面看,第六次和第七次评估定级时徐州市图书馆年均文献购置费分别为386.98万元、230.4万元,分别占年财政拨款的38.11％、13.67％。第七次评估定级时年均普通文献购置费相较于第六次评估定级减少了156.58万元。虽然第七次评估定级时徐州市图书馆财政拨款总额有所增加,但是由于闭馆改造的原因,文献购置费有所减少,因而出现了较大的负增长。从县区级馆层面看,各区县馆对普通文献的经费投入力度整体呈稳定趋势。除鼓楼区图书馆、泉山区图书馆、云龙区图书馆新建馆外,与第六次评估定级相比增长率实现正增长的有4家,分别是沛县图书馆、睢宁县图书馆、邳州市图书馆、贾汪区图书馆,特别是沛县图书馆,其年均普通文献购置费从第六次评估定级时的55万元跃升至第七次的263.105万元,增长率达378.4％;邳州市图书馆和睢宁县图书馆也有不俗的表现,其年均增长率分别达到156％和69.77％。文献是公共图书馆的立身之本,普通文献购置经费的投入力度仍需增强。

2013—2021年,第六次评估定级至第七次评估定级期间,徐州地区市、县两级公共图书馆人均文献购置费呈整体提升状态,其中新沂市图书馆2016年人均文献购置费是2015年的9.6倍,沛县图书馆人均文献购置费2017年是2016年的20.25倍,特别值得一提的是沛县图书馆于2018年以后人均文献购置费一直处于大幅增长的势头。鼓楼区图书馆、泉山区图书馆在第七次评估定级周期内,人均文献购置费递减,主要是由于新馆开馆运营,初期投入较大所致。第六次评估定级时年人均文献购置费的前三名分别是新沂市图书馆(0.6元)、徐州市图书馆(0.44元)、沛县图书馆(0.42元),第七次评估定级时年人均文献购置费前三名依次是沛县图书馆(2.56元)、云龙区图书馆(1.99元)、泉山区图书馆(1.61元),其中,第七次评估定级期间新建成的云龙区图书馆、泉山区图书馆、鼓楼区图书馆在徐州地区排名靠前,沛县图书馆年人均文献购置费稳定大幅增长,两次评估定级该项指标均处于地区前三名。综上,徐州地区市、县区两级公共图书馆普通文献购置费在总体量与人均值上不及苏南等地,各区县间存在不均衡现象,需财政给予更多的经费支持。

徐州地区公共图书馆第六、七两次评估定级期间人均文献购置费（元）

名称	2013 年	2014 年	2015 年	2016 年	2017 年	2018 年	2019 年	2020 年	2021 年
徐州市图书馆	0.29	0.34	0.33	0.53	0.73	0.73	0.65	0.62	0.59
丰县图书馆	0.17	0.17	0.17	0.17	0.83	0.55	0.16	0.04	0.27
沛县图书馆	0.27	0.08	0.08	0.08	1.62	0.16	1.91	3.04	5.12
睢宁县图书馆	0.04	0.04	0.06	0.36	0.78	0.22	0.76	0.28	0.37
邳州市图书馆	0.26	0.26	0.26	0.26	0.26	0.66	0.66	0.66	0.66
新沂市图书馆	0.11	0.08	0.25	2.4	0.16	0.25	0.28	0.33	0.28
铜山区图书馆	0.07	0.07	0.07	0.07	0.07	0.07	0.07	0.07	0.07
贾汪区图书馆	0.29	0.34	0.22	0.16	0.66	0.45	0.38	0.2	0.31
鼓楼区图书馆	—	—	—	—	—	—	1.26	1.14	0.68
泉山区图书馆	—	—	—	—	—	—	—	2.61	0.6
云龙区图书馆	—	—	—	—	—	—	—	—	1.99

徐州地区公共图书馆第六、七两次评估定级年人均文献购置费

名称	第六次评估定级年人均文献购置费（元/人）	排名	第七次评估定级年人均文献购置费（元/人）	排名
徐州市图书馆	0.44	2	0.65	6
丰县图书馆	0.3	5	0.26	10
沛县图书馆	0.42	3	2.56	1
睢宁县图书馆	0.26	6	0.41	7
邳州市图书馆	0.26	6	0.66	5
新沂市图书馆	0.6	1	0.28	9
铜山区图书馆	0.07	8	0.07	11
贾汪区图书馆	0.33	4	0.34	8
鼓楼区图书馆	—	—	1.07	4
泉山区图书馆	—	—	1.61	3
云龙区图书馆	—	—	1.99	2

2. 人均文献馆藏量

馆藏量是图书馆开展读者服务工作的根本，而人均文献馆藏量则体现了图书馆对于所在辖区人口服务的客观指标。参照第七次评估定级的要求，这里的文献馆藏量包括图书、报纸、期刊、视听文献、电子文献、缩微文献等各种类型的文献。徐州地区市、县区两级公共图书馆人均文献馆藏量较第六次评估定级均有大幅提升，主要是由于读者对于电子资源的需求不断提升，各公共图书馆均增加了对电子资源的投入。第六次评估定级时，该项指标的前三名分别是睢宁县图书馆、沛县图书馆、邳州市图书馆。第七次评估定级时，该项指标的前三名分别是泉山区图书馆、睢宁县图书馆和沛县图书馆,其中睢宁县图书馆和沛县图书馆在两次评估定级中均位于前三名。人均文献馆藏量整体处于增幅状态,但是由于财政投入和行政辖区内的人口数量问题,增幅程度存在差异,资源不均衡性问题突出。

徐州地区公共图书馆第六、七两次年人均文献馆藏量

名称	第六次评估定级年人均文献馆藏量(册件)	排名	第七次评估定级年人均文献馆藏量(册件)	排名
徐州市图书馆	0.33	4	0.36	7
丰县图书馆	0.05	8	0.12	11
沛县图书馆	0.53	2	1	3
睢宁县图书馆	0.57	1	1.06	2
邳州市图书馆	0.47	3	0.88	5
新沂市图书馆	0.29	6	0.93	4
铜山区图书馆	0.31	5	0.31	9
贾汪区图书馆	0.11	7	0.29	10
鼓楼区图书馆	—	—	0.33	8
泉山区图书馆	—	—	1.079	1
云龙区图书馆	—	—	0.44	6

六、总结

徐州地区市、县区两级公共图书馆共11家参与第七次评估定级工作,其中徐州市图书馆、丰县图书馆、沛县图书馆、睢宁县图书馆、邳州市图书馆、新沂市图书馆、鼓楼区图书馆、泉山区图书馆、云龙区图书馆共9家公共图书馆获得一级馆称号,特别是近两年陆续建成运营的鼓楼区图书馆、泉山区图书馆、云龙区图书馆成绩突出均获得一级馆称号,徐州成为全省新增一级馆最多的地区,但同时问题也很突出,铜山区图书馆和贾汪区图书馆因为馆舍环境、设备老化、财政投入力度不够等因素出现了降级和未定级的情况。

综合相关数据分析,徐州地区公共图书馆2018—2021年第七次评估定级期间,在市、县区两级党委政府重视下,以高质量发展为牵引,从实际出发,从为民办实事出发,调配资源,增加投入,不断完善软、硬件服务,加强人才队伍培养,转变服务思路,扩大服务范围,创新服务形式,取得成绩显著,业绩逐年递增。同时,也发现市级公共图书馆与省内其他市级馆之间存在一定差距,县区级公共图书馆在基础设施建设、地区平衡发展上都存在较大差距。

1. 必备条件

文献借阅是公共图书馆开展阅读推广工作的根本,在第七次评估定级周期内,徐州地区公共图书馆2018—2019年外借量总体上升,2020年受疫情影响文献外借量有所减少,但是

随着鼓楼区、泉山区、云龙区图书馆的建成开放运行,2021年文献外借量显著增长。徐州地区除了铜山区图书馆和贾汪区图书馆外,其他各馆该项指标均达到了一级馆的要求。

2013—2021年徐州地区市、县区两级公共图书馆经费状况整体稳定,除了受疫情以及徐州市图书馆闭馆改造等因素影响、个别年份财政投入有所减少外,财政拨款金额整体逐步提升。徐州地区除贾汪区图书馆没有达到一级馆必备项要求,市级和其他区(县)图书馆均达到或基本达到一级馆满分项,特别是由于鼓楼区、泉山区、云龙区图书馆的新建投入,区(县)图书馆财政拨款总额出现高速增长的态势,为进一步发展公共图书馆事业提供了财政保障。

徐州地区公共图书馆文献资源保障能力稳步提升,馆藏资源建设力度不断加强,馆藏数量总体保持连年上升的趋势,全市馆藏册件数由第六次评估定级499.46万册件上升至第七次评估定级626.5万册件,实现了127.04万册件的新增馆藏量,与第六次评估定级相比增幅达到25.44%。但是徐州市图书馆、云龙区图书馆、贾汪区图书馆以及鼓楼区图书馆距离一级馆满分项差距较大。徐州市、县区两级公共图书馆文献馆藏总量不均衡问题突出。

市级馆徐州市图书馆2021年改造主要在安防电暖等基础设施方面,空间布局有所调整,保障了读者新的需求,但智慧化前瞻性不够;参与第七次评估定级的县区级公共图书馆新建成数量为3个,整体规模差距不大,服务方向各具特色。从整体看,馆舍服务面积相对偏小,作为市级公共图书馆的徐州市图书馆建筑面积为18 900平方米,落后于全省市级城市公共图书馆,距离一级馆满分项还有较大的差距。10家区县公共图书馆建筑面积平均10 360平方米,面积最大的泉山区图书馆占地14 900平方米,而面积最小的铜山区图书馆仅有4 000平方米,甚至没有达到一级馆必备条件的要求。随着徐州地区城乡发展和人口增长,现有的公共图书馆馆舍服务面积已不能满足徐州地区人民日益增长的文化新需求。

2. 服务效能

徐州地区公共图书馆注册持证读者数量和持证读者数量,在第七次评估定级周期内呈现稳步增长趋势。徐州市图书馆受新冠疫情和提升改造闭馆影响,持证读者数量有小量增长,持证读者占比却小幅下降。县区级馆无论持证读者数量还是持证读者占比都有所增加。

在参与活动人次方面,徐州地区市、县区两级公共图书馆有不同情况。徐州市图书馆由于提升改造工程闭馆,大力开展了线上活动,因此年均参与活动人次得到了大幅提升。县区级馆中,云龙区图书馆和泉山区图书馆作为新建馆,参与人次增长迅速。睢宁县图书馆增长达到了该项指标一级馆满分要求,其余各馆还有一些差距。

新媒体服务方面,徐州地区市、县区两级公共图书馆都给予了重视与投入,所有馆都至少有一个新媒体渠道进行线上服务。在信息推送量上,徐州市图书馆仅有较小差距达到一级馆满分标准要求,县区级馆有4家达到一级馆满分标准要求。在信息浏览量上徐州地区仅有3家县区级馆达到一级馆满分标准要求。整体来看,徐州地区市、县区两级公共图书馆在新媒体服务方面都予以重视,投入了人力物力进行改进、提升,并取得了一定的效果,但是从指标上看还有进步空间,需要各馆继续努力。

数字资源服务方面,徐州地区市、县区两级公共图书馆无论在数字资源浏览量上还是数字资源下载量上,都呈现整体稳定增长形式,个别馆数据增长迅猛。徐州市图书馆数字资源浏览量在2019年达到了峰值,其后两年均呈缓慢下滑趋势,数字资源下载量则在年均200万次左右徘徊。县区级馆中,睢宁县图书馆和新沂市图书馆在数字资源浏览量上增幅较大,年均浏览量分别达到430.2万次和395.94万次,其余馆增幅小;而在数字资源下载量上,各馆增长率都比较平缓,沛县图书馆年均浏览量最高,达到20余万篇次。总的来说,徐州地区市、县两级公共图书馆数字资源服务方面都有提升,但提升幅度小,效能增加有限,各馆在该方面还有待进一步创新服务内容,挖掘服务形式,提高服务水平。

3. 业务建设

第七次评估定级期间,徐州地区市、县区两级公共图书馆在数字资源数据库数量上都有所增加,总量上睢宁县图书馆个数最多,有21个数据库;增加数量上,邳州市图书馆、睢宁县图书馆和云龙区图书馆增量最大,分别为10个、9个、9个。在对外服务数字资源量上,丰县图书馆、泉山区图书馆和云龙区图书馆反而增量惊人,数字资源总量都是从零到有,且都增加了300 TB以上。其他馆包括徐州市图书馆增量和增幅都相对较弱。从整体上看,徐州地区市、县区两级公共图书馆在数字资源建设上投入不均匀,数据库数量建设和数字资源量建设也存在不对等情况,这也许是导致数字资源量与服务效能不匹配的原因之一,值得各馆重视思考。

在自建数据库方面,徐州地区市、县区两级公共图书馆,除新沂市图书馆和贾汪区图书馆没有外,其余各馆数量和资源量都呈增长趋势。数量上增长最多的是邳州市图书馆,自建数据库总数达11个;资源量上铜山区图书馆和丰县图书馆总量最多,达到了县区级一级馆该项指标满分(10 000条)的要求。其他馆包括徐州市图书馆在该方面提升和总量都较少。自建数据库是数字资源服务建设的一部分,徐州地区市、县区两级公共图书馆在该方面面临的问题与数字资源服务方面一样。

徐州地区市、县区两级公共图书馆在总分馆体系建设方面表现优异,全市所有县区级馆分馆占比均达到100%。在第六次公共图书馆评估定级时,徐州地区已有的县区级馆中只有两家分馆占比未达到100%,为第七次评估定级打下了良好的基础。

4. 保障条件

第六、七两次评估定级期间,徐州地区市、县区两级公共图书馆年普通文献购置费整体呈平稳增长势态。其中徐州市图书馆、丰县图书馆、新沂市图书馆因闭馆改造以及疫情原因影响文献购置费有所回落,但第七次评估定级普通文献购置费相比第六次评估定级增长49.42%。虽然第七次评估定级期间,徐州市图书馆财政拨款总额有所增加,但是由于闭馆改造的原因,文献购置费出现了较大的负增长。从县区级馆层面看,各区县馆对普通文献的经费投入力度整体呈稳定增长趋势。值得一提的是沛县图书馆,其普通文献购置费增长率达378.4%。文献购置费是保障文献资源建设的基础,也是公共图书馆推动阅读推广工作的根本。徐州地区关于文献购置费的投入虽然整体呈增长趋势,但是与省内其他地区相比还存在一定的差距,与此同时,随着徐州经济社会的发展和城镇人口的增长,还需要财政进一步加大投入力度。徐州地区市、县区两级公共图书馆人均文献馆藏量较第六次评估定级均有大幅提升,主要由于各公共馆均加大了对电子资源的采购,使得馆藏文献总量有了较大幅度的增长,但是由于财政投入力度和行政辖区内的人口数量问题,增幅程度存在差异,资源不均衡性问题进一步突显。

"十四五"建设已踏上征程,徐州市各级图书馆要切实按照习近平总书记对公共图书馆建设的嘱托,依照《中华人民共和国公共图书馆法》规定,根据《"十四五"文化和旅游发展规划》《"十四五"公共文化服务体系发展规划》《江苏省"十四五"文化和旅游发展规划》《徐州市

"十四五"文化旅游发展规划》《徐州市"十四五"文化旅游发展规划重点工作任务责任分解方案》等指导性文件要求,进一步贯彻落实第七次全国县级以上公共图书馆评估定级"以评促管、以评促建"的宗旨,立足工作部署,以全心全意为人民服务的宗旨,提供高质量的公共图书馆服务。创新服务方式,提升服务效能,加强图书馆总分馆制建设,持续做好公共图书馆免费开放,推动服务专业化运营,建设智慧图书馆,深入推进全民阅读,建设"书香中国",充分发挥图书馆作为滋养民族心灵、培育文化自信的重要场所的作用,为新时代谱写新篇章。

(执笔人:闫云飞 李 晴 司 维)

常州市公共图书馆事业发展报告

常州市辖6个区(钟楼区、天宁区、新北区、武进区、金坛区、经开区),代管1个县级市(溧阳市),2022年末全市常住人口536.6万人。现有地市级公共图书馆1家,县(区)级公共图书馆7家,各辖市(区)均配备公共图书馆,实现公共图书馆服务体系全覆盖。在全国第七次县级以上公共图书馆评估定级中,常州市的8家公共图书馆全部获评国家一级图书馆。

一、常州地区公共图书馆事业发展的整体状况

2018—2022年间,常州市全力推动公共图书馆事业的发展,高质量新建3家区县级公共图书馆,实现了区县级公共图书馆零缺位的目标,全域覆盖的公共图书馆服务体系网络为常州人民提供普惠、均等、高质量的公共文化服务。现从保障条件、业务建设和服务效能等方面总结汇报常州地区2018—2021年间公共图书馆事业发展的整体状况。

1. 保障条件到位,公共图书馆事业全面提升

(1) 政策法规保障有力

2017年6月,常州市十六届人大常委会出台的《关于促进全民阅读的决定》(简称《决定》)是全省13个设区市中首个促进全民阅读的法规性文件。2018—2022年,常州市各级行政部门认真贯彻中央、江苏省关于加强全民阅读、建设书香社会的工作部署,全面落实《决定》各项要求,特别是把全民阅读工作纳入国民经济和社会发展规划,全面推进公共图书馆实行总分馆制;公共图书馆缺位的钟楼区、新北区和经开区全部新建图书馆,逐步实现市及各辖市(区)公共图书馆图书与本行政区域内各类图书馆、基层公共阅读服务场所之间通借通还。2020年,随着常州市新图书馆开放运营,常州市已实现1个中心馆、7个区级总馆、61个镇(街道)分馆、997个基层综合性文化服务中心组成的,覆盖城乡、通借通还的公共图书馆总分馆体系,还建成了670个农家书屋。2021年底,全市建成32家"秋白书苑",服务市民累计超450万人,全年文献借阅量累计达74万册次,举办阅读推广活动435场。

(2) 财政经费投入翻倍

2018—2022年常州市对公共图书馆年平均财政拨款总额达到7 151.42万元,较2013—2017年年平均财政拨款总额3 954.84万元增长近一倍。年财政拨款总额包括文献购置费、运行费、人员经费、专项经费等全部款项,全市年人均文献购置费在1元以上。常州市政府还专项投资十多亿元,建设31 000平方米的常州市图书馆新馆,天宁区、新北区和经开区政府也投入专项经费设立区公共图书馆。

（3）文献资源建设扎实

文献资源是图书馆开展各项业务工作的基础。常州地区各公共图书馆文献资源包括纸质图书(含光盘)、纸质报刊、电子图书、电子期刊、征集的地方文献、购买和自制数据库资源、内刊等,内容丰富多样。2022年,全市馆藏文献资源总量达633.12万册件,人均馆藏超过1册件。各馆均制定了详细的《馆藏发展政策》,贴近读者阅读需求,注重馆藏结构的合理性,扎实推进文献资源建设,为图书馆各项服务工作的开展夯实基础。

（4）新建图书馆数量翻番

常州市、区各级政府都非常重视图书馆的建筑设施建设,新建图书馆数量翻番,公共图书馆建筑面积不断扩大。常州市图书馆的新馆于2020年6月投入使用,新馆坐落于城市黄金地段,馆舍面积达到31 000平方米,是原先老图书馆面积的2倍;金坛区投资1.19亿元新建的15 500平方米新馆于2018年1月投入使用,功能齐全、设施完善、设备先进,是一家真正"以人为中心"的现代化图书馆;武进区政府则采取和学校共建分馆的方式扩建武进区图书馆,武进第二、第三图书馆已投入使用,目前武进区图书馆的第四分馆正在建设中,服务面积达5 400平方米;钟楼区图书馆(3 000平方米)、新北区图书馆(1 700平方米)和经开区图书馆(8 600平方米)为2018—2022年间新增建图书馆,新增建图书馆面积达到13 300平方米;溧阳市政府也已拟定新馆建设计划,新馆建设已进入论证设计阶段。

（5）信息基础设施技术先进

常州市各级公共图书馆在信息基础设施建设方面扎实到位,技术先进,业务工作全自动化,业务管理采用先进的图书馆管理软件,读者实现自助借还,馆内Wi-Fi全覆盖,采用微信等新媒体发布信息、提供服务。并紧跟信息技术的发展,更多地尝试新的技术,如常州市图书馆顶层设计常州地区总分馆集群的技术方案,打造常州地区公共图书馆大数据中心,建立统一用户管理平台,实现集群自动化监控。2020年,新馆推出全新业务系统,涵盖大数据智慧墙、积分管理平台、客流系统、预约系统、读者行为分析系统、智慧大脑可视化等十多个技术板块;从技术上打通网站、微官网与微信公众号三个平台信息互联,最大限度为读者提供便利,把各种服务功能移植到移动端。常州市图书馆成功通过评审验收,成为江苏省首家网络安全等级保护达到二级的图书馆,信息化水平和数字资源建设能力在全省公共图书馆系统中跃居领先地位。武进区图书馆将互联网、物联网技术融入图书馆管理和读者服务中来,打造全新的智慧图书馆,智慧图书馆服务系统包括:"架位号"图书排架管理系统、支付宝芝麻信用免押金办证及登录、RFID图书自助借还系统、分布式手机借还图书管理系统、基于读者图书采购系统、大数据分析信息推送系统、微信公众号服务系统,集成所有智能服务功能,一站式为读者服务。"武进智慧图书馆建设"获得2020年江苏省智慧文旅示范项目称号。

（6）工作人员素质普遍提升

图书馆工作人员是图书馆服务的主要实施者,其素质高低直接影响图书馆服务的质量和读者满意度。这四年来,常州地区各级公共图书馆的工作人员配备更趋科学合理。常州市图书馆在编83人,其中专业技术人员81人,高级职称20人,中级职称40人,大学专科及以上学历工作人员占比达99％。其余县(区)馆中大学专科及以上学历工作人员占比平均达到80％以上,武进区和金坛区图书馆达到100％。

2. 业务建设扎实,业务能力稳步提升

常州地区各公共图书馆业务工作标准规范,管理到位,业务建设扎实有效。

（1）文献资源建设全方位

文献资源建设包括纸质图书、报刊资源（含光盘）、数字资源和地方特藏文献资源建设。各馆均制定了《馆藏发展政策》，对各类文献资源的采集依据和工作要求做了详细规定，也对各类文献资源结构占比做出规定，严格规范文献资源建设。纸质图书的选购在确保馆藏结构的前提下，更多地让读者参与其中，提高图书的利用率。常州市图书馆和武进、溧阳等地区图书馆持续开展"你选书，我买单"活动。常州市图书馆还进一步开展"云借"服务，即"你选书，我买单"的线上模式，充分利用互联网实现读者足不出户就能在线选书，该活动获得了良好的社会反响，不仅更好地适应了现代读者的生活行为模式，而且对于全民阅读起到了很大的推动作用。

地方特色文献建设硕果累累，尤其是常州市图书馆，作为一个百年老馆，古籍和地方文献馆藏丰富。馆里还专门组织古籍研究专业的队伍征集常州本地方志著作、家谱和历代名人著作、近百年图片资料等，在新馆中专设的常州人著作馆成为地方文献馆藏的亮点，是常州市图书馆的一张名片。目前，常州市图馆藏古籍约10万册，其中善本3 660册。2018年根据江苏省古籍保护中心关于申报第六批国家珍贵古籍名录的通知要求，相继完成了《诗经》《玉海》两部古籍的全国珍贵古籍申报工作和《楚辞集注八卷（辩证二卷后语六卷）》《剑南诗钞》《乐府雅词卷附补遗二卷》《隶辨八卷》四种古籍的普查平台数据上传。2018—2022年，还完成了《周易义疏》《阅微草堂笔记》《蒋氏九中典》等古籍修复和《咸淳毗陵志》定本再造。并陆续完成《光绪武进阳湖县志》、常州最后一部地方志《武阳志余》点校整理工作，整理了常州80个近现代人物、季札后裔吴氏宗亲后人等地方名人资料，正式出版了《龙城·龙脉——大运河为纲的常州古城水系变迁研究》和《红楼壁合》丛书等地方文化著作。

2018—2022年间，各馆数字资源建设量均有显著上升，与不断上升的数字阅读量相适应。截至2022年，全市对外服务的数字资源总量达2 146.55 TB，年平均新增对外服务的数字资源量达181.81 TB。2018—2022年间共自建数据库22种，自建数字资源量468 421条。其中，常州市图书馆自建的常州地方历史文化数据库"常州文库""民国时期无锡地方报纸数据库""小巷名流名人数据库"等，金坛图书馆的"金坛地方珍贵文献资源数据库""非遗漫画数据库"，武进区图书馆的"武进图书馆网上家谱馆""中华延陵季子数据库""古籍书目数据库"等自建数字资源对于常州地区地方特色文化的保存和发展起到了积极的作用。

（2）业务创新结硕果

创新是公共图书馆不断进步的源动力。2018—2022年间，全市公共图书馆创新项目共48个，其中常州市图书馆"书香党建联盟""研学赋教""秋白书苑""国际友城会客厅"，武进区图书馆"馆校共建""图书手机借还分布式管理系统""书服到家"，金坛区图书馆"融媒体电台听书""书香公交"；钟楼区图书馆"社会化运营创新"，溧阳市图书馆"耕茗书苑"都是立意新颖、可操作性强、值得推广的创新项目；新型阅读空间是集教育性、公益性、休闲性等特征于一身的融合式阅读空间，常州全市共有73个新型阅读空间，其中比较响亮的品牌是常州市图书馆的"秋白书苑"、武进区馆的"阳湖书房"和金坛区馆的"金沙书房"；智慧应用场景全市共有63个，其中常州市图书馆的"智能书架""自动盘点仪""智慧墙""常图云借"，武进区图书馆的"VR沉浸式体验""RFID读者自助借还沉浸式服务"，金坛区图书馆的"AI机器人小博""3D打印机""智能朗读厅"等智慧应用场景充分体现出图书馆应用领域的高科技。

（3）行业协作社会合作显成效

相互协作、资源共享、互利互惠在 2018—2022 年间体现得尤为明显,常州地区各级公共图书馆均已实现通借通还,并加入全国联盟组织,实现文献传递。除此之外,还与其他类型的图书馆合作,如常州市图书馆与常州纺织服装职业技术学院图书馆、常州工程职业技术学院图书馆、常州工学院图书馆、常州机电职业技术学院图书馆、常州信息职业技术学院图书馆等高校馆以及钟楼区图书馆开展了一系列协作活动;与常州市以外的各类型图书馆合作,如常州地区的图书馆与陕西省图书馆、南京图书馆合作开展了"苏陕公共图书馆馆员挂职培训",与国家图书馆协作开展了"第十三届文津图书奖"活动,与国家图书馆、上海图书馆、南京图书馆协作举办了多场展览,还与南京图书馆、上海图书馆、浙江省图书馆、安徽省图书馆协作举办了"2021 长三角阅读马拉松大赛";与文化馆、博物馆、美术馆等公共文化机构或其他社会机构的协作,如常州市图书馆与河海大学、南京大学进行了大学生实践实习方面的协作;与常州市哲学社会科学界联合会协作举办了"社科专家面对面"系列讲座、与农工党常州市委协作举办了"春雨行动·农工党大讲堂"、与常州文化艺术研究所协作举办了《文化 100 系列》讲座,还与常州市职工摄影协会、天宁区老干部局、常州市老年书画研究会、常州艺术高等职业学校、青龙书画协会、中国近现代新闻出版博物馆等单位与机构协作举办了各类展览;与常州新华书店协作举办了"青果文笔悦读会";与常州市 11 所中学协作举办了研学赋教等活动;另外还与常州市文化馆、江苏银行合作举办了第二届"七彩故事会"故事达人大赛。

社会合作也是本次评估期内的亮点,常州市图书馆、金坛区图书馆建立并完善法人治理结构,成立理事会、发布章程、通过图书馆"三定方案",制度框架基本建立。理事会定期举行会议,对图书馆年度工作报告、重大项目等进行集体商议,并对图书馆建设、发展等建言献策,有效提升了图书馆的决策水平和发展潜力。社会力量合作办馆也是社会合作的一个方面,常州市图书馆的秋白书苑就是典型的例子,由常州市图书馆提供业务管理软件系统、图书及专业自助设备,由乡镇、街道或企业提供场地、水电等费用,同时引入社会力量负责日常开放、运行、管理和服务。书店、文化产业公司、传媒公司、公益发展中心等第三方机构的加入,迸发出更多跨界融合项目,书苑里不仅有书、文创产品、茶水和简餐,更有丰富多彩的活动。此外,钟楼区图书馆和新北区图书馆引入社会化力量运营,节省运营成本,也是社会合作的不错尝试。

（4）业务辅导上台阶

培训辅导是提升基层业务工作人员业务能力的最有效方式。评估期内,以常州市图书馆学会为主力,全市范围内每年举办培训会 10 余场,并组织专家赴基层图书馆实地辅导或开展线上咨询,内容涵盖业务基础、阅读推广、参考咨询、读者服务、评估定级、古籍保护等各个方面。常州市图书馆学会每年还策划组织了各类学术活动、开展课题研究,助推图书馆工作人员的研究热情。

3. *服务意识放首位,服务效能竿头日进*

读者服务是公共图书馆工作的重中之重,多年来常州地区的公共图书馆强化服务意识,开展多元服务,2018—2022 年间,年平均流通人次 681.86 万人次,年平均文献外借量 398.62 万册次,服务效能显著提升,读者问卷满意度均在 95% 以上。

（1）读者服务有针对性,为未成年人和其他特殊群体提供配套服务

少年儿童读者一直是公共图书馆的重要服务群体。各馆结合少年儿童的特点,开展丰

富多彩的阅读推广活动,经过不断创新发展,逐渐走向品牌化、体系化,受到了广大读者的一致好评。例如：常州市图书馆和金坛区图书馆开展的"红领巾读书征文"活动,常州市图书馆的"小灯塔科普悦读会""七彩故事会""带你走进图书馆""风暴实验室"等一批知名度高、备受欢迎的系列活动。其中,"带你走进图书馆"在2018年第一届公共图书馆创新创意征集推广活动中获得优秀奖;"小灯塔科普悦读会"获得2019年度江苏省社科普及活动项目资助。武进区图书馆开设创意工作坊、开心跳蚤市场、名师工作坊、快乐英语坊、绘本悦读坊等。溧阳市图书馆的未成年人思想道德建设项目连续多次在全市获奖。钟楼区图书馆的"图书馆校园建设 阅读进阶3.0模式"将阅读课堂搬到图书馆,使其成为未成年人的阅读成长中心。天宁区图书馆的品牌活动有绘画训练营、听景老师说说孩子成长那些事儿、《哈利·波特》系列图书与电影等等。

针对其他特殊群体,如老年人、残障人士、外来务工人员和军人等,各馆也是尽心尽力。常州市图书馆在一楼设立视障人士专门阅览室,配备盲文点显器、视障专用电脑、数字助视器等设备及盲文图书读物,由专人负责。2021年7月建党100周年之际,常州市图书馆还用音乐为视障人士讲党史,为视障人士上了一堂别具一格的党课;为保障老年读者自由参与社会文化生活,常州市图书馆全方位多角度打造"银龄之家"服务品牌,方便老年读者使用图书馆;常州市图书馆专门为外来务工人员设立农民工流动服务点,提供流动车民工子弟学校借阅服务,为外来工送书,并开展多项适合外来民工子弟的阅读推广活动;与在常部队签署军民共建协议,书香进军营,为战士们送去涵盖军事、哲学、文学、历史等不同类型的图书,这些内容丰富的图书既强化了军队文化阵地建设,又丰富了战士们业余文化生活。武进区图书馆为外来务工人员开展子女家庭辅导活动,定期为乡镇外来工子女提供免费借阅服务,与夕阳红敬老院合作,为老人们送去多种多样的活动,开展图片展、夕阳红电影、夕阳红文娱表演。金坛区图书馆在馆内设置视障阅览室和母婴休息室,为农民工送书下乡,开展公益健康讲座等,并探索"菜单式"特殊群体服务,为特殊群体提供个性化服务保障。溧阳市图书馆为残疾人提供到馆阅读服务及送书上门服务,为老年读者开展定期送书服务,为溧城镇敬老院送书近千册,为农民工读者和农民工子弟集中的学校开展定期送书服务。

(2) 重视阅读推广,品牌引领服务提升

各馆阅读推广形式丰富多样,主要有讲座培训、展览、阅读推广活动等,各类阅读推广项目重视品牌培育,以品牌引领服务提质增效。2018—2022年,常州市公共图书馆年均开展各类讲座、展览、培训和阅读活动991场,年均参与读者超过百万人次。常州市图书馆的讲座培训已形成"龙城讲坛""道德讲堂""社科专家面对面""常图讲座"四大系列,坚持常年开展,2021年常州市图书馆的阅读推广活动总场次跃升至620场。武进区图书馆长期开展创意工作坊、阳湖大讲堂、名师工作坊等阅读推广活动。钟楼区图书馆的"钟图大讲堂"还获得常州市社科联的优秀成果奖,"走读大运河"活动也广受好评。溧阳市图书馆的"春晖朗读"已经坚持近10年的时间,在读者中是一个常青阅读品牌。随着"书香天宁"建设的大力推进,天宁区图书馆形成了"青果思享会""郑·阅读""百米读书圈""雅致兰陵"等阅读推广品牌。

(3) 优化网络和新媒体的利用,拓展多元服务

各馆的信息技术设施都十分完备,Wi-Fi全覆盖,各馆在利用网络和新媒体开展服务方面已经非常成熟。各馆均建设有自己的网站,提供网上查询、预约服务,通报馆内动态,网站

还整合了数字图书馆,为读者提供知网、读秀等优秀的数字资源和电子图书资源,可远程访问数字资源占比达100%。通过常州数字图书馆共建共享平台,各县区馆还可以共享市馆的数字资源。常州市图书馆数字资源采购经费占全年购置费的27%,学术期刊采选以信息量大、学术性强、实用性高的知名数据库为主,网上资源重点收藏有关政治、经济、历史、地理、文化、社会等方面的资料,适当收藏反映地方流派及民族特色的文艺作品。现储备"万方数据""维普资讯""知网""龙源期刊"等各类外购数据库28个。

新媒体也被更多地运用于读者服务中,各图书馆均采用云服务手段,构建公众号微服务大厅、图书馆小程序、借阅宝信用借书等云服务功能服务读者。其中,常州市图书馆进一步完善数字图书馆和移动图书馆,线上平台在信息发布的基础上增加了预约进馆、智能匹配、资源库检索等功能栏目,成为图书馆对外合作、沟通读者的有效窗口。2020年,常州市图书馆联合文化惠民活动"社区天天乐",在微信公众号开办"云上课堂"栏目,3个月共推出直播活动30余场,惠及观众17万余名。截至2021年底,常图官方微信公众号粉丝达17.9万人,阅读量累计突破130万次,获得江苏文化和旅游自媒体联盟2021年度最具影响力奖。两年里,移动端还陆续上架了"常图AR""常图云借""常图小程序"等新项目,其中,常图小程序自2021年8月上线以来访问量达156.4万。由常州市图书馆与浙江新华书店合力打造的"常图云借"是"你选书,我买单"线上2.0版,利用常图微信小程序,读者足不出户即可享受"悦读"体验,活动期间共流通图书2 399册次。

二、常州地区公共图书馆事业发展的亮点

1. 秋白书苑,探索融合发展新趋势

秋白书苑是探索高质量发展背景下整合各类社会资源,引入社会力量运营模式,采用自动化设备和无线射频技术,以图书阅读为基础功能,实现智能化、一站式服务的智能化阅读综合体。秋白书苑得名于"常州三杰"之一的瞿秋白,通过"阅读+"服务模式,为群众提供"阅读+文创+活动"等优质便捷的公共文化和阅读服务。作为常州市委、市政府推动公共文化服务标准化建设、丰富基层公共文化供给的品牌行动,秋白书苑主要有四大创新点:第一,从政府单方建设向多方合作共赢转型,秋白书苑首创探索"政府+社区+企业"三方合作共建新机制,整合各方力量参与公共文化建设。其中,街道无偿提供社区用房作为经营场地,常州市图书馆负责图书资源及专业设备配送,街道与社会力量共同出资进行装修并购置相应设施设备,后期运营管理及相关费用由社会力量承担,专业阅读机构、社会文化团体加盟其中,组织开展读书沙龙、志愿宣讲、家庭讲座、亲子教育等活动;第二,从传统型图书馆向数字化智能化图书馆升级,每个秋白书苑都配备自助办证机、自主借阅机等专业设备,加上智能门禁系统实现"无人值守",支付宝等第三方平台实现信用借阅,微信等移动应用程序实现自助借阅,微信公众号、抖音视频号等社交网络平台账号宣传品牌特色项目,真正实现了全景智能、全域智能、全数智能;第三,从城市阅读圈向全民阅读全域书香跨越,秋白书苑在建设布局中主动融入旅游、体育、科技、农业、交通等领域,把触角伸向广大基层社区、景区景点、体育场馆、美丽乡村、高铁枢纽,整合辐射范围内的各类文化资源;第四,从公共文化一花独放迈向文旅多元业态共生共融,常州在加快推进文旅融合发展的战略中把秋白书苑打造成为"全民阅

读新阵地、文旅融合新标杆、城市文化会客厅",发挥其传承历史记忆、集聚城市人气、铸造文旅标识、宣传展示集成的作用,增进市民游客对常州的认知感、认同感、体验感、亲近感。

秋白书苑的打造集中体现了公共文化事业融合发展的趋势,政府文化事业与社区、与企业运营相融合,公共文化与科技智能发展相融合,城市与乡村文化发展相融合,文旅多元业态相融合,融合发展极大提升了常州的公共文化质量,也促进了多元业态的共生共赢。至2021年底,已建成32家秋白书苑覆盖常州市全域各辖市区,包括乡村,全年文献借阅量达77.7万册次,举办阅读推广活动435场,32家秋白书苑纳入公共图书馆服务网络,服务群众超500万人次,2021—2022年,共7家秋白书苑入围江苏省"最美公共文化空间"打造对象名单,获《中国文化报》《新华日报》、学习强国平台等媒体广泛关注与报道。秋白书苑让居民在家门口就能享受到便捷、高效、普惠的公共文化服务,它以一种崭新的公共文化服务形态推动广大市民转变阅读方式、养成阅读习惯,形成全民阅读氛围,为实现引领风尚、教育社会、服务人民的美好愿景提供了公共文化服务探索创新的"常州模式"。

2. 馆校共建,探索均等布局新路径

馆校共建即公共图书馆按照国家等级图书馆建设和服务要求,与辖区内新建学校进行共建共享图书馆。"馆校共建"的图书馆与新建学校一体化建设,同步施工、验收和开放,将基础建设、工程安装、装修纳入学校预算;分别设置社会人员入口和学生入口,互不干扰,确保学校安全,既向社会开放,又为学校服务。该模式是常州市武进区图书馆创新打造的公共文化空间运营的全社会共享模式,助力武进区在资金、土地等各方面资源短缺的情况下实现全域范围内公共图书馆的均等化布局,推动公共图书馆服务体系高质量发展。依照合理的服务半径、人口密度等的建设标准,武进区要形成覆盖全域的均等化、标准化、品质化公共图书馆服务体系需要一座武进区级总馆,4座城区中心分馆和6座乡镇中心分馆,均要按等级馆的标准建设,相当于要新建10个国家等级馆,这对土地、资金的有效使用是个巨大的挑战。"馆校共建"模式创造性地推动资源整合共享,充分融合教育和文化系统两方的资源,实现"1+1>2"的效果,实现资金、土地集约高效使用,加速布局方案顺利落地。

"馆校共建"的图书馆由武进图书馆统一运行管理,按比例建立图书资源采购合作经费,综合考虑公共图书馆需要和在校师生需求,统筹馆藏资源建设。共建的图书馆共享智慧图书馆建设成果,阅读推广服务整体策划、协同开展,按照各具特色的理念建设主题图书馆,打造一体化公共文化服务空间。"馆校共建"的图书馆不仅是学校开展国学、体育、英语校本课的主要场地,也是学生进行寒暑假社会实践的关键场所,更是全社会共享智慧品质公共文化服务的重要阵地。目前,已建成的武进第二图书馆、武进第三图书馆面积均为5 400平方米左右,开架图书20万册左右,已节省财政资金9 200万元,节约土地面积10 000平方米,第四图书馆已开工在建。

三、常州地区公共图书馆事业发展的不足之处

结合各馆的综合情况分析发现,常州地区公共图书馆在以下几个方面还存在不足:

1. 各馆人员配备严重不足

常州市图书馆在编人员83人,加上社会化和临时人员总共135人,服务人口数为535

万人,人均服务人数约为 39 630 人,与基本要求"达到每两万服务人口配备 1 名员工"相差近 1 倍。县区级馆更不乐观,例如武进区图书馆 24 名员工,服务全区约 127 万人口,溧阳市图书馆 23 名员工,服务全市 78 万人口,而建馆不久的钟楼区图书馆才 12 名员工,服务全区 66 万人口。这些都远达不到人员保障的基本要求。图书馆工作人员的业务水平,尤其是新建区馆,还有待进一步提高。

2. 年人均新增馆藏较低

常州地区的年人均新增馆藏量约 0.077 册件,不足 0.1 册件,其中除常州市图书馆达到 0.105 8 册件、金坛区馆达到 0.142 5 册件、武进区馆达到 0.12 册件外,其余均低于 0.1 册件,最低为经开区馆仅 0.031 册件。

3. 数字资源建设有待加强

其中,外购数字资源经费不足,各区县馆受制于经费原因,几乎没有独立采购数字资源的能力,依赖于共享常州市图书馆的数字资源,但常州市图书馆数字资源本身的采购经费平均每年仅有 80 万元左右,也是杯水车薪;自建数字资源建设能力不均衡,常州市图书馆和武进区馆的自建能力较强,自建资源较丰富,而有些馆如经开区图书馆几乎没有自建数字资源的能力,其他几个馆的数字资源建设也有待加强。

4. 理事会制度在各馆还未普遍落实

理事会制度是国家在图书馆管理层面推行的管理创新,有助于提升图书馆的管理水平。目前,除常州市图书馆和金坛区图书馆外,其余 6 家图书馆尚未建立理事会制度,在管理制度的创新方面,各馆还有待进一步改进和提升。

四、结语

2018—2022 年,常州地区各公共图书馆牢牢把握时代机遇,踔厉奋发,推陈出新,取得了一系列令人瞩目的成绩,值得骄傲与自豪,但同时也应清醒地认识到在公共图书馆管理制度创新、人员配备、人员业务水平、数字资源建设等方面还有待进一步学习和提升。韧者笃行,韧则行远。未来,围绕制度保障、服务品质提升、业务管理创新等重要环节,常州地区各公共图书馆还需要深入思考,实干笃行,在夯实业务能力的基础上不断开拓创新,打开常州地区公共图书馆事业发展的崭新局面。

(执笔人:薛　妍)

苏州市公共图书馆事业发展报告

苏州市现辖4个县级市(张家港市、常熟市、太仓市、昆山市)、5个区(吴江区、吴中区、相城区、姑苏区、高新区/虎丘区)和1个市政府派出机构的开发区(工业园区),常住人口1 274.96万。现有地市级公共图书馆1家,县级公共图书馆10家(其中相城、姑苏、高新三区图书馆纳入苏州图书馆总分馆体系),县级少年儿童图书馆1家,在第七次全国县级以上公共图书馆评估定级中全部获评一级公共图书馆。2018—2021年,在各级党委、政府的关心和支持下,苏州市公共图书馆先后荣获全国古籍保护先进单位、全民阅读示范基地、全民阅读先进单位、全国盲人阅读推广优秀单位、《图书馆报》年度影响力图书馆等荣誉称号。

一、苏州市公共图书馆事业发展概况

2018—2021年,在各级文化主管部门的正确领导和南京图书馆的业务指导下,苏州市各级公共图书馆深入学习贯彻党的十九大和十九届历次全会精神,牢牢抓住第七次公共图书馆评估工作的契机,坚持"以评促建,以评促管,以评促效"的原则,努力促进各项业务工作,提升管理和服务水平,大力推动我市公共图书馆事业在服务效能、业务建设和保障条件各领域的全面提升。

1. 坚持人民至上,增强服务效能
(1) 年总流通人次和年文献外借量继续保持高位运行

年总流通人次和年文献外借量是反映图书馆服务效益的重要指标。2018—2021年,苏州市公共图书馆四年平均年总流通人次为2 262万人次,比2017年的2 542万人次下降了11%;四年平均年文献外借量为1 352万册次,比2017年的1 603万册次下降了15.6%,下降的主要原因是受疫情影响,比较评估定级指标在同级图书馆中仍处于较高水平。其中,苏州图书馆年均文献外借量为487.30万册次,县级馆中最少的图书馆年均也有41万册次,最多的工业园区图书馆年均文献外借量为257.46万册次。

(2) 读者活动场次和参与人次增幅显著

2018年以来,苏州市积极响应党中央、国务院"倡导全民阅读"的号召,苏州市各级公共图书馆开展讲座、展览、音乐会、读书分享会等多种类型的读者活动,活动场次和参与人次增幅显著。

四年间年均开展活动6 449场,比2017年的4 357场增长了48%。年均参加活动184.32万人次,比2017年的70.18万人次增长了1.63倍。

（3）未成年人服务保障有力

苏州市各级公共图书馆高度重视针对少年儿童的阅读推广工作,依据"分级服务"的原则进行馆舍建设和开展读者活动。一是服务空间进一步拓宽。苏州图书馆北馆2019年建成开放,其中南区一楼和二楼为"馆中馆"——苏州少年儿童图书馆,面积2 500平方米,按照服务对象的年龄从学龄前到初三,分布设置亲子借阅区、主题体验区、文学借阅室和多学科借阅室。2020年4月,苏州市高新区少年儿童图书馆开馆,面积1 300平方米,是江苏省首个区级独立少儿图书馆。二是活动品牌进一步擦亮。苏州图书馆2021年推出一项针对2.5～3岁幼儿的"不一样的两岁半"公益亲子早教活动,该项目开创了公共图书馆运用"早教+绘本"这种阅读推广模式的先河,旨在帮助孩子平稳过渡到幼儿园及日常的生活以及帮助家长学习、掌握科学的阅读指导和育儿技能,于2022年荣获苏州市未成年人保护优秀案例优胜奖。常熟市图书馆"走读课堂"活动四年开展46场,组织亲子家庭走进藏书楼、图书馆分馆,让原本比较陌生的古籍经典、藏书文化进入孩子们的视野,在他们心中留下爱书、藏书的火种,增强他们对于家乡的文化自信。太仓市图书馆四年来精心打造"蜗牛慢读"少儿阅读推广活动品牌,开展活动419场,参与人次5.46万人次。昆山市图书馆着重打造"小书虫俱乐部"品牌,每月围绕活动主题推出形式不同的少儿活动4次以上,并不定期开展特色活动,多次受到媒体报道宣传,成为昆山市未成年人社会实践体验站,获得省市多项表彰。吴中区图书馆2019年开展"阳光苗苗"少儿数字创客空间系列体验活动,获评苏州市优秀阅读创新项目和第十四届苏州阅读节"优秀活动奖"。姑苏区图书馆2020年推出了"夜读姑苏"系列活动,带上小读者们品一品苏州的夜景之美,拓展了未成年人品牌活动的空间。

（4）特殊人群服务精准到位

立足于"普遍均等、惠及全民"的原则,苏州市始终重视开展残障人士、老年读者、外来务工人员等特殊群体的服务工作。

一是视障读者服务精细化。各馆无障碍设施齐全,多个馆设有独立的盲文阅览室,以苏州图书馆"我是你的眼"为代表的阅读品牌在国内、省内都有一定影响力。2021年1月,由江苏省全民阅读促进会等单位主办、苏州图书馆承办的"携手共读·阅读关爱——光明的世界"苏州市视障读者朗诵大赛在苏州图书馆北馆举办,张家港市图书馆等共计7家公共图书馆组织读者参赛,该活动得到了全市视障读者的广泛参与,掀起了一股阅读热潮。在关爱视障读者的同时,2021年苏州图书馆将阅读服务延伸到了听障读者群体中去,推出"'手'护的声音"听障读者主题活动,承办了第一届"手说江苏"手语大赛。

二是老年读者服务智慧化。为了使老年读者跟上科技发展,让老年朋友们也能切实感受智能手机带来的便捷和乐趣,各馆纷纷开展老年读者上网和智能手机使用培训。苏州图书馆2021年开展了"E家人"老年人智能手机培训活动,全年共开展活动38场,参与培训412人次,获得了2项市级荣誉。太仓市图书馆常年开展老年人读书活动,"老年人轻松学电脑"免费培训活动,利用讲座平台,开展健康保健类讲座,以不同的方式丰富老年人的精神生活。吴中区图书馆为老年读者开设"爱老扶老·玩转电脑和手机"老年读者培训、太湖大讲堂健康养生讲座等主题阅读活动,关爱老年读者,四年间共为老年读者开展主题活动24场,参与4 230人次。高新区图书馆进驻老年公寓,开展"情系中秋　爱驻怡养""重阳诗会"等主题活动,四年参与830人次。

三是外来务工人员服务制度化。张家港市图书馆(张家港市少年儿童图书馆)2017年起每年开展"温暖返乡行　书香回家路"活动,为返乡和留守的外来务工人员送去新春祝福。吴中区图书馆 2018 年起,以外来务工人员子女为服务对象创建"有书童享·流动儿童关爱行动"阅读活动品牌,四年间共为外来务工人员开展主题活动 203 场,参与 79 890 人次。2021 年,吴中区图书馆与郭巷街道湖景花园社区及三家民工子弟学校共建共助,成立"同源同享"公益服务联盟,将公益课、护苗行动等阅读资源送到联盟单位。姑苏区图书馆"小候鸟工作站"是姑苏区图书馆潼泾分馆与社区合作开展的一项针对留守儿童及外来务工子女的服务项目,为外来务工人员子女服务的"小候鸟"主题活动荣获美国图书馆协会 2018 年主席国际创新奖,是当年全球获此殊荣的四个项目之一。高新区图书馆景山分馆作为全市第一个外来务工人员主题图书馆,专门为外来务工人员提供相关服务,每年开展"全民阅读春风行动——温暖回家路,书香伴你行"活动、"手余书香"报刊赠阅活动等主题活动。

(5) 新媒体服务立体化发展

进入数字时代以来,苏州市各级公共图书馆与时俱进,线上线下多渠道开发新媒体服务,构建立体化服务矩阵。苏州图书馆线上通过微信(含视频号、小程序)、支付宝小程序、书香苏州 App 等多种方式提供移动图书馆服务,读者可在线借书、观展、观看或收听阅读推广音视频、预约参加活动等,线下新媒体设备众多,有智慧墙、智能机器人、电子书瀑布流等,已初步形成线上线下相结合、不断生长着的多元智慧服务空间,为用户提供无差别的、沉浸式阅读服务体验。2021 年,苏州图书馆视频直播活动"姑苏八点半——文化乡愁里的江南"作为案例被江苏省图书馆学会评为一等奖。常熟市图书馆在公众号上实现移动图书馆功能,其中"微阅读"板块集合了有声书合计 18 万余集、免费在线阅览常熟市图书馆专属图书 5 万册、"中华诗词库"文库、"知识视界"视频图书馆等资源,为读者提供了学习知识、拓宽视野的线上资源集合地。太仓市图书馆充分发挥多媒体服务渠道的优势,微博现拥有粉丝 13 000 余名;微信公众号现有微信用户 40 936 名,在江苏省县级公共图书馆新媒体服务统计中,微信号影响力指数连续四年位列第一;微博号影响力两年第一、两年第四。昆山市图书馆构建了由微信公众号、微博、QQ 读者服务群、短信服务平台、昆山论坛、一直播等组成的新媒体服务网络,打破沟通壁垒实现多途径服务,提倡在"云端"为读者服务。吴中区图书馆打造涵盖微信、微博、抖音、喜马拉雅官网电台、书香吴中 App 的新媒体矩阵,评估期内年信息推送数量 1 750 条,年平均推送信息浏览量 97.36 万人次。

2. 坚持守正创新,提高业务能力

(1) 服务体系建设量质并举,稳步提升

在第六次评估周期内,苏州市公共图书馆服务体系建设已实现了镇(街道)一级的全覆盖。2018 年以来,苏州市公共图书馆总分馆服务体系进一步完善。一是数量持续增长,至 2021 年底全市共建有分馆 464 个,比 2017 年的 278 个增加了 66.9%。二是新建分馆品质更高,普遍具有公共性、创意性、融合性的特点,成为具备文旅融合性质的特色阅读空间。张家港市图书馆创新打造了森林书屋、竹林童话书屋、湖畔书房、沙洲湖源书房等一大批最美阅读空间,成为书香港城的文化新名片,其中 2019 年 6 月开放的"竹林童话书屋"是全省首个童话阅读主题馆。太仓市图书馆 2017 年起开始"娄东书房"项目建设,截至 2021 年已建成 9 家;"娄东书房"是 24 小时自助图书馆,环境优美,特色鲜明(如市民公园娄东书房以有声图书为特色),吸引了众多市民前往打卡。苏州工业园区图书馆依托独墅湖科教创新区打造"高校服务"专业馆,创建知识服务、众创服务、产学研交流平台。高新区树山分馆 2020 年建成开放,突破了传统的图书馆选址及设计模式,选址在戈家坞上木栈道主入口的竹林中,模拟明代时期装饰风格,再现文人雅士吟诗诵读的生活场景,让书香氛围弥漫在整个树山村。相城区图书馆高铁新城分馆2020年建成开放,以"科技"为主题,打造科技主题特色分馆,馆藏文献涉及大数据、新能源、新材料、人工智能、物联网等门类,服务高铁新城板块高新技术产业。

(2) 古籍保护持续发力,地方文献活化利用加强

苏州市公共图书馆一贯重视古籍保护和地方文献工作,在古籍普查、库房改造、古籍修复、数字化、宣传推广、人才培养等方面都取得了显著成果。苏州图书馆、常熟市图书馆和吴江区图书馆均为"全国古籍重点保护单位"。2021年苏州图书馆和常熟市图书馆入选中国古籍保护协会理事单位,截至2021年底苏州地区公共图书馆共有200部善本入选《国家珍贵古籍名录》,位居国内同级城市前列。2021年3月,苏州图书馆、常熟市图书馆、吴江区图书馆等9家苏州地区古籍收藏单位联合举办"册府千华——苏州市藏国家珍贵古籍特展",全面展示苏州灿烂辉煌的刻书历史、丰富的古籍收藏及保护传承取得的一系列成果,新华社、《光明日报》《图书馆报》等多家权威媒体进行了报道。张家港市图书馆开展地方文献数据库建设,评估期内建成张家港非物质文化遗产、河阳山歌等数据库。常熟市图书馆着力打造戴逸学术馆,全面展示了我国清史修纂的过程和成果,戴逸先生的学术人生与在清史纂修过程中的贡献与成就。太仓市图书馆利用馆藏资源开发了太仓老照片数据库、太仓历史人物库、娄东书画数据库、娄东古籍特展及"纸上方一瞬,娄城四十年"改革开放40年太仓地方文献展五个产品。吴江区图书馆依托馆藏资源致力于地方文化推广,推出了"古籍里的吴江"系列活动,开发了古籍创意笔记本、《礼记注疏钞》鼠标垫等文创产品。

(3) 智慧图书馆建设迅猛发展,亮点突出

数字化转型是公共图书馆新时代必然的发展方向。苏州图书馆2014年全国首创推出"网上借阅社区投递"服务项目,2017年在省内首先升级推出信用借阅模式,读者可凭桂花分或芝麻信用享受免押金、免办卡的线上借书服务。2019年苏州图书馆建成国内首个大型智能化书库,这是智能化仓储技术在国内图书馆行业的首次应用,为建立苏州大市公共图书馆资源共享平台提供了物流中枢保障。2020年底,苏州市公共图书馆联合打造资源共享平台。截至2021年底,已整合了苏州图书馆、昆山市图书馆、吴中区图书馆、吴江区图书馆和工业园区图书馆的丰富图书资源,读者可通过"苏州·书仓"小程序进行借阅。昆山市图书馆把利用智能化技术建设智慧图书馆、打造智慧应用场景作为事业发展的重要方向之一,截至2021年底,建设有智慧盘点机器人、沉浸式阅读体验等智慧应用场景10余个。吴中区图书馆2018年6月启动"'智慧吴图'平台暨新馆数字资源建设"项目,项目架构主要分为图书馆服务平台和数字资源建设,包含苏州书仓资源共享平台、新媒体运维矩阵、大数据可视化展示分析平台、图书馆O2O管理系统、24小时自助图书馆、专题数据库等建设内容,推动实现苏州市全域内公共图书馆资源的通借通还和共建共享。

(4) 深化业界协作协调,聚焦长三角一体化

2018—2021年,苏州市公共图书馆积极迎进来,走出去,在图书馆界和文化界等多个领域发出苏州声音,履行江南文化名片责任,彰显社会担当。

一是承办国家级学术交流活动。苏州图书馆2019年12月承办了由文化和旅游部公共服务司主办的贯彻落实公共图书馆法培训班,来自全国各地公共图书馆的100多位学员接

受了培训。常熟市图书馆2019年协办国家级纪念毛晋诞辰420周年暨2019年图书馆史志编纂学术研讨会和戴逸学术馆发展座谈会。太仓市图书馆承办了"2021年科普阅读推广工作专题研讨会"。昆山市图书馆承办中国图书馆学会阅读推广委员会推荐书目专业委员会2018年工作会议。工业园区图书馆2019年先后承办长三角文学高地建设高峰会、国家知识产权培训基地研讨班、国际知识产权运营与海外维权专题培训班等等。

二是加强东西部协作。苏州图书馆深耕苏陕对口协作,2018年协助举办"苏陕对口协作——公共图书馆服务创新研修班",为来自陕西省的各级图书馆馆长、业务骨干、公共文化服务专家代表等80多位学员进行业务培训。在开班仪式上常熟市图书馆、昆山市图书馆和太仓市图书馆分别与安康市图书馆、商洛市图书馆和神木市图书馆签订了对口业务共建协议;2020年再度承接苏陕公共图书馆馆员挂职培训和陕西省图书馆干部素质提升研修班。张家港市图书馆2018年承建贵州省沿河土家族自治县"24小时土家书房",该项目作为异地扶贫赠建案例入选国内首部全国图书馆参与脱贫攻坚行动成果著作。

三是聚焦长三角一体化,加强区域联盟建设。2019年党中央、国务院出台《长江三角洲区域一体化发展规划纲要》,推动长三角公共图书馆协同发展和高质量发展,苏州市公共图书馆一体化发展从此进入了快车道。2021年1月,苏州市10家公共图书馆签订了《苏州市公共图书馆联盟框架协议书》,以资源共享平台建设为抓手,开启了苏州市公共图书馆市域一体化发展的新篇章。在市域一体化的基础上,各馆主动对接上海,以更加积极的姿态融于长三角公共服务一体化发展。苏州图书馆2020年11月与上海图书馆签订馆际交流协议,至2021年底,先后共同举办了"下一代图书馆智慧服务平台研讨暨长三角智慧阅读圆桌会议""古韵今辉,乐创未来——非物质文化遗产推广项目""九如巷三号张氏文献展"等活动。翌年,苏州图书馆和上海浦东图书馆共同发起了长三角公共图书馆发展论坛,会员单位包含金陵图书馆、杭州图书馆、宁波图书馆等12家长三角公共图书馆。吴江区图书馆2019年携手上海市青浦区图书馆、嘉兴市嘉善县图书馆,联合成立"长三角一体化阅读联盟",实现青吴嘉三地公共图书馆阅读服务标准统一和图书通借通还。太仓市图书馆和昆山市图书馆于2021年加入长三角阅读联盟,同年五馆联合开展了2021年长三角一体化阅读联盟联合开展"阅美·图书馆"摄影征集活动、诗文朗诵会巡演、少儿阅读推广人大赛、线上原创资源共享等主题活动。张家港市图书馆、常熟市图书馆、吴中区图书馆和工业园区图书馆也以各自的方式融入长三角公共服务一体化建设当中。

(5)探索社会合作,推进志愿服务

苏州市公共图书馆在调动社会力量参与公共图书馆建设方面进行了积极的探索。

一是推进法人治理结构改革。苏州图书馆和张家港市图书馆建有法人治理机制,成效初显。2018年,苏州图书馆理事会成员积极推荐"小候鸟"项目参选美国图书馆协会主席国际创新奖并最终获奖,充分体现了理事会的桥梁作用。

二是社会化合作建分馆。各馆在吸收社会力量建设分馆方面均已形成较为成熟的机制。苏州图书馆通过多元化社会力量参与,建成了28个新型阅读空间,构建了"书香校园""书香机关""书香营业厅""书香乡村"等社会化运营管理的服务体系。常熟市图书馆与企业、学校、景区、茶室等社会机构广泛合作,形成"图书馆+"服务模式,在"第一届公共图书馆创新创意作品征集推广活动"中获得"最佳创新奖"。工业园区图书馆持续完善"区-街道-社区"三级服务网络体系建设,联动社会阅读力量,持续在邻里中心、社区、企业、高校等地打造特色阅读空间,如北部市民中心图书馆创新打造了"图书馆+书店"的服务模式,构建融文旅休闲、书籍阅览、亲子互动、休闲娱乐、文创周边等功能于一体的人文生活空间,获评"最江南"公共文化特色空间。

三是做深做实文化志愿服务。志愿服务是现代社会文明进步的重要标志,是加强精神文明建设、培育和践行社会主义核心价值观的重要内容。近年来,苏州图书馆着力完善志愿者服务体系,广泛开展志愿服务活动,全力打造以"我是你的眼"为代表的志愿服务项目品牌,不断引领志愿服务工作深入开展,取得良好的社会影响,先后荣获2019年度全国宣传推选学雷锋志愿服务"四个100"先进典型活动最佳志愿服务项目("我是你的眼"视障读者主题活动)、2021年文化和旅游领域学雷锋志愿服务先进典型活动"最佳志愿服务组织"("悦悦姐姐"团队)等荣誉称号。太仓市图书馆润泽阅读推广志愿者团队是一个有着完整章程、管理科学、运行良好的团队,现有注册志愿者620人,重点打造"领读者"志愿项目、"好阅连节"中国传统佳节活动项目等志愿服务活动。姑苏区图书馆志愿服务团队分别为阅读水滴志愿者团队和太阳花·雏鹰管理员两支志愿团队,四年累计607人次参加志愿服务,服务时长4 637小时。

3. 政府保障有力,事业全面发展

(1) 贯彻落实《公共图书馆法》,顶层设计优化

《中华人民共和国公共图书馆法》于2018年1月1日起施行,该法的施行不仅为公共图书馆的各项工作提供了法律依据,也为各项工作的规范开展提供了一份指南。苏州图书馆在2018—2021四年期间,紧紧围绕该法,查缺补漏、寻找短板,切实依法开展建设和服务工作,大力开展《公共图书馆法》普法宣传,先后两次承办《公共图书馆法》培训班,累次250余人次参加培训。

2018年以来,依据《公共图书馆法》和其他相关法律法规,苏州市各级政府先后出台了一系列规划规范文件,加快构建现代化公共文化服务体系,切实保障公共图书馆事业发展。苏州市委、市政府2018年制定《勇当"两个标杆"落实"四个突出"建设"四个名城"十二项三年行动计划(2018—2020年)》,提出到2020年全市城区每3万人口建有1个公共图书馆分馆、全市人均公共图书馆藏书达到1.8册、人均年新增图书0.08册等指标,现已基本实现。苏州市政府2021年印发《苏州市公共图书馆资源共享平台暨苏州市"城市阅读一卡通"基石工程项目实施方案》,苏州图书馆牵头推进,截至2021年底,苏州图书馆(相城区图书馆、姑苏区图书馆、高新区图书馆纳入苏州图书馆总分馆体系)、昆山市图书馆、吴中区图书馆、吴江区图书馆和工业园区图书馆已实现资源共享,至2022年底,苏州地区所有公共图书馆均可通过平台实现文献资源互通共享。张家港市、常熟市等各市区也先后出台了《张家港市24小时图书馆驿站建设规范》《常熟市全民阅读提质增效三年行动计划(2021—2023年)》《关于印发太仓市图书馆、文化馆、博物馆、宋文治艺术馆(名人馆)、镇(街道)综合性文化站公共文化服务标准的通知》《文化体育惠民三年提升工程实施方案(2018—2020年)》等文件来保障本地区公共图书馆服务体系的建设发展。

(2) 经费投入大幅增加,文献资源持续丰富

2018—2021年期间,全市年均财政拨款总额近3.53亿元,较第六次评估周期的年均近2亿元增长了76.5%。其中,苏州图书馆总分馆年均财政拨款近2.15亿元,周期同比翻了一番。张家港市图书馆等7个县级公共图书馆均在千万元以上。在政府有力的财政支持

下,苏州市公共图书馆文献资源持续丰富,2021年底普通文献馆藏总量达2 278万册件,周期同比增长52.8%;年人均新增文献入藏量持续增长,苏州图书馆为0.12册件,张家港市图书馆等县级馆均在0.07册件以上,工业园区图书馆增长尤为迅速,达到近3.1册件。

(3) 建筑面积不断增长,功能更加完善

2018年以来,苏州市县级以上公共图书馆建筑面积从17.33万平方米增长到22.8万平方米,增长了31.6%;阅览座席从11 674个增长到13 274个,增长了13.7%。苏州图书馆北馆(原称苏州第二图书馆)于2019年12月建成开放,位于广济北路2383号,建筑面积45 600平方米,具备公共图书馆服务、文献存储集散、配套服务等三大功能,满足市民多层次、多元化、个性化的文化需求。常熟市图书馆2021年实施功能提升和整体更新工程,将原报告厅改造升级为兼具报告厅、亲子多功能活动区、舞台、剧场等多功能的书院剧场。

二、存在的问题和不足

对照最新评估标准,苏州市公共图书馆整体发展较好,基本业务建设扎实规范,但各馆在不同指标上均有失分现象,表明在新时代公共图书馆事业发展方面仍然有许多提升的空间。

(1) 顶层设计仍需优化

苏州市公共图书馆事业发展得到了各级党委、政府在政策规划方面有力的支持和保障,在两个方面还比较欠缺,一是本级人大颁布的与公共图书馆法相配套的地方性法规,二是总结地方发展经验教训的行业标准规范。

(2) 存在地方发展不平衡的现象

一是部分图书馆馆舍空间相对受限。本次评估周期内,姑苏区图书馆和相城区图书馆是本地区唯二没有独立馆舍的公共图书馆。姑苏区图书馆位于姑苏区市民文化活动中心一、二楼,建筑面积约4 000平方米,远低于本地区县级馆建筑面积平均水平。相城区图书馆位于相城区市民活动中心,2020年起关闭搬迁,新馆尚未建成,区域中心馆功能发挥受限。二是24小时图书馆部分地区建设不足,吴江区、吴中区、相城区、姑苏区、高新区合计7家,而其他地区最少的都有9家,其中张家港市53家、昆山市35家名列前茅。近年来在城市青年中"自习热"和"夜校热"逐渐升温,24小时图书馆可以有效回应读者需求,应大力发展。

(3) 服务效能进入发展瓶颈期

苏州地区公共图书馆四年平均文献外借量为1 353万册次,其中最高值出现在2019年(1 541万册次),较上一评估周期最高值2017年(1 603万册次)下降了3.9%,表明已进入发展瓶颈期。其中,除苏州图书馆基本保持上升趋势外,其他图书馆评估周期前后数据对比均有不同程度的下滑。以苏州市常住人口计算,2019年人均文献外借量为1.19册,较2016年人均文献外借量1.3册下降了8.5%。

(4) 新媒体服务矩阵不够完善

在利用网站、微信号、视频平台等新媒体开展服务方面,各馆都存在不同程度的缺失。有的图书馆官方网站未对读者开放,在抖音、哔哩哔哩、喜马拉雅等音视频平台开设官方账号的图书馆仍是少数,未能充分利用音视频媒体的火热传播现象加强阅读宣传。

（5）业界协作协调工作有待加强

一是多个联盟之间定位不够清晰。苏州市目前存在苏州市公共图书馆联盟、长三角公共图书馆发展论坛、长三角阅读联盟等多个图书馆联盟，各个联盟成员馆多有重合，如何明晰定位，加强协调，实行错位发展，是各馆需要思考的地方。二是公共图书馆和高校图书馆、中小学图书馆在资源共享、活动联动等方面比较薄弱，未能有效地打通公共馆和非公共馆之间的业务壁障。

（6）法人治理结构改革仍需深化

截至目前，苏州市12家公共图书馆仍然只有3家成立了图书馆理事会，和上一次评估周期持平，实际运转的理事会只有2家。《中华人民共和国公共图书馆法》第二十三条规定：国家推动公共图书馆建立健全法人治理结构，吸收有关方面代表、专业人士和社会公众参与管理。如何依法设立理事会并有效运营，这是苏州市公共图书馆需要加强的方向。

三、发展方向

第七次全国县级以上公共图书馆评估定级为苏州市公共图书馆发展指明了方向。

一是加大政府保障力度，进一步更新完善公共图书馆设施设备，实施苏州古籍馆暨苏州图书馆（人民路馆）升级改造、张家港市城西文体中心等项目，切实保障人民群众的基本阅读权利，不断满足人民群众对美好生活的新需求。进一步优化顶层设计，围绕"2025年率先建成文化强市"建设目标，设立以国家、省基本公共文化服务保障标准为基础，体现苏州高度、苏州水平、苏州特色的公共文化服务现代化发展指标体系，进一步压实压紧政府主体责任，优化高质量考核，引领苏州公共文化发展。

二是打造智慧图书馆服务体系，建设苏州公共图书馆资源共享平台。依托苏州图书馆作为地区中心馆的资源优势，进一步优化公共图书资源配置，建立市域一体的公共图书大数据平台和区域性文献资源保障体系，完善和创新"网上借阅社区投递"服务，逐步实现大市范围内公共图书通借通还。实施公共文化畅通工程，推动公共数字图书馆和数字农家书屋建设，统筹文化信息资源共享、数字图书馆推广、公共电子阅览室和古籍整理保护与阅读传播数字化建设，打造全媒体传输服务平台，开发特色数字文化产品。

三是全力推进阅读推广，推出"城市文化脊梁"全民阅读计划。以"书籍是城市的脊梁"为口号，创新推进"夜书房"和妇女儿童友好型图书馆建设。

四是加强业界协作协调，以长三角公共服务一体化建设为抓手，示范推进吴江、青浦、嘉善长三角一体化示范区公共图书馆阅读服务标准统一和图书通借通还，加强三地资源共建共享和阅读活动联动；探索开通长三角社保卡的图书借阅统一认证功能，方便读者通借通还；创新长三角阅读联盟活动，加强优秀展览联动共享；以"苏州·书仓"平台为载体，全面对接上海图书馆，以及长三角地区公共图书馆数字化平台，全面实现沪苏同城和长三角地区公共图书馆资源共建共享、通借通还；依托国际友好城市，建立城市友好图书馆，积极开展特色资源互换互鉴、文献展览巡回展示、图书馆员交流互访、信息咨询业务合作等共建活动。

五是持续推进图书馆法人治理结构改革，建立相关政策和配套制度，探索形成符合公共文化发展规律、适合苏州实际的图书馆理事会制度。完善图书馆内部管理制度,重视关键岗位领军人才和馆员队伍建设,提高图书馆专业办馆能力。建立完善可持续健康发展的保障制度,促进治理能力现代化,成为城市图书馆治理"典范"。

(执笔人:黄　洁　徐　荣)

南通市公共图书馆事业发展报告

"十三五"期间,在各级党委、政府的高度重视和大力推动下,南通市公共图书馆事业取得了长足进展。如东县图书馆、海安市图书馆、海门区图书馆等新场馆相继落成,崇川区图书馆和南通市经济技术开发区图书馆投入使用,启东市少年儿童图书馆、濠西书苑城市书房等一批高品质特色分馆对外开放,馆舍条件和阅读环境持续提升,图书馆服务网络覆盖全城。全民阅读服务阵地更加丰富多元,阅读推广活动丰富多彩,全民阅读氛围浓厚,服务效能显著提高。进入"十四五"时期,《市政府办公室关于印发南通市"十四五"文化和旅游发展规划的通知》《关于促进宣传文化事业和文旅产业发展相关政策意见的实施细则》等一系列文件政策的出台更加促进了南通市公共图书馆事业的发展,现代公共图书馆服务体系更趋完善,文化事业活力迸发。

截至2021年底,南通市下辖4个县级市(海安市、如皋市、如东县、启东市)、4个区(崇川区、通州区、海门区、经济技术开发区),常住人口773.3万人。南通市现有地市级图书馆1家、县(区)级公共图书馆9家。在第七次全国县级以上公共图书馆评估定级工作中,南通市9家公共图书馆获评国家一级图书馆,如皋市少年儿童图书馆获评国家二级图书馆。

一、南通市公共图书馆事业发展概况

1. 必备条件

(1) 年文献外借量显著提升。在数字图书馆建设进程中,总分馆体系日趋完善、通借通还效率提升、自助终端广泛应用,南通市公共图书馆年文献外借量稳步提升。2021年全市年文献外借量为902.82万册件,较2018年增长493.18万册件。

(2) 年财政拨款总额逐年递增。全市公共图书馆年财政拨款总额由2018年的5462.95万元增长至2021年的10686.36万元,增幅为95.6%,其中南通市图书馆年财政拨款总额由2018年的2189.64万元增长至2021年的2838.46万元。县(市、区)馆层面,受新馆建设和场馆更新的影响,海安市图书馆2019年年财政拨款总额为1011.44万元、启东市图书馆2021年年财政拨款总额为1550.85万元、海门区图书馆2021年年财政拨款总额为1457.88万元,财政投入持续递增。

(3) 文献馆藏量不断丰富。2021年,全市公共图书馆文献馆藏量达1141.2万册件,相较于2018年的829.67万册件增长了37.55%。南通市图书馆2021年文献馆藏量为164.9万册件,崇川区图书馆和经济技术开发区图书馆由于新建投入使用,文献基础相对薄弱,总藏量不足50万册件,但总藏量年增幅显著。此外,由于南通地区总分馆体系的完善,乡镇分馆、农家书屋藏书被纳入县级公共图书馆管理系统统一管理,县级公共图书馆总藏量得到扩充,2021年超过百万册件的有4家。

(4) 建筑面积实现翻番。自党的十八大以来,南通市委市政府高度重视公共文化基础设施建设,加大投入,建成了一批代表地区形象、满足群众需求的图书馆新馆。在本次评估期内,如东县图书馆、海安市图书馆、海门区图书馆3个县级新馆相继建成开放,崇川区图书馆、经济技术开发区图书馆建成投入使用,启东市图书馆新增少儿馆部分,南通市公共图书馆总建筑面积达13.81万平方米,较上一个评估期面积7.47万平方米增长84.9%。

2. 服务效能

(1) 持证读者占比明显提升。南通市公共图书馆通过服务资源的多渠道宣传和设施环境的改善优化,提高了地区范围内图书馆的知名度和吸引力,实现了持证读者数量的持续走高。全市公共图书馆2018年持证读者数量为69.11万人,持证读者占比8.98%;2021年持证读者数量增至95.97万人,持证读者占比增至12.41%。如皋市图书馆、如东县图书馆实现了持证读者占比翻番。

(2) 读者人均到馆量有效提升。年读者人均到馆量是衡量图书馆服务水平和读者参与度的重要指标之一。受疫情影响,南通地区各馆在2018—2021年期间读者到馆人次略有波动,主要体现在2020年半数馆年读者到馆人次有所下滑,但整体而言该指标仍处于上升趋势,2018—2021年,全市年读者到馆人次分别为350.66万人、374.69万人、407.26万人和693.09万人,年均增幅32.55%。

(3) 文献流通率整体处于提升状态。文献流通率是衡量图书馆文献利用情况的重要指标,反映了图书馆文献资源的利用效率和读者的阅读需求满足程度。近些年,南通市公共图书馆通过"你阅我买"服务优化藏书结构,通过通借通还、流动图书馆、馆际互借等服务实现资源畅通,有效提升了全市文献流通率。2018—2021年全市年文献流通率分别为49.37%、43.66%、38.87%、79.11%。

(4) 数字阅读占比逐步提升。随着互联网技术的发展、移动设备的普及、馆藏数字资源的丰富以及平台设计用户体验的优化,全市电子书借阅量和数字阅读占比持续走高。2021年全市电子书借阅量为1 663.77万册,是2018年数据的3倍。数字阅读占比也由2018年的58.4%提升至2021年的80.78%。

(5) 阅读推广活动读者参与度稳步攀升。南通市公共图书馆积极开展文化服务、阅读推广活动,努力满足人民群众的精神文化需求,全市共打造阅读品牌86个,创新性打造、常态化服务与集中性展示相结合的公共文化服务品牌南通市读者节、静海读书月等,实现了活动数量和质量双提升。2018—2021年,全市线上线下活动场次分别为1 124场、1 400场、1 168场、1 795场,年每万人参加读者活动次数分别为41.17人次、51.25人次、64.86人次、102.55人次。因受疫情影响,2020年的活动场次略有下降,但参与人次并未下降,侧面印证了读者活动参与度较好,活动质量受到用户认可。

(6) 可远程访问,数字资源占比有效提升。南通市公共图书馆通过外购、自建、共享的形式丰富数字资源建设,扩充数字资源数量,并建设有统一的数字化、网络化平台,集成各馆数字信息资源与服务,为用户提供统一的资源检索、身份认证、订阅推送等一站式服务功能。截至2021年底,全市共开放数据库144个,可馆外访问数据库数量113个,占比达78.5%。数字资源服务水平稳固提升,其中海安市图书馆、如皋市图书馆、如东县图书馆、启东市图书馆、如皋市少年儿童图书馆5个图书馆可远程访问数字资源占比为100%。全市共有自建数据库16个,仅有2个可远程访问,开放程度有待改善。

(7) 新媒体服务逐渐兴起。近些年,南通市公共图书馆充分利用数字技术、网络技术、移动技术等新媒体技术,向读者提供包含交互、点播、共享、发布等功能的综合信息服务。全市共开通微博、微信公众号13个,抖音号、视频号11个,其他移动服务(如App、小程序等)10个,平台粉丝数共计32.22万人,2018—2021年共发布信息9278条,发布数量逐年递增。其中,南通市图书馆由抖音、微信两大平台组成的智慧融媒矩阵已呈现雏形,真人、文化直播成为常态,优质内容的生产能力和传播效果进一步提升。

3. 业务建设

(1) 数字资源总量不断扩充。近年来,南通市公共图书馆不断积累数字资源、提高数字化水平,以适应数字化时代需求、提升服务质量和竞争力。全市数字资源本地存储量达434.14 TB,自建数字资源总量达18.76 TB,全市用户应用较多的特色数据有南通民国报纸数据库、馆藏善本古籍数据库、地方文献特色库、海门山歌数据库等。

(2) 总分馆制建设日益完善。为有效整合公共文化资源,提升公共文化服务效能,促进优质资源向基层倾斜和延伸,进一步保障基层群众的文化权益、满足基层群众的文化需求,南通市公共图书馆积极开展总分馆制建设,已建立起覆盖市、县、乡镇街道和村社区的总分馆服务网络。总分馆之间全部实现统一检索,通借通还"一卡通"功能,形成了普遍均等、互联贯通、城乡一体化的公共图书馆服务体系。截至2021年,全市共有乡镇街道图书分馆102个,农家书屋1656个。2018年,启东市图书馆被江苏省文旅厅授予"2018年度县级图书馆总分馆制建设先进单位"称号。

4. 保障条件

南通市公共图书馆文献购置经费主要来自政府拨款,文献购置情况数据整体趋于平稳。部分馆受新馆开放的影响,在开馆当年文献购置费有明显增加。崇川区馆和开发区馆于2020年对外开放,对全市数据有明显拉升作用。2021年,全市文献购置费总计1510.28万元,较2018年增长55.7%;年人均文献购置费为1.95元,较2018年提升0.69元;人均文献馆藏量由2018年的1.08册件/人升至2020年的1.48册件/人。

二、南通市公共图书馆优秀做法和亮点

1. 联通互动,图书馆服务网络得到进一步完善

南通市公共图书馆以现代化建设为重要目标,紧密馆际合作关系,打造资源共享、信息互通、协同服务的服务网络。一方面,积极加大资源整合力度,为推动图书馆服务体系的最优配置及服务效能的提升,整合资源、集中力量,2021年,成立南通市公共图书馆联盟。联盟本着统一规划、统一标准、逐步推行、协调管理、共建共享、共同发展的原则,从人才培养机制建设、阅读推广活动联动、文化资源精准传输、区域文献保障体系建设等方面推进全市公共图书馆业务工作和资源整合,全面提升南通市公共图书馆的服务能力和服务水平。另一方面,全市公共图书馆总分馆建设深入推进,文化惠民落到实处。南通市图书馆作为中心馆,指导推进全市县级图书馆总分馆制建设,制定相关服务细则、技术指标,目前

已实现全覆盖。市县两级图书馆积极主动地与社会各界合作建设特色分馆,打造以社会化运营为主的公共文化服务阵地,努力实现服务体系建设主体的多元化。全市共建成图书馆分馆1 472家,其中法律分馆、气象分馆先后获得"江苏最美职工书屋""全国工会职工书屋示范点"。

2. 文旅融合,图书馆阅读推广效能得到进一步释放

南通市公共图书馆在提供传统阅读服务的同时,结合江海文化资源、旅游资源,创新服务方式,打造主客共享型阅读模式,实现文旅深度融合,丰富市民文化体验。2018—2021年全市共开展图书馆服务与旅游服务相互融合项目百余个。一是打造最美公共文化空间,在国家5A级濠河名胜风景区打造"濠西书苑城市书房"、在唐闸古镇打造"北市街书房"等。二是举办旅游主题类活动,如举办"美好生活,绿水青山"旅行照片有奖征集活动,举办"真人图书馆"活动,邀请到资深顾问、旅行达人等分享出行准备、自驾路线、人文风情和网红景点、网红店的打卡等内容。三是公共图书馆与旅游景区、博物馆、文保单位、非遗基地等公共文化机构建立合作关系,采用全新的"读书+行走"的阅读活动形式,推出"边走边读"文化研究路线,如南通市图书馆推出的走读张謇系列活动、开发区图书馆推出的行走的'悦'读活动、如皋少儿馆推出的最美乡村行研究活动等。

3. 双线并举,图书馆阅读资源建设得到进一步加强

南通市公共图书馆注重资源的整合和优化,通过"线上+线下"双线并举的形式加强馆藏资源的建设、维护和推广。在古籍和地方文献建设方面,全市现有现存古籍总数22.09万册,其中善本总数4 697册,入选《国家珍贵古籍名录》的有43部,入选《江苏省珍贵古籍名录》的有176部,并建立地方特色数据库,主要以南通地区各馆收藏的地方文献和古籍为主,并收集整理南通市特色文化视频音频资料等,通过馆办刊物《通读》加大服务宣传力度。在数字资源建设方面,打造覆盖网站、App、微信公众号三位一体的南通市公共图书馆"智慧图书馆服务平台",实现全市数字资源的联动互享。市级馆层面,南通市图书馆实现多平台对接,在江苏省政务服务云平台"苏服办"、南通市"智慧文旅平台""南通百通"云服务平台提供数据与服务。县级馆层面,如皋市图书馆打造如皋阅读地图、如东县图书馆创设云图有声小程序等,实现南通数字阅读"云直播""云展览""云培训""云导览"。

三、南通市公共图书馆事业发展呈现的薄弱环节

对照最新的评估标准,南通市(县、区)公共图书馆的得分普遍较高,自评分均超过900分,反映了南通地区公共图书馆的基本业务开展有效,新技术应用极大加强,但仍存在一些薄弱环节,主要体现在:一是学术研究能力有待提升。南通市公共图书馆各项业务更侧重于社会服务,在学术科研方面重视程度不足。各馆均未能承担高级别的研究项目,高质量的学术成果产出缺乏。二是专题资源和立法决策咨询有待加强。南通市公共图书馆未能充分参与地区相关政策的制定和咨询过程,且缺乏专业的咨询团队和丰富的实践经验,难以满足政府和社会各界深度咨询的需求。三是公共文化资金投入仍显不足。虽然在本次评估周期内,南通市政府对图书馆投入明显加大,但主要体现在空间建设方面,在资源建设方面还有欠缺。南通市常住人口数量在全省排名第4,人口基数较大,相应的文献信息资

源保障力度仍待加强。

四、南通市公共图书馆事业发展建议

1. 坚持数智赋能,构建未来知识服务的用户生态

以知识场馆、知识渠道和知识仓储为核心,以提升读者入馆阅读体验为目的进行数智场馆建设。一是持续探索智慧体验项目,如咨询机器人、盘点机器人、入馆预约、座位预约管理,推进智慧体验项目成果转化,扩大应用范围。二是推动图书馆网借服务项目建设、网络管理平台项目建设、图书馆读者生态管理系统项目建设、图书馆无线网络接口开发等项目建设。三是推进融媒体建设延伸服务,在微信公众号、视频号、抖音号等媒体平台持续发力,夯实粉丝基础,吸引潜在用户,进一步扩大南通市公共图书馆影响力和知名度。四是坚持资源为王,深度开展"你阅我买""点阅邻里""书阁南通"服务,做优做强馆藏资源,为本地区经济发展提供知识服务。发挥公共图书馆联盟作用,联合采购数字资源,为用户提供深层次的知识服务。

2. 坚持古籍活化,拓展传统文献的保护传承之路

充分发挥图书馆收集地方文献信息、保存和传承地方文化的作用,联合全市公共图书馆及高校图书馆,推进实施地方文献征集办法及工作方案,通过建立地方文献联合目录,整合建立地方文献特色资源数据库群,提高地方文献研究服务能力。加大地方文献收集采购力度,做好"南通人著作展"的特藏文献储备。持续做好古籍数字化加工与保护工作,对地方特色文献、古籍等文献进行细颗粒度内容标识、关键知识点的标签标引建设,探索特色资源的主题化、专题化分类揭示,提供知识化、可视化服务。启动地方文献研究成果《记忆南通》编撰工作,开展张謇学研究与文献活化。以南通市公共图书馆联盟为抓手联合全市公共图书馆整理与张謇有关的中国近代水利史、边疆史、海防史、垦牧史,围绕南通市历史脉络、名人典故、解说讲解、运河文化等提供文献咨询服务,为讲好南通故事提供数据支撑。

3. 坚持精准服务,营造全民阅读的社会良好氛围

充分发挥公共图书馆资源优势,通过RFID智能感知技术的应用,助力文献类固定资产的智慧化管理,为读者提供更为精准及时的借阅服务,提升文献流通量和文献利用率。高标准策划线上线下联合服务项目,多渠道、多方式丰富文化供给,提升群众满意度、获得感和幸福感。持续深度融合党建与业务工作,持续打造南通地区知名阅读推广服务品牌,增强用户与公共图书馆的服务黏度和深度。紧扣阅读推广服务,联动全市持续做好读者节、读者开放日、读书月、阅读马拉松、边走边读等服务品牌,建设一体化读者生态系统,加强私域流量建设,培养用户习惯,让更多市民了解图书馆、走进图书馆、学会使用图书馆。

4. 坚持专业立馆,持续注入图书馆事业生机活力

以馆员素养专业化为基础,为图书馆可持续发展提供专业人才支撑,完善培训学习考核机制,跨界合作开展专业化培训,重视人才资源整体规划,与高校共研共赢、协作互通,邀请知名专家学者授课,通过线上线下相结合的方式让学习成为常态、让培训成为馆员的福利。随着时代发展,传媒推广、信息技术等专业价值日益突出,这需要公共图书馆发掘现有员工的专业技能,做好岗位规划,实现人尽其才。一方面,要对馆员工作进行准确定位,对馆员的能力提出严格要求,让"专业技术人员"在专技岗上实现工作价值和个人价值的有机统一。另一方面,图书馆人才培养不仅要具备传统公共场馆所需工作技能,而且要具备多面技能和大局视角,从而适应当前文化事业的飞速发展。

(执笔人:季丰吉　王　俊　韩文甲　张潇雨)

连云港市公共图书馆事业发展报告

连云港市,江苏省辖地级市,位于江苏省东北部,下辖3个县(东海县、灌南县、灌云县)、3个区(海州区、赣榆区、连云区),常住人口460.20万人。现有地级市图书馆2家,分别是连云港市图书馆、连云港市少年儿童图书馆;县(区)级图书馆6家,分别是东海县图书馆、灌南县图书馆、灌云县图书馆、海州区图书馆、赣榆区图书馆、连云区图书馆。2021年8家公共图书馆全部申报参评国家一级图书馆。目前,第七次全国县级以上公共图书馆评估定级结果已公布,连云港市8家公共图书馆全部获评国家一级图书馆。

连云港市图书馆始建于1949年,新馆2020年12月底开放,建筑面积43 000平方米,拥有功能区、馆、厅、室50余处,现馆藏纸质文献100万册、电子图书90万种、数字资源350 TB。连云港市少年儿童图书馆于2003年设立,并于同年建成开馆,现有普通文献馆藏40万册件,电子图书54万种。东海县图书馆建筑面积3 300平方米,分馆面积3 200平方米,共6 500平方米,馆藏文献97.8万册(件),其中电子文献40.8万册。灌南县图书馆始建于1958年,2008年迁入现址,馆舍面积4 000余平方米,现有藏书64.6万册,数字资源347 TB。灌云县图书馆新馆位于灌云县新城区,建筑面积5 000平方米,2011年元旦对外开放,现有藏书30万册。海州区图书馆新馆2015年12月30日正式开馆,文献馆藏量约160万册(件),其中电子图书约135万册。赣榆区图书馆始建于1976年,2011年4月新馆启用,建筑面积8 000平方米,纸质藏书80余万册(包括分馆图书)。连云区图书馆位于海州湾街道,建筑面积6 500平方米。

一、连云港市公共图书馆事业发展概况

2018—2021年,第七次评估期内,连云港市充分发挥"以评促建、以评促改、以评促管"的作用,市、县(区)两级政府不断加大对公共文化事业的政策支持和经费投入,各级公共图书馆在服务效能、业务建设和保障条件上有了较为显著的提升,在场馆设施提档升级、服务环境优化改善、服务类别丰富完善、文献资源数字化建设等方面都有较大突破。

(一)服务效能

1. 持证读者数量逐步增加

持证读者数量折射出公共图书馆的覆盖面、吸引力和服务效能,反映了公共文化事业和全民阅读事业发展进程。随着公共图书馆事业的快速发展,连云港市各级公共图书馆持证读者数量逐步增加。截至2021年底,持证读者达20余万人。其中,连云港市图书馆、连云

港市少儿图书馆两个市级馆持证读者数达 13.5 万人,持证读者占比为 0.06%;赣榆区图书馆持证读者数 7 000 人,持证读者占比为 0.02%,持证读者占比逐步提升。

2. **年读者人均到馆量与年文献流通率有效提升**

年读者人均到馆量与年文献流通率是反映公共图书馆服务效能的两个重要指标。近年来,连云港市、县(区)两级公共图书馆深入完善公共阅读服务网络,全面加强基础业务建设,广泛开展全民阅读推广活动,年读者人均到馆量与年文献流通率得到有效提升。评估期内,连云港市、县(区)两级公共图书馆年均流通总人次达 337.22 万,人均到馆 0.73 人次,年读者人均到馆量有效提升。连云港市图书馆的年均文献流通率为 0.53 册次,赣榆区图书馆的年均文献流通率为 0.02 册次,年文献流通率有效提升。

3. **年数字阅读量明显增长**

近年来,数字阅读日渐兴起,连云港市各级公共图书馆在文献采访中注重数字化建设,加强数据库和电子图书的采购,同时提高自建特色数据库质量,不断提升数字化阅读推广的影响力和覆盖面。各馆电子书总量达 519 万册,数字资源总量达 1 519 TB。2021 年连云港市少儿图书馆对网站进行了全新改版,功能更加完备,资源更加丰富,查询更加方便,网站访问量逐年上升。评估期内,年平均馆藏数字资源浏览量为 27.6 万次,年平均馆藏数字资源下载量为 14 万篇。评估期间,海州区图书馆馆藏数字资源总浏览量达 215.50 万次,年平均馆藏数字资源浏览量达 53.88 万次;馆藏数字资源总下载量为 266 578 册次,年平均馆藏数字资源下载量为 66 645 册次。

4. **可远程访问数字资源占比大幅提高**

连云港市依据新时代形势,注重公共图书馆数字资源建设。全市各级公共图书馆在做好线下阅读服务的同时,积极推进数字化图书馆建设。目前已启动图书定位及 3D 导航系统绘制工作,会同国土资源部门推动图书馆场馆 VR 全景开发项目。各公共图书馆拥有万方、超星、云图有声等 14 个电子数据库,瀑布流电子借阅系统、神笔马良等 9 个智慧应用场景以及数万集音视频及讲座资源,县区图书馆电子馆藏资源达 100 TB 以上,可远程访问数字资源占比达 100%,为读者提供了互通、高效、快捷、便利的智慧化阅读服务。此外,部分场馆开通了阅读小程序,保障读者随时随地进行图书期刊阅读及数字资源查询,实现公共图书馆"闭馆不打烊",线上不停阅,为读者提供了阅读便利。

5. **新媒体服务日趋成熟**

近年来,新媒体服务极大地增强了公共图书馆信息发布的时效性,提升了读者对公共图书馆的服务体验。连云港市各级公共图书馆通过在多种平台开通新媒体服务,馆内配备电子触摸设备、电子书借阅机等方式,不断完善新媒体服务渠道和服务体系。连云港市图书馆在微信公众号、微博、抖音、今日头条等新媒体平台上都开设了官方账号,并为用户提供信息推送服务;2018—2021 年平均推送信息 1 226 条;2018—2021 年平均推送信息浏览量 33.83 万次;通过连云港市图书馆 App、微信公众号微大厅等新媒体平台提供电子证、图书检索、新书推荐、数字资源、读者荐购等移动图书馆服务,具备多种新媒体服务渠道并取得良好服务效果。根据山东省图书馆借助腾讯微信客户端统计发布的《2021 年 6 月全国公共图书馆微信微博监测月报》显示,在全国近 400 个公共图书馆微信号中,连云港市图书馆微信公众号影响力指数位列全国地市级图书馆微信订阅号第十,江苏省第二。连云港市图书馆抖音号获连云港地区休闲娱乐好评榜冠军。连云港市少儿图书馆重视新媒体平台建设,定期向读者推送信息,与超星公司合作建设移动 App、开发小程序,提供预约、检索、借阅等移动图书馆服务。连云区图书馆2018—2021年间通过微信公众号、移动图书馆、小程序等新媒体渠道,扩大了服务范围,提升了服务质量,提高了读者数字资源利用率及使用率,有效促进了全民阅读工作开展。

(二)业务建设

1. 自建数字资源彰显地域特色

连云港市各级公共图书馆围绕连云港地域文化特色、地方文化名人、经典名著等主题,系统地收集、整理地方文化信息资源,让宝贵的文化财富得以多渠道传播,对促进地方文化发展、增强地域文化认同、弘扬地方人文精神具有重要作用。连云港市图书馆建成《连云港市地方文化数据库》,集文本、图片、视频为一体,包括古籍文献、散见史料、图片资源和专题视频,分地志杂记、淮北盐鹾、海州名宦等10个专题,目前收录元数据6 500余条,图书近40 000页,善本、古籍26 000页,历史文献及乡贤名人相关的散见史料600余种、3 000余册,整理题刻、书画等图片资料3 500余张,视频500分钟,以数字化方式全面呈现古海州地方文化史料。对馆藏《西游记》《镜花缘》《儒林外史》《嘉庆海州直隶州志》等地方特色古籍文献进行数字化,持续推进《西游名著数据库》《方志年鉴数据库》建设,让书写在古籍里的文字"活"起来,全力打造特色古籍资源品牌,推动地方文化的研究、保护和传承。赣榆区图书馆依托徐福文化陈列馆于2017年10月建成"徐福文化数字资源库",涵盖陈列馆介绍、专题导航、试听文献、科研成果、数据分析、新闻资讯等内容。2020年完成徐福东渡行迹图(数字)一期。海州区图书馆自建数据库资源量合计达631 207条。

2. 逐步完善服务网络,落实服务均衡

连云港市不断深化公共图书馆总分馆制改革,在实现乡镇分馆全覆盖的基础上理顺权责关系,优化资源配置,创新"建、管、用、人、财、物"的管理体制和运行机制,真正实现公共图书馆文化服务向基层延伸。目前,全市共有8个公共图书馆、90个乡镇(街道)图书馆分馆及5家海岛特色公共阅读空间,建成8家24小时自助图书馆,500余个馆外服务点及50余个城市书房,有效建立了上下联通、服务优质、全面覆盖的总分馆服务体系,形成了较为完整的图书馆总分馆服务网络。其中,连云港市图书馆策划海岛书房建设,邀请南京图书馆赴开山岛、前三岛、羊山岛、连岛等海岛考察,共建5家"海岛书房";推进对接温州市图书馆,加入全国城市书房合作共享机制。各图书馆形成公共文化服务合力,推动阅读设施共建共享,力求打造更加便捷合理的城市"15分钟阅读圈"和农村"十里阅读圈",让群众享受更多更好的阅读服务。注重开展公共图书馆服务质量提升工作,各个场馆通过开展服务之星评比活动、设立读者意见箱、公示联系方式、制定读者意见处理制度等方式畅通读者日常评价渠道,近年来读者投诉建议答复满意率达98%以上。

(三)保障条件

1. 经费投入持续增加,助推事业稳步发展

2018—2021年,对连云港市各级公共图书馆财政拨款总额15 689万元,年均财政拨款额为3 922万元,其中对连云港市图书馆财政拨款共计7 641.07万元,连云港市少儿图书馆财政拨款共计2 120万元,连云区图书馆财政拨款共计640万元。在此期间赣榆区图书馆专

投40万元开展数字化服务;海州区图书馆年均财政拨款年增长率大于10%。

2. 设施环境逐步改善,打造文化新地标

近年来,连云港市各级公共图书馆积极申报"最美公共文化空间",争取资金,优化图书馆环境和设施设备。评估期内,各馆建筑总面积达79 200平方米,馆舍外观时尚、环境优雅、交通便利。连云港市图书馆本着"图书馆+"理念,各楼层结合艺术、文创、非遗、旅游、民俗、党建等主题设计推出艺术精品展厅、海州往事书咖、名人乡贤著作馆、地方文献馆、学习强国线下体验区、王尽美事迹馆、书友汇——我的共享书房、非遗雅集、文旅会客厅等特色阅读空间,汇集非遗精品展、古今地图展、传统文化漫画展、港城老照片展,实现"诗与远方"的融合,引领市民、读者和游客领略城市人文之美。连云港市少儿图书馆在做好主馆空间服务的基础上,延伸阅读服务范围,打造格林书虫、苍梧城市书房等新型阅读空间,给读者带来了形式多样、创新时尚的阅读体验。灌云县图书馆通过阅览室、少儿阅览室提档升级,为读者提供更好的阅读环境,开展RFID图书管理和自助借还项目建设,方便读者借阅、查询图书,大大提升借书室借阅服务效能,完善功能设施,创新服务模式和产品供给,确保了"最美公共文化空间"打造对象的代表性、引领性和实效性。2019年,赣榆区图书馆实施升级改造工程,11月初建成对外开放。改造后的图书馆实用面积约8 000平方米,新增美术、书法、绘画、手工、曲艺、写作、养生、摄影8大特色阅览室,吸引赣榆作协、美协、书协等7个文艺协会在这里传承文化、创作交流、教育传承,建成徐福文化陈列馆、非遗展示馆、地方文献(方志)馆、科普馆4个馆中馆。

3. 文献资源不断丰富和优化,夯实图书馆服务基底

连云港市各公共图书馆文献馆藏总量达400万册件,人均文献馆藏量0.86册件。连云港市少儿图书馆制定与实施馆藏发展规划,保证图书、报纸、期刊等类型文献无重大缺藏。评估期内,年平均普通文献入藏量28 365册,年平均购买的报刊种数343种,建设了红色经典读物、幼儿绘本、中小学生作文等特色馆藏读物,数量超过7 000种,《全国少年儿童图书馆基本藏书目录》馆藏覆盖率达72%。重视数字资源的投入,除自购数字资源以外,还积极参加南京图书馆牵头的江苏省少儿数字图书馆的共建共享,年平均数字资源增量为95 473册。东海县图书馆2018—2021四年新增纸质图书106 072册,期刊合订本5 420册,报纸合订本2 118册,电子图书946 012种,共计1 059 622册。灌云县图书馆制定与实施馆藏发展规划,年均新进图书20 000余册,每年更新杂志240种、各类报纸60种,电子书月更新150册,期刊月更新280种,按期更新,年更新超1 800期。海州区图书馆年人均新增文献入藏量约为0.25册。

4. 以提升质量为前提,加强公共图书馆人才队伍建设

连云港市重视公共图书馆文化队伍建设,通过落实岗位人员编制、政府购买服务等方式,配齐基层公共文化服务人员,确保工作有人管、有人干。一是支持各级公共图书馆优化从业人员结构,通过"名校优生"选招、事业单位公开招考等多种途径,吸纳研究生学历专业人才进入公共图书馆工作队伍。二是全市各级公共图书馆不断加强馆员培训力度,注重馆员业务素质锻炼,提升馆员专业素养。8家公共图书馆现有从业人员约180人,其中在编103人,高级职称27人,中级职称50人,初级职称26人。三是各个图书馆不断加强志愿者队伍建设,全市有志愿者品牌36个,建立起覆盖各个年龄、各个领域的高水平志愿者队伍。

（四）优秀做法和亮点

1. 融合多元文化业态，打造复合型图书馆

随着时代发展，现代图书馆已然不是传统意义上的图书馆，正在通过跨界融合、跨界合作，转变成为功能齐全、服务多样的复合型图书馆。连云港市图书馆新馆建设秉持"图书馆＋"理念，与文化旅游、非遗民俗、文创艺术、展览演出、党史学习、科学普及等深度融合，注重馆区的功能衔接和错位发展，加重细节问题考量，精准定位图书馆需求，推出一批特色主题空间，打造城市新空间和文化客厅。二至六层为贯穿式格局，通过阅读空间、活动阵地和展览场馆的有机融合，打破传统图书馆的封闭格局，为市民提供综合服务，满足读者阅读、休闲、体验等需求。东海县图书馆在建设和运营中，吸纳社会力量参与，通过合作开展文化活动、特色书房建设、接受捐赠和服务外包等方式，广泛开展社会合作。赣榆区图书馆通过空间再造，除常规服务场馆空间外，建成智慧云平台指挥中心、理论宣讲示范中心、志愿服务积分兑换超市、文化讲堂、科普空间、未成年人心理咨询室、新华书店图书馆分店等12个功能区。

2. 以地域特色为依托，打造公共图书馆特色活动品牌

连云港市各级公共图书馆依托山海港城，打造服务品牌。连云港市是江苏省历史文化名城，具有山海相依的自然风光，拥有丰富广阔的人文资源。各级公共图书馆结合港城特色，发挥自身人才与场馆优势，积极组织开展各类阅读推广活动。立足西游文化、海洋文化、徐福文化等地方文化，打造具有地域特色的文化品牌活动，使文旅融合实践和阅读推广成为一个有机整体。连云港市图书馆及少儿馆线上线下齐头并进，形成"山海书谭""诗游连云港""海州往事""非遗集市""七彩夏日""彩虹桥艺术课堂""薪火童行"等阅读推广特色品牌。各县区图书馆持续发力，打造"水晶读书节""古诗词楹联""BOOK童阅书友会"等阅读推广品牌，吸引更多读者主动阅读，爱上阅读。各馆通过主题展览、现场讲座、线上直播、参观打卡和图书出版等形式创新服务模式，将图书馆公共文化服务和文化旅游推广相结合，满足社会大众的文化体验。

3. 以服务惠民为导向，推动文旅深度融合发展

2018年，文化和旅游合并，意味着真正进入文旅融合时代。连云港市各公共图书馆不断推进研学旅游深度融合，提升服务效能。各级公共图书馆依托古籍、手稿、拓片、地图、非遗作品等地方文献资源及传统文化信息资源公共服务平台、地方文化资源数据库等馆藏资源，探索文旅融合场景式、体验式阅读服务，满足"阅、游、娱、购、食"等多种需求。通过延展公共文化服务进景区、进社区、进学校、进企业，让市民游客边读书边游港城。各图书馆在阅读空间嵌入公园、景区、街区，打造"可游览、可观赏、可休闲"的景观式城市书房满足市民和游客休闲及就近阅读需求。"海岛书房"项目作为江苏省文旅厅和连云港市文广旅局的重点推进项目，由南京图书馆指导共建开山岛书房、前三岛书房、连岛书房、羊山岛书房、秦山岛书房等5家"海岛书房"，构建"书房＋海岛旅游"融合创新模式，既满足海岛常住人员和游客的阅读需求，也为"水韵江苏"海洋文化建设开展新的尝试，为全国其他海岛建设具有海洋文化特色的公共图书馆服务阵地提供借鉴。

4. 以读者为中心，高质量提供阅读服务

连云港市各级图书馆围绕争创"四个一流"和打造"星级服务"的要求，年举办多场业务

培训活动,线上线下相结合,强化培训和服务意识的提升,打造符合"新时代"要求的专业人才队伍;定期举办理事监事接待日活动,收集、整理读者建议,着力解决读者关心的热点、重点问题,针对读者提出投诉、建议,及时回复并予以整改落实,读者投诉建议答复满意率达98%以上;开展文明窗口和服务之星评比活动,让读者参与投票,开创读者服务新模式,让到馆读者享受到便利、高效的资源和服务。全方位推进服务标准化,结合馆藏结构现状及读者阅读需求情况,科学地进行馆藏建设,兼顾文献资源的知识性、文艺性、趣味性和实用性;结合馆藏结构现状及读者阅读需求,编制馆藏建设规范,制订文献采购计划,准确定位,按类定量,完善优秀读物推荐机制;建设共享书房,设立读者书架和荣誉照片墙,鼓励和引导社会各界参与图书馆共建;强化专家选书委员会工作职能,完善优秀读物推荐机制;开展"回溯建库"工作,充实馆藏资源。各馆馆藏建设工作逐步从一项支持读者服务的保障性工作转变为一种直接服务读者的工作,馆藏建设的科学性与读者服务的"针对性、目的性和有效性"使馆藏建设与读者服务一体化趋势愈加明显。

二、连云港市公共图书馆事业发展呈现的薄弱环节

近年来,连云港市公共图书馆事业的发展取得了长足进步,在阵地建设、特色活动、服务延伸、综合业务等方面取得了明显成效,这离不开江苏省文旅厅的正确领导,归功于全系统干部职工的共同努力。在看到成绩的同时,也应清醒地认识到,连云港市图书馆事业与上级部门的要求和人民群众的阅读生活需求相比还有一定差距,在资金投入、人员配备、设施建设、服务读者等方面还有不足,还存在着较大的提升空间。

1. 图书馆服务效能建设仍需加强

馆藏资源不足,难以满足读者快速增长的阅读需求;人员配备不足,会制约服务效能的提升。以连云港市图书馆为例,新馆建成并投入使用后,随着馆舍布局的拓展、服务功能的丰富、服务范围的延伸,新馆面积较老馆扩大3.5倍以上,服务读者人次激增与图书借阅量激增,但目前图书采购经费和馆藏量在全省排名较低,每年主场馆新书采购仅3万余册,社科财经类、法律信息类以及特色产业类图书更新较少。少儿读者是阅读的主力人群,图书利用率高,借还量占总数50%以上,但在架少儿图书及馆藏量较少,无法满足少年儿童旺盛的阅读需求。读者活动和阅读推广经费严重不足,每年增加的经费更多地用在了人员经费保障上。连云港市图书馆现有从业人员70人,其中事业编制40人,聘用制30人,新馆开放时人力资源未能得到充分补充。与省内地级市大中型公共图书馆相比,连云港市图书馆人手不足问题较为突出,购买社会服务或聘用合同用工的能力严重不足,制约了读者服务效能和城市新地标作用的发挥。因此,连云港市公共图书馆要进一步丰富阅读产品供给,有效对接群众阅读生活需要,增加人员配备,提升服务效能。

2. 阅读品牌活动仍需创新

县区图书馆评估定级指标要求与地区实际存在较大差距。按照县区馆评分细则要求,平均每场活动的参与人次需达到千人,受地区人口数量、场地、活动性质、活动内容、参与对象等条件的限制,若要取得高分,几乎难以完成。以连云区图书馆为例,根据连云港市统计数据显示,连云区常住人口共16.05万人。因整体基数较少,在一些指标中远达不到要求数

值。如C1171年总流通人数、C1172年文献外借量、C1173年流动服务文献外借数量、C1180网站服务、C3231年财政拨款总额等,均达不到中上等指标要求。在C1174年讲座、展览、培训活动和C1189阅读推广活动中,按照50场次活动要达到5万人次,平均每场活动1 000人。但在连云区图书馆日常开展的活动中,除了一些展览人数每场可达两三百人外,其他活动一般在60~70人。因此,希望上级部门能按照本地区人口数量,适当调整县区馆指标要求。此外,有些县(区)馆在阅读品牌活动开展前,活动主题缺少差异性,导致多数活动未能达到预期效果,所以要通过更新颖、创新的活动吸引市民参与全民阅读活动,实现全民阅读全民共享,切实提高公共图书馆服务人次数。

3. 图书馆数字化建设与服务水平仍需提升

在本次评估指标体系中,与经费保障直接相关的指标占分很多,如年财政拨款总额、年文献信息购置费、年读者活动经费、年文献增量、年数字资源增量等,分值达130分,经费保障不足严重影响了图书馆数字化建设与服务水平的提升。由于受到地方财政分配和疫情影响,尽管得到上级政府的大力支持,但年财政拨款不增反降。连云港市少儿图书馆上个评估期的经费总额年均为820余万元,本期下降到不足530万元。以灌云县图书馆为例,从灌云县财政的实际出发,对县图书馆年财政拨款总额要达到300万元,确实存在一定难度。连云港市图书馆投入数字资源采购资金多年没有增长,难以满足读者线上阅读和学习需求,与省内兄弟馆存在较大差距。灌南县图书馆也存在自动化、网络化建设相对滞后的实际情况,经费不足严重影响了相关工作的开展,因此,连云港市公共图书馆要积极争取市级和县级财政的支持,加快图书馆数字化建设步伐,提高图书馆现代化的服务水平,继续打造更多线上线下便于群众参与的阅读互动活动,使图书馆数字资源建设和服务迈上新台阶。

4. 总分馆制建设仍需加强

基层图书馆(站)建设对满足人民群众精神文化需求具有重要意义。县区级公共图书馆的发展较往年相比有所进步,但仍存在一些问题。以东海县图书馆为例,全县拥有1个县级公共图书馆总馆,19个乡镇图书馆分馆,1个私人图书馆分馆,360个馆外服务点,形成覆盖县乡村三级公共图书馆总分馆体系,但仍存在服务效能有待提高,缺少保障和激励机制,从业人员流动性大、专业性有待加强等问题。总分馆制建设还面临垂直化管理难以实现的问题,分馆建设单位在分馆的管理中拥有较高话语权,总馆职能发挥有限。此外,鉴于短期内无法解决部分地区经费、人员不足等问题,总馆的资源配置水平和业务辅导能力需要进一步提升。因此,连云港市公共图书馆要对基层图书馆(站)的业务辅导覆盖面和深度再加强,提高总馆话语权,要进一步加强各级图书馆间业务交流,发挥主观能动性,鼓励社会力量积极参与,形成合力。

三、连云港市公共图书馆事业发展新方向

在第七次全国县级以上公共图书馆评估定级中,连云港市充分发挥"以评促建、以评促改、以评促管"的作用,积极推进各级公共图书馆在场馆设施提档升级、服务环境改善、服务质量提升、服务类别增添、数字图书馆建设等方面有所突破,连云港市8家公共图书馆均获评国家一级馆。连云港地区图书馆将以此次公共图书馆评估定级为契机,深入贯彻落实党

的二十大精神,与时俱进,补齐短板,坚持以群众需求为导向,创新服务方式、拓宽服务渠道、扩展服务覆盖面,不断加大图书馆事业建设力度,提高图书馆阅读服务能力与水平,更好地发挥公共图书馆的服务功能,切实把图书馆建设成为读者喜爱的文化活动中心、传播精神文明的开放窗口、环境优美、服务周到的文化阵地,开创连云港市公共图书馆事业发展的新格局。一是努力推进资源化投入,争取政府加大对图书馆购书经费的投入,增加馆藏文献入藏量、入藏种类和入藏品质。二是加强人才队伍建设,重点培养中青年业务骨干,适时引进急需人才,建设一支规模适度、结构合理、业务精湛、素质较高、富有活力、相对稳定的图书馆从业人员队伍。三是不断加强业务建设,创新服务方式,提高服务效能,坚持以人为本,稳步推进图书馆数字化、智能化发展,完善总分馆服务体系,不断提高图书馆综合服务水平,为新时代的文化发展提供全方位的服务。

(执笔人:沈爱文　亢丽芸　张梦笛　朱　姝　俞　萍)

淮安市公共图书馆事业发展报告

近年来,在省市各级党委、政府的正确领导和江苏省文旅厅、南京图书馆的关心支持下,淮安市各级公共图书馆深入贯彻落实习近平总书记系列重要讲话精神和对公共文化服务高质量发展要求,深化体制机制改革,全面推进公共文化服务均等化,健全覆盖城乡的公共文化服务设施网络,积极响应国家关于创建书香城市的号召,通过整合阅读资源、提升服务效能、举办各种阅读推广活动,营造良好的阅读氛围,为滋养民族心灵、培育文化自信、助力文化强国提供了强有力支撑。

一、发展概况

2018—2021年,淮安地区公共文化服务水平不断提升,群众多元精神文化需求得到满足,获得感、幸福感不断增强。新时代以来,淮安市各级公共图书馆与时俱进、顺势而为,深入推进中国特色公共图书馆制度体系和治理体系建设,公共图书馆法治建设、标准化建设、总分馆制建设取得重大突破;开展公共数字文化融合发展工程,智慧图书馆建设取得实质性进展;扎实推动和服务全民阅读国家战略,保障特殊群体阅读权益。经过不断努力,淮安市公共图书馆服务能力与服务水平不断提升,服务内容与服务方式更为多样,服务成果与服务效能更加显著。截至2021年底统计数据,全市常住人口456.22万人,比上年增加0.3万人,其中城镇常住人口302.06万人,常住人口城镇化率达66.21%。淮安地区共有9家公共图书馆,其中包括2家地市级公共图书馆(淮安市图书馆、淮安市少儿图书馆),7家县区级公共图书馆(涟水县、盱眙县、金湖县、清江浦区、淮阴区、淮安区、洪泽区)。全市95个乡镇街道文化站、1 552个村(社区)基层综合性文化服务中心,全部建有图书馆分馆(淮安小书房)。另建设有月季小筑·城市微客厅20个,涵盖图书借阅、文化休闲、志愿者服务等功能,淮安书房10个,24小时自助图书馆42个。据第七次全国县级以上公共图书馆评估定级结果显示,淮安地区8家公共图书馆均获评国家一级图书馆(淮阴区图书馆因馆舍改造未完成未申报参评),一级馆达标率为100%。

二、主要成效

1. 完善制度保障,公共文化服务基石更加坚固

淮安市委市政府高度重视公共文化服务工作,将之纳入全面建设长三角北部现代化中心城市和创建书香城市示范市两大目标中总体谋划、统筹推进。近年来,淮安市委市政府制

定并出台《关于推进文化建设迈上新台阶的实施意见》《淮安市"十四五"文旅产业发展规划》《淮安市"十四五"公共图书馆事业规划》《淮安市"十四五"智慧城市发展规划》《淮安市基层公共文化设施管护制度》《淮安市公共文化场馆服务管理规范》等一系列政策性文件和法规制度,为淮安市公共图书馆事业的发展提供了有力的制度保障。在政策的推动下,各级图书馆基础设施日益完善、服务内容更加丰富、服务效能得到提升。2021年,淮安市政府将建设20个"月季小筑"、10个"城市书房"纳入十件民生实事项目。除建设费用外,财政每年还会安排运行维护专项经费。2018—2021年,淮安市累计投入5 925万元用于图书馆事业发展。淮安市各级公共图书馆从业人员队伍不断壮大,人才结构更趋合理,整体专业素养大幅提升。截至2021年底,淮安市各级公共图书馆共有从业人员267人(含勤杂人员),其中,本科及以上学历111人,占总数的41.6%,中高级职称63人,占总数的23.6%。

2. 夯实业务基础,公共文化服务能力不断优化

近年来,淮安市各级公共图书馆通过完善服务设施、优化服务项目、加强服务保障等手段,提升公共文化服务能力,推动实现公共文化服务均等化、标准化。一是基本服务。淮安市各级图书馆根据读者需求和馆情实际对场馆进行改造升级,其中涟水县图书馆新馆于2020年9月建成开放,建筑面积1.7万平方米、读者活动空间面积1.5万平方米、读者座位总数591个。各级图书馆常态化开放各类阅览室、报告厅、自修室等服务场所,免费提供文献资源借阅、检索与咨询、公益性讲座、科普展览、流动服务等基本文化服务。2018—2021年,淮安市各级图书馆年均总服务人次达425.26万人次,年均文献外借量达314.75万册,年均开展讲座、展览、培训等活动2 495场。在此期间还开辟了政府信息公开专区,设立"江苏省人民政府公报"专题书架,配备20多台电脑和3名专职人员保障服务。二是整合馆藏资源。建立完善馆藏发展目标任务、方针原则、收藏重点与范围等政策,制定图书馆中文图书、视听资料、数字资源建设规划,规范采编工作流程、古籍特藏管理等制度。搜集保存运河文献、周恩来文献、西游记文献、淮安名人文献等一批体现淮安特色的专题文献。三是特殊群体服务。面向老年人、未成年人、残疾人、农民工和农村留守儿童等特殊群体开展送爱心、送温暖服务。建立健全未成年人服务制度,淮安市图书馆开辟少儿绘本借阅区、3D数字体验区、数字阅读互动区等9个功能专区,开放面积达2 000多平方米,阅览座300个,各类少儿图书20余万册,益智玩具200余种;创新打造"阅读筑梦""爱阅宝贝""趣味科普""情暖中秋—爱润童心"等系列阅读品牌。为残障人士设立视障阅览室,提供盲文图书阅览、有声读物等服务。常态化开展"德润淮安—温暖新春""爱老敬老—共享美好生活"送书进福利院慰问活动。淮安市少儿图书馆围绕培育幼儿阅读习惯,精心打造名著大讲堂、"书香溢满淮安城"研学游、馆员读绘本、少图姐姐阅分享、少图影评、娃娃课堂和"淮小图·绘本故事坊"等系列品牌阅读推广活动,用心用情陪伴全市少年儿童茁壮成长。四是数字化服务。依托"互联网+"项目、公共数字文化工程,大力开展数字图书馆建设,创新开展微信、微博、公共数字文化网等新媒体平台"微服务"项目,通过线上图书推荐、绘本故事、专题讲座等服务,搭建开放、交流、学习、共享的阅读平台。截至2021年底,淮安市图书馆数字资源浏览量达8 643.8万人次,微信公众号发布各类信息近2 000条,微信公众号关注人数9万余人,微信点击量达210万人次,网站点击量达140余万人次。五是参考咨询服务。淮安市各级公共图书馆参考咨询工作以文献信息资源和网络数据库为支撑,面向党政领导机关、企事业单位、科研机构、社会团体和个人提供检索咨询、事实型查询、定题服务、信息查证、决策参考等多层次咨询服务。在管理中实行参考咨询工作专职化,专门设立参考咨询服务岗,安排专职人员全面负责

参考咨询工作。六是安全生产保障。坚持政治思想引领,建立健全意识形态安全组织领导机制、责任落实机制、风险防控机制、教育培育机制等"四项机制",确保意识形态工作保持正确方向。同时,按照管行业必须管安全、管业务必须管安全、管生产经营必须管安全的"三管三必须"要求,全面落实消防、安保、数据网络安全、新冠疫情防控等各项安保措施。近年来未发生一起意识形态安全事件和安全生产事故。

3. 融合创新发展,公共文化实效显著提升

一是数字赋能云服务。2018—2021年,淮安市财政投入1 500万元建设淮安公共文化云数据中心,实现与淮安智慧城市云平台、江苏省公共文化云平台无缝对接。提档升级淮安市图书馆门户网站、微信公众号、App等数字化平台,满足读者实时访问需求。自主研创政府信息公开、网事典藏、里运河文化、淮扬菜文化等7种自建资源数据库,数字资源总量达707 TB,年新增数字资源28.59 TB,对外服务资源总量达19万余条。创新数字阅读传播,开设书籍放映厅、公益课堂、答题有奖、线上少儿等线上阅读板块,打造市民身边的"口袋图书馆"。二是织密阅读服务网。创新推进全市范围内图书馆"一卡通"通借通还借阅系统建设,更新改造设施设备2 300余个,提供共享文献420万册,建设全市阅读网点215个,全面实现"一馆办证各馆通用、一卡通行就近借还、一馆藏书各馆共享",打通了公共文化服务群众的"最后一公里"。广泛应用智慧馆情系统、自助借还设备、瀑布流、朗读亭等软硬件设施开展图书馆智慧化管理和服务。在苏北地区率先组建"淮安市图书馆联盟",推动构建淮安"阅读共同体",全市首批25家图书馆加盟。高质量打造新型阅读空间,已建成24小时自助服务的淮安书房26个、借阅服务的城市微客厅"月季小筑"21个和机关企事业单位合作建设分馆31个,还有主城区两个功能齐全的老馆焕发新生继续为读者服务,逐步形成以中心馆为核心的"1+80+N"的阅读服务网。三是深化业务协作。充分发挥图书馆学会在业务交流互鉴、引领行业发展方面的职能作用。几年来,累计举办资源建设、编目管理、书评培训、古籍整理等业务交流活动27场、培训讲座19场,6 211名从业人员参加上述活动。承办"2018书香江苏行动"暨学习型图书馆建设研讨会、2019年全国基层文化和旅游公共服务队伍示范性培训班、2021年书香淮安阅读推广人培训班等有影响的培训活动。同时,加入南京都市圈公共图书馆联盟,签订馆际互借与文献传递协议,协同共享发展。四是加强社会合作。创新管理机制,以政府购买社会服务的方式,解决人员编制和活动经费不足等难题,签约北京国图文化发展有限责任公司,走出一条公共文化服务运营管理的创新之路。大力弘扬"奉献、友爱、互助、进步"的志愿精神,吸引文化志愿者参与图书馆服务管理。组织开展"书香进万家""阅读筑梦—童享阳光""爱老敬老我先行""爱心助残送温暖""结对子种文化"系列志愿服务活动。组建"书香进万家"文旅志愿服务队、淮上书香服务队、小蜜蜂志愿队,形成了阵地志愿服务与流动志愿服务相结合的新模式。五是丰富阅读活动形式。围绕世界读书日、图书馆服务宣传周、全民读书月以及中华传统节日、重要节假日和节庆活动,深入开展"纪念周恩来诞辰120周年""播撒阅读的种子""满城书香—经典'悦'读""以文化人共创文明城""阅读筑梦从'0'开始""红色绘本故事""非遗文化传习"等多层次多样化阅读主题活动,凝炼翔宇讲坛、淮上讲堂、爱阅宝贝、行走的阅读、安东讲坛、阿累读书节等一批特色鲜明、读者喜爱、受众面广的全民阅读品牌。丰富多彩的各类阅读推广活动深得广大读者的喜爱和推崇,也得到各级主流媒体的青睐,宣传报道295次。六是读者评价反馈。始终坚持以读者满意度为导向的服务方针,用好读者意见簿这把"尺"。通过完善功能做好民生"必答题",开辟便捷高效通道做好服务"创新题",建设联盟树品牌做好惠民"加分题",不断提升群

众满意度,增强群众获得感和幸福感,读者综合满意率达 99.89%。

三、数据分析

本数据分析截取 2018—2021 年淮安地区公共图书馆发展的几项指标平均值作为参照,通过数据量化,进行对比分析。

2018—2021 年淮安市公共图书馆发展指标平均值

主要指标	市图书馆	市少儿馆	清江浦区馆	金湖县馆	洪泽区馆	涟水县馆	盱眙县馆	淮安区馆
年文献外借量(万册次)	69.82	38.65	43.75	39.6	14.5	23.84	51.51	33.08
排名	1	5	3	4	8	7	2	6
年财政拨款总额(万元)	1 947.9	450.44	211.44	244.53	238.39	1 101.18	179.47	418.59
排名	1	3	7	5	6	2	8	4
文献馆藏量(万册)	171.2	50.38	54.22	68	53.46	114.73	39.57	40.25
排名	1	6	4	3	5	2	8	7
建筑面积(万平方米)	3.89	0.74	0.84	0.67	0.64	1.67	0.46	0.17
排名	1	4	3	5	6	2	7	8
年总流通人次(万)	125.28	79.19	53.72	16.05	26.88	71.36	36.81	15.97
排名	1	2	4	7	6	3	5	8
年人均新增文献入藏量(册次)	1.43	0.02	0.06	0.3	0.06	0.03	0.16	0.09
排名	1	8	5	2	5	7	3	4
年读者活动(场次)	851	582	130	76	220	535	73	28
排名	1	2	5	6	4	3	7	8
阅读推广品牌(个)	16	6	6	6	3	10	1	5
排名	1	3	3	3	7	2	8	6
新媒体服务(年均推送条数/年均浏览次数)(条/万次)	384/19.2	389/11.64	662/20	120/1.2	200/34.8	290/9.24	57/0.35	624/0.85
排名	3	4	2	6	1	5	8	7
读者满意率(%)	99.92	100	99.92	99.84	99.98	99.69	99.82	99.97
排名	4	1	4	6	2	8	7	3

从以上几项发展指标对比分析及排名来看,淮安市公共图书馆事业发展总体上呈现出不充分不均衡的状态,公共图书馆服务效能有待进一步提高。具体表现为以下几个方面:

(1) 政府重视程度差异,导致城乡公共文化服务基础参差不齐。从年财政拨款总额、文献馆藏量、建筑面积、年人均新增文献入藏量等综合指标均可明显看出,淮安市图书馆作为市级馆远远高于其他县级馆,作为市区的清江浦区图书馆高于其他同级县区馆,充分体现公共文化资源布局的均等化及协调性需要从顶层设计层面统筹考虑。对基层图书馆投入不均衡会导致各县区图书馆基础设施、人才队伍、业务能力、服务水平等受限,不能满足当地群众多元文化需求。

(2) 各级公共图书馆服务理念及业务能力差异导致基础服务水平差距明显。例如涟水县图书馆年均财政拨款总额排名第二位为 1 101.18 万元,馆藏总量排名第二位为 114.73 万册,年均流通人次排名第三位为 71.36 万人次,年文献外借量却排名第六位仅为 23.84 万册次;市少儿图书馆年均财政拨款总额排名第三位为 450.44 万元,年均文献外借量却仅排名第五位为 38.65 万册次;反之,盱眙县图书馆、清江浦区图书馆年均财政拨款总额分别为 179.47 万元、211.44 万元居于末位,年文献外借量却比较领先,分别排名第二、第三位,仅次于市级图书馆,可见基础阅读服务在各级公共图书馆各项工作中所占比重及各馆对于基础阅读服务的重视程度。

(3) 各馆延伸阅读服务效果不佳,体现出各馆综合业务能力有待提升。从年读者活动数据指标来看,除了排名前三的市图书馆、市少儿图书馆、涟水县图书馆分别为 851 场次、582 场次、535 场次较为理想外,其余各馆数据呈现断崖式下跌,可见各图书馆对读者活动的重视程度亟须提高;阅读推广品牌的效果除了市图书馆 16 个、涟水县图书馆 10 个外,其余各馆均不理想,体现出各图书馆对于阅读推广活动的质量要求及品牌意识薄弱,在新时代背景下远不能满足群众对高质量、多元化公共文化的需求。

(4) 新媒体、新技术应用效果不佳。数据显示,淮安市各级公共图书馆均呈现出新媒体、新技术服务力度不足,效果不佳的状况。除了清江浦区图书馆、市图书馆和市少儿图书馆有稳定的内容输出以外,其他各县区图书馆内容输出均不理想,盱眙县图书馆年均推送公众服务信息仅有 57 条;从内容来看,年均浏览量均不够高,排名最高的清江浦区图书馆年均浏览量也仅有 20 万次,与淮安地区常住人口数量基数相差甚远,推送的内容也多为基础业务相关内容或活动预告,缺乏高端的知识性、智能性内容服务;对于各馆阅读资源的整合及活化上几乎未有涉及,可见新媒体应用的技术无论从数量还是质量都亟待加强,拓宽覆盖面、提升内容吸引力、提升服务质效。

四、成因与不足

2018—2021 年,淮安市各级公共图书馆建设与服务水平不断提升,但对照评估标准以及群众对美好生活的向往仍然存在差距,仍有问题与不足:一是经费保障有待加强。新时代背景下，群众对公共文化服务的需求和要求越来越高，作为各项工作基础保障的经费也应适时调整，淮安地区经费保障与本地群众公共文化服务期待还有差距。涟水县图书馆为新建图书馆，初始投入较大，但后续运维经费不足；各项经费比例不均，人员保障、活动开展经费较多，但购书经费较少。各县区图书馆图书购置经费普遍偏少，其中淮安区图书馆专项购书经费不足30万元，亟须加强。二是学术理论水平亟待提升。一方面，县区图书馆普遍存在人员编制紧张、专业人员不足等问题。各图书馆人才缺乏，尤其是图书情报专业人才较少，导致理论研究性人才缺失，研究性论文、课题、专著等数量不足，学术理论水平提升缓慢。另一方面，也暴露出淮安地区各级公共图书馆对"重业务轻理论"观念的认知失衡。理论研究水平虽然不会直接带来工作效益，但对各图书馆乃至整个地区图书馆事业长远发展占有基础性的作用。三是高端服务有待探索。各馆在文献采编、加工、配送、借阅，全民阅读推广，文化志愿服务、社会合作共建等方面取得了一定成果，但在高端服务如参考咨询服务、"两会"决策服务、智慧化服务等方面仍处于起步阶段，即使有效果也并不理想，不能起到实际效用，这一方面仍有较大发展空间；另外，古籍工作较其他地区公共图书馆而言，基本处于落后状态，对古籍的收集、整理、资源活化利用工作做得不到位，需要下硬功夫。四是阅读空间需要优化。除了市图书馆、涟水县图书馆、清江浦区图书馆馆舍及设施较新外，其他各县区图书馆均使用已久，需根据实际情况优化改造，以市少儿图书馆为例，在馆藏建设上需要更加符合儿童特色，有定位、有重点；在藏书体系建设上，图书排架应长远考虑，构建少年儿童友好型阅读空间。淮安区图书馆、盱眙县图书馆等建成年份较为久远，设施较老旧，与当下休闲型阅读空间建设要求相差较大，需要升级改造或建设新馆以持续改善读者阅读体验。五是文献资源利用率有待提升。目前，市内各公共图书馆总分馆建设均有一定特色，但是场馆知晓率、到馆率和文献资源利用率、地区特色资源开发与利用率等还不够高，需要统筹协调，各方协同发力，通过阅读、活动、延伸服务等不断提升场馆知晓率、文献资源利用率，充分实现文献价值。

五、建议与对策

淮安市各级公共图书馆应进一步深入贯彻《中华人民共和国公共图书馆法》，认真落实省市上级部门的指导意见，坚持问题导向，创新工作思路，精准发力攻坚，以更新举措、更大力度，推动全民阅读和书香淮安建设提升水平、创造特色。

（一）推进智慧图书馆建设

深入推进"互联网＋文化"工程，加大移动互联网等新兴技术与数字图书馆技术融合，建设全市公共图书馆大数据智慧管理调度中心，打造公共阅读指数管理交互平台，为智慧化管理全市公共阅读提供服务。聚合淮安市公共图书馆资源，构建数字资源集约化服务平台，打造"一键借阅"公共图书馆线上服务新模式，以"数字化、智慧化、一体化"建设理念，解决服务场景、文献资源供给与市民阅读需求之间的矛盾，为读者提供"服务全覆盖、共享无差别、借还零距离"的公共文化服务新体验。让阅读功能"一键"借、文献图书"一键"阅、服务操作"一键"用,打通淮安公共图书馆线上线下服务资源,有效补齐图书馆数字化借阅服务的短板,提升图书馆服务效能,让图书馆成为市民身边的"家庭书房"。

(二)探索个性化阅读模式

全面收藏淮安名人文献、运河文献、美食文献等地方文献及当代精品文献。重点加强地方文献、主题特色文献资源建设,筹建淮安记忆特色数据库;结合分层阅读,推出"阅读起步""阅读行走""阅读达人"等系列阅读推广活动,分龄分层开展线上线下数字阅读推广活动;加强与社会机构合作,开展联动互动阅读活动;构建儿童阅读新平台,打造社科、科普、艺培、非遗等基地,持续建优建美"城市书房""月季小筑""24小时自助阅读点",形成一馆一特色、一基地一品牌。

(三)扩大联盟引领作用

最大限度发挥图书馆联盟引领作用,紧贴读者需求,制订联盟一体化阅读推广计划,协同开展全民阅读推广;以联盟联动形式,策划开展系列主题阅读活动,携手打造在全省乃至全国有影响力的阅读推广活动品牌;借助联盟服务平台,扶持基层成员馆活动品牌,形成以强带弱、以上带下、上下联动的阅读推广新格局,实现共融发展。着力提升淮安市图书馆联盟融合度、推广度、美誉度。围绕世界读书日、图书馆宣传服务周、读书月、节假日、寒暑假等重要时间节点,扩大馆校合作,通过试验改良、提炼亮点、打造形象等方式,推进公共图书馆、中小学图书馆、高校图书馆、机关企事业单位图书室的广泛合作与深度融合。多维开展图书馆联盟阅读推广,全方位打响"为中华崛起而读书"的淮安全民阅读品牌。

(四)创新开展优质服务

坚持"以人为本,读者至上"的服务理念,大力推进爱心、热心、耐心、真心的"四心"优质服务。在主城区25个机关企事业单位合作分馆、20个月季小筑、16个直属24小时自助服务点、15个淮安书房基础上,拓展延伸图书馆总分馆服务至农村乡镇,分批次将全市95个乡镇中小学校课外阅读纳入总分馆服务体系,打通全市通借通还城乡路径。用爱心温暖人心,用热心钻研业务,用耐心端正态度,用真心凝聚力量,全力推进优质服务再上新台阶。以书香涵养文化,以阅读凝聚人心,共同推动图书馆事业进入快速发展轨道,为广大市民朋友提供更好的阅读服务。

(五)加强区域融合协作

秉持"互学互鉴、共创共享"发展理念,主动加强区域协作,积极融入南京都市圈公共图书馆共享发展协作体,通过文献资源共建共享、读者活动互联互通、宣传推广同频共振、加强学术研讨交流等方式,共同助推区域优质公共文化服务一体化。通过举办淮安市图书馆联盟论坛、"淮安记忆"公益讲座、淮安图书馆学术研讨交流、淮安休闲阅读分享活动等方式,对馆藏地方特色文献资源和本土作家优秀作品进行宣传推广,为宁、淮两地图书馆专家学者、广大市民读者更好地了解淮安历史文化搭建跨越时空的阅读交流平台,聚合提升淮安人对家乡的认同感、自豪感,凝力营造"半城运河满城书香"的全民阅读氛围。

淮安市各公共图书馆将以此次评估定级工作为契机,对照专家的指导意见和建议,不断提升服务效能和业务能力,做好图书馆的发展定位与前瞻谋划,推动图书馆事业高质量发展。

(执笔人:吴冬梅　叶志军　徐俊杰)

盐城市公共图书馆事业发展报告

盐城市下辖3个区、1个县级市和5个县,市域面积1.7万平方千米。2021年末全市常住人口671.3万人。现有地市级图书馆1家,县(区)级公共图书馆9家,全部获评国家一级图书馆。近年来,在各级党委、政府的重视下,经过全市公共图书馆工作者创新奋进,盐城市公共图书馆事业取得长足发展。图书馆硬件建设日益强健,服务方式和服务手段日益智慧,管理能力日益提高,队伍素质日益增强,社会效益日益提升。

一、盐城地区公共图书馆概况

2021年底,盐城市现有公共图书馆建筑总面积18.14万平方米,馆藏文献超过700万册件,拥有元刻明修本《附释音春秋左传注疏六十卷》等珍贵文献。全市所有公共图书馆全年每天开馆,面向社会公众实现零门槛开放。年总流通人次达500万人次,年文献外借总量超过1 200万册次。

1. 新馆建设取得较大进步

"十三五"期间,盐城市委、市政府先后出台《关于推进现代公共文化服务体系建设的实施意见》《关于推进基层综合性文化服务中心建设的指导意见》《"十三五"期间基本公共服务

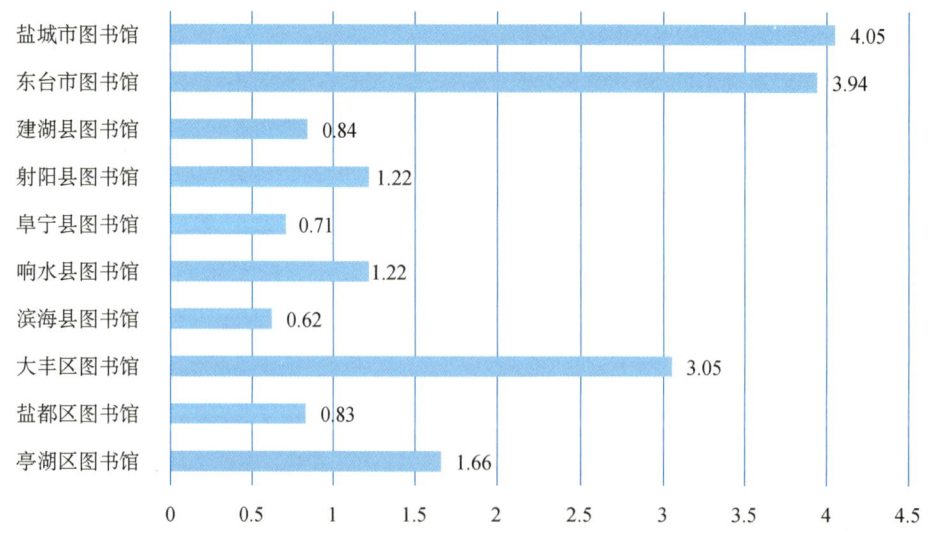

2021年底盐城市各级公共图书馆建筑面积对比(万平方米)

保障标准》等文件,有力推动了公共图书馆的建设。特别是近年来,各级政府都将公共图书馆馆舍建设列入政府实事项目,加快推进全市公共图书馆新馆建设和改扩建工作,盐城市公共图书馆的建筑面积有了较大的增加。至2021年底,全市公共图书馆建筑面积达到18.14万平方米,区县级公共图书馆中,东台市图书馆和大丰区图书馆面积遥遥领先,均超过了3万平方米。东台市图书馆、射阳县图书馆、亭湖区图书馆、响水县图书馆相继新建成,阜宁县图书馆、滨海县图书馆的新馆建设已经列入计划。

2. 文献资源建设快速增长

2021年,全市公共图书馆普通馆藏文献共715.71万册件,较2017年的539.7万册件增长了32.61%,其中盐城市图书馆增长率达到34.37%。全市各县级馆馆均文献藏量60.84万册件,能够满足读者基本阅读需求。县区馆中文献藏量排名靠前的图书馆分别是:大丰区图书馆(136.33万册件)、建湖县图书馆(85.62万册件)、东台市图书馆(83.49万册件)。

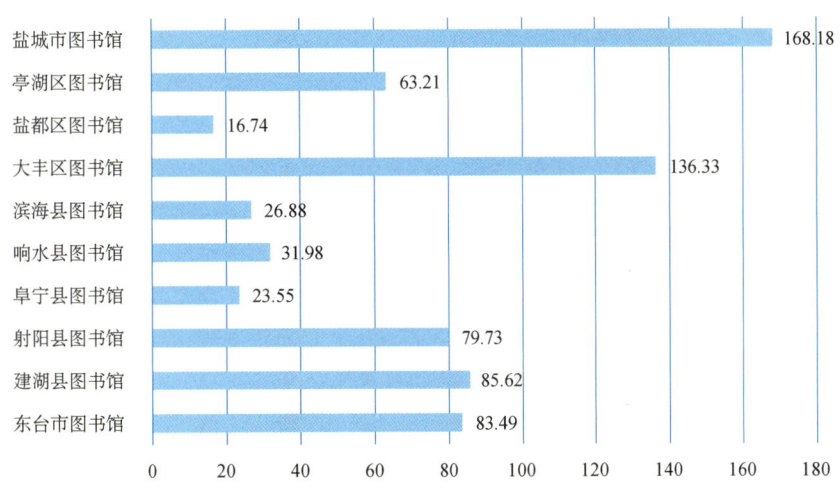

2021年底盐城市公共图书馆普通文献馆藏量统计(万册件)

盐城市持续推动数字资源建设,各馆的数字资源得到了很大的发展。截止到2021年底,全市数字资源本地存储量达2 946.84 TB,相较于上一个评估期的17.25 TB增长了170余倍。全市各馆积极加强数字化建设,采用建设地方文献数据库的方式,整理、加工地方文献资源,包含信息存储、信息检索和信息发布等功能,实现地方文献资源数字化,推动盐城地区的数字资源建设。盐城市图书馆自建地方志数据库、铁军红色文化专题数据库、《盐城淮剧》专题片、盐城市政府公开信息数据库、网事典藏数据库、盐城市图书馆公开课、全民阅读活动图片视频库等。各县区馆除了外购数据库以外,积极筹备自建资源,亭湖区图书馆建成的《盐城淮剧系列》《牡丹仙子的传说》曲谱等音视频数据库较有特色。

3. 读者活动丰富多彩

2018—2021年盐城市各级公共图书馆在线上线下都积极开展讲座、培训、展览等形式的读者活动,年组织线上线下讲座、展览、培训等活动3 911场,参与人次达748.92万人次;人次达开展其他类型阅读推广活动3 278场,参与人次127.22万人次。盐城市图书馆年开展讲座、展览、培训活动404场次,参与人次达116.92万人次;年开展阅读推广活动2 131场次,参与人次达27.16万人次。

二、强化服务意识,提升服务效能

1. 基本服务

(1) 文献外借和流通率显著提高

盐城市各级公共图书馆通过建设总分馆、24小时自助图书馆、城市书房、盐渎书吧、农家书屋等阅读空间,不断完善公共文化服务体系,打通阅读的"最后一公里"。2021年全市公共图书馆总流通1 957.38万人次,年文献外借量214.79万册次,人均0.47册次。较上一个评估期的文献外借量107.74万册次,增长幅度近2倍。2018—2021年期间,年文献外借量排名前三的县区图书馆分别是:建湖县图书馆、盐都区图书馆和亭湖区图书馆。

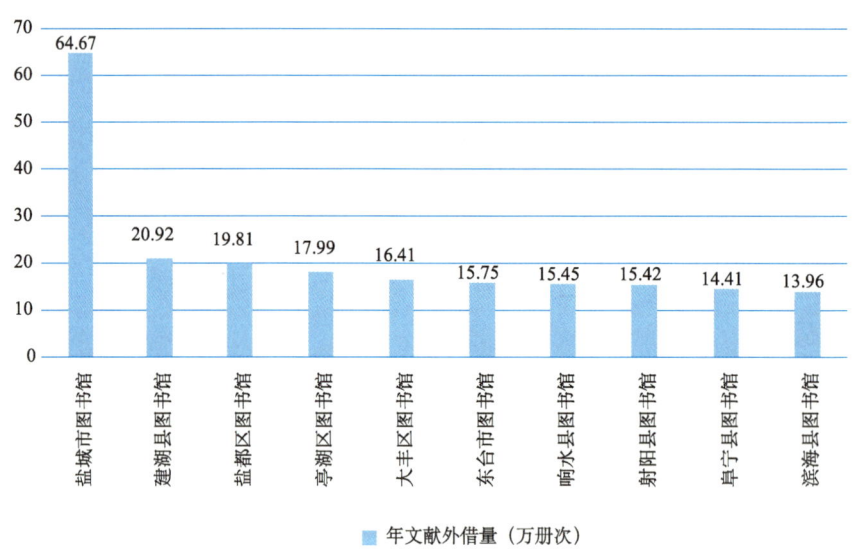

2018—2021年盐城市公共图书馆年文献外借量对比分析

(2) 年总流通人次持续增长

2018—2021年,盐城市公共图书馆年流通人次达1 457.38万人次,其中县区馆年流通人次平均值为104.5万人次,盐城市图书馆年流通人次达517万人次,远远超过一级馆的最低要求。但是从盐城市区县级公共图书馆年流通人次对比分析图可以看到,各馆的年流通人次差距明显。

(3) 参加读者活动人次多

2018—2021年间,各图书馆参加活动人次总体呈现逐年增长的趋势,全市举办各类线上线下读者活动共7 189场,受众876.14万人次。其中盐城市图书馆,年举办线上线下讲座、展览、培训活动404场次,受众116.92万人次。年举办线上线下阅读推广活动2 131场次,受众27.16万人次。各县区馆均达到指标基本分满分要求。

2. 品牌助力,深入开展阅读推广工作

全市公共图书馆通过强化"悦读"设施建设,激活"悦读"服务载体,丰富"悦读"活动内容,实现"悦"读可感悟、可体验、可分享、可推广。年均开展各类阅读活动1 800场,参与读者

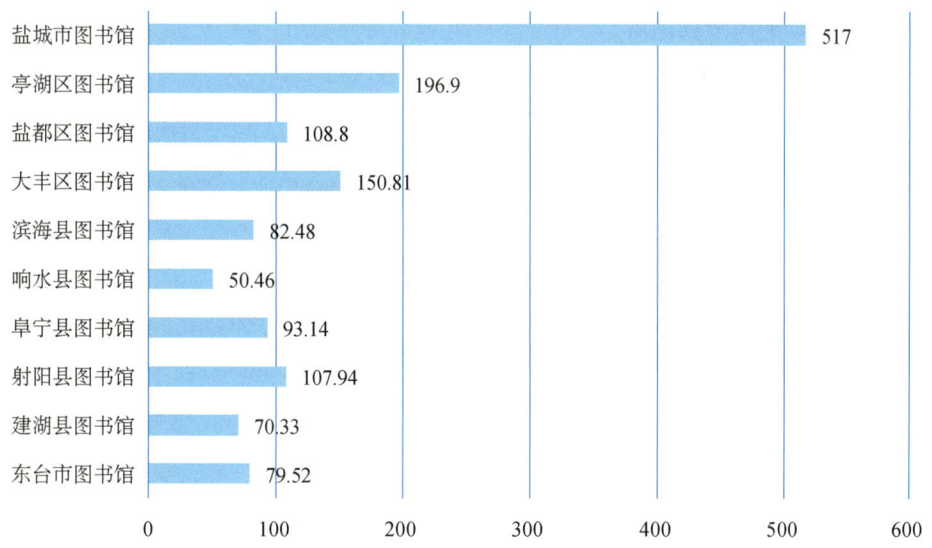

2018—2021年盐城市公共图书馆年流通人次统计（万人次）

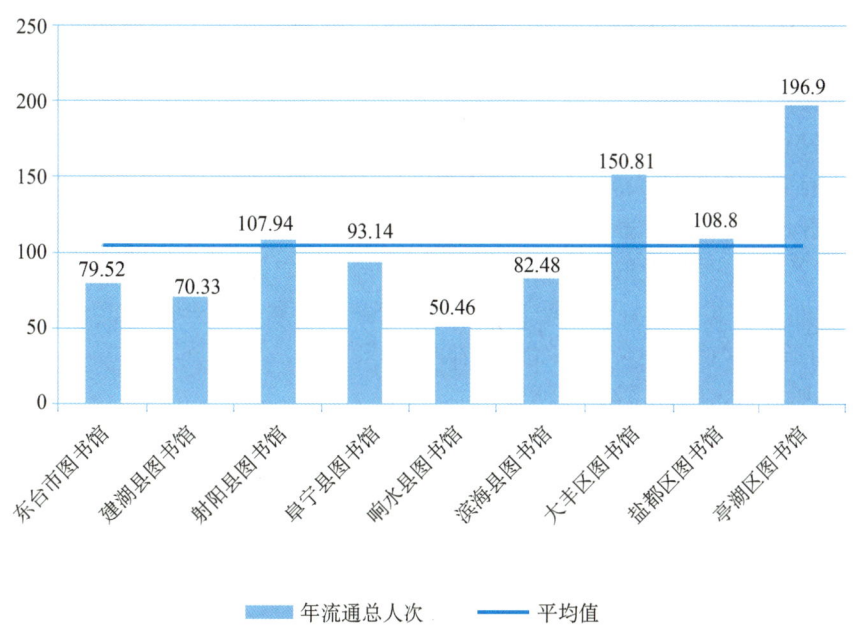

盐城市区县级公共图书馆年流通总人次对比分析（万人次）

超过200万人次。评估期间，盐城市"天天悦读1+X"创建为文旅部第四批国家公共文化服务体系示范项目。盐城市图书馆被中图学会评为阅读推广星级单位，被盐城市委宣传部评为全民阅读示范组织，"书香济困　悦读民心"公益扶智项目被共青团盐城市委员会评为盐城市优秀青年志愿服务项目，2020年被江苏省全民阅读办评为江苏省家庭亲子阅读体验基地，"悦读·扶智文化扶贫行动"被中图学会评为阅读推广优秀项目。

根据盐城市文化惠民政策和全民阅读活动安排，各图书馆开展了一系列丰富多彩、形式多样、宣传面广、活泼健康的阅读推广品牌活动。

(1)"盐渎风"全民阅读品牌

2013年盐城市首推"盐渎风"首届全民读书月活动,每年都举办该大型系列活动。该系列活动由整合了社会方方面面资源的盐城市图书馆为主体承办单位,活动内容包括优秀书目推荐、读书心得交流、讲座展览、展销展播、读书征文演讲比赛、国学经典诵读、青少年阅读原著、图书馆延伸服务等等。参与群众达百万人次,社会影响力不断扩大,已成为全市乃至全省全民阅读活动的知名品牌。

(2)"故事时间"——绘本阅读分享系列活动

2015年1月3日,盐城市图书馆"故事时间"亲子阅读推广项目正式开启,项目以童书展、少儿阅读嘉年华、"故事大王"竞赛、亲子阅读分享会、为阅读成长建档、萌宝讲故事、亲子故事会等形式开展,旨在让孩子们从早期阅读的体验中一生受益。截至2021年底共开展570余场亲子阅读推广活动,服务受众7.4万余人次。

(3)《黄海讲坛》系列讲座

作为江苏省委宣传部表彰的"江苏优秀讲坛"之一,讲坛涵盖阅读推广、传统文化、家庭教育、卫生保健等各方面内容。截至2021年底,已举办580场讲座。近几年来,盐城市图书馆通过创新与合作,进一步扩大了《黄海讲坛》的影响力,形成了鲜明的特色,即贴近基层、贴近生活、服务市民、服务大众,"引领学习、激扬智慧、积淀文化",为广大市民提供卓越的知识服务。

(4)"我为你诵读"活动

东台市图书馆的"我为你诵读"活动,自2018年"世界读书日"启动以来,坚持每周一场,累计共举办近180场,近4 000名阅读爱好者登台诵读,参与及受益4万多人次。活动由镇村、机关、企事业单位轮流承办,组织阅读爱好者、志愿者诵读经典名篇佳作,促进广大干群投身阅读,培养阅读习惯,汲取精神营养,增强文化自信。媒体多次进行报道,产生积极广泛的社会影响,2020年被江苏省全民阅读促进会评为"第三届江苏全民阅读十佳阅读推广项目",被盐城市全民阅读促进会评为"优秀阅读品牌"。

(5)"聆听心语·畅享悦读"朗诵赛

"聆听心语·畅享悦读"朗诵赛是响水县全民阅读标杆性活动,于2020年4月23日起举办,现成为响水县文化艺术周期间重大活动之一。活动旨在引导市民养成阅读好习惯,让阅读成为凝聚信仰的生活方式。

3. 打造阅读惠民工程,保障特殊群体阅读权利

(1)未成年人服务

未成年读者是公共图书馆读者群体中的重点人群。盐城市图书馆一直坚持以为未成年读者服务为抓手,巩固和拓展未成年人阅读阵地,广泛开展丰富多彩、形式多样的主题活动。2019年上半年对图书馆(府西路)少儿借阅阵地进行了优化改造,面积由原来的780平方米增至1 800平方米,动静结合、功能齐全,为少儿读者提供了更加安全、舒适、自然、有趣的借阅空间。2020年初进行了市少儿图书馆整体提升改造工程,并于2021年9月正式对外开放。改造后的少儿图书馆面积扩展到10 486平方米,打造了一个面向社会公众、新型人性化、城市开放共享的少儿阅读体验"悦"空间。

精心策划开展多元化的少儿阅读活动,"棒棒堂故事园""呦呦国学堂""少图汇""故事时间""创智天地"等亲子阅读推广品牌活动,为激发未成年人读书、丰富未成年世界发挥了重

要作用。大丰区图书馆"名家阅读讲座进校园"品牌活动在2021年度盐城市全民阅读"十百千万"工程先进典型评选中,被评为"优秀阅读品牌"。建湖县图书馆打造的"诵读红色经典·传承红色基因"少儿朗诵品牌活动,激发了孩子们的阅读兴趣,培养阅读习惯,深受孩子和家长们的欢迎。

(2) 老年人、残疾人等其他特殊群体服务

图书馆作为向全体民众提供学习资源和环境的公共场所,有责任、有义务为各类读者创造优良的阅读条件,提供无障碍服务。盐城市公共图书馆设有专门的视障借阅室,由专人负责,配备有盲文书籍、视障放大机、读报机、视障专用电脑。针对老年人、残疾人、进城务工人员等特殊群体,盐城市图书馆积极打造"助残扶智·书香暖心"公益品牌项目、真人图书馆、"携手共读·阅读关爱"活动,与残疾人联合会成立了残疾人阅读指导委员会,有效促进了残疾人群体多学习、多阅读,满足了他们的精神文化需求。市图书馆《书香济困 悦读民心》公益扶智项目获得全国公共图书馆扶贫案例一等奖,《悦读·扶智文化扶贫行动》获得中图学会2018年阅读推广优秀项目。响水县图书馆聚焦留守儿童、孤寡老人打造"书香助益"活动品牌,亭湖区图书馆常年面向留守儿童开展"悦读分享·点亮梦想"阅读活动,联合区红十字会、妇联、团委等相关部门向留守儿童无偿赠送学习用品和慰问金,让他们感受到社会大家庭的温暖。

三、强化业务能力,提升服务水平

1. 创新理念,优化服务

盐城市各级公共图书馆积极开展服务创新,提升服务质量,积极提升图书馆服务作用力。

(1) 接轨上海,与上海公共图书馆联合开展读者活动

积极践行盐城市"两海两绿"的发展路径,加强与上海地区公共图书馆交流合作。2018年上海·盐城宣传文化周在沪启动,盐城市图书馆和上海图书馆签订战略合作协议,加入长三角网上联合知识导航站,充分利用上海图书馆的阅读资源和条件并联合上海市长宁区、宝山区、崇明区、浦东区等图书馆,共同开展全民阅读活动,推进苏沪两地图情服务高质量发展和人才培养合作,共建沿海书香城市。2019年盐城市图书馆加入陈伯吹国际儿童文学奖长三角阅读联盟,联盟各成员单位资源共享、协同合作,设立"陈伯吹国际儿童文学奖作品专架",共同开展陈伯吹国际儿童文学奖颁奖、经典作品诵读展演、原创插画展等系列活动,促进儿童文学阅读推广工作的专业化、精准化。

(2) "天天悦读1+X"项目

盐城市"天天悦读1+X"项目2017年12月7日在第四批国家公共文化服务体系示范项目创建会议上顺利通过评审,获得创建资格。创建期间,盐城市不断更新理念,创新机制,探新路径,展新模式,强化"悦读"设施建设,激活"悦读"服务载体,丰富"悦读"活动内容,实现"悦"读可感悟、可体验、可分享、可推广,"天天悦读1+X"示范项目创建取得了明显成效,并于2020年通过检查验收,创建成为文旅部公共文化服务体系4A级示范项目。

(3) 文化扶贫扶智项目

开展文化交流与精准扶贫工作。盐城市图书馆通过文化扶贫扶智项目,在全市发起文化扶贫倡议,在新疆伊犁察布查尔、西藏山南、陕西铜川及甘肃舟曲捐建了 4 所万册爱心图书馆,并在铜川举办全民阅读领读者培训班。为了更好地开展文化援建工作,盐城市图书馆联合全国 45 家地市级图书馆成立了全国地市级图书馆联盟,共同做好人才培养、主题讲座、专业培训等工作,并承办了 2018 年中国图书馆年会第 6 分会场"共享·共赢:地市级公共图书馆扶贫工作",共同推动地市级公共图书馆事业的发展。

2. 开展协作协调,推进区域公共图书馆服务体系建设

(1) 加强与本地的社会合作和资源合作

盐城市图书馆与本市各类型图书馆在阅读推广活动、学术交流、业务培训方面开展了密切合作,评估期内,盐城市图书馆与全市各类型图书馆合作举办阅读推广活动近 20 场。每年的"盐渎风"经典诵读活动,全市各县区公共图书馆、高校及中小学图书馆都积极发动组织参与。此外,还联合开展图书情报课题项目活动、学会年会征文活动,举办馆长会议、理事会议、学会年会等学术交流会议。

除了图书馆以外,还与各类企事业单位、学校、社区等社会机构在分馆建设、读者活动等方面开展业务协作。评估期内,与盐城师范学院、盐城市摄影家协会、人民日报数字盐城联播网、珠溪社区等社会机构协作开展讲座、展览、培训等各类阅读推广活动共 178 场。与学校、企业、社区等机构合作建立分馆 27 家、书吧 17 家、流动服务点 6 家。

(2) 加强阅读空间建设与管理

为进一步提高公共文化服务水平,加快公共文化服务均等化进程,盐城市积极探索"部门主导、城乡一体、资源共享"的图书馆服务网络建设模式。目前,全市已经基本建立了以市图书馆为中心馆,县区图书馆为总馆、各乡镇(街道)综合文化站图书馆为分馆,以农家书屋和社区文化活动中心图书室为基层流通服务点,以图书流动服务车为补充,覆盖全市、资源共享、管理规范的图书馆服务网络。各区县馆总分馆建设已经形成乡镇一级全覆盖。全市建成分馆、农家书屋、城市书房、24 小时自助图书馆等各类型阅读空间共 2 608 个。分馆有专人管理,通借通还,能独立开展业务活动,同时组织读者到图书馆开展阅读课、听讲座、观看免费电影等阅读推广活动。

3. 积极开展图书馆智慧化管理和服务

盐城市图书馆积极打造 VR 互动体验区、AR 互动墙、AR 创意学习系统、亲子智能阅读台、图书馆智能客服、智能书架、瀑布流系统等智慧场景,开展图书馆智慧化管理和服务。各县区公共图书馆也加大资金投入,积极打造智慧化服务场景,各馆都有馆藏统一数字化揭示平台,在官方网站上就可以直接访问;使用永久性磁条门和 RFID 芯片安全门检测双重防盗检测系统;采用图书 RFID 智能上架,馆内配有自助借还服务与自助借还终端。

4. 探索求新,开展数字化和特色资源服务

建立基于计算机、手机、智能移动终端、数字电视等的全媒体阅读服务平台。国家数字图书馆推广工程项目"盐城图书馆古籍和地方文献特色数据库建设和应用""盐城红色文化专题数据库""盐城公共文化云"相继建成、通过验收并得以应用。积极探索公共文化场馆与旅游的深度融合,开展"人在盐图"特色开放日活动,推出"世遗之旅、码上同行"文旅融合数字阅读推广项目,为公众提供随时随地、方便快捷的数字阅读服务。推进地方特色资源的保

护和传承,在东台市图书馆设有戈宝权陈列室,盐城市图书馆建设有胡乔木藏书纪念室、周克玉将军藏书纪念室、薛德震捐赠图书专架、朱训书廊等地方文献专架或专区。出版《盐城市图书馆珍贵古籍图录》,编制《盐城地区图书馆珍贵馆藏目录》,加强了对古籍和地方文献的开发利用。

四、多措并举,加强综合保障力度

1. 图书馆工作得到政府部门的重视和支持

盐城地处苏北,有着崇文重教的传统,政府部门对图书馆工作相当地重视和支持。图书馆的建设一直被纳入盐城地方政府主管部门议事日程和地方政府公共服务考核指标体系,也被纳入政府文化事业目标管理责任制。图书馆为全额拨款事业单位,经费来源主要为财政拨款。人员经费、公用经费及项目经费均已纳入财政预算,根据预算批复年初直接下达,项目经费于人民代表大会结束后下达;免费开放补助等其他资金大约在3~4月下达。政府管理公共图书馆事业,有文化、财政、人事等多部门协同保障支持机制。盐城市委、市政府将提升盐城市少儿图书馆工程纳入《2020年市政府为民办实事项目任务表》。在2021年《盐城市人民政府专题会议纪要第29号文》中对市少儿图书馆的后期使用和管理做了明确规定。盐城市委、市政府先后出台《关于推进现代公共文化服务体系建设的实施意见》《关于推进基层综合性文化服务中心建设的指导意见》《"十三五"期间基本公共服务保障标准》等文件,有力推动了公共图书馆的建设。

2. 财政经费稳步增长

盐城市委、市政府不断加大文化基础设施经费投入,为图书馆事业发展提供了坚强保证。除提供了3万多平方米馆舍外,每年的图书馆资源购置和运行经费都按时拨付、优先保障。盐城市图书馆2018年财政拨款总额2 691.64万元,2019年财政拨款总额2 686.13万元,2020年财政拨款总额2 692.88万元,2021年财政拨款总额3 318.09万元,四年年均财政拨款总额2 847.19万元。各县区馆年财政拨款总额也达到评估条件要求。

3. 注重人才培养,提升服务质量

重视加强对本地区各类型图书馆在贯彻方针任务、改进业务技术方法、培训专业干部等方面的辅导和培训,采取多种形式组织各馆相互学习、交流经验,开展业务研究。抓住两年一度的江苏省公共图书馆业务竞赛契机,制订长效培训计划,提供学习资源保障,强化专业培训管理,提升业务学习效果,重点提高公共图书馆从业人员专业素质,努力造就一支规模合理、结构优化、素质优良的图书馆专业人才队伍。在全省公共图书馆业务竞赛中,连续多年蝉联获奖人数第一。

四、发展不足之处

通过对照评估标准,尽管盐城市公共图书馆都达到了申报所需基本要求,但是在很多方面仍然存在不足。

盐城市大多数公共图书馆在馆藏总量、古籍藏量相比历史文化底蕴深厚的地区还是有所欠缺。在涉及以服务人口为基数的硬件指标上，盐城市辖区常住人口基数为 671 万人，但年人均新增文献量只达到 0.04 册件，离满分加分尚有不小的距离。

在新媒体服务方面，数字资源建设总量偏少，数字阅读量方面还需提高。一方面要加强数字资源建设力度，另一方面要注重宣传推广，提高电子阅读数量。虽然全市各馆都建有微信公众号，但是公众号的读者关注量偏少，除了加强宣传推广以外，还要注重微信的信息内容建设。

在引领图书馆发展方向的项目上，很多工作也有待加强，如立法与决策咨询、馆际互借效能、智能化管理、创新项目等等。尤其是在业务创新方面，各馆在图书馆运行管理过程中实施的创新项目总体偏少，且影响力不够。在今后要不断创新举措，找准方向，积极探索，积极开发新项目，注重项目的创新程度、影响力度和示范作用。

五、今后的发展方向

通过对一个个指标的对照，更加清楚了图书馆要提升改进之处，更加明确了今后的发展方向。

1. 加强服务保障

继续加强文献资源保障能力建设，盐城市公共图书馆近十年发展速度较快，在馆藏总量、古籍藏量方面较历史文化底蕴深厚的地区还有距离。另外，在信息基础设施建设、人才配备等方面还需继续加强建设。

2. 需要加强跨界合作服务

在信息开放共享的时代下，继续加强图书馆与第三方信息服务组织、个人的资源共享与合作，建立深层次的跨界交流、合作的服务供给机制，有效拓展服务受众范围，满足读者多层次、动态化的信息需求。

3. 加强图书馆技术创新

注重新技术在图书馆中的运用，充分运用大数据、云计算、物联网等技术，自建地方特色数据库、积极打造智慧阅读平台等，利用数据关联技术加强与图书馆、政府部门、社会组织的互通互联，推动图书馆新技术在不同服务领域的开发和升级。

4. 加强数字资源建设和利用

由于经费和技术等原因，各馆在数字资源建设总量和利用率方面数据偏低。第一，需加强与数字资源供应商的合作与交流，实现数字资源与读者需求的深度融合，优化数字资源结构。第二，加强自建地方特色资源。充分运用当地的文化特色、历史典故等特色资源，构建地方特色资源数据库，形成新的数字信息产品和特色化服务，提高数字资源服务能力。第三，注重网站、微信等平台建设，提高读者通过网站、微信等平台获取数字资源的便利性，增加获取资源的途径。

5. 多渠道提升信息服务能力

不断拓展和升级咨询服务功能，加强与企业、机关、高校等机构的交流合作，积极开展专题咨询。抓住"两会"契机，充分发挥立法决策咨询服务职能，为代表委员提供多元立体、精准高效的决策咨询服务。同时以"两会"咨询服务为突破口,拓宽公共图书馆的业务范围,推动公共图书馆提升自身的研究和信息服务能力,将咨询服务延伸至人大和政协机构外的其他党政机关,促进公共图书馆与党政部门实现常态化的联系与合作,为推动国家和当地立法决策的科学化与民主化不断做出贡献。

六、总结

全国公共图书馆评估定级是对一个地区公共图书馆全民发展的综合性检验,是对图书馆的阶段性事业发展的总结与提高。通过这次评估定级可以看出盐城市公共图书馆最近几年的事业发展状况和取得的成绩,也找出了全市公共图书馆建设与评估标准之间的差距,特别是自身发展方面的不足。全市各公共图书馆也将把评估标准作为今后日常工作规范和努力方向,创新服务方式,提高服务效率,争取各级党委、政府以及社会各界更大的关注和支持,进一步扩大公共图书馆的影响力和凝聚力,更好地推进盐城市现代公共文化体系建设。

(执笔人:李 霞 吴莹莹 掌 惠 张安红 邓宣玮)

扬州市公共图书馆事业发展报告

扬州,地处长江与大运河两大历史文脉的交汇点,作为千年文化古城,全市立足传承发展城市书香文脉,坚持以文化人、以文化城。扬州市辖3个区(广陵区、邗江区、江都区),1个县(宝应县),代管2个县级市(高邮市、仪征市),常住人口458.29万人。现有地市级图书馆2家,分别是扬州市图书馆、扬州市少年儿童图书馆,县(区)级图书馆6家,分别是高邮市图书馆、仪征市图书馆、宝应县图书馆、江都区图书馆、邗江区图书馆、广陵区图书馆。除了2022年新开馆的广陵区图书馆外,其余7家公共图书馆均在全国第七次县级以上公共图书馆评估定级中获评国家"一级图书馆"。

一、全市公共图书馆事业发展概况

(一)服务效能

1. 年总流通人次有所增长

数据显示,2017年全市公共图书馆年总流通人次509.08万,2021年增至570.47万,这主要归因于总分馆体系和新型阅读空间的建设,从而使得年总流通人次有所增加。相较而言,扬州馆年总流通人次却有所下降,但幅度不大;少儿馆年总流通人次下降明显,幅度较大;县级馆的年总流通人次增长幅度较大,最大增幅为仪征馆达222%。

2. 年文献外借量小幅下降

数据显示,2017年全市公共图书馆文献外借量为446.46万册,2021年为410.09万册,受新冠肺炎疫情影响,文献外借量呈小幅下降趋势。各县级馆中,2021年文献外借量低于50万册的有3家,分别是宝应馆、江都馆和邗江馆;超过50万册的有2家,分别是高邮馆和仪征馆,其中外借量最高的高邮馆达143.3万册。

3. 年讲座、展览、培训活动量质齐升

数据显示,2021年,全市公共图书馆开展的讲座、展览、培训活动1 011场,读者参与活动人次135.39万。活动主题鲜明、内容丰富、形式多样,有线下亦有线上,活动数量线上普遍超过线下,重数量更重质量,呈现量质齐升态势。其中,场次最高的少儿馆为280场,最少的江都馆也达到56场;超过120场的有少儿馆、邗江馆、高邮馆、扬州馆等4家。

4. 新媒体服务广泛应用

数据显示,截至2021年底,全市公共图书馆普遍应用了微信公众号服务,坚持输出优质内容,信息推送服务及时,为读者提供便捷的线上服务,利用率较高。移动图书馆服务通过

App、小程序、微信公众号等新媒体平台实现,预约、检索、借阅功能齐全。微信视频号、抖音号、B站等多种新媒体服务渠道广泛应用,但服务效果不够明显。仪征馆、高邮馆和江都馆有经官方认证的微博,但微博信息发布和后期维护工作不够到位,利用率不高。扬州馆、江都馆开通了电视图书馆服务。邗江馆的新媒体服务相对薄弱。

(二) 业务建设

1. 年数字资源服务量创出新高

数据显示,2021年全市公共图书馆数字资源服务浏览量为4 805.37万次,馆藏数字资源下载量为227.89万篇次,浏览量和下载量均创出新高。数字资源主要以学术论文、电子图书、期刊、地方特色资源及少儿数图资源等为主,访问集中在儿童益智教育、考试学习、学术研究、传统文化和科普视频等。

2. 数字资源本地存储量显著增加

数据显示,2021年全市公共图书馆对外服务的数字资源总量为1 952.86 TB,比2017年的116.44 TB增加了1 836.42 TB。扬州馆自建扬州地方报纸、扬州地方文化名人、扬图公开课等7个数据库;少儿馆自建面向少儿服务的"一起听书"音频数据库、童书评选导读视频资源库等5个数据库;其他各馆自建数据库以地方文化特色数据库为主,仪征馆的园冶专题数据库、江都馆的江都地方人物访谈数据库、高邮馆的走读高邮特色音频资源库都颇有特色。

(三) 保障条件

1. 年财政拨款总额升跌互现

数据显示,2021年全市公共图书馆财政拨款总额达6 884.22万元,与2017年的4 390.55万元相比,增加值为2 493.67万元,增加幅度达56.8%。扬州馆2021年财政拨款为3 208.44万元,与2017年相比增幅达100%;少儿馆2021年财政拨款总额为936.88万元,与2017年的782.53万元相比增幅达19.7%。在各县级馆中,除江都馆和宝应馆略有增长外,其他各馆均有所减少,其中仪征馆2021年财政拨款总额为451.82万元,较2017年541.8万元,减少幅度达19.9%。2021年扬州县级公共图书馆财政拨款分布从430.59万~838.39万元,各馆间财政拨款总额差别不小。

2. 年人均文献购置费降幅较大

数据显示,2021年全市公共图书馆人均文献购置费为1.51元,与2017年相比降幅较大。县级图书馆中,2017年人均文献购置费低于1元的仅有江都馆,其他各馆均超过了1元。2021年人均文献购置费低于1元的是高邮馆和宝应馆,分别为0.70元和0.91元;超过1元的是仪征馆、邗江馆和江都馆,分别为1.66元、1.20元和1.08元;出现持续增长的为邗江馆和江都馆。各图书馆纸质文本购置费占比较高,明显占据主导地位。

3. 人均文献馆藏量得到改善

数据显示,2021年全市公共图书馆人均文献馆藏量为1.28册,与2017年相比得到明显改善。2021年各县级馆新增文献入藏量为33.80万册,人均新增文献入藏量0.094册。其中,江都馆和宝应馆0.06册、高邮馆0.08册、仪征馆0.10册、邗江馆0.18册。

4. 建筑面积不断增加

数据显示,2021年末全市公共图书馆总建筑面积109 217 m²(含分馆、租用、在建),较

2017 年末的 60 958 m² 增加了 48 259 m²,增幅达 79.2%。2018 年 7 月,高邮馆新馆建成开放,建筑面积 8 800 m²,按开放式、综合性、多功能的现代图书馆的要求进行设计,体现以读者为中心的服务理念。由于统计口径的变化和新型阅读空间建设,至 2021 年末,扬州馆、仪征馆、高邮馆、宝应馆、江都馆和邗江馆总建筑面积分别比 2017 年增加 13 176 m²、8 318 m²、13 600 m²、3 531 m²、4 610 m² 和 5 024 m²;少儿馆总建筑面积未发生变化。

二、全市公共图书馆发展之特色

(一) 政府政策支持保障有力

扬州市委、市政府高度重视公共文化服务体系建设,自 2012 年起,在每年的民生"一号文件"中都对构建公共图书馆阅读服务体系、建设"书香扬州"提出要求,纳入年度考核,在政府层面建立了全市公共文化服务协调小组。按照职责分工、部门合作、共同推进的原则,切实加强对公共文化服务体系建设的组织领导,实现从文化部门的"内循环"转向各个部门通力合作的"大循环",探索建立"分工合作、职责明确、联手推进"的运行机制,推动文化建设迈上新台阶。

(二) 城市书房建设强力推进

城市书房作为扬州市"四位一体"公共图书馆服务体系示范项目的重要组成部分,它有效整合门禁系统、防盗监控系统和图书馆业务管理系统,通过多种识别方式实现读者自主进入,自助借还实体资源与数字资源,联网服务便捷、高效的服务平台。"城市书房"靠近家门口、阅读全天候、服务一站式、环境很温馨,为市民提供了阅读的新去处,成为扬州新的"文化地标",并在市辖县(市、区)推广。截至 2021 年底,已建成"城市书房"41 家。2019 年出台了《24 小时城市书房建设运行服务规范》扬州市地方标准;2022 年 12 月 1 日《扬州市城市书房条例》施行,从法规层面保障了书房建设。

(三) 特殊群体服务精准贴心

1. 未成年人分级服务

全市公共图书馆依托丰富的馆藏资源,根据少年儿童不同年龄段的智力和心理发育程度提供科学的阅读计划和阅读书目;借阅区根据读者的年龄特征,进行读物分级管理、使用;馆藏资源的分级收藏和特色化建设,为不同年龄段儿童提供适宜的阅读材料。以"国际儿童图书日"、"世界读书日"及节庆假日为契机,开展主题丰富的阅读推广活动。其中,扬州市红领巾读书征文、"携手共读 阅读关爱"公益项目、"我最喜爱的童书"评选、少年科技说、邮声邮色亲子阅读、"仪童成长"阅读计划、新启蒙故事屋等品牌活动,注重参与性、体验性,培养阅读兴趣,让孩子们在阅读中健康快乐地成长。

2. 老年群体贴心服务

老年读者作为各公共图书馆的重要读者群体,阅览室成为老年读者的"根据地",做好老年读者的阅读服务既是各公共图书馆的重要工作,也是时代和社会赋予的重要职责。全市公共图书馆在馆内阅览室设置敬老专座,在馆外建设分馆或流通服务点,配备老花镜、拐杖、轮椅等助老暖心设备,开辟阅读交流区域,方便老年读者相互交流时政热点、阅读心得。此外,江都馆、宝应馆利用设备设施及资源,多次开办"夕阳红网上冲浪"培训,邗江馆每周"E"课服务项目,专注于老年人电子产品的使用需求,让老年读者享受科技带来的红利,丰富了晚年生活。

3. 残疾人群体暖心服务

针对视力有障碍的人群,各馆均设立了视障阅览室;针对身体有障碍的儿童,保障他们能够平等获取图书馆的资源和服务;针对心理或者智力有障碍的儿童,提供针对性读物,用浅显的语言组织书目分享和阅读活动。扬州馆与扬州市残联联合打造2018年扬州市委、市政府民生实事工程——扬州市盲人电影院·无障碍图书馆项目,配备供视障人士专用的桌椅、电脑、打印机、盲文文献及听书机等,同时组织残疾人到馆服务,将精心选择、编排的活动带往社区或特殊教育学校,为视障人士提供个性化暖心服务。

(四) 阅读推广品牌建设形成创新亮点

让广大市民走进图书馆、了解图书馆、利用图书馆,让更多的人关注阅读、喜爱阅读、享受阅读一直是公共图书馆的核心任务,通过阅读推广品牌建设无疑是增强服务美誉度、影响力行之有效的重要方式,已成为图书馆创新服务的亮点。全市公共图书馆打造了"扬图讲堂""少图讲堂""秦邮文化讲坛"等一批品牌讲堂,其中"扬图讲堂"被认证为2019年江苏省一类公益阅读推广活动、2020年度扬州市公益阅读推广活动。各馆成立了阅读志愿服务队,扬图志愿服务队、高邮"小书虫"志愿服务队等多次获得省、市表彰。江都馆的"常春藤"系列、仪征馆的"乐仪书院"系列阅读品牌,以系列化统领各类型阅读活动,形成了辨识度较高的全民阅读品牌,产生的影响更为深远。

(五) 总分馆体系建设达成全覆盖

2014年以来,全市各县级馆启动总分馆建设项目,坚持政府主导、公共财政支撑、全民参与的原则,有计划、分步骤地扎实推进。2015年,完成了乡镇分馆全覆盖。2017年,各县级馆完成了所辖60%以上村(社区)图书馆的分馆建设。仪征馆在2018年完成村(社区)分馆建设,实现全市范围内的分馆全覆盖。2020年底,各县(市、区)全面完成范围内的分馆全覆盖。

(六) 创新项目融合展现发展活力

1. 以发展引领服务创新

立足发展的客观需要,全市公共图书馆在建设、管理、服务等领域进行了一些创新和探索。在全国具有影响力的创新项目包括:扬州馆的扬州市"四位一体"公共图书馆服务体系建设、城市书房、地方法规《扬州市城市书房条例》,少儿馆的"我最喜爱的童书"阅读推广活动等。其中,城市书房建设管理、《扬州市城市书房条例》地方立法在全国具有独创性,中央及省市媒体均有报道。在全省具有影响力的创新项目,有省级标准《24小时智慧城市书房建设与服务规范》、市级标准《24小时城市书房建设与服务规范》等。这些创新项目的落地实施让广大读者享受到了服务创新带来的便利。

2. 以融合促进社会合作

文化是旅游的灵魂,旅游是文化的载体。文化使旅游的品质得到提升,旅游使文化得以广泛传播。在文旅融合上全市公共图书馆秉承"主客共享"的理念,以文旅融合促进社会合作。特别是"城市书房+"的方式得到彰显,景区(公园)、特色村镇、机场等"嵌入式"发展,把城市书房塑造为外地游客了解扬州文化的窗口,满足外地游客对美好扬州的向往,同时促进了乡村建设,城市书房在文旅融合工作中起到引领示范作用。

三、存在的问题和不足

从评估期内全市公共图书馆提供的资料来看,反映出各馆总体发展情况良好,服务成效明显。但与评估标准的要求相比,工作还存在一定差距,县级图书馆之间的发展不平衡。

(一)服务效能指标数量提升与质量要求差距并存,仍有较大提升空间

服务效能考察指标,虽然数量达到基本分满分要求没有悬念,但是从深入考察实施的计划、总结、反馈资料来看,还有较大提升空间。特别是反映在以下几个方面:一是年讲座、展览、培训活动指标中培训次数占比较少,展览的参与人次虚高;二是服务宣传指标中,宣传媒体大多局限于市县级,影响力有限;三是在专题咨询与决策信息指标中,服务方式陈旧,主动参与能力不足,效果不明显;四是新媒体服务指标中,平台的数量不少,但知晓度不高,宣传不够,活动推广和平台的结合不够,微博关注用户量偏低,有待进一步拓展;五是服务品牌建设辨识度不够,需要更加规范。

(二)业务能力指标基础业务扎实与社会合作不足并存,要充分挖掘创新

业务能力指标的高低会直接制约图书馆服务效能。基础业务工作扎实为图书馆日常运营奠定了基础,而社会合作有助于从内容、形式等方面拓展图书馆服务,基础业务工作与社会合作是图书馆发展的"一体两翼",要充分挖掘创新。在业务能力指标中还有一些问题也不容忽视:一是文献处置工作的执行尚有不足,区域文献资源的共建共享工作有待创新;二是文旅融合及馆藏开发与文创产品开发处于起步阶段,受到财政运行机制制约;三是总分馆建设全面覆盖后,分馆图书利用率不高,活动开展不常态;四是与社会机构共建共享及在社会力量参与方面,有待加强;五是在科研及学术成果方面,能力不强,有待提高。

(三)保障条件指标有效改善与建筑设施局限并存,必须持续推动发展

《中华人民共和国公共图书馆法》等一批公共文化服务保障法律、法规的施行,使全市公共图书馆保障条件从根本上得到了改善,但部分县级馆依然受到资金和馆舍条件影响,必须进一步改善保障条件,持续推动发展。在保障条件指标中要重点解决:一是文献购置经费、读者活动经费不足;二是部分县级馆馆舍空间略显不足,由于受建筑设施使用时间较久,功能布局设计不合理等因素制约,部分功能室只能合二为一,动静分区无法有效隔离,制约了图书馆读者活动的开展;三是县级馆人员编制少,在编人员少,编外人员多,在编人员中图书馆专业背景缺乏,专业技能有待提升。

四、发展建议

面对新时代公共图书馆事业高质量发展的要求,全市公共图书馆对照评估标准找差距、补短板已取得了实效,但将评估标准要求作为常态化的工作落实才是事业发展的关键,是指引今后事业发展的方向。

(一)提升服务效能求发展

服务效能高低是公共图书馆价值的体现,比照考核反映出来的差距,要注重读者发展,面向读者需求开展个性化突出的阅读推广活动;要充分利用现代信息技术和数字资源的优势,创新专题咨询和决策信息服务方式,增强主动性、交互性;要注重自媒体服务,利用好"两位一端"等平台载体,加强平台使用宣传,改善服务多媒体宣传力度不足问题;要加强全市区域联动,多馆联动参与形式,扩大图书馆整体影响力;要重视服务品牌建设,努力提升品牌辨识度。通过这些有效方式,不断提升整体服务水平。

(二)加强业务能力促创新

全市公共图书馆要加强文献资源建设,重视纸质资源中地方特色文献采集工作,加快地方文献数字化建设;加大各种数字资源的采集、整合与保存,实现纸质资源和数字资源协调发展;进行数字资源联合建设,实现资源共享。要进一步推进总分馆制建设,特别是要在图书利用率,活动经常化方面下大力气。要依托本土、本馆特色开发文创产品。要以"城市书房"创新实践为基础,寻求跨界合作的新思路,实现多业态参与的全民阅读推广的社会化服务。

(三)完善保障条件奠基石

全市公共图书馆要充分利用《中华人民共和国公共图书馆法》及《扬州城市书房条例》等法律、法规,积极争取政府支持,在政策和资金上保障图书馆事业发展;要着眼事业长远发展,着力加快人才队伍的培养,通过不间断地组织全员培训来了解图书馆发展的热点和方向,更新工作理念,掌握服务新技能,进而提升服务水平;要充分利用现有馆舍条件,进行功能布局的合理调整,为广大读者提供温馨舒适的阅读环境。

(执笔人:袁　晖　罗　丹)

镇江市公共图书馆事业发展报告

截至 2021 年,镇江市共下辖 3 县 3 区,分别为丹阳市、扬中市、句容市、京口区、润州区、丹徒区,土地面积 3 840 平方千米,常住人口 321.72 万人,是长江下游重要的港口、工贸、风景旅游城市,也是国家历史文化名城。全市现有地市级图书馆 1 家,县(区)级图书馆 6 家。自第五次全国县级以上公共图书馆评估定级开始,镇江 7 馆在历次评估中全部获评国家一级图书馆。现根据第七次评估定级相关数据,从横向和纵向两个角度对镇江地区公共图书馆事业的发展概况、亮点与成效和问题与不足进行分析,并提出进一步的发展建议。

一、发展概况

(一)必备条件

年文献外借量起伏较大。在第七次评估定级期间,镇江 7 馆的年文献外借量分别是镇江市图书馆 82.32 万册、京口区图书馆 6.75 万册、润州区图书馆 53.73 万册、丹徒区图书馆 62.68 万册、丹阳市图书馆 46.32 万册、扬中市图书馆 20.6 万册、句容市图书馆 47.3 万册,相较于第六次评估定级分别增长 88.81%、-48.86%、137.74%、186.60%、25.29%、-15.23%、-13.69%。受疫情影响,三家图书馆出现外借量下降的情况,该项数据增加的图书馆其馆外流通点借阅量、流动文献借阅量增幅明显。

年财政拨款总额总体平稳。镇江市图书馆在第七次评估定级期间的年财政拨款总额平均为 1 600.53 万元,其中 2018 年为 1 729.23 万元,2019 年为 1 550.44 万元,2020 年为 1 564.31 万元,2021 年为 1 558.13 万元。县区级图书馆该项数据分别为京口区图书馆 180.33 万元、润州区图书馆 160 万元、丹徒区图书馆 232.72 万元、丹阳市图书馆 592.5 万元、扬中市图书馆 420.68 万元、句容市图书馆 534.18 万元。与第六次评估定级相比,京口区图书馆和丹徒区图书馆该项指标有所下降,降幅分别为 32.59%、0.07%,其余 4 馆均呈现上升趋势,增幅分别为润州区图书馆 42.86%、丹阳市图书馆 24.01%、扬中市图书馆 13.33%、句容市图书馆 5.14%。4 年间,镇江 7 馆年财政拨款总额由 3 018.6 万元上升至 3 720.94 万元,增幅达到 23.27%,但不及同时期镇江一般公共预算支出 36.22%的增幅(数据基于镇江年鉴计算得出)。

文献馆藏量有所增加。截至 2021 年,镇江市图书馆普通文献馆藏量为 190.91 万册,比 2017 年的 103.15 万册增长了 85.08%。其中,入藏图书 188.17 万册,光盘 2.45 万件,期刊与报纸合订本 0.29 万册。第七次评估定级期间每年新增纸质及电子文献分别为 2018 年

39.01万册、2019年9.09万册、2020年63.66万册、2021年8.4万册,受书香镇江和国家公共文化服务体系示范区建设项目的影响,新增馆藏在2018年和2020年出现较大增长。在县区级图书馆中,京口区图书馆从2017年的24.54万册增至2021年的56.9万册,增幅最大,达到131.87%;润州区图书馆、丹徒区图书馆、丹阳市图书馆、扬中市图书馆、句容市图书馆则分别从20.75万册、31.32万册、98.44万册、42.78万册、62,8万册增至36.38万册、40.64万册、111.66万册、51.81万册、90.2万册。

建筑面积基本维持不变。除扬中市图书馆外,镇江市各公共图书馆在第七次评估周期内建筑面积无变化。其中,镇江市图书馆总建筑面积为16 832 m^2,京口区图书馆总建筑面积为5 014 m^2,润州区图书馆总建筑面积为2 500 m^2,丹徒区图书馆总建筑面积为3 737.46 m^2,丹阳市图书馆总建筑面积为3 613 m^2,句容市图书馆总建筑面积为15 000 m^2。扬中市图书馆因奥体中心分馆、城东分馆等直属分馆的建成而开放,建筑面积由3 500 m^2 增长至6 120 m^2。

持证读者占比显著提升。2017年底,镇江市各图书馆持证读者占比分别为镇江市图书馆5.99%、京口区图书馆1.01%、润州区图书馆2.5%、丹徒区图书馆4.61%、丹阳市图书馆2.1%、扬中市图书馆1.99%、句容市图书馆1.75%。通过前往学校、机关、企业等积极办理集体借阅证,到2021年,该项数据变更为镇江市图书馆6.47%、京口区图书馆2.52%、润州区图书馆3.18%、丹徒区图书馆6.94%、丹阳市图书馆2.5%、扬中市图书馆3.89%、句容市图书馆6.1%。

年读者人均到馆量总体增加。除镇江市图书馆年读者人均到馆量由第六次评估定级期间的0.56人次下降至第七次评估定级期间的0.44人次外,其他图书馆该项数据都有所提升。京口区图书馆由0.23人次增至1.94人次、润州区图书馆由0.48人次增至0.63人次、丹徒区图书馆由0.5人次增至0.74人次、丹阳市图书馆由0.44人次增至0.57人次、扬中市图书馆由0.36人次增至1.33人次、句容市图书馆由0.51人次增至1.43人次。

年文献流通率有升有降。年文献流通率与年文献外借量的变化趋势基本一致,从第六次评估定级到第七次评估定级,文献外借量下降的图书馆其年文献流通率也有所下降,其中京口区图书馆从53.79%下降到11.86%,扬中市图书馆从56.8%下降到39.76%,句容市图书馆从87.26%下降为52.44%。镇江市图书馆年文献流通率小幅提升,由42.27%升至43.12%,润州区图书馆由108.92%升至147.69%,丹徒区图书馆由69.83%升至154.23%,丹阳市图书馆由37.56%升至41.48%。

年数字阅读占比略有波动。受数字资源购买经费缩减、数字资源使用期限到期、图书馆数字资源使用体验欠佳等因素影响,部分图书馆年数字阅读占比相较于第六次评估周期有所下降,镇江市图书馆由49.11%下降至18.03%,润州区图书馆由30%下降至1%,京口区图书馆、丹徒区图书馆、丹阳市图书馆、扬中市图书馆和句容市图书馆该项数据略有提升,分别从22.73%、33.6%、12.5%、16.49%、1.95%上升至32.83%、41.2%、19.1%、18%、3.81%。

年每万人参加读者活动人次方差较大。2017年,镇江各馆年每万人参加读者活动人次分别是镇江市图书馆127.45人次,京口区图书馆80.5人次,润州区图书馆1 626人次,丹徒区图书馆2 953人次,丹阳市图书馆40人次,扬中市图书馆106.7人次,句容市图书馆612人次,可以看出各馆差异显著,尤其是辖市区各馆水平相差较大。到第七次评估定级,镇江市图书馆年每万人参加读者活动人次达到512.87人次。县区级图书馆中,润州区图书馆和句容市图书馆有所下降,分别下降为1 200人次和317人次。京口区图书馆、丹徒区图书馆、丹阳市图书馆和扬中市图书馆则分别升至182人次、6 620人次、100人次和1 950人次。

可远程访问数字资源占比三家达到100%。2021年,镇江市图书馆对外发布服务的数据库有36个,其中本馆自主采购20个,上级主管部门提供2个,自建2个,参加省馆集中采购12个。提供馆外访问的数据库共有32个,其中在电脑端访问的26个,在微信端访问的6个,可远程访问数字资源占比为88.88%。辖市区图书馆中,丹徒区图书馆、丹阳市图书馆、扬中市图书馆三家图书馆可远程访问的数字资源均达到100%,润州区图书馆和句容市图书馆占比有所提升,其中京口区图书馆从66.70%提升至82.3%,句容市图书馆从55%提升至62%,京口区图书馆则从100%下降至25%。

新媒体服务方式趋于多元。在第七次评估定级期间,镇江市图书馆在微信、微博、抖音、快手等新媒体平台均有官方账号,为读者提供场馆新闻推送、场馆活动推送、信息公示公告、图书检索借阅、线下活动预约、服务建议投诉等服务,年均推送数量达1 394条,年浏览量46.98万次。2019年起,镇江市图书馆还利用新媒体技术开展传统文化的数字化加工与处理,推出"诗意镇江""阅读遗存""话说三山"等多个新媒体创新服务成果。各辖市区馆也积极运用"互联网+图书馆"模式,充分发挥网站、微信、抖音等新媒体平台功能,开展媒体宣传工作,推出线上学习互动资源。

(二) 业务建设

数字资源本地存储量大幅增长。通过租用、购买、共建共享等方式,到2021年,镇江市7家公共图书馆的数字资源本地存储总量实现大幅增长,由2017年的75.58 TB增长到500.28 TB。其中,镇江市图书馆由27.49 TB增加至279 TB,年新增对外服务数字资源量7.26 TB,京口区图书馆从6 TB增长到92.29 TB,润州区图书馆由8 TB增至16 TB,丹徒区图书馆由13.56 TB增长到15.81 TB,丹阳市图书馆由11.25 TB增至17.5 TB,扬中市图书馆由7.28 TB增至25.68 TB,句容市图书馆从9.8 TB增长到54 TB。

自建数字资源重心由量转质。在第七次评估定级期间,三家图书馆自建数字资源总量实现了增加,其中京口区图书馆从6 TB增加到92.29 TB,丹阳市图书馆从11.65 TB增加到14.7 TB,句容市图书馆从0.13 TB增加到0.19 TB,丹徒区图书馆保持不变,总量为0.5 TB。因数据清洗和统计范围的改变,三家图书馆自建数字资源总量出现下降,镇江市图书馆由15.96 TB下降至7 TB,润州区图书馆由4 TB下降至1 TB,扬中市图书馆由4 TB下降至0.21 TB。

总分馆体系逐渐完善。2017年底,镇江市图书馆直属分馆65家,该指标到2021年增至128家。京口区图书馆分馆从2017年的6家增至2021年的87家。润州区图书馆分馆从2017年的22家增加到了2021年的37家。丹徒区图书馆2017年完成镇(街道)总分馆建设,到2021年已完成镇(街道)和村(社区)总分馆全覆盖。丹阳市图书馆是镇江范围内首个实现"一卡通"的县级图书馆,其分馆数量从2017年的12家增至2021年的194家(含农家书屋)。扬中市图书馆的分馆覆盖率从2017年的50%提升至2021年的100%。句容市图书馆2017年实现了分馆全覆盖,分馆数量从2017年的168家增至2021年的238家。

（三）保障条件

年人均文献购置费小幅波动。从第六次评估定级到第七次评估定级，各馆年人均文献购置费变化不大，除京口区图书馆由 3.75 元上升到 5.06 元外，其他图书馆两次数据比较接近，其中镇江市图书馆由 0.42 元增加到 0.67 元，润州区图书馆由 1.06 元增加到 1.23 元，丹徒区图书馆由 0.62 元下降到 0.46 元，丹阳市图书馆由 0.53 元增加到 0.6 元，扬中市图书馆由 1.6 元下降到 1.49 元，句容市图书馆由 1.07 元下降到 0.71 元。

人均文献馆藏量均有提升。与文献馆藏量变化趋势相仿，镇江各馆人均文献馆藏量也有所提升。镇江市图书馆 2018 年人均新增纸质文献及电子文献为 0.12 册，2019 年为 0.03 册，2020 年为 0.2 册，2021 年为 0.03 册，评估期内人均新增文献入藏量 0.09 册，人均文献馆藏量为 0.59 册，比第六次评估定级期间的 0.32 册增加了 0.27 册。区县馆中，京口区图书馆由 0.62 册增至 1.59 册，润州区图书馆由 1.03 册增至 1.51 册，丹徒区图书馆由 1.02 册增至 1.17 册，丹阳市图书馆由 0.68 册增至 0.92 册，扬中市图书馆由 1.25 册增至 1.63 册，句容市图书馆由 1 册增至 1.43 册。

二、亮点与成效

（一）读者服务宗旨意识不断增强

在第七次评估定级期间，镇江市图书馆实行 365 天不闭馆，每周开放时间达到 84 小时，每周错时或延时开放总时长为 17.5 小时。普通图书报刊均实行开架借阅，取消少儿借阅证押金，增加读者证借阅册次，免除不合理不必要的借阅规则，做到基本服务项目健全并且全部免费。京口区图书馆以设施设备提档升级为抓手，完成京口区电子图书馆、24 小时城市书房、特色绘本馆等硬件设施项目，每周开放时间 56 小时以上。润州区图书馆实行错时开放制度，每周开放达 56 个小时，借阅室、阅览室的书刊均开架，推出学生优惠证、单位集体证等多种办证形式。丹徒区图书馆建设 24 小时自助图书馆，实行无人值守、自助服务、24 小时开放服务，在疫情暂停开放期间完成电子阅览室维修出新，阅览环境不断优化。丹阳市图书馆除每周三上午闭馆整理外，节假日照常开放，全年无休。扬中市图书馆每周免费开放时间达到 66.5 小时，为提升读者舒适度和满意度，开展馆舍空间再造，馆内资源利用更加合理，学习空间扩容增量。句容市图书馆以免费开放为准则，加强制度建设，完善 24 小时自助图书馆、亲子园、视力残疾人阅览室的借阅规则，不断凸显图书馆的服务意识和公益性质。

（二）阅读推广工作持续深入

镇江市图书馆评估期内年均举办讲座、展览、培训活动 84 场，年均参与人次为 16.5 万人次，设有"佩佩故事会""从小爱场馆""少儿阅读季""'阅读＋'少儿积分兑换课程项目"等针对未成年人的品牌活动项目，年均服务读者 30 余万人次。疫情防控期间，活动不停歇，通过微信公众号、网站等数字平台，推送各类线上阅读资源，举办主题讲座和线上展览，为群众提供优质公共数字文化服务。京口区图书馆以"梦溪读书节"品牌文化活动为载体，开展了

"魅力京口""出彩京口人""京口匠心"等系列体验性阅读活动,全区居民综合阅读率达96%。润州区图书馆以"润心读书节"为统领,依托"阅读点亮童年"系列阅读推广活动,开展"阅读慧心"工程,每年面向学校举办200场活动。丹徒区图书馆围绕宜文读书节,开展宜文·清风读书会、宜文讲堂、送文化下乡等一系列阅读推广活动。丹阳市图书馆通过"书香校园行"、"城市与阅读"街拍大赛、"爱阅读征文"等特色活动不断充实"书香丹阳"的文化内涵。扬中市图书馆突出青少年群体这一重点服务对象,围绕节日节气、礼仪规矩、养成教育等内容,开展"故事妈妈"绘本悦读会、"朗读春天"视频征集、"场馆乐体验 书香伴成长"等多项阅读推广活动。句容市图书馆以"书香句容,文明有我"为主题,打造"容城名家讲坛""容城课堂""容城之声""容城播报""主题校园巡展""主题绘画比赛"等特色文化品牌,开展年度好书推荐、"有声书屋"推广、屈原经典诵读,茅山杯"诵经典 传美德"经典朗诵大赛等特色鲜明的阅读活动。

(三)古籍保护与开发优势继续彰显

作为"全国古籍重点保护单位"和"江苏省古籍重点保护单位",截至2021年,镇江市图书馆所藏古籍与民国时期线装图书总计约16.5万册,其中古籍约合10.3万册。在2020年国务院公布的第六批《国家珍贵古籍名录》中,镇江市图书馆有35部古籍入选;使用国家古籍普查平台登录古籍信息,编制、导入数据7 300余条,共约64 500余册,约占现有古籍的62.6%;启动大型地方文献史料丛刊《镇江文库》编辑出版工作,汇集目前存世的有关镇江政治、经济、军事、文化等方面的重要古籍文献;举办中国《文心雕龙》与《文选》学术研讨会,深入挖掘古籍中的文化内涵;出版《镇江市图书馆藏珍贵古籍图录》,展示镇江丰富的藏书文化;加强古籍的修复和综合利用,镇江市图书馆古籍修复室2021年被列入京口区非物质文化遗产传承点;每年举办古籍展览、讲座和读者活动,让广大市民特别是青少年了解古籍知识、体验古籍雕版和线装书流程,亲身感受古籍的魅力。县区馆中,丹阳市图书馆作为"江苏省古籍保护单位",其古籍保护工作也成效斐然,馆内藏有毛晋汲古阁校勘本《新唐书》36册、清雍正年间吴县人金荣笺注的《渔洋山人精华录笺注》、清道光年间两广节署朱墨套印本《纪文达公评苏文忠公诗集》50卷和覆刻宋版的《新雕曹子建文集》蓝印本等数千册特色古籍。

(四)图书馆服务体系日趋完善

在第七次评估定级期间,镇江各图书馆结合镇江市创建第四批国家公共文化服务体系示范区和江苏省第二批书香城市建设示范市的机会,不断加强资源建设和统筹,完善服务设施网络,推动公共图书馆服务标准化、均等化建设。在全市的统一部署下,整合文化、教育、工会、部队等系统资源,将城区的"24小时图书馆"、社区的"市民阅读空间"和乡村"农家书屋"纳入总分馆体系,形成了中心馆-总馆-分馆的三层公共图书馆服务体系。其中,第一层(中心馆)为镇江市图书馆,第二层(总馆)为各辖市、区图书馆;第三层有三种类别,分别是以乡镇(街道)图书馆、村(社区)图书室、农家书屋为代表的分馆,以学校图书馆、驻镇部队图书馆、各厂矿(企)事业单位职工书屋为代表的行业馆,以文心书咖为代表的社会馆。在评估周期内,镇江各馆还打造了一批小而美、有特色、有内涵的分馆,如镇江市图书馆的上河书房、文化馆城市书房,京口区图书馆的京口24小时城市书房等。丹阳市图书馆筹建的"悟桐书院"、镇江市图书馆筹建的"运河书房"也于2022年正式开放运行。

（五）业务创新和转型有序推进

在评估期内,全市各图书馆以高质量发展为引领,不断创新工作方式,完善群众文化需求反馈机制。2018年,镇江市图书馆开展服务行业 ISO 9001 质量管理体系认证工作,是省内第一家申请 ISO 质量体系认证并完成认证的图书馆。同年,在全省率先成立"书香校园·馆校联盟",馆校合作成果显著。2019年,京口区图书馆启动"京彩"文化惠民服务机制,通过有针对性地组织活动、派送"订单",为每个街道、社区（村）免费提供1次服务,被评为镇江市"增强人民群众公共文化服务获得感"十佳创新典型案例。为推动文旅深度融合,镇江市图书馆于2020年和2021年策划并举办"镇江夜美好——诗词大会"和"镇江夜美好——琅嬛游园会"活动,作为金山文化旅游节的系列活动之一,吸引了众多游客前来参加。2021年,镇江市创新开展"从小爱场馆"文化活动,各图书馆结合自身特色,丰富全市文化活动供给清单,活动列入市教育系统"文化进校园"计划,通过全市中小学、幼儿园"点单",图书馆"接单",吸引广大少年儿童有组织地走进图书馆,参加文化活动,推动"订单式""菜单式"文化服务活动持续深入开展。

三、问题与不足

（一）馆舍条件亟待提升

镇江7馆中,除京口区图书馆和句容市图书馆现馆舍于2015年开馆运行,馆舍条件相对较好之外,其余图书馆在评估周期内都存在馆舍老旧、面积不足、空间功能受限等问题,其中,镇江市图书馆新馆建设过程坎坷,两次立项均被终止,现馆舍存在建筑安全隐患、消防隐患等严重问题。润州区图书馆位于润州区三茅宫镇江实验学校内,由区教育局代管,服务效能无法得到充分发挥。丹徒区图书馆和扬中市图书馆现馆舍分别建于2006年和1977年,功能布局无法适应现代化需求。丹阳市图书馆2013年为配合市政建设临时搬迁至西环路,新馆于2022年12月底开始试运行,评估期内,囿于临时馆的硬件设施和空间布局,图书馆的相关职能作用被严重束缚。

（二）文献资源保障不足

在第七次评估定级期间,镇江市公共图书馆的年财政拨款总额虽有所提升,但若排除受高额资金支持的馆舍维修改造、新馆建设等专项任务影响,分散到不同年份和不同图书馆的拨款总额实际上呈下降趋势。由相关数据可以看出,各馆的年人均文献购置费情况也不容乐观,若继续剔除镇江市创建江苏省第二批书香城市建设示范市（2018年）和第四批国家公共文化服务体系示范区（2020年）等因素,各馆的文献资源保障情况堪忧。随着文献价格的逐年提高,创建期外的常态化文献购置经费没有同比例增长,这势必会影响到图书采购的数量和质量。同时,创建期内,各馆为实现馆藏数据达标,也存在低价采购低质库存图书的问题,严重影响了图书馆的馆藏资源建设。

（三）智能化和现代化水平较低

2018年,镇江市图书馆实施全馆流通图书 RFID（射频识别技术）改造工程,借助智能标签技术,基本实现了自助借还。但由于经费限制,购买的自助设备智能化程度不高,借阅过程中甚至存在"比人工还麻烦"的问题,距离智慧图书馆的智慧服务还有很大差距。为满足各类评估指标中关于多媒体移动终端和数字化设施设备的要求,各图书馆在评估期内都采购并安装了24小时自助借还机、云屏数字借阅机、触摸电子阅报机、朗读亭等设施设备,但这些设备往往来自不同厂家,使用过程中形成了一个个异构系统,无法实现信息互通,给图书馆的维护和运行造成了极大负担。同时,这些智能化设备的内容更新高度依赖资源商,资源供给的稳定性和常态化无法保障,与图书馆传统业务流程的融合程度也较低,逐渐成为矗立在图书馆中崭新的"电子废品"。

四、发展建议

(一)加强文化引领,促进图书馆融入城市生活

一是打造文化地标。结合已立项的馆舍提升改造工程和城市书房建设项目,争取经费支持,高水平建设一批城市阅读新空间,构筑公共文化新地标、新空间、新格局,让文化地标融入城市、融入市民生活。二是讲好地方故事。主动深挖地方特色,从地方文献建设、古籍保护与开发、地方文化研究等多个角度发力,培育地方感、张扬地方性,充分揭示"何以镇江"的丰富内涵,努力提升镇江的文化影响力。三是嵌入城市肌理。加强与城市政务服务平台或本地生活平台的应用关联,提升图书馆的社会融入度和文化影响力,深化读者阅读积分的应用,推进阅读积分与市民日常生活场景的对接,提升阅读积分的社会认可度,等等。

(二)开展空间再造,重塑图书馆功能和服务

一是空间智慧化,按照江苏省智慧图书馆体系建设的总体思路、总体目标和功能目标的要求,因地制宜制订有本地特色的智慧图书馆建设计划,以智慧馆员队伍建设为抓手,推动智能图书推荐、智能安保系统、智慧导航系统等智能技术的应用着陆。二是空间拓展化,打破传统意义上作为物理空间的图书馆的限制,将服务场景延伸至商业地产、公园、景区、广场、学校、社区等。三是空间创意化,举办艺术展览、创意集市、手工制作等文化创意活动,打造文化创意中心,开发文创产品,为人们提供展示创意的平台。四是空间特色化,通过文化主题墙、文化元素装饰、文化活动展示等方式,展现地方特色,为读者提供沉浸式的文化体验。

(三)推进供给改革,实现服务精准化和个性化

一方面,以需求为导向。细分用户群体,加强适老化资源供给、儿童友好阅读空间设计和无障碍服务建设,有针对性地提供与他们生活、学习、工作息息相关的文化服务,精心策划和开展分众化、个性化的阅读推广和文化传播活动,持续扩大活动的覆盖面和影响力,努力形成特色鲜明的活动品牌,为镇江文化、经济、社会建设汇聚正能量。另一方面,加强供给多元化。在供给主体上,按照公益与商业模式并行互惠的思路,推动建立政府主导、社会参与的多维融合文化服务平台,为社会公众和各类机构加入公共文化服务网络提供全流程支持

与服务。在供给方式上,加强信用服务、数字服务、网络服务、虚拟服务、流动服务、空间服务创新,丰富公共图书馆的服务方式。在供给层次上,除了保障用户图书阅览、社会教育等基本服务外,还需提升服务层次水平,满足新时代用户在智库咨询、情报定制、创意孵化、休闲体验等方面的需求。

(执笔人:杨　秀　曹语乔　张　珺)

泰州市公共图书馆事业发展报告

一、泰州市公共图书馆事业发展概况

泰州现辖3个县级市（靖江市、泰兴市、兴化市）、3个区[海陵区、医药高新区（高港区）、姜堰区]，常住人口452.18万人，现有地级市公共图书馆1家，县（区）级6家，共7家公共图书馆。

泰州市图书馆始建于1922年，迄今已有100多年历史。2012年4月，迁址于泰州市鼓楼南路295号文化中心。海陵图书馆位于泰州市税东街2号，2014年10月正式对外开放。姜堰区图书馆始建于20世纪70年代初，现馆舍建于2000年，位于姜堰区南大街246号。泰州市高港区图书馆位于高港区文化中心大楼，2007年建成开放，2020年在文化中心重新选址，建立新馆。泰兴市图书馆建于1956年，2017年4月新馆对外开放，位于泰兴市大会堂路28号。靖江市图书馆始建于1934年，新馆位于靖江文化中心内。兴化市图书馆始建于1958年，2008年迁馆于兴化市长安中路592号。

1. 服务效能

（1）持证读者人数逐年增长

2018—2021年，泰州市公共图书馆持证读者人数逐年增长，2018年全市持证读者20.68万人，2021年增长至44.32万人。其中，泰州市图书馆、靖江市图书馆、泰兴市图书馆持证读者人数较多。2020年泰兴市图书馆根据基层读者的需求，发放"一户一证"一卡通借书证15万张，持证读者人数增长至22.26万人。

2018—2021年泰州市公共图书馆持证读者人数统计　　　　单位：万人

年份	泰州市图书馆	海陵图书馆	姜堰区图书馆	高港区图书馆	靖江市图书馆	泰兴市图书馆	兴化市图书馆	合计
2018年	6.29	1.04	1.25	0.47	4.58	6.00	1.05	20.68
2019年	6.81	1.11	1.15	0.87	4.82	6.05	1.19	22.00
2020年	7.33	1.24	1.57	1.14	5.10	22.26	1.50	40.14
2021年	7.76	1.21	1.63	1.37	5.17	25.49	1.69	44.32

（2）年文献外借量保持稳定

泰州市公共图书馆2018年文献外借量为246.66万册次，2021年文献外借量为243.26

万册次,年文献外借量保持稳定。在 2020 年文献外借量减为 214.02 万册次,下降的原因有新冠疫情影响、购书经费削减、阅读方式发生转变等。纵向来看,2018—2021 年期间,文献外借量保持持续增长的有靖江市图书馆和高港区图书馆。高港区图书馆经过升级改造后重新开馆,2021 年文献外借量有大幅提升。

2018—2021 年泰州市公共图书馆文献外借量统计　　单位:万册次

年份	泰州市图书馆	海陵图书馆	姜堰区图书馆	高港区图书馆	靖江市图书馆	泰兴市图书馆	兴化市图书馆	合计
2018 年	61.26	16.48	49.86	4.36	57.89	39.80	17.01	246.66
2019 年	49.77	33.47	46.69	6.68	58.42	49.36	21.82	266.21
2020 年	28.15	15.20	43.61	8.91	67.11	30.08	20.96	214.02
2021 年	28.74	17.69	42.79	20.33	75.38	28.70	29.63	243.26

(3) 少儿服务水平显著提升

泰州市 7 家公共图书馆均设有独立的少儿借阅空间。截至 2021 年,全市各级公共图书馆少儿服务面积(包括少儿借阅室及少儿活动室)总计 3 141 平方米,较 2018 年增加 740 平方米,增幅为 30.82%。2021 年泰州市图书馆对少儿阅读空间进行升级改造,改造后的少儿阅读空间包含低幼绘本区、读者活动区、图书借阅区、少儿书库等功能区域,总面积 1 200 平方米,并引入 RFID 自助借还设备,提供少儿自助借还服务。靖江市图书馆在少儿绘本室增设 VR 智慧阅读区。

丰富优质的馆藏资源是提供少儿服务的基础。泰州市公共图书馆不断加强少儿馆藏资源建设,2018—2021 年,全市公共图书馆少儿文献藏量逐年递增,增幅达 18.09%。截至 2021 年底,泰州市公共图书馆少儿文献藏量为 106.46 万册,少儿文献在总藏量中占比也逐年上升,由 2018 年的 13.73% 上升至 2021 年的 14.62%。

2. 业务建设

(1) 文献资源建设不断强化

2021 年,泰州市公共图书馆馆藏文献总量为 398.18 万册。各图书馆均根据馆藏采购计划对各类文献资源结构占比进行合理配置,规范文献资源建设。海陵图书馆、姜堰区图书馆、靖江市图书馆常年开展"你选书,我买单"活动,满足读者的个性化阅读需求。

近年来,数字资源建设发展迅速,泰州各公共图书馆除通过外购数据库满足读者的数字阅读需求外,各图书馆还加强自建特色资源建设,泰州市公共图书馆数字资源本地存储量达 70 TB。其中,泰州市图书馆自建资源库 3 个,泰兴市图书馆自建数据库 7 个,其余各馆自建数据库均为 1 个,一般为结合自身特色馆藏资源建设而成。

(2) 打造新型阅读空间

近年来,随着全民阅读的深入推进,泰州市公共图书馆着力打造新型阅读空间,各具特色的新型阅读空间不断丰富着读者的阅读体验,助推书香城市建设。

泰州市图书馆分别与市城管局联合建设 4 家城市书房、与市史志办联合建设全省首家记忆书房、与市文旅集团在两艘游船上设置"渔唱书舫",馆外设立 24 小时自助分馆 1 家,所有阅读空间的图书均与总馆实现通借通还。

泰兴市图书馆打造10多个主题阅读场馆,通过借阅、展陈、活动等主题阅读服务,成功入选江苏省"最美公共文化空间"打造对象名单。

靖江市图书馆大力推行"图书馆+"的新型阅读服务模式,通过多种模式放大图书馆辐射效应,着力构建全民阅读服务体系:一是建成多家集读者沙龙、讲座、24小时自助图书馆为一体的城市书房。二是依托流动服务车,开展进学校、进社区、进乡村、进企业、进军营的"五进"活动,参与市组织的"三下乡"活动。三是依托咖啡馆、茶座、花店、银行、酒店等单位,与市图书馆结为阅读联盟,提供社会化阅读服务,打造了11家"牧城书驿"。四是继续做好乡镇、学校、企事业单位、市政府机关大楼9个"牧城伴读角"等阅读空间的运营。2020年开放的"容湖书房"是靖江市面积最大的城市书房,书房面积600多平方米,藏书达到2万册,设置有少儿区、阅览区、阅读推广区等,功能最全、环境最优,成为靖江市的文化地标。

高港区建成蔡滩社区和全民健身中心两家城市书房,均与区图书馆实现通借通还。书房采用RFID技术实现智能化无人管理模式,方便市民在家门口享受阅读美好时光,改变了现有区级图书馆体量小、辐射力不强的现状,成为高港区图书馆服务的一种延伸,提升了城市的文化品位。

(3) 古籍文献保护工作成绩显著

2018—2021年,泰州市公共图书馆古籍和地方文献保护工作取得了长足的发展,通过各级古籍专业培训和学习,培养了一批新的古籍工作者,古籍事业青蓝相继。同时,馆藏古籍数字化和活化项目不断向前推进,多手段、多途径服务社会和读者,担负起赓续传统文化的使命。

在古籍保护工作方面,泰州市公共图书馆积极参与国家和省珍贵古籍的申报工作,2018年6部古籍入选《江苏省珍贵古籍名录》,2020年4部古籍入选《国家珍贵古籍名录》。泰州市各馆参与江苏省社会科学重要项目《江苏文脉》《江苏经籍志》等的编纂和珍贵名录书志撰写工作。2019年泰州市图书馆投入资金改造基础设施,开辟古籍修复室并完成善本书库的盘点工作。截至2021年底,泰州市公共图书馆共收藏古籍66 864册/件,目前已编撰出版的有《江苏省泰州市图书馆古籍普查登记目录》和《江苏省靖江市图书馆古籍普查登记目录》,兴化市图书馆古籍普查登记目录即将出版。

在古籍活化举措方面,2018年泰州市图书馆参加了国家古籍保护中心联合14家单位在线发布古籍数字资源活动。泰州市图书馆于2017年建成"泰州历史文献特色库"平台,涵盖泰州范围内的各类历史文献,共建共享数字资源。截至2021年底,泰州市图书馆共扫描上传含古籍在内的历史文献394部50 717页,点击量达6 000次。作为泰州市2017—2019年首批文创试点单位,泰州市图书馆以馆藏古籍和地方文献为依托,开展了一系列文创活动:2018年开发设计了新的文创产品——台历和书签;承办泰州市文化创意工作成果展览第三部分《泰州珍贵古籍特展》;研发文创精品"紫檀木雕刻描色百印图"插屏,分别参加第八届"中国博物馆及相关产品与技术博览会"和泰州市第二届吉祥文化创意大赛。

在地方文献征集方面,泰州市公共图书馆提升办馆理念,重视新地方文献建设,加大搜集力度,开展特色服务,为读者提供新地方文献和家谱的专题查阅。四年来,泰州市公共图书馆共征集新地方文献近千种、家谱逾百部,藏之于馆,用之于民,共接待读者2 000多人次。2018年,泰州市图书馆完成设立于杭州师范大学国际城市学研究中心的"泰州书房"图书征集工作,共征集泰州地区的新版地方文献900册。泰州市图书馆与南师大泰州学院图书馆之间达成合作共建地方文献资源库协议,2019年泰州市图书馆第三次向南师大泰州学院图书馆赠送新地方文献图书170册。泰兴市图书馆2022年建成季振宜古籍珍藏馆,总面积约500平方米,打造了季氏家族历史、尊经阁模型、全唐诗互动区、季氏书房、历代名人著作陈列馆等展区。靖江市图书馆重视古籍保护和古籍征集工作,古籍室"刘国钧古籍中心"现有珍贵古籍和民国文献共计257部3 414册,配备空调、除湿机等设备。

3. 保障条件

(1) 年财政拨款总额有增有减

2018—2021年,泰州市公共图书馆年财政拨款总额有增有减,2020年由于新冠疫情的原因使得部分公共图书馆财政拨款总额有所下调。泰州市图书馆年财政拨款额从2018年的1 630.77万元上升至2021年的1 747.96万元,增加117.19万元;各县区馆的年财政拨款有增有减,总体上保持稳定。

2018—2021年泰州市公共图书馆年财政拨款总额统计表　　　　单位:万元

年份	泰州市图书馆	海陵图书馆	姜堰区图书馆	高港区图书馆	靖江市图书馆	泰兴市图书馆	兴化市图书馆	合计
2018年	1 630.77	129.5	396.2	205.8	890.2	463.5	436	4 151.97
2019年	1 587.45	120	645.2	139	929.9	462.8	430.5	4 314.85
2020年	1 444.19	120	449.8	169.5	622.9	486.1	442.5	3 734.99
2021年	1 747.96	140	422.3	178.7	870.5	404.6	568.3	4 332.36

(2) 年文献购置费有增有减

泰州市公共图书馆2018年文献购置费为328.68万元,2019年为492.65万元,2020年为343.82万元,2021年为428.13万元,四年间有增有减。2019年文献购置费比2018年增长了49.89%,原因是靖江市图书馆有农家书屋建设专项经费,文献购置费为257.9万元。2021年文献购置费比2020年增长了24.52%,原因是高港区图书馆升级改造后重新开馆,2021年文献购置费有大幅提升。

2018—2021年泰州市公共图书馆年文献购置经费统计表　　　　单位:万元

年份	泰州市图书馆	海陵图书馆	姜堰区图书馆	高港区图书馆	靖江市图书馆	泰兴市图书馆	兴化市图书馆	合计
2018年	132.78	45	11.1	9.8	85	20	25	328.68
2019年	131.05	40	28.9	4.8	257.9	10	20	492.65
2020年	99.82	20	26.9	20	142.3	14.8	20	343.82
2021年	101.03	50	20	60	138	18.6	40.5	428.13

(3) 文献馆藏量逐年增长

泰州市公共图书馆2018年文献馆藏量为340.28万册次,2019年为376.6万册次,2020年为386.28万册次,2021年为398.18万册次。四年间文献馆藏量增加57.9万册次,增加了17.02%。县区级图书馆中,海陵图书馆文献馆藏增量最大,2021年为36.15万册次,比

2018年的17.20万册次增加了110.17%。泰州市图书馆、姜堰区图书馆、泰兴市图书馆、兴化市图书馆四馆增长幅度稳定。

2018—2021年泰州市公共图书馆文献总藏量统计表 单位：万册次

年份	泰州市图书馆	海陵图书馆	姜堰区图书馆	高港区图书馆	靖江市图书馆	泰兴市图书馆	兴化市图书馆	合计
2018年	86	17.20	73.75	19.15	82.28	34.56	27.34	340.28
2019年	88	32.34	75.50	22.35	95.10	35.34	27.97	376.6
2020年	91	32.39	77.96	20.93	99.61	35.86	28.53	386.28
2021年	93.71	36.15	78.47	21.97	102.11	36.21	29.56	398.18

4. 优秀做法和亮点

（1）全民阅读活动精彩纷呈

泰州市公共图书馆积极拓展社会教育职能，组织开展各类全民阅读活动，先后推出泰州市图书馆"读藏书 品名城""'小太阳'送书"，姜堰区图书馆"三水讲坛"，靖江市图书馆"绘本讲读""对话靖江"，兴化市图书馆"一点村色，百村行""兴图研学"，泰兴市图书馆"朱东润读书节"，海陵图书馆"学游海陵""绘声绘语"等品牌文化活动，丰富的阅读活动进一步提升了图书馆的社会影响力，为倡导全民阅读作出积极贡献。

为深入推进文旅融合，泰州市图书馆将讲座、展览等活动带进相关名胜古迹、纪念场馆现场，邀请地方文史专家为广大市民读者进行现场解读，真正实现"知行合一"。其中，"读藏书 品名城"讲座活动入选2019年中国图书馆学会举办的第二届公共图书馆创新创意征集推广活动二等案例。

2018—2021年，姜堰区图书馆"三水讲坛"累计在图书馆、机关会场、学校课堂、社区讲堂、村农家书屋举办公益讲座30场，受众近2万人次，品牌影响进一步扩大，该项目被江苏省新闻出版广电局和江苏省全民阅读办命名为"五十佳"，列入"十佳阅读推广活动（项目）"。

靖江市图书馆利用"显华书院""容湖书房""牧城书驿"等分馆举办各类阅读专题活动，其中2019年显华书院被中国阅读学研究会命名为"华夏书香地标"；开展《对话靖江》栏目，活动特邀一批靖江文化学者，以"对话靖江，传承文脉"为主题，通过对话和现场访谈互动的形式，与年轻读者、青年文化爱好者交流自己与靖江文化的故事，为靖江文化发展增加后劲。

兴化市图书馆新增"一点村色，百村行"阅读推广品牌，被江苏省新闻出版局作为样板进行推广；"冬令营""夏令营"活动助力兴图研学品牌的推广；阅读马拉松大赛，作为泰州地区的创新之举，采用兴化籍作家作品作为比赛用书籍，不仅助力推广兴化优秀文学作品，而且在全市掀起一股全民阅读的热潮。

（2）加快阵地改造，提升服务水平

2018年以来，泰州市公共图书馆通过升级改造、功能优化、内部提升等措施进行阵地改造，不断满足群众阅读需求，提升服务水平。

泰州市图书馆2020年对24小时自助图书馆进行升级改造，将原一、二楼借阅区域重新布局，改造后的面积近500平方米、藏书量8 000册、阅览座位增加至106个，阅读空间更宽敞、环境更舒适，年接待读者近12万人次；2021年对少儿阅读空间进行升级改造，2022年挂牌成立泰州市少儿图书馆。

海陵图书馆自2020年起,总计投入200多万元用于升级改造,对馆内外环境进行提档升级,增设低幼儿室,扩充图书馆服务区域,更新服务设施,改善图书馆整体形象。

高港区图书馆2020年重新选址,扩大图书馆面积,投入近800万元用于图书馆新馆的内部改造及设施设备的添置,改造后的图书馆功能划分齐全,阅读环境优美,阅读人次不断增加。

兴化市图书馆自2018年以来,在原有馆舍的基础上全面改造内部阅读环境,重新划分阅读区域,先后增设兴化籍作家作品馆、兴化市民间文学馆,为读者创造更好的阅读环境,吸引更多的读者参与阅读。

靖江市图书馆对读者服务中心进行二次提升改造,增加阅览桌椅,在少儿绘本室增设VR智慧阅读区,改造后的图书馆面貌焕然一新,成为市民休闲学习的好去处。

(3) 关注未成年人,打造少儿阅读品牌

2018—2021年,泰州市公共图书馆特别关注未成年人身心发展,强化基础服务,提高文献保障能力,完善设施设备,锤炼人才队伍,改善少儿服务效果,深化打造少儿阅读品牌。

泰州市图书馆对接市区部分幼儿园,定期开展"小太阳送书"活动;每季度公布"季度少儿书籍借阅排行榜",更新少儿园地,评选"少儿阅读之星",激发少儿读者课外读书的兴趣;面向少儿读者开展"文明小义工"少儿活动,本着志愿、无偿、奉献、服务的宗旨,倡导"参与、友爱、互助、奉献、进步"的义工精神。

海陵图书馆定期开展"我在图书馆讲故事"少儿系列绘本、少儿朗诵比赛、绘画比赛等活动。随着文旅融合的逐步深入,2020年海陵图书馆联合泰州市区各旅游景点、纪念馆等20家场馆举办了"学游海陵"活动,旨在让学生亲近自然、走进历史,学习文化知识,接受文化熏陶,加深对中华传统文化的认识和感悟,培养爱国情操。

姜堰区图书馆每周定期开展"相约周六"少儿绘本阅读活动,培养少儿的阅读兴趣;2021年联合悠贝亲子定期举办"小手牵大手　周末嘉年华"绘本阅读活动,活动有时以户外形式开展,吸引了众多家庭的积极参与。其中,"相约周六"少儿绘本阅读项目获得2019年度"姜堰区未成年人思想道德建设工作创新创优成果奖"。

靖江市图书馆定期开展绘本讲读系列活动,形成"绘本老师""绘本宝宝""绘本妈妈""绘本外教"四大主题品牌;开展"群学"系列活动,包括古诗词赏析社、英语角、中国传统文化讲座等活动,吸引了大量青少年读者的参与。

泰兴市图书馆新增"悠然书香伴成长"亲子阅读节,通过新书推广、阅读分享、故事演讲、场景再现、游戏互动吸引大批读者和家长的参与。

兴化市图书馆定期开展"走读兴化　悦读水乡""兴图研学"等阅读活动,带领青少年读者走进乡村、旅游场所等体验水乡风情。

二、存在的不足

1. 经费投入不足

公共图书馆作为公益性文化服务单位,收入来源主要为财政拨款,泰州市对公共图书馆总体财政投入不足,文献购置费普遍较低。2018—2021年,泰州市公共图书馆文献购置费平均每年为398.32万元。泰州市图书馆2018年文献购置费为132.78万元,2021年仅为101.03万元,减少了23.91%;泰州市各县区馆中除靖江市图书馆外,其余各馆文献购置费均较低,财政经费投入严重不足。

2. 人员配置不足

泰州市公共图书馆从业人员配备不足。截至2021年底,全市共有公共图书馆工作人员168人,每10万服务人口拥有3.72名工作人员,远低于全省平均水平(6.29名)。泰州市公共图书馆从业人员的中坚力量是"70后"和"80后",后备力量明显不足,需要补充新鲜血液。人员配置不足的问题已经成为制约泰州市公共图书馆事业发展的瓶颈。此外,在人员不足的情况下,各馆还均有人员被上级单位借用的情况。

3. 中心馆功能不强、地位不突出

泰州市图书馆作为全市公共图书馆服务体系建设的中心馆,在促进馆际交流和资源共建共享方面发挥的作用有待加强。与泰州市的县区级图书馆相比,泰州市图书馆在各项指标上没有优势,尤其是在服务效能和保障条件中有些指标数据还低于县区级图书馆,如持证读者人数、文献外借量、文献购置费、文献总藏量等指标,中心馆地位不突出。

三、发展建议

1. 加强服务保障,解决问题和弥补不足

面对新时代公共图书馆事业高质量发展要求,泰州市各公共图书馆要加强服务保障,转变服务理念和服务方式,解决问题和弥补不足。加强服务保障方面,各馆要针对自身的问题和不足,积极寻求主管部门及财政部门的支持,推动图书馆在服务效能、业务建设和保障条件等方面全面提升。在服务理念方面,图书馆工作不再是简单的借还,应当吸引读者,关注读者,实现从"书的图书馆"到"人的图书馆"跨越式转变。在服务方式方面,各图书馆应注重为读者提供体验式、沉浸式的服务,通过对空间的升级改造满足读者需求,如增设影音视听空间、研学空间、书咖吧等。

2. 加强资源整合,推动区域合作

泰州市公共图书馆应加强资源整合,加大资源共享与合作力度,建立深层次的跨界交流、合作的服务供给机制,有效拓展服务受众范围,推动区域合作,满足读者多层次、动态化的信息需求。如从2023年1月起,全市公共图书馆开通一卡通用、通借、通还服务,就是实现资源共享的重要举措。未来要积极发挥泰州市图书馆学会的纽带作用,通过会议交流、学术培训、阅读活动等把各图书馆紧密联系起来。

3. 提升数字化水平,加强新技术应用

无论是数字资源存储量还是自建数据库资源,泰州市公共图书馆在全省均属于较低水平。泰州市各馆应加强地方特色资源的数字化建设,充分挖掘本馆及地方文化资源,打造特色数据库。此外,加强新技术在图书馆的应用,在图书馆领域,大数据、物联网、人工智能等新技术已被广泛应用,如智慧文献采选、智慧流通管理、智慧参考咨询、智慧空间服务等方面的应用。泰州市各馆要注重平台升级,争取财政支持,加强智慧图书馆的打造,提升综合实力。

4. 开展阅读推广活动,共同建设书香泰州

泰州市公共图书馆要继续发挥在全民阅读活动中的主阵地作用,开展形式多样的阅读推广活动,积极打造图书馆公共文化服务品牌。如2022年,靖江市图书馆推出阅读活动新举措,聘请徐雁、庞余亮等七位知名人士,以"靖江市图书馆全民阅读导读者"名义,引领并参与靖江市全民阅读,用他们的影响力很好地激发了民众的阅读热情。未来泰州市各馆阅读推广活动在形式上可进行创新尝试,如品鉴会、读书会,或者是一些沉浸式的体验,如中华优秀传统文化中的纸扇、拓印技术等。

（执笔人：章素梅　邹刘芳）

宿迁市公共图书馆事业发展报告

宿迁市辖 3 个县(沭阳县、泗阳县、泗洪县)、2 个区(宿豫区、宿城区)。截至 2021 年底,全市户籍人口 590.86 万人,常住人口 499.9 万人。全市现有 6 家公共图书馆,其中,地市级图书馆 1 家(宿迁市图书馆),县(区)级图书馆 5 家(沭阳县图书馆、泗阳县图书馆、泗洪县图书馆、宿城区图书馆、宿豫区图书馆)。

一、公共图书馆事业发展概况

宿迁市公共图书馆事业发端于 1912 年宿迁县劝学所内的 3 间藏书室,至今逾百年。1956 年、1958 年、1967 年、1976 年,泗阳县图书馆、沭阳县图书馆、原宿迁县图书馆、泗洪县图书馆相继成立。1996 年 8 月,地级宿迁市成立后,原宿迁市(县级市)图书馆归属宿城区,更名为宿城区图书馆。1997 年 6 月,宿豫区图书馆成立。2006 年 12 月 1 日,地级宿迁市图书馆正式开馆,2014 年 12 月迁入位于太湖路 69 号的现址。

公共图书馆评估定级,是国家推动公共图书馆事业发展的重大决策,是促进我国公共图书馆事业发展的重要动力。2018 年以来,在文化强市、文化强县战略指引下,宿迁市各级公共图书馆解放思想、创新工作,围绕更好、更充分地满足人民群众文化消费需求的目标,立足本地实际,创新工作思路,优化服务方式,强树品牌意识,大力开展群众性的阅读推广和市民文明素养提升工程,以场馆阵地和资源建设为重点,推动全市公共图书馆读者服务工作的创新创优和服务效能提升,为建设适应时代发展要求和人民群众需求的区域现代公共文化服务体系、助推全市经济社会的高质量发展贡献图书馆人的力量。

评估展示的是公共图书馆发展实践成果,反映的是当下对公共图书馆事业发展的新要求。以评促建、以评促管、以评估促效能提升的杠杆撬动作用和效果充分显现。通过评估,促进了全市图书馆的建设,增进社会公众对公共图书馆的了解和认可。在 2018—2021 年评估期内,全市各公共图书馆在阵地拓展、资源增量、服务提质、管理提升、品牌建立等方面取得了显著业绩,各项指标较上一个评估周期有了长足进步,全市公共图书馆事业迈上了发展的新赛道,步入了发展新时代。在第七次评估定级工作中,全市 6 家公共图书馆全部获评国家一级馆,宿迁市公共图书馆事业进入了高质量发展阶段。

宿迁市公共图书馆近三次评估定级结果

馆 名	第五次 (2008—2011 年)	第六次 (2013—2016 年)	第七次 (2018—2021 年)
宿迁市图书馆	二级	一级	一级

(续表)

馆 名	第五次 (2008—2011年)	第六次 (2013—2016年)	第七次 (2018—2021年)
宿城区图书馆	一级	一级	一级
宿豫区图书馆	二级	二级	一级
沭阳县图书馆	一级	一级	一级
泗阳县图书馆	一级	一级	一级
泗洪县图书馆	二级	未定级	一级

(一) 保障条件

1. 阵地建设

2018—2021年,宿迁地区各级公共图书馆(室)数量和体量呈总体增长趋势。一方面,市县(区)级场馆全面提档升级。除正在建设中的宿迁市图书馆新馆、宿豫区图书馆新馆外,泗洪县图书馆新馆和宿城区图书馆新馆已于2019年投入使用,沭阳县图书馆新馆于2023年底投入使用,泗阳县图书馆在原馆址基础上改造升级,分主题设置多个特色阅览空间。在4年评估期内,全市公共图书馆建筑面积达7.72万平方米,在建面积达5.9万平方米,阵地建设方面相较第六次评估期有了显著的改善和提升。另一方面,分馆和基层阅读阵地不断延伸,截至2021年底,全市共新建村、社区级以上公共图书馆(室)1 241个。市、县(区)两级公共图书馆数量保持稳定,乡镇街道级图书室稳定增长,村、社区级图书室数量在2018—2020年间增长迅速,2021年因行政区划调整,部分村、社区合并,图书室总量呈上升趋势。

2018—2021年宿迁地区各级公共图书馆建筑面积

馆 名	建筑面积(万平方米)		
	总馆	直属分馆	在建
宿迁市图书馆	0.96	0.18	2.4
宿城区图书馆	1.03	0.69	0
宿豫区图书馆	0.23	0.15	1.2
沭阳县图书馆	2.20	0.05	1.6
泗阳县图书馆	0.75	0.59	0.7
泗洪县图书馆	0.89	0	0
合计	6.06	1.66	5.9

2018—2021年宿迁地区各级公共图书馆(室)数量

	2018年	2019年	2020年	2021年
市级	1	1	1	1
县(区)级	5	5	5	5
乡镇街道级	110	110	95	95
村、社区级	706	734	1 023	1 241
合计	822	850	1 124	1 342

2. 设施设备

2018—2021年,全市公共图书馆拥有阅览座席总数5 861个,每万人平均拥有座席数约11.7个。其中,宿迁市图书馆1 804个,沭阳县图书馆850个,泗洪县图书馆502个,泗阳县图书馆1 692个,宿城区图书馆611个,宿豫区图书馆402个。市、县(区)两级公共图书馆在硬件设施上持续投入。截至2021年底,全市新增新型阅读空间96个、智慧应用场景51个,6家市县(区)级公共图书馆均设置有服务未成年人、老年人、残疾人等特殊群体的设施设备,并设置少儿阅览专区,配备专职工作人员,网络带宽达100 Mbps及以上,读者服务区网络覆盖率达100%。

2018—2021年宿迁地区各级公共图书馆基础设施保障情况表

馆 名	座席数量(个)(含直属分馆)	服务特殊群体的设施设备	网络带宽(Mbps)	读者服务区网络覆盖率	新增新型阅读空间数量(个)	新增智慧应用场景数量(个)
宿迁市图书馆	1 804	是	100	100%	12	6
宿城区图书馆	611	是	100	100%	15	5
宿豫区图书馆	402	是	100	100%	24	9
沭阳县图书馆	850	是	100	100%	12	6
泗阳县图书馆	1 692	是	100	100%	27	8
泗洪县图书馆	502	是	400	100%	6	17
合计	5 861				96	51

3. 馆藏资源

(1) 图书资源建设

2018—2021年,全市馆藏纸本图书册数由2018年的410.28万册,连年上升至2021年的479.77万册,实现69.49万册的新增。全市人均拥有公共图书馆藏书量为0.14册。其中,泗洪县图书馆、宿城区图书馆因新馆建设,馆舍面积扩增;2018—2021年期间图书采购量骤增;宿豫区图书馆、沭阳县图书馆采购量平稳增长;宿迁市图书馆因电子图书和纸质图书采购比例调整,增长数量略有波动。电子书方面,宿迁市图书馆电子图书采购量有所减少,各县区馆电子图书采购量平稳增长,泗阳县图书馆和泗洪县图书馆增长量并列第一,年增长量达15万册。地方文献资源建设方面,各馆均设置了专门的地方文献专藏,并逐年增加馆藏,但增长数量相对较少。评估期内,全市地方文献累计增长1.4万册,年均增长3 651册,增长量排名第一的为宿迁市图书馆,县区馆增长量排名第一的为泗洪县图书馆。

(2) 数字资源建设

据统计,2018年宿迁市图书馆数字资源(数据库)数量为10个,其中外购9个,自建1个;2021年为26个,其中外购24个,自建2个,增量明显。县(区)馆中,宿城区图书馆的外购数据库最多,其次为泗阳县,宿城区图书馆的自建数据库最多。外购数据库资源为中国学术期刊数据库、少儿数字图书馆、读秀等,自建数据库资源均为各馆依托馆藏资源自建而成,如宿迁市地方文献数据库、宿城区地方特色文献资源数据库、宿城区图书馆地方戏曲资源数据库、宿城区不可移动文物数据库。

4. 人才队伍

至2021年,全市公共图书馆共有154名工作人员,每10万服务人口拥有3名工作人员,远远低于全省平均水平。

(1) 人员结构

市馆层面:至2021年底,宿迁市图书馆共有从业人员40人。其中,在编人员12人,占从业人员的30%;非在编人员28人,占从业人员的70%。形成了编内人员主内部管理和活动开展、编外人员主窗口服务的运行格局。

县(区)馆层面:至2021年底,县(区)馆从业人员共114名,其中,在编人员64人,占比为56.1%,非在编人员50人,占比为43.9%。县(区)馆中,泗洪县图书馆工作人员最多,沭阳县图书馆工作人员最少。在编人员最多是泗阳县图书馆,最少是宿城区图书馆。

(2) 学历结构

2021年底,宿迁地区公共图书馆从业人员中,本科及以上学历共有87人,占总人数的56.5%,其中,宿迁市图书馆32人,占从业总数的80%;县区本科及以上占比前三名分别为宿豫区图书馆69.6%、宿城区图书馆64%、泗洪县图书馆54.5%。

(3) 职称结构

2021年,全市公共图书馆有高级职称5人、中级职称21人、初级职称26人,高、中、初级职称结构比例为1∶4∶5。初、中级职称人员成为中坚力量,高级职称仍有很大提升空间。宿迁市图书馆共有高级职称2人、中级职称6人、初级职称4人,分别占市馆总人数的5%、15%、10%,高级、中级、初级职称结构比为1∶3∶2,市馆人才队伍仍需加强建设。5家县(区)馆高级职称3人、中级职称15人、初级职称22人,分别占县(区)馆总人数的2.63%、13.16%、19.30%,高级、中级、初级职称结构比为1∶5∶7。泗阳县高级职称人数最多,泗洪县中级职称人数最多,分别为2人、6人。

(4) 性别结构

全市公共图书馆从业人员中男性44人,女性110人,性别比为40(性别比:以每100名女性所对应的男性数目),低于宿迁地区人口性别比101.92[1],性别比例失衡。

2021年底,市图书馆从业人员中男性14名,女性26名,性别比为53.84。县(区)馆从业人员中男性30名,女性84名,性别比为35.71,其中,沭阳县图书馆性别比最为平衡为83.33,宿城区图书馆仅为19.04。

(5) 年龄结构

全市公共图书馆从业人员,"60后"21人、"70后"36人、"80后"56人、"90后"40人、"00后"1人,老中青结构比例为1∶2∶4。"80后"和"90后"人员已成为从业人员主力军。宿迁市图书馆"80后"和"90后"青年占比为82.5%,队伍年轻化程度最高;宿豫区图书馆为17.5%,老年化现象严重;泗洪县图书馆、宿城区图书馆、沭阳县图书馆均低于平均水平[2]。

5. 经费保障

2018—2021年,宿迁市公共图书馆财政拨款基本保持平稳增长趋势,其中宿迁市图书馆因城市书房建设项目和新馆建设项目分别在2018年、2019年和2021年的拨款明显增加。宿城

---

[1] 数据来源:《宿迁市第七次人口普查公告》。
[2] 指:老("50后"和"60后")、中("70后"和"80后")、青("90后"和"00后")。

区图书馆因新馆建设,2018—2019年财政拨款增长飞速,累计拨款额达5.6亿元。其他县区公共图书馆,年财政拨款额呈稳步增长趋势,泗阳县图书馆年均拨款额增长平稳且相对较高。

(二) 服务效能

1. 流通借阅服务

评估期内,全市公共图书馆总流通量达9 232万人次,文献外借量达8 886万册次,流动服务文献量近100万册次,年均文献外借量为2 221万册次,人均文献外借量达4.4册。受疫情影响,2020年后,各馆年流通人次和文献外借量增长减缓,宿迁市图书馆和沭阳县图书馆出现负增长情况,但流通人次和外借册次相较于2020年之前仍呈增长趋势,读者入馆量和图书外借量呈间歇性增长态势。

2. 举办展览、讲座、培训活动

评估期内全市公共图书馆举办线上展览、讲座、培训活动734场次,参与活动达54.9万人次;其中,线上活动举办最多的为宿城区图书馆,举办量为177场次;活动参与量人数最多的为泗阳县图书馆,参与读者数达13.1万人次。

各馆评估期内举办线下展览、讲座、培训活动771场次,参与活动读者达128.8万人次。泗阳县图书馆活动开展场次和参与活动人次均在全市遥遥领先。随着对图书馆社会教育职能的不断重视,近年来,宿迁市图书馆、宿城区图书馆、泗阳县图书馆和泗洪县图书馆活动数量显著提升,与2018年相比,增长率分别达到109.5％、338.1％、61.64％和81.8％。

3. 数字化服务

评估期内,全市网站访问量达995.91万页次,微信、微博等新媒体平台推送量达2 636条,馆藏数字资源浏览量达9 987万次,数字资源下载量达525.7万篇次。除沭阳县图书馆外,其他各馆充分利用微信、微博、抖音等新媒体平台。2020—2021年新冠疫情期间,各馆充分发挥线上平台作用,信息推送量和馆藏数字资源浏览量、下载量呈飞速增长趋势,读者数字资源使用量快速增长。

4. 服务宣传与推广

为进一步提升宿迁市公共图书馆的社会认同率和公众参与度,全市各级公共图书馆通过利用新闻媒体、微信公众号、官网等媒介和开展各类型阅读宣传推广活动等方式开展图书馆服务的宣传与推广。据统计,评估期内,全市媒体宣传报道总次数达982次,开展阅读推广活动1 497场次,参与活动人次达25万人次。通过宣传和推广,宿城区、宿豫区和泗洪县图书馆评估期内读者活动参与量持续增长,全市宣传推广活动场次和参与人次呈整体上升趋势。

5. 读者评价

评估期内,全市6家公共图书馆均通过官网、微信公众号、读者服务电话等多种方式开通读者日常服务评价渠道。其中,宿豫区图书馆创新采用智能客服,收集处理读者日常评价,宿城区图书馆开通馆长接待日活动等,根据评估定级平台自动抓取的读者满意度调查问卷反馈,各馆读者满意度均在99％以上。

(三) 业务能力

1. 基础业务

为做好基础业务工作,全市6家公共图书馆均根据各自馆情编制了馆藏发展、文献保护、文献处置和文献加工整理等一系列制度,为科学合理的馆藏建设提供了切实可行的行动指导和业务规范。文献加工工作均能按照报纸1个工作日,期刊2个工作日,图书7个工作日(市图15个工作日)完成记到或编目上架;图书排架正确率能确保在90%以上;评估期内,全市从联合编目中心下载数据量达8万余条,下载数量排名前三的为宿城区图书馆3.25万条、宿迁市图书馆2.52万条、泗阳县图书馆1.16万条。

2. 业务创新

评估期内,全市共建成东关口城市书房、城市书巢、三台山分馆等文旅融合项目66个;市图书馆牵头组织对本地县级公共图书馆进行业务辅导、培训累计41场次,总参与人次496人,辅导培训内容涉及总分馆体系建设、城市书房及自助图书馆建设以及数字资源服务等多个方面,有效提升了基层图书馆的服务能力和资源利用率。学会工作方面,评估期内,宿迁市图书馆学会累计发展中图会员46名、省图会员93名、市图会员137名,图书馆人才队伍不断壮大。

二、做法和亮点

评估定级是推动公共图书馆事业发展的重要支撑。"以评促建、以评促效、以评促管"显性作用在基层公共建设、管理水平和服务效能提升等方面得到充分彰显。

(一) 高度重视

公共图书馆的级别认定是地方文化发展和精神文明建设的重要指标。一是管理部门层面,为推进全市公共图书馆评估定级工作,我市提前召开专题部署会,压实责任,逐级落实,提出"只能晋级,不能降级,否则就是不作为、未作为"的工作目标,要求各级公共图书馆按照"一级馆"目标全力准备迎评各项工作。二是图书馆层面,各级公共图书馆秉持"逆水行舟,不进则退"的工作态度,评估期内,市、县(区)图书馆按照各自职责内容,对照评估定级标准,紧扣时间节点、统筹各种资源、完善工作方案,超前谋划、过细工作、协调推进,成立领导小组、制定工作方案、明确职责分工、及时上传资料,全力做好迎接评估定级各项工作任务。

(二) 优化服务

全市6家公共图书馆周六、周日及法定节假日正常开放,评估期内,全市公共图书馆总流通量达1346万人次,文献外借量达1009万册次,流动服务文献外借量近100万册次,举办讲座、展览、培训及阅读推广活动4934场次,累计参与活动读者735.36万人次。市图书馆周开放时间达75小时,读者到馆率、文献利用率和活动参与率持续提升。除线下服务外,全市6家公共图书馆均提供移动图书馆服务,通过官方网站、微博、微信等新媒体平台开展线上服务。4年来,全市公共馆数字资源浏览量达1.02亿次,资源下载量达509.6万篇次(册次)。问卷调查显示,6个馆满意率均在98%以上。市图书馆先后被评为省社科普及示范基地优秀等级、省全民阅读先进单位、市群众满意服务岗位、市双拥示范基地、市杰出青年文明号、市科普教育基地。

(三) 能力提升

评估期内,市文旅局和市县(区)图书馆多次举办公共图书馆从业人员业务培训班,全市业务辅导和培训 616 场次,参与辅导从业人员近万人次。2021 年江苏省公共图书馆业务竞赛中,宿迁市获奖数创历史新高,全市总分馆建设实现政策标准、资源采购、编目、配送、检索、借还、业务规范"三统一"。对外服务数字资源和自建数据库稳步增长,新型阅读空间和智慧应用场景不断涌现。

(四) 资源提质

泗洪县、宿城区、沭阳县的图书馆新馆相继投入使用,宿迁市图书馆新馆、宿豫区图书馆新馆外正在建设;泗阳县图书馆新设置多个主题特色阅读空间,视障人借阅室和少年儿童馆特色显著。评估期内,全市 6 家公共图书馆财政拨款总额达 6.6 亿元,文献资源总量达 590.66 万册件,年均文献入藏量 0.165 4 册件;全市公共图书馆总建筑面积 13.62 万平方米,其中,在建新馆面积约 5.9 万平方米。

(五) 短板缩短

全市公共图书馆从业人员 154 人,其中,市馆 40 人,县(区)馆 114 人;全市公共图书馆理论研究成果中,发表论文 36 篇、出版专著 7 部,较之前一评估期增量明显。

三、不足之处和改进方法

(一) 不足之处

文献积淀不足。因宿迁建市较晚,古籍发现、征集不足,尚无列入《国家珍贵古籍名录》的古籍。

参考咨询浅层。参考咨询服务主要集中于普通参考咨询,围绕特定主题进行的专题参考咨询和两会服务与决策咨询效能较低,提供服务数量较少。

活跃读者量少。有效读者与持证读者占比很低。

资源利用率较低。很多注册读者不到图书馆借阅文献,书刊外借册次数据偏低,资源利用率亟待提升。

(二) 改进方法

下一步,宿迁市将以评估定级、服务读者、提质增效为工作的基准点,瞄准社会需求、对标服务规范,不断提升公共图书馆的服务效能,推动宿迁市公共图书馆事业再创新业绩、再上新台阶。

优化制度设计。文献借阅是公共图书馆基本服务项目,文献借阅率是衡量图书馆馆藏文献服务效益的重要指标,将增加读者单次借阅册数。

强化资源建设。适当增加 X(环境科学、安全科学)、Q(生物科学类)、P(天文学、地球科学类)等需求量大的文献资源馆藏,加大古籍资源的建设力度,以适应新时代的读者现实需求。

加强资源宣传。通过书目发布、签名售书、阅读推广等方式,加大对馆藏资源的宣传推广力度,促进馆藏资源的有效利用。

注重理论研究。依托市图书馆学会,切实设置并开展基于服务效能提升的课题研究,扩大成果升华和成果转化,力争在国家级立项方面有突破,在省级立项方面有数量,在市级立项方面有影响。

善用评估结果。图书馆评估结果是对图书馆的设备与设施、经费与人员、资源建设与保障、服务质量与成效等给予的综合评定和行业认定,具有很高的"含金量",甚至在文明城市创建中起到"一票否决"作用。随着社会事业的发展变化,评估指标的不断调整,公共图书馆"晋级机会"和"降级风险"始终存在,如何利用好图书馆评估结果,推动本地区图书馆事业与时俱进,不断发展,也体现图书馆管理者、从业者的智慧和胆识。

(执笔人:陈　雪　张前永　王　景　任海涛)

第三部分
江苏省公共图书馆大数据分析报告
（2018—2021）

江苏省公共图书馆评估概览

一、江苏省公共图书馆评估情况介绍

1. 江苏省公共图书馆数量分布

截至2021年底,江苏省共有117家公共图书馆。

按图书馆类型分析:省级公共图书馆1家,位于南京;地市级公共图书馆16家,所有设区市均有分布;区县级公共图书馆100家,分布在各县区。少年儿童图书馆共7家,其中地市级少年儿童图书馆3家,区县级少年儿童图书馆4家,无省级少年儿童图书馆。

按地区分析:南京的公共图书馆数量最多,共有15家公共图书馆,其中省级公共图书馆1家、地市级公共图书馆1家、区县级公共图书馆13家。

地区	省级公共图书馆(家)	地市级公共图书馆(家)	区县级公共图书馆(家)	总计(家)
南京	1	1	13	15
无锡	/	1	7	8
徐州	/	1	10	11
常州	/	1	7	8
苏州	/	1	11	12
南通	/	1	9	10
连云港	/	2	6	8
淮安	/	2	6	8
盐城	/	1	9	10
扬州	/	2	5	7
镇江	/	1	6	7
泰州	/	1	6	7
宿迁	/	1	5	6
总计	1	16	100	117

2. 江苏省各地区财政收入概览

江苏省各地区财政收入概览如下：

地区	财政收入（亿元）
南京	1 729.52
无锡	1 200.50
徐州	537.31
常州	688.11
苏州	2 510.00
南通	710.18
连云港	274.81
淮安	297.02
盐城	451.01
扬州	344.07
镇江	327.59
泰州	420.29
宿迁	267.82
总计	9 758.23

3. 江苏省各地区服务人口分布

江苏省各地区服务人口分布如下：

地区	人口数量（万人）
南京	942.34
无锡	747.95
徐州	902.85
常州	534.96
苏州	1 284.78
南通	773.30
连云港	460.20
淮安	456.22
盐城	671.30
扬州	457.70
镇江	321.72
泰州	452.18
宿迁	499.90
总计	8 505.40

二、江苏省公共图书馆服务效能分析

1. 周开馆时间统计分析

（1）江苏省公共图书馆开馆时间整体情况分析

在2018—2021年这四年间，江苏省公共图书馆系统展现出了相当高的活跃度和服务精神。全省117家公共图书馆的周开馆时间总计达到惊人的8 305.8小时，这相当于平均每家图书馆每周开放超过71小时，显示了图书馆对公众阅读需求的积极回应和满足。

从各个地区的周开馆时间来看，南京、苏州和徐州三个地区在全省中表现突出，分别达到1 100小时、861小时和826小时，位列前三。这些地区的图书馆在开放时间和服务质量上均表现出色，为当地居民提供了丰富的阅读资源和良好的阅读环境。

然而，值得注意的是，尽管全省的公共图书馆整体表现优秀，但仍然存在一些地区的公共图书馆周开馆时间相对较少。例如，泰州、镇江和宿迁三个地区的公共图书馆总计周开馆时间排名靠后，分别为484.8小时、454.2小时和387.5小时。这可能是因为这些地区的经济发展相对滞后，或者图书馆资源投入不足。

对于这种情况，建议相关部门和地方政府加大对这些地区的投入，提高图书馆的开放时间和服务质量。同时，也可以借鉴南京、苏州和徐州等地区的成功经验，通过创新服务模式、提高资源利用效率等方式，进一步推动全省公共图书馆事业的均衡发展。

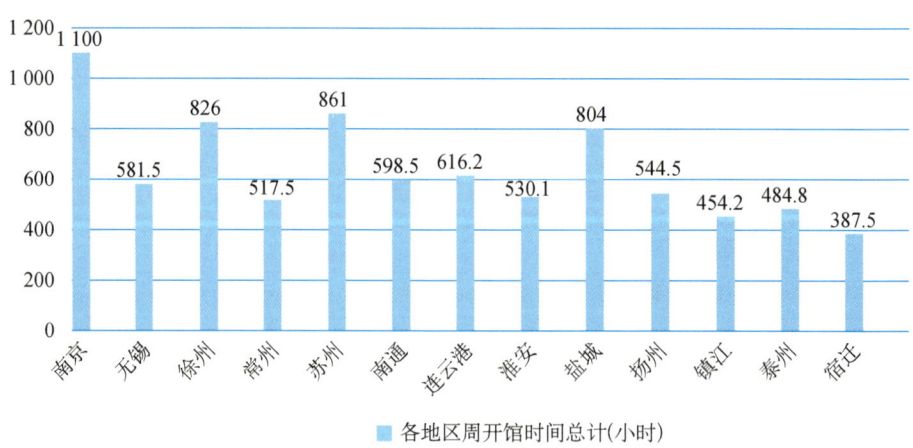

2018—2021年江苏省各地区公共图书馆周开馆时间对比分析

（2）省市县标准级别公共图书馆周开馆时间对比分析

2018—2021年，江苏省117家公共图书馆的周开馆时间总计为8 305.8小时。

① 省级馆

2018—2021年，省级公共图书馆（南京图书馆）周开馆时间为65小时。

② 地市级馆

在江苏省内，地市级公共图书馆的服务质量与时长一直受到广大读者的关注。最新统计数据显示，全省共有13家地市级公共图书馆，这些图书馆在每周为读者提供的服务时间

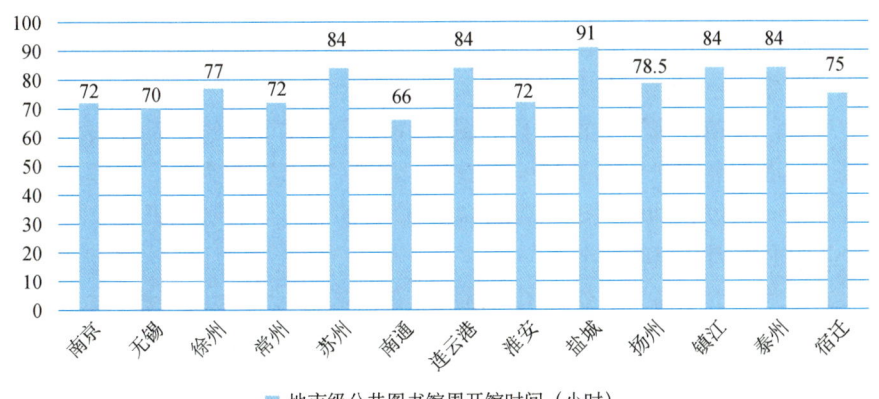

2018—2021 年江苏省地市级公共图书馆周开馆时间对比分析

总计达到了惊人的 1 009.5 小时。这样的开放时间确保了读者们能够在他们需要的时候随时获得知识和信息。

在这些图书馆中,盐城地区市级图书馆因其周开馆时间最长而脱颖而出,达到了 91 小时。这样的开放时间意味着盐城地区市级图书馆几乎每天都在为读者提供服务,无论是工作日还是周末,都保证了长时间的开放,为读者提供了更加便利的阅读环境。

与此同时,我们也注意到南通市图书馆的周开馆时间相对较短,仅为 66 小时。虽然这个开放时间对于部分读者来说可能已经足够,但与其他地市级图书馆相比,南通市图书馆在服务时长上还有很大的提升空间。希望南通市图书馆能够根据实际情况,适当延长开放时间,更好地满足广大读者的需求。

③ 区县级馆

区县级公共图书馆共有 96 家(不含少儿馆),周开馆时间总计 6 824.8 小时。区县级馆周开馆时间排名前三的地区分别为:南京、徐州、苏州;总计周开馆时间排名靠后的地区有淮安、镇江、宿迁。

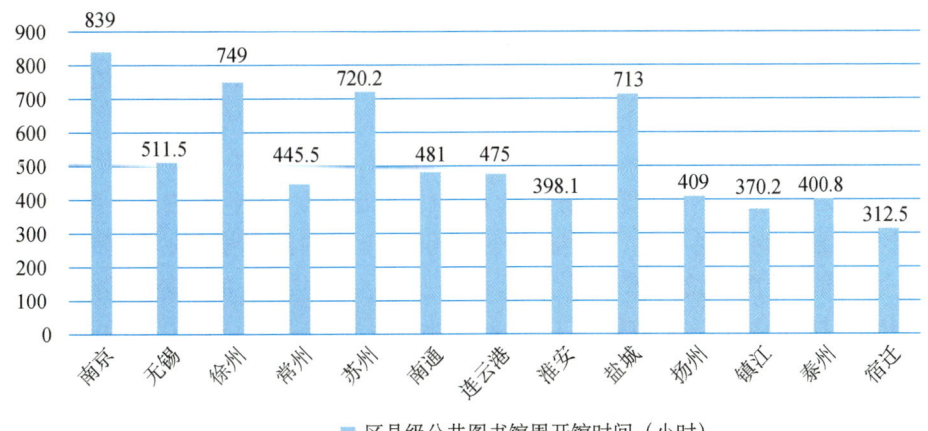

2018—2021 年江苏省各地区区县级公共图书馆周开馆时间对比分析

从这些数据中,我们可以看出江苏省区县级公共图书馆在周开馆时间上的显著差异。南京、徐州和苏州的图书馆周开馆时间排名前三,表明这些地区的图书馆在为广大读者提供服务方面做得非常出色,为读者提供了更多的借阅机会。

相比之下,淮安、镇江和宿迁的区县级图书馆周开馆时间排名靠后,这表明这些地区的图书馆在满足读者的需求方面需要进一步提升。毕竟,图书馆作为推广阅读文化、提供知识资源的重要场所,其开放时间的长短直接影响到读者的借阅体验和知识获取的机会。

(3) 少儿图书馆周开馆时间分析

2018—2021 年,江苏省 7 家少儿图书馆周开馆时间总计为 406.5 小时。少儿图书馆周开馆时间最长的是南京市玄武区少年儿童图书馆,为 66 小时;周开馆时间最短的是如皋市少年儿童图书馆,为 51.5 小时。少儿图书馆的周开馆时间在总量上和单馆的服务时间上明显低于一般公共图书馆。

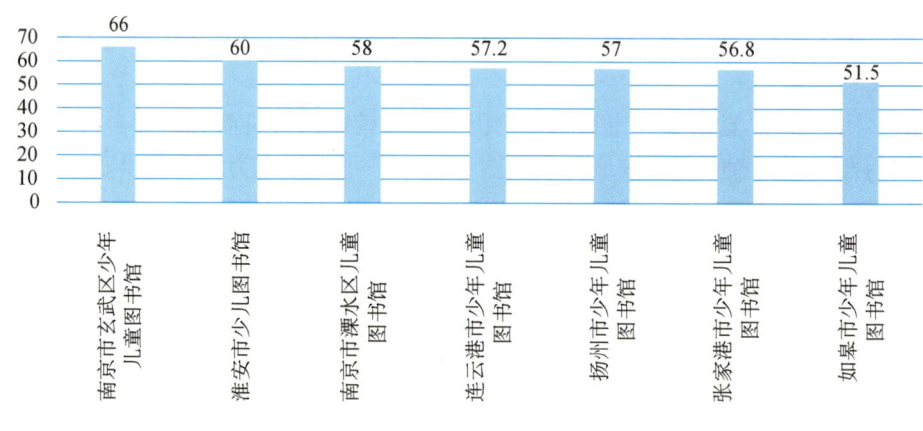

2018—2021 年江苏省各少儿图书馆周开馆时间对比分析

2. 年文献外借量统计分析

(1) 江苏省公共图书馆文献外借量整体情况分析

在 2018—2021 年这四年间,江苏省公共图书馆展现出作为公共文化阵地的引领作用,全省 117 家公共图书馆的文献外借量总计达到了 15 751.46 万册次。

从各个地区的文献外借量来看,苏州、南京和无锡三个地区在全省中表现突出,分别达到了 4 111.23 万册次、2 079.27 万册次和 1 294.47 万册次,位列前三。这些地区的图书馆在文献外借量上均表现出色,为当地居民提供了丰富的阅读资源。然而,值得注意的是,尽管全省的公共图书馆整体表现优秀,但仍然存在一些地区的文献外借量相对较少。例如,扬州、盐城和徐州三个地区的总计文献外借量排名靠后,分别为 709.61 万册次、697.86 万册次和 555.17 万册次。

(2) 省市县标准级别文献外借量对比分析

① 省级馆

2018—2021 年,省级公共图书馆(南京图书馆)文献外借量为 514.62 万册次。

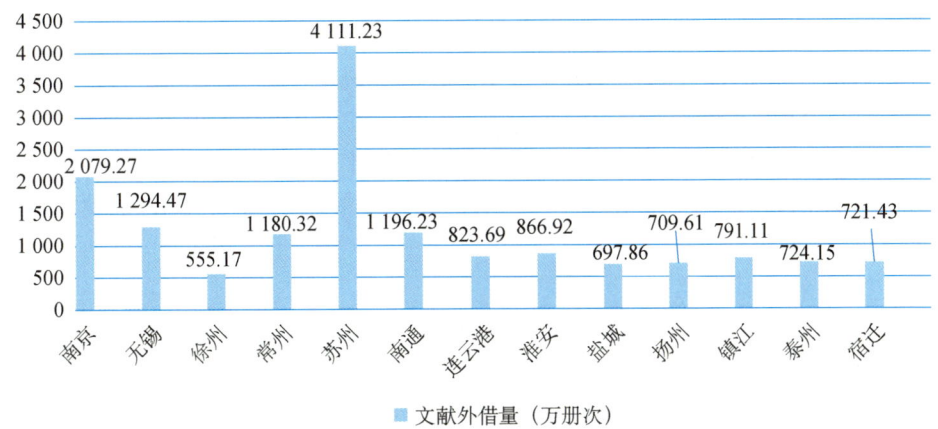

2018—2021 年江苏省各地区公共图书馆文献外借量对比分析

② 地市级馆

2018—2021 年,江苏省地市级公共图书馆文献外借量为 4 627.79 万册次。江苏省地市级公共图书馆总外借量相对较高的有：苏州图书馆（1 249.67 万册次）、无锡市图书馆（385.74 万册次）、南通市图书馆（383.55 万册次）；总外借量相对较低的有：宿迁市图书馆（129.79 万册次）、徐州市图书馆（116.61 万册次）、扬州市图书馆（101.1 万册次）。

在这段时间,江苏各地市级公共图书馆的文献总外借量呈现出一定的地域差异。苏州图书馆以其高达 1 249.67 万册次的总外借量稳居榜首,展现出其市民对阅读的热爱和对公共图书馆的高度信赖。南通市图书馆和无锡市图书馆紧随其后,分别达到了 383.55 万册次和 385.74 万册次的外借量,显示出这两座城市的阅读氛围同样浓厚。同时,也有一些地市级图书馆的总外借量相对较低,与苏州等地相比存在一定的差距。这可能反映出这些地区的阅读资源分布不均,或者市民的阅读需求尚未得到充分满足。

③ 区县级馆

江苏省区县级公共图书馆共有 100 家,2018—2021 年文献外借量总计 10 609.05 万册次。

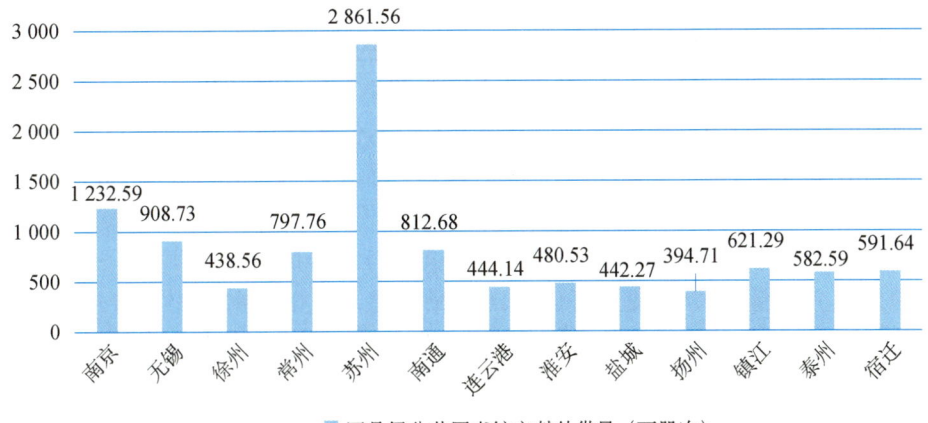

2018—2021 年江苏省各地区区县级公共图书馆文献外借量对比分析

区县级馆文献外借总量排名前三的地区分别为：苏州(2 861.56万册次)、南京(1 232.59万册次)、无锡(908.73万册次)；文献外借总量排名靠后的地区有盐城(442.27万册次)、徐州(438.56万册次)、扬州(394.71万册次)。这些数据反映了江苏省区县级公共图书馆在文献外借方面的活跃程度和读者需求情况。苏州、南京和无锡等地的图书馆外借量较高，可能与当地经济发展、教育资源等因素有关；而盐城、徐州和扬州等地图书馆外借量较低，需要进一步探讨原因，并采取相应措施提升图书馆服务质量，满足读者需求，推动区县级公共图书馆的全面发展。

3. 讲座、展览、培训活动次数统计分析

(1) 江苏省公共图书馆开展讲座、展览、培训活动次数总体情况统计分析

2018—2021年，江苏省110家公共图书馆(少儿馆没有此指标数据)总计开展讲座、展览、培训活动次数36 905次，其中南京、盐城、苏州地区的公共图书馆开展讲座、展览、培训活动开展次数相对较多。南京地区开展讲座、展览、培训活动的次数总计为7 287次，在江苏省各地区中排名第一。宿迁、镇江、淮安开展讲座、展览、培训活动总次数较少，分别为1 833次、1 729次、1 119次。

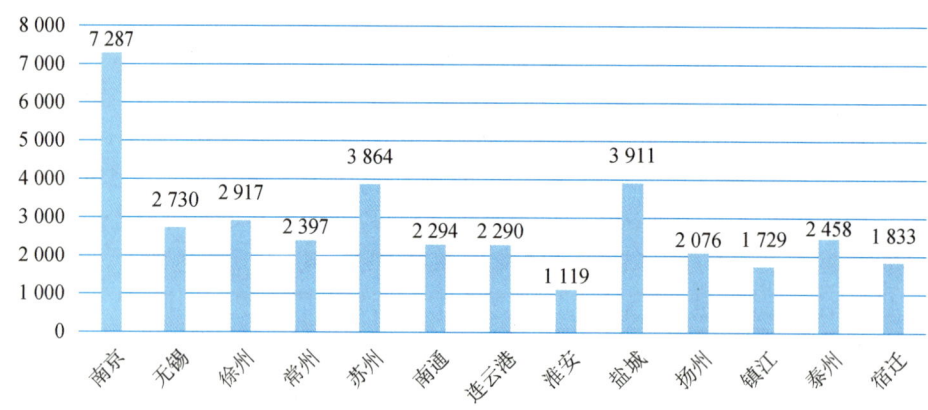

2018—2021年江苏省各地区公共图书馆开展讲座、展览、培训活动情况对比分析

在江苏省的公共图书馆中，南京地区公共图书馆的活跃程度显然是非常高的。南京作为江苏省的省会，不仅在经济、文化、教育等方面有着举足轻重的地位，而且在公共文化服务方面展现出其独特的魅力。南京地区的公共图书馆不仅数量众多，而且活动开展得也十分频繁。这些活动不但吸引了大量的读者参与，还提升了公共图书馆的影响力和服务水平。

与此同时，我们也注意到，宿迁、镇江、淮安等地的公共图书馆在活动开展次数上相对较少。这可能与这些地区的经济发展、人口规模、文化背景等因素有关。为了进一步提升这些地区的公共文化服务水平，我们可以考虑鼓励这些地区的公共图书馆开展更多具有地方特色的活动，加强与其他地区的交流与合作，借鉴其他地区在公共图书馆服务方面的成功经验。

(2) 省市县标准级别公共图书馆讲座、展览、培训活动次数统计

① 省级馆

2018—2021年，省级公共图书馆(南京图书馆)开展讲座、展览、培训活动次数总计为

355次。

② 地市级馆

2018—2021年,江苏省13个地市级公共图书馆开展讲座、展览、培训活动次数总计为7 593次。其中,金陵图书馆开展讲座、展览、培训活动次数最多,为1 582次;泰州市图书馆开展讲座、展览、培训活动次数最少,为138次。

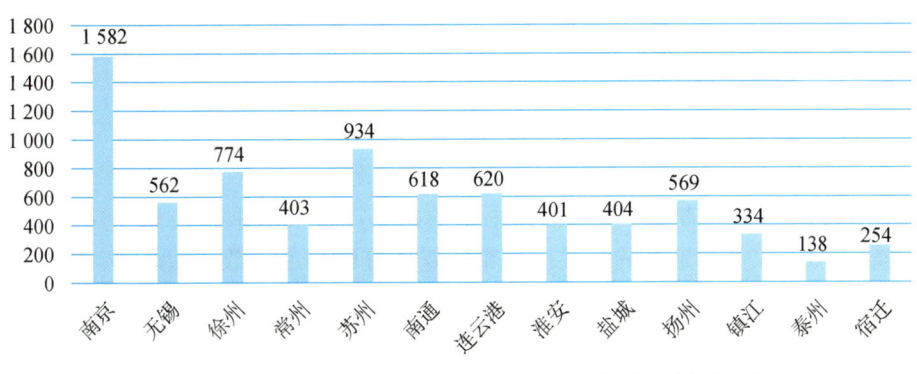

2018—2021年江苏省各地区地市级公共图书馆开展讲座、展览、培训活动情况对比分析

在这四年间,江苏省的地市级公共图书馆在推动文化服务、知识普及和公众教育方面做出了显著的贡献。讲座、展览和培训活动成为吸引公众、提升图书馆社会影响力的重要途径。

金陵图书馆以1 582次的活动次数遥遥领先,这不仅体现了其在组织策划方面的专业能力,也反映了其在满足市民文化需求方面的积极态度。这些活动涵盖了文学、历史、科学、艺术等多个领域,吸引了大量的市民参与,有效地提升了公众的文化素养和知识水平。

相比之下,泰州市图书馆的活动次数虽然只有138次,但这并不意味着其在文化服务方面的表现不佳。可能的原因包括资源限制、地理位置、目标受众定位等多种因素。尽管如此,泰州市图书馆仍然尽力发挥其作用,为市民提供了丰富多样的文化活动。

③ 区县级馆

2018—2021年,江苏省100家区县级公共图书馆开展讲座、展览、培训活动次数总计为

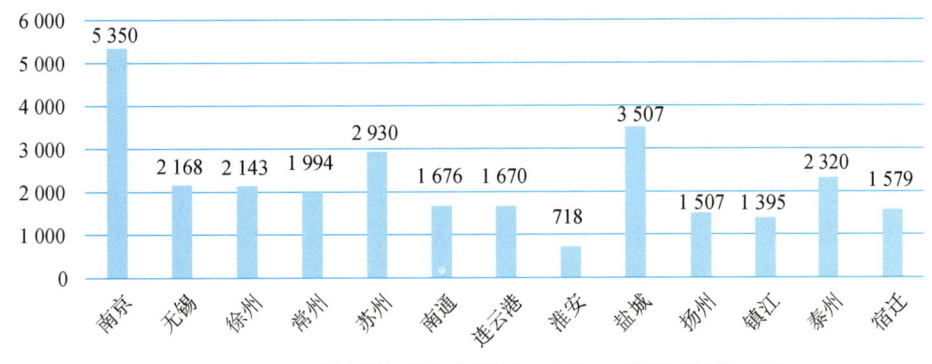

2018—2021年江苏省区县级公共图书馆开展讲座、展览、培训活动情况对比分析

28 957 次。其中,南京地区、盐城地区、苏州地区开展讲座、展览、培训活动次数相对较多,分别为 5 350 次、3 507 次、2 930 次;扬州地区、镇江地区、淮安地区开展讲座、展览、培训活动次数相对较少,分别为 1 507 次、1 395 次、718 次。

从这些数据中我们可以看出,江苏省内不同地区区县级公共图书馆在开展讲座、展览、培训活动方面的活跃度存在一定的差异。南京、盐城和苏州地区相对活跃,可能与这些地区的经济发展、文化氛围以及公共图书馆资源投入较多等因素有关。而扬州、镇江和淮安地区则相对较少,可能与这些地区公共图书馆的资源配置、活动组织能力以及市民参与度等因素有关。

4. 服务宣传与阅读推广活动次数统计分析

(1) 江苏省公共图书馆媒体宣传报道总数总体情况统计分析

2018—2021 年,江苏省 117 家公共图书馆的媒体宣传报道总数共 51 757 次。其中,南京地区、连云港地区、苏州地区的公共图书馆的媒体宣传报道次数相对较多,南京地区的公共图书馆媒体宣传报道总数为 9 941 次,在江苏省各地区中排名第一;宿迁地区、常州地区、泰州地区的公共图书馆的媒体宣传报道次数相对较少,分别为 982 次、715 次、697 次。

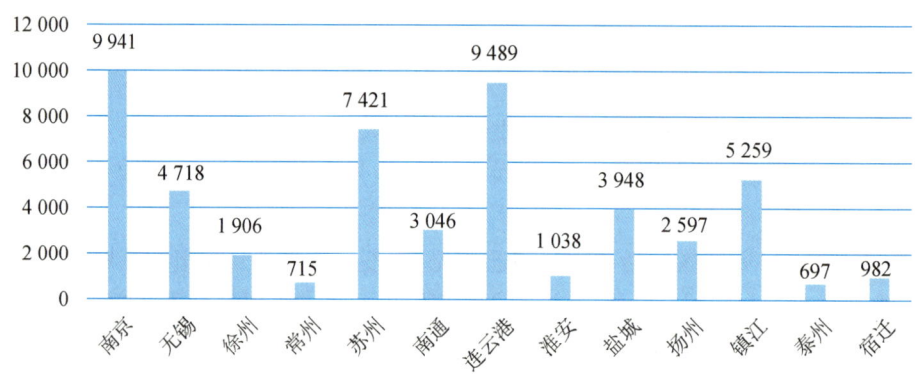

2018—2021 年江苏省各地区公共图书馆媒体报道总数对比分析

从这些数据中,我们可以看出江苏省各地区的公共图书馆在媒体宣传报道上存在着一定的差异。南京作为江苏省的省会,其公共图书馆在媒体宣传报道上的活跃度明显高于其他地区,这可能与南京地区的经济、文化等条件有关。而相对较少的宿迁地区、常州地区、泰州地区的公共图书馆,则可能需要进一步加大媒体宣传报道的力度,提升其在公众中的知名度和影响力。

值得注意的是,虽然南京地区的公共图书馆在媒体宣传报道上表现突出,但其他地区的公共图书馆同样也在积极开展宣传报道工作。例如,连云港地区、苏州地区的公共图书馆,在媒体宣传报道次数上也表现出不俗的成绩。这表明,江苏省公共图书馆在整体上都在努力提升自身的影响力和服务水平。

(2) 省市县标准级别公共图书馆媒体宣传报道总数情况分析

① 省级馆

2018—2021 年,省级公共图书馆(南京图书馆)的媒体宣传报道总数为 606 次。

② 地市级馆

2018—2021年,江苏省16家地市级公共图书馆的媒体宣传报道总数为22 419次。地市级图书馆中媒体宣传报道总数排名靠前的地区为:连云港(6 530次)、南京(5 067次)、苏州(2 663次);排名靠后的地区(不包含少儿馆)为南通(158次)、徐州(155次)、泰州(139次)。

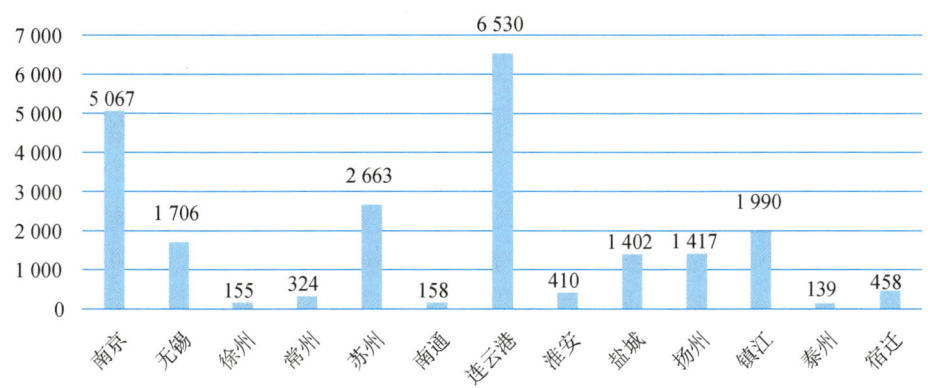

2018—2021年江苏省各地区地市级公共图书馆媒体宣传报道总数对比分析

这些数据显示了江苏省各地区地市级公共图书馆在媒体宣传报道上的活跃程度和影响力。排名靠前的地区如连云港、南京和苏州。这些地区地市级图书馆可能更加重视媒体关系的建设,以及通过各种渠道发布有关活动、服务和新书的信息,吸引了大量媒体的关注和报道。

③ 区县级馆

2018—2021年,江苏省100家区县级公共图书馆的媒体宣传报道总数为28 732次。其中,苏州地区、南京地区、镇江地区的区县级公共图书馆媒体宣传报道总数相对较多,分别为4 758次、4 268次、3 269次;泰州地区、宿迁地区、常州地区的区县级公共图书馆媒体宣传报道总数相对较少,分别为558次、524次、391次。

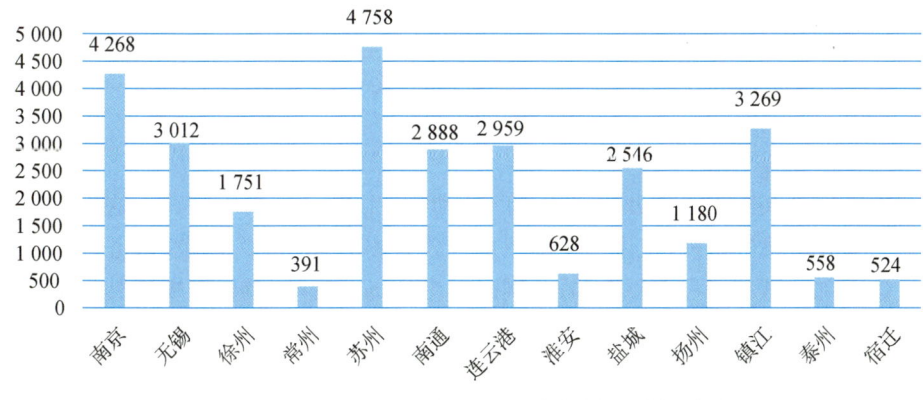

2018—2021年江苏省各地区区县级公共图书馆媒体宣传报道总数对比分析

在这些数字背后,我们可以洞察到江苏省各地区区县级公共图书馆在媒体宣传报道上的活跃度和影响力。苏州地区、南京地区和镇江地区的图书馆之所以能够得到如此多的报道,很可能是因为其在推动阅读文化、创新服务方式以及提升公众参与度等方面做出了显著的成绩。

苏州地区的区县级公共图书馆,凭借其独特的地理位置和丰富的文化资源,不断推出各种阅读活动和特色展览,吸引了大量媒体和公众的关注。南京作为江苏省的省会,其图书馆在推动全民阅读、建设书香城市等方面发挥了重要作用,因此也得到了媒体的高度关注和报道。镇江地区的区县级公共图书馆则以其优质的服务和丰富的馆藏资源赢得了读者的喜爱,进而赢得了媒体的青睐。

相比之下,泰州地区、宿迁地区和常州地区的区县级公共图书馆在媒体宣传报道上的数量相对较少。这并不意味着这些地区的图书馆在服务和活动上有所欠缺,可能是由地理位置、经济条件或宣传策略等多种因素导致的。这些地区的区县级公共图书馆可以通过加大宣传力度、创新服务方式、提升服务质量等方式,提高自己在媒体和公众中的知名度和影响力。

(3)江苏省公共图书馆阅读推广活动总体情况统计分析

2018—2021 年,江苏省公共图书馆举办的阅读推广活动呈现出蓬勃发展的态势,总计达到 51 531 场,充分展现了江苏省对文化事业的重视和推广。其中,苏州地区、南京地区、盐城地区的公共图书馆表现尤为突出,阅读推广活动场次均超过了其他地区,这与这些地区对于文化教育和阅读推广的重视密不可分。

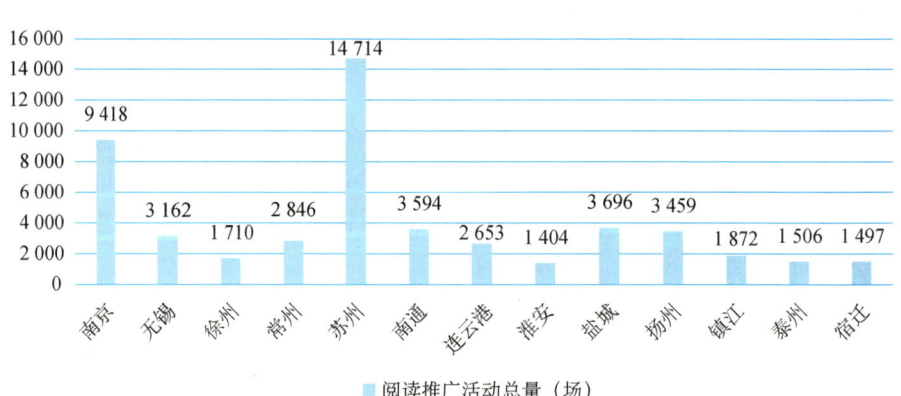

2018—2021 年江苏省各地区公共图书馆阅读推广活动情况对比分析

苏州地区的公共图书馆举办的阅读推广活动为 14 714 场,高居榜首。这不仅反映了苏州地区对于文化教育的重视,也说明了苏州地区公共图书馆在推广阅读、服务读者方面的努力。南京地区和盐城地区也不甘示弱,分别以较多的场次紧随其后,展现了其在文化教育和阅读推广方面的积极态度。

然而,与苏州、南京、盐城等地区相比,淮安地区、宿迁地区、泰州地区的公共图书馆举办的阅读推广活动场次相对较少,分别为 1 404 场、1 497 场、1 506 场。这可能与这些地区的经济发展、文化氛围以及公共图书馆的资源投入等因素有关。为了进一步提升这些地区的阅读推广活动水平,相关部门和公共图书馆可以加强合作,加大投入力度,丰富活动内容,吸引更多读者参与。

(4) 省市县标准级别公共图书馆阅读推广活动情况分析

① 省级馆

2018—2021年,省级公共图书馆(南京图书馆)的阅读推广活动总数量为777场。

② 地市级馆

2018—2021年,江苏省13个地市级公共图书馆举办(少儿馆没有此项指标数据)的阅读推广活动总数量为15 821场。地市级图书馆中举办阅读推广活动总数量排名靠前的图书馆为:苏州图书馆(6 366场)、盐城市图书馆(2 131场)、金陵图书馆(2 121场);排名靠后的图书馆为:淮安市图书馆(156场)、泰州市图书馆(168场)、徐州市图书馆(272场)。

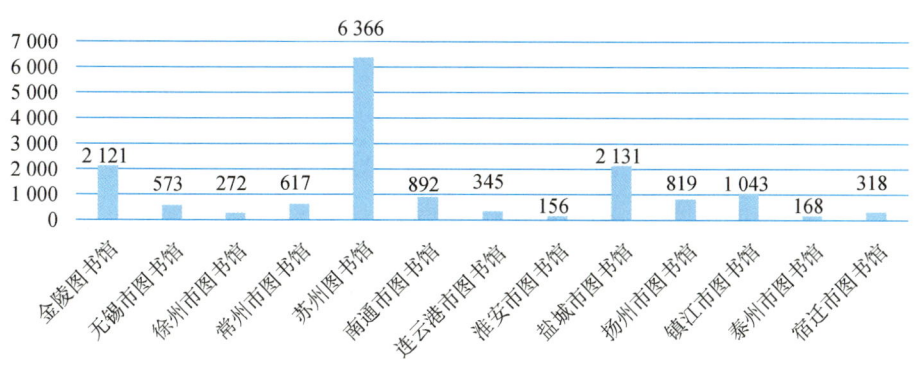

2018—2021年江苏省各地区地市级公共图书馆阅读推广活动情况对比分析

这些数据显示了江苏省地市级公共图书馆在举办阅读推广活动方面的积极努力和显著成果。其中,苏州图书馆举办的阅读推广活动数量最多,高达6 366场,这显示了苏州图书馆在推广阅读文化、提高公众阅读素养方面的坚定决心和有效行动。盐城市图书馆和金陵图书馆的阅读推广活动数量紧随其后,分别为2 131场和2 121场,这两家图书馆也在积极举办各类阅读活动,为市民提供了丰富的阅读资源和良好的阅读环境。

尽管大部分地市级图书馆在阅读推广方面都做出了不小的努力,但仍有部分图书馆举办的阅读推广活动数量相对较少。淮安市图书馆、泰州市图书馆和徐州市图书馆举办的阅读推广活动数量分别为156次、168次和272次,相对较低。这可能是由于这些图书馆的推广力度不足、资源有限或者宣传不够等原因导致的。

③ 区县级馆

2018—2021年,江苏省96家区县级公共图书馆举办的阅读推广活动总数量为34 933场。其中苏州地区、南京地区、南通地区的区县级公共图书馆举办的阅读推广活动数量相对较多,分别为8 348场、6 520场、2 702场;镇江地区、宿迁地区、淮安地区的区县级公共图书馆举办的阅读推广活动数量相对较少,分别为829场、1 179场、1 248场。

从这些数据可以看出,江苏省内各个地区的区县级公共图书馆在阅读推广活动的举办上存在一定的差异。苏州、南京、南通等经济较为发达的地区,其区县级公共图书馆举办的阅读推广活动数量较多,这可能与当地的经济、文化、教育等因素有关。而镇江、宿迁、淮安

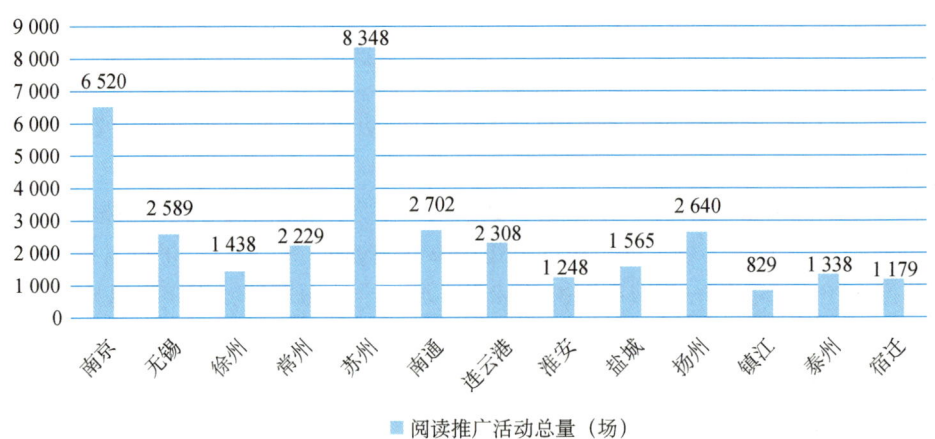

2018—2021 年江苏省各地区区县级公共图书馆阅读推广活动情况对比分析

等地区的区县级公共图书馆举办的阅读推广活动数量相对较少,可能与当地的经济相对欠发达、文化教育资源相对不足等因素有关。

不过,尽管存在差异,但江苏省的区县级公共图书馆都在积极开展阅读推广活动,为广大读者提供了丰富多彩的阅读体验和学习机会。这些活动不仅丰富了读者的文化生活,也提高了读者的阅读能力和文化素养。

5. 年网站访问量统计分析

(1) 江苏省公共图书馆年网站访问量总体情况统计分析

2018—2021 年,江苏省 117 家公共图书馆总计年网站访问量 27 309.55 万页次,其中南京、苏州、扬州地区的公共图书馆年网站访问量次数相对较多。南京地区的公共图书馆年网站访问量次数总计为 10 370.36 万页次,在江苏省各地区中排名第一。南通、淮安、泰州地区的公共图书馆年网站访问量次数总计较少,分别为 839.1 万页次、380.3 万页次、222.49 万页次。

2018—2021 年江苏省各地区年网站访问量总体情况统计分析

这些数据反映了江苏省各地区公共图书馆在数字化服务方面的差异。南京、苏州、扬州等地区的公共图书馆年网站访问量较高,表明这些地区的公共图书馆在数字化服务方面表现较好,能够更好地满足读者的需求,提供更加便捷、高效的服务。

然而,南通、淮安、泰州等地区的公共图书馆年网站访问量相对较低,这可能与这些地区的公共图书馆在数字化服务方面的投入不足、服务质量不高、宣传力度不够等因素有关。为了提升这些地区的公共图书馆数字化服务水平,可以考虑增加投入、优化服务流程、提高服务质量、加强宣传推广等措施。

(2) 省市县标准级别公共图书馆年网站访问量次数统计

① 省级馆

2018—2021年,省级公共图书馆(南京图书馆)的年网站访问量总计为9 206.8万页次。

② 地市级馆

2018—2021年,江苏省16家地市级公共图书馆年网站访问量次数总计为7 392.27万页次,其中苏州图书馆年网站访问量次数最多,为1 888.43万页次;泰州市图书馆年网站访问量次数最少,为21.37万页次。

从这些数据中,我们可以看出江苏省各地市级公共图书馆的网站访问量次数存在较大的差异。苏州图书馆的网站访问量最多,高达1 888.43万页次,这可能是因为苏州作为江苏省的经济、文化中心,其图书馆的资源丰富、服务质量高,吸引了更多的读者前来访问。相比之下,泰州市图书馆的网站访问量仅为21.37万页次,这可能是因为泰州市的经济发展水平相对较低,或者其图书馆的服务质量和资源水平有待提高。

然而,值得注意的是,尽管各地市级公共图书馆的网站访问量存在差异,但总体来说,江苏省的公共图书馆在近年来得到了越来越多的关注和认可。从2018年到2021年,16家地市级公共图书馆的网站访问量总计达到7 392.27万页次,这表明越来越多的人开始意识到图书馆的重要性,并愿意通过网络平台获取知识和信息。

③ 区县级馆

2018—2021年,江苏省100家区县级公共图书馆年网站访问量总计为10 710.48万页次。其中,扬州地区、镇江地区、盐城地区年网站访问量相对较多,分别为1 941.4万页次、1 436.51万页次、1 060.18万页次;连云港地区、泰州地区、淮安地区年网站访问量次数相对较少,分别为383.87万页次、201.12万页次、168.61万页次。

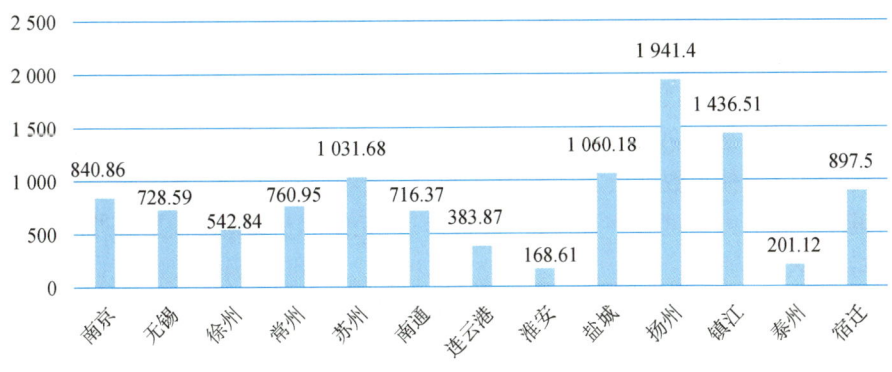

2018—2021江苏省各地区区县级公共图书馆年网站访问量对比分析

在这四年间,江苏省区县级公共图书馆的网站访问量呈现出一定的地域性差异。扬州地区、镇江地区和盐城地区的图书馆网站访问量相对较高,这可能与这些地区的经济发展水平、文化需求以及图书馆的网站建设和服务质量有关。例如,扬州地区作为历史文化名城,拥有丰富的文化资源和深厚的文化底蕴,其图书馆网站可能因此吸引了更多的访问者。

6. 年数字资源服务量统计分析

(1) 江苏省公共图书馆对外服务数字资源总体情况分析

2018—2021年,江苏省110家公共图书馆(少儿馆没有此指标数据)的对外服务数字资源总量共计31 942.43 TB。

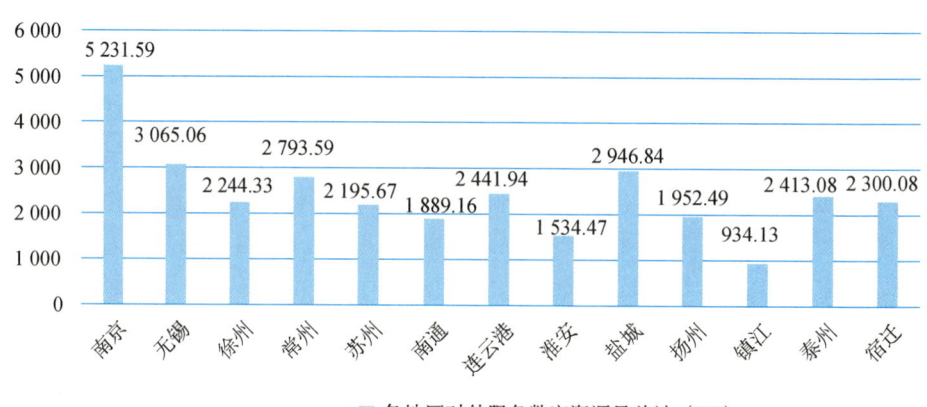

2018—2021年江苏省各地区公共图书馆对外服务数字资源量对比分析

江苏省对外服务数字资源量排名前三的地区分别是南京(5 231.59 TB)、无锡(3 065.06 TB)、盐城(2 946.84 TB);排名靠后的地区分别是南通(1 889.16 TB)、淮安(1 534.47 TB)、镇江(934.13 TB)。

在这四年间,江苏省的公共图书馆在数字化服务方面取得了显著的进步。从数字资源总量的增长可以看出,各图书馆都在积极推动数字化转型,从而满足广大读者日益增长的数字化阅读需求。南京、无锡和盐城这三个地区的图书馆在数字资源建设方面表现突出,无论是资源的丰富程度还是更新速度,都走在了全省的前列。

南京作为江苏省的省会,其图书馆在数字资源建设方面的优势显而易见,南京的公共图书馆拥有丰富的数字资源,包括电子图书、期刊、数据库等,为读者提供了便捷、高效的数字化阅读体验。无锡和盐城两地的图书馆也不甘示弱,通过引进先进的数字化技术,优化服务流程,提升服务质量,使得数字资源的利用率得到了大幅提升,南通、淮安和镇江这三个地区的图书馆虽然也在努力推进数字化转型,但与南京、无锡和盐城相比,其对外服务的数字资源总量相对较少。

(2) 省市县标准级别公共图书馆对外服务数字资源量分析

① 省级馆

2018—2021年,省级公共图书馆(南京图书馆)对外服务数字资源量为751 TB。

② 地市级馆

2018—2021年,江苏省13家地市级公共图书馆的对外服务数字资源量总计为

7 810 TB。其中，南京地区地市级图书馆对外服务数字资源量最多，为 1 007 TB；镇江地区地市级图书馆对外服务数字资源量最少，为 279 TB。由以上数据得出，江苏省各地区地市级馆中对外服务数字资源量分布不均衡。

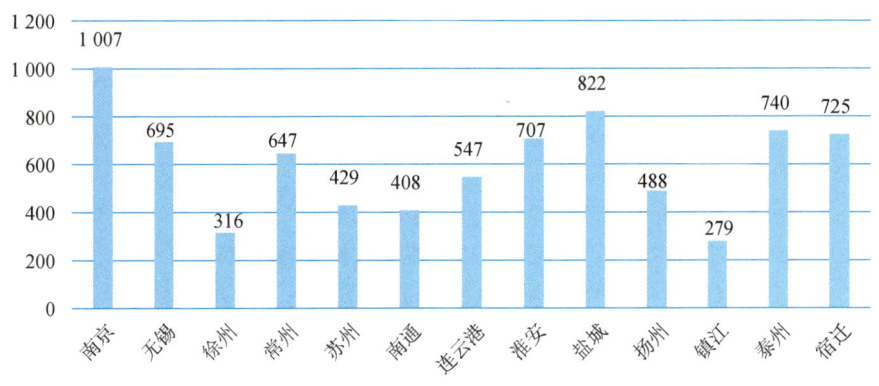

2018—2021 年江苏省各地区地市级公共图书馆对外服务数字资源量对比分析

这种不均衡分布的现象在公共图书馆系统中并不罕见，其背后的原因可能涉及各个图书馆的资金投入、技术支持、资源建设策略等多个方面。首先，对于南京地区地市级图书馆来说，其对外服务数字资源量之所以能达到 1 007 TB，可能是因为该图书馆在数字资源建设方面投入了大量的人力、物力和财力，积极采购和整合各种数字资源，以满足广大读者的需求。此外，南京地区地市级图书馆可能还具有较强的技术实力，能够自主开发或与其他机构合作开发一些特色数字资源，从而进一步丰富了其数字资源总量。

相比之下，镇江地区地市级图书馆的数字资源量较少，可能与其在资源建设方面的投入不足有关。可能由于资金短缺、技术瓶颈等原因，导致该图书馆在数字资源建设方面相对滞后。此外，可能也缺乏与其他机构合作的机会，无法获取更多的外部资源支持。

③ 区县级馆

2018—2021 年，江苏省 96 家区县级公共图书馆的对外服务数字资源总量为 25 329.62 TB。其中南京地区、无锡地区、苏州地区对外服务数字资源量相对较多，分别为 3 717.59 TB、2 885.54 TB、2 647.83 TB；扬州地区、淮安地区、镇江地区对外服务数字资源量相对较少，分别为 1 464.49 TB、827.47 TB、764.24 TB。

在此期间，江苏省区县级公共图书馆在数字资源建设方面取得了显著的进步。南京、无锡和常州地区的区县级公共图书馆在数字资源建设上表现突出，其丰富的数字资源不仅涵盖了各种文献类型，还包括了多媒体资源和互动学习工具，为读者提供了更加便捷和多样化的阅读体验。

南京作为江苏省的省会，其区县级公共图书馆在数字资源建设方面一直走在前列。他们不仅拥有庞大的数字资源总量，还注重资源的更新和优化，以满足读者日益增长的文化需求。无锡地区和常州地区的区县级公共图书馆也不甘示弱，他们积极引进先进的数字技术和设备，加强与各类出版机构的合作，努力提升数字资源的品质和覆盖范围。

相比之下，扬州地区、淮安地区和镇江地区的区县级公共图书馆在数字资源建设方面还有一定的提升空间。虽然他们的数字资源量相对较少,但也在不断努力改善和优化。他们正在积极寻求与更多出版机构和技术提供商的合作,以期在未来的数字资源建设中取得更好的成绩。

三、江苏省公共图书馆业务建设分析

1. 馆藏发展情况分析

（1）江苏省公共图书馆普通文献馆藏量整体情况分析

截至2021年底,江苏省117家公共图书馆普通文献馆藏总量共13 634.98万册件,其中排名靠前的地区为南京、苏州、南通;排名靠后的地区为镇江、淮安、宿迁。

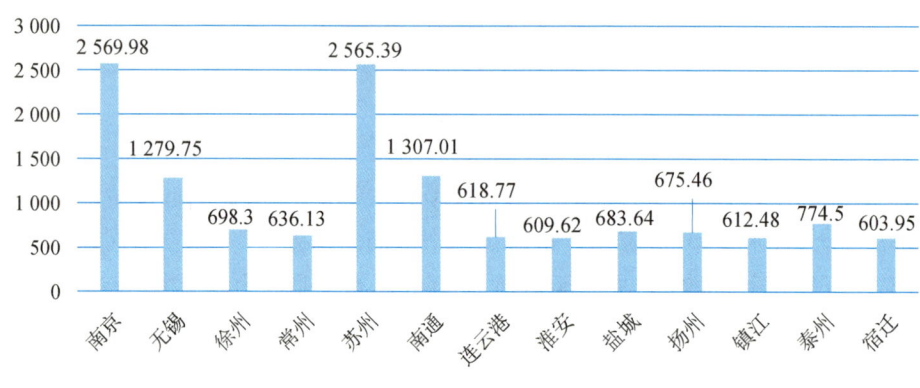

2018—2021年江苏省各地区公共图书馆普通文献馆藏量对比分析

进入2022年,江苏省公共图书馆事业继续保持稳健的发展态势。南京作为江苏省的省会,其公共图书馆的馆藏总量一直处于领先地位,这得益于南京市政府对文化事业的高度重视和大力支持。

苏州和南通地区的公共图书馆也表现不俗,这两座历史文化名城的图书馆在保持传统文献收藏的同时,还注重特色资源的建设,如地方文献、古籍善本等。这些特色资源的建设不仅丰富了图书馆的馆藏内容,也为读者提供了更加深入的文化体验。

相比之下,镇江、淮安、宿迁的公共图书馆馆藏总量排名靠后。虽然这些地区的图书馆也在努力提升服务质量和馆藏水平,但与排名靠前的地区相比,仍存在一定的差距。为了缩小这一差距,这些地区的图书馆需要加大投入力度,提高馆藏质量,同时加强与高校、科研机构等单位的合作,共同推动文化事业的发展。

（2）省市县标准级别公共图书馆馆藏情况分析

① 省级馆

截至2021年底,省级公共图书馆(南京图书馆)的普通文献馆藏量为1 262.29万册件。

② 地市级馆

截至2021年底,江苏省16家地市级公共图书馆的普通文献馆藏总量为3 175.66万册件。地市级馆中普通文献馆藏量排名靠前的图书馆分别是：苏州图书馆(658.94万册件)、金陵图书馆(521.96万册件)、无锡市图书馆(366.08万册件)。

这些数据显示了江苏省各地市级公共图书馆在普通文献馆藏建设方面的显著差异。苏州图书馆、金陵图书馆和无锡市图书馆以其庞大的馆藏量在全省范围内脱颖而出,这反映出它们在文献收集、整理和保护方面所做的努力和投入。这些图书馆可能拥有更多的资源和资金来支持其馆藏的发展,也可能更加注重文献资源的丰富性和多样性。

③ 区县级馆

2018—2021年,江苏省100家区县级公共图书馆的普通文献馆藏量为9 197.03万册件。其中,苏州地区、南通地区、无锡地区普通文献馆藏量相对较多,分别为1 906.45万册件、1 126.39万册件、913.67万册件;常州地区、镇江地区、淮安地区普通文献馆藏量相对较少,分别为435.12万册件、421.57万册件、417.43万册件。

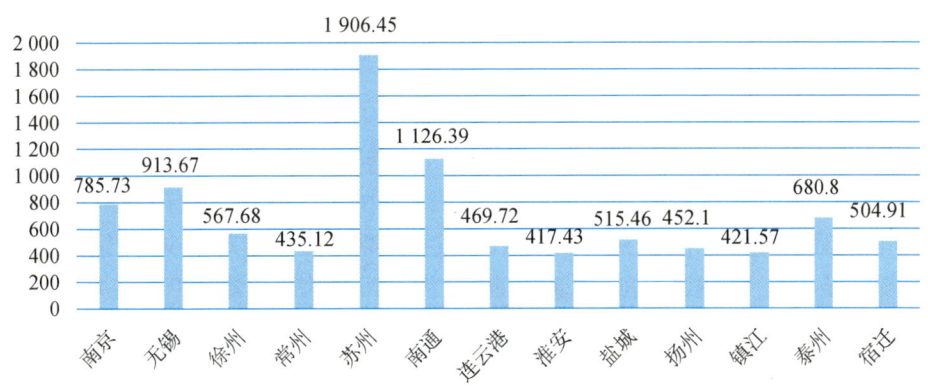

2018—2021年江苏省各地区区县级公共图书馆普通文献馆藏量对比分析

这些数据显示了江苏省各个地区在区县级公共图书馆馆藏方面的显著差异。苏州地区、南通地区和无锡地区的普通文献馆藏量相对较多,这可能与这些地区的经济发展、人口数量、教育水平和文化需求有关。这些地区的区县级公共图书馆可能拥有更多的资金和资源来购买和收藏图书和资料,以满足读者的需求。

相比之下,常州地区、镇江地区和淮安地区的普通文献馆藏量相对较少。这可能意味着这些地区的区县级公共图书馆在资源获取和分配方面面临一些挑战。然而,这并不意味着这些地区的区县级公共图书馆无法满足读者的需求,其可以通过与其他机构合作、开展资源共享等方式来弥补馆藏量的不足。

2. 数字资源建设情况分析

(1) 江苏省公共图书馆数字资源建设总体情况分析

2018—2021年,江苏省117家公共图书馆的自建数字资源总量为18 715 527条。其中自建数字资源总量排名靠前的地区为:无锡(4 203 632条)、连云港(3 332 840条)、南通(2 349 040条);排名靠后的地区为:淮安(369 734条)、扬州(252 539条)、泰州(62 224条)。

从这些数据中,我们可以明显看出江苏省内不同地区的公共图书馆在自建数字资源建设上的显著差异。无锡地区的公共图书馆以4 203 632条自建数字资源总量高居榜首,这显示出无锡地区在公共图书馆数字化建设上的明显优势。与此同时,连云港和南通地

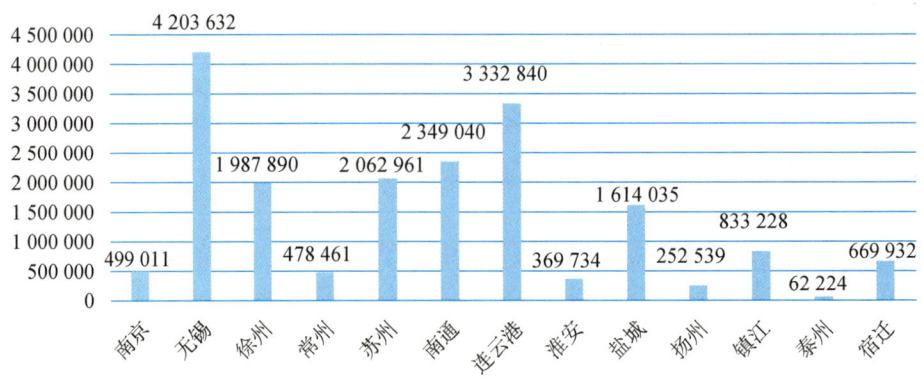

2018—2021 年江苏省各地区公共图书馆自建数字资源量对比分析

区也分别以 3 332 840 条和 2 349 040 条的数字资源总量紧随其后,表明这些地区在公共图书馆数字化方面也做出了显著的努力。同时,数据也反映出一些地区在自建数字资源建设上的不足。泰州地区的公共图书馆以 62 224 条的数字资源总量位列最后,与其他地区相比存在明显的差距。淮安和扬州地区的数字资源总量也相对较少,分别只有 369 734 条和 252 539 条。这可能意味着这些地区在公共图书馆的数字化建设上还需要加大投入,以提升其服务能力和水平。

(2)省市县标准级别公共图书馆自建数字资源量情况分析

① 省级馆

2018—2021 年,省级公共图书馆(南京图书馆)的自建数字资源量为 333 302 条。

② 地市级馆

2018—2021 年,江苏省 16 家地市级公共图书馆的自建数字资源总量为 4 665 715 条。地市级图书馆中自建数字资源量排名靠前的图书馆为:无锡市图书馆(3 371 687 条)、苏州图书馆(421 654 条)、淮安市图书馆(194 955 条)。

其中,无锡市图书馆在自建数字资源方面的投入和成果均显著领先于其他地市级图书馆,这可能与其地理位置、经济发展水平、政府支持力度等多方面因素有关。而苏州图书馆和淮安市图书馆也分别位列第二和第三,表明它们在数字化建设方面也取得了不俗的成绩。

③ 区县级馆

2018—2021 年,江苏省 100 家区县级公共图书馆的自建数字资源总量为 13 716 510 条。其中,连云港地区、南通地区、徐州地区区县级公共图书馆自建数字资源量相对较多,分别为 3 279 610 条、2 188 916 条、1 967 233 条;南京地区、扬州地区、泰州地区区县级公共图书馆自建数字资源量相对较少,分别为 129 769 条、61 337 条、6 403 条。从这些数据中,我们可以看出江苏省各个地区区县级公共图书馆在自建数字资源方面的差异。连云港地区在数字资源建设方面表现出色,远超其他地区,这可能与该地区的经济、文化等多方面因素有关。南通地区和徐州地区也表现出较强的数字资源建设能力,但相较于连云港地区仍有差距。

相比之下,南京地区、扬州地区和泰州地区区县级公共图书馆在自建数字资源方面则显得相对较弱。这可能是由于这些地区对数字资源建设重视不够、投入不足等原因所致。

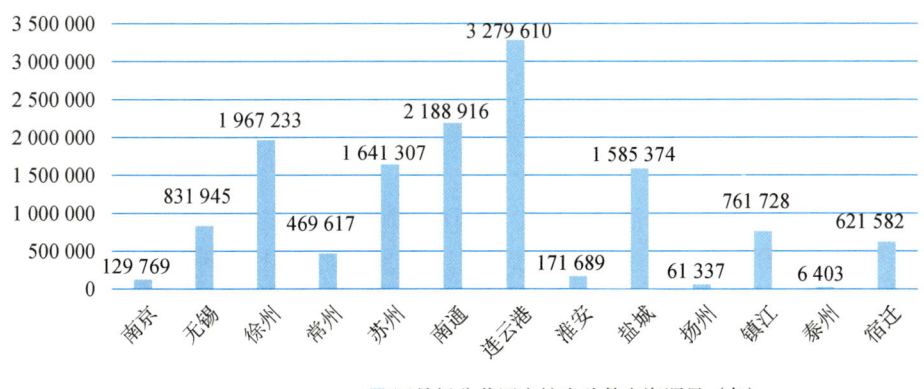

2018—2021 年江苏省各地区区县级公共图书馆自建数字资源量对比分析

四、江苏省公共图书馆保障条件分析

1. 经费保障分析

（1）江苏省公共图书馆财政拨款总体情况分析

2018—2021 年,江苏省 117 家公共图书馆的财政拨款额达 550 444.88 万元,年均财政拨款 137 611.22 万元,馆年均财政拨款 1 176.16 万元。

时间（年）	财政拨款额（万元）
2018	156 434.58
2019	145 207.47
2020	118 703.39
2021	130 099.44

（2）省市县标准级别公共图书馆财政拨款情况分析

① 省级馆

2018—2021 年,省级公共图书馆（南京图书馆）财政拨款总额为 86 906.2 万元,年均财政拨款为 21 726.55 万元。

② 地市级馆

2018—2021 年,地市级公共图书馆中财政拨款总额排名靠前的图书馆分别是：苏州图书馆（85 841.52 万元）、金陵图书馆（24 678.56 万元）、无锡市图书馆（15 671.92 万元）；排名靠后的图书馆分别是：宿迁市图书馆（3 201.2 万元）、连云港市少年儿童图书馆（2 094.84 万元）、淮安市少儿图书馆（1 806.85 万元）。

在深入分析这些数据后,我们可以发现江苏省地市级公共图书馆的财政拨款总额虽然普遍较高,但各城市之间的拨款金额却存在显著的差异。这种不均衡的现象可能源于多种因素,包括但不限于各地级市的经济实力、文化投入意愿、图书馆建设和发展规划等。

例如,苏州作为江苏省的经济强市,一方面,其图书馆获得的财政拨款总额远超其他城市,这可能与苏州强大的经济基础和高度重视文化事业发展的理念有关。另一方面,像宿迁这样的城市,其图书馆财政拨款总额相对较低,可能与其经济相对滞后,或者对文化事业的投入优先级设定有关。

这种不均衡的拨款情况可能会对各个图书馆的服务质量和发展产生深远影响。财政拨款多的图书馆可能有更多的资金用于图书采购、设备更新、员工培训等方面,从而能提高服务质量,提升读者满意度。而财政拨款少的图书馆,可能会面临资金短缺的问题,影响图书馆的正常运营和发展。

③ 区县级馆

2018—2021年,江苏省区县级公共图书馆中财政拨款总额排名靠前的地区分别是:苏州(61 401.31万元)、南京(39 599.2万元)、南通(23 346.02万元);排名靠后的地区分别是:镇江(8 792.7万元)、淮安(7 384.05万元)、连云港(5 432.38万元)。

从这些数据可以看出,苏州的区县级公共图书馆在财政拨款方面得到了最多的支持,总额为61 401.31万元,远超其他城市。南京和南通分别位列第二和第三,但它们的财政拨款总额与苏州相比仍有较大差距。相比之下,镇江、淮安和连云港地区的区县级公共图书馆在财政拨款方面得到的支持较少,尤其是连云港市,其区县级公共图书馆的财政拨款总额仅为5 432.38万元,远低于其他城市。

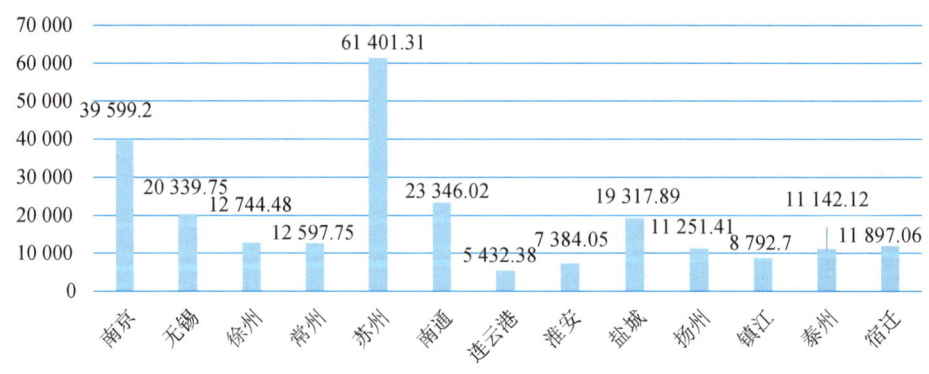

2018—2021年江苏省各地区区县级公共图书馆年财政拨款总额对比分析

2. 文献保障分析

(1) 江苏省公共图书馆年人均新增文献入藏量总体情况分析

2018—2021年,江苏省116家(省级馆没有此指标数据)公共图书馆的年人均新增文献入藏量为0.28册件。排名前三的地区分别是扬州、南通、苏州;排名靠后的地区分别是宿迁、泰州、常州。

(2) 市县标准级别公共图书馆年人均新增文献入藏量情况分析

① 地市级馆

2018—2021年,江苏省13家地市级公共图书馆的年人均新增文献入藏量为1.8册件。

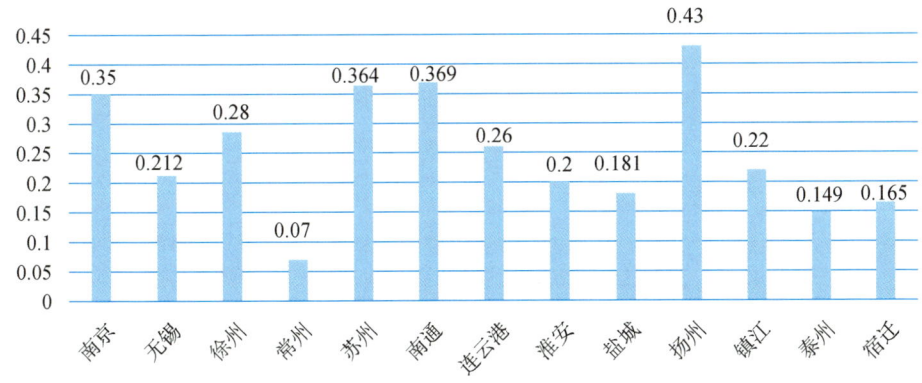

2018—2021年江苏省各地区公共图书馆年人均新增文献入藏量对比分析

地市级公共图书馆中年人均新增文献入藏量排名靠前的图书馆为：扬州市图书馆、连云港市图书馆、宿迁市图书馆；排名靠后的图书馆为：泰州市图书馆、金陵图书馆、盐城市图书馆、南通市图书馆。

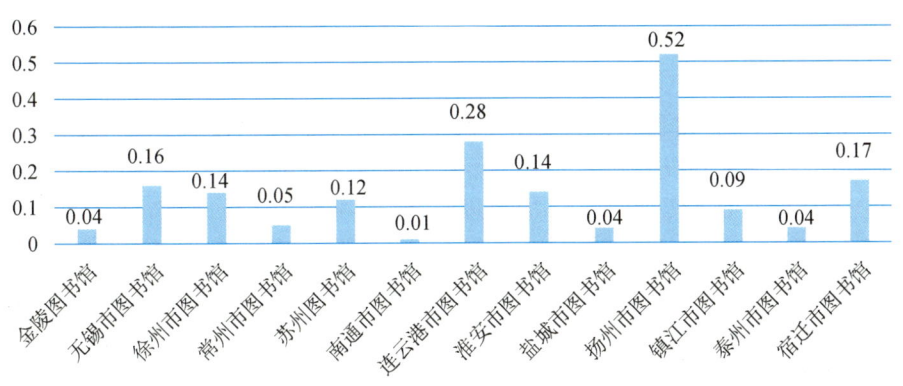

2018—2021年江苏省各地区市级公共图书馆年人均新增文献入藏量对比分析

在江苏省地市级公共图书馆中，扬州市图书馆、连云港市图书馆和宿迁市图书馆在年人均新增文献入藏量方面的表现尤为突出，排名位居前列。扬州市图书馆凭借其丰富的藏书资源和持续更新的文献资源，成为读者心中的知识宝库。连云港市图书馆则凭借其独特的地理位置和海洋文化特色，吸引了大量对海洋文化感兴趣的读者。宿迁市图书馆虽然地处苏北地区，但其文献资源的丰富程度和更新速度并不逊色于其他城市，为读者提供了广泛的选择。

② 区县级馆

2018—2021年，江苏省区县级公共图书馆中年人均新增文献入藏量排名靠前的地区分别是：南京（4.18册件）、苏州（3.85册件）、徐州（3.56册件）；排名靠后的地区分别是：淮安

(1.33册件)、宿迁(0.82册件)、常州(0.5册件)。

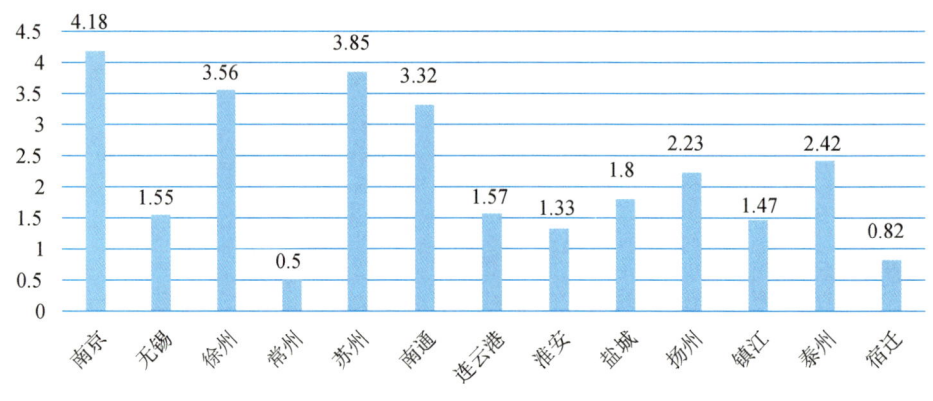

2018—2021年江苏省各地区区县级公共图书馆年人均新增文献入藏量对比分析

在2018—2021年,南京、苏州和徐州这三个地区在区县级公共图书馆中年人均新增文献入藏量方面表现出色,位居前列。南京以4.18册件的优异成绩位列第一,显示出其在文献资源建设上的高度重视和投入。苏州紧随其后,以3.85册件的成绩位列第二,同样展现出其在文献资源建设方面的强劲实力。徐州则以3.56册件的成绩位列第三,虽然与前两名存在差距,但也表现出其在文献资源建设上的不懈努力。

与此同时,我们也看到了一些地区在文献资源建设方面还存在一定的差距。淮安、宿迁和常州这三个地区在区县级公共图书馆中年人均新增文献入藏量排名靠后,这表明这些地区在文献资源建设方面还需要进一步加强投入,增加提升其质量,以满足广大读者的阅读需求。

针对这种情况,我们建议这些排名靠后的地区应该加强对文献资源建设的重视和投入,制定科学合理的文献资源建设规划,加大资金投入,优化资源配置,提高文献资源的数量和质量。同时,还可以通过与高校、科研机构等合作,共同推动文献资源建设的发展,提升公共图书馆的服务水平和影响力。

(3)江苏省公共图书馆普通参考咨询总体情况分析

2018—2021年,江苏省110家公共图书馆的普通参考咨询总量为10 243 020次。排名前三的地区分别是南京、无锡、苏州;排名靠后的地区分别是淮安、常州、泰州。

在这四年间,江苏省公共图书馆在为广大读者提供服务和支持方面做出了显著贡献。参考咨询总量的庞大数字,不仅代表了图书馆繁忙的工作状态,更是反映了广大读者对于知识、信息和文化的渴求。南京作为江苏省的省会,其公共图书馆的参考咨询量位居榜首,这与其丰富的文化资源和较高的文化需求密不可分。无锡和苏州紧随其后,这两座城市的公共图书馆在提供精细化、个性化服务方面表现出色,赢得了广大读者的信赖和好评。

相比之下,淮安、常州和泰州的公共图书馆在参考咨询量上排名靠后。这可能与这些地区的经济发展水平、文化消费习惯以及图书馆的服务水平等因素有关。为了进一步提升服务质量和影响力,这些地区的公共图书馆可以借鉴南京、无锡、苏州等地的成功经验,加强自身的资源整合和服务创新,以满足更多读者的需求。

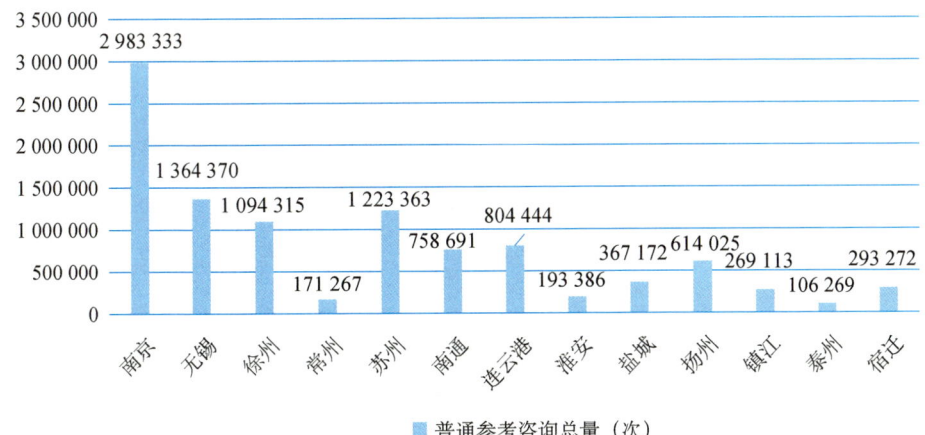

2018—2021 年江苏省各地区公共图书馆普通参考咨询总量对比分析

(4) 市县标准级别公共图书馆普通参考咨询情况分析

① 地市级馆

2018—2021 年,江苏省 13 家地市级公共图书馆的普通参考咨询总量为 3 804 443 次。地市级公共图书馆中普通参考咨询总量排名靠前的图书馆为:金陵图书馆、无锡市图书馆、连云港市图书馆;排名靠后的图书馆为:泰州市图书馆、宿迁市图书馆、徐州市图书馆。

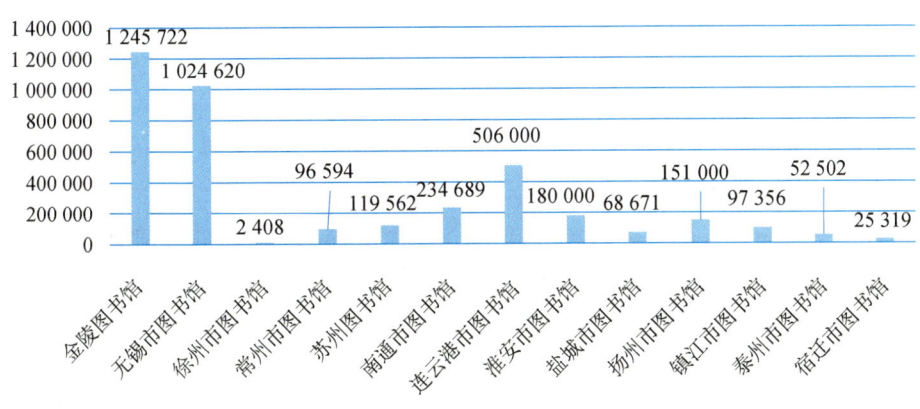

2018—2021 年江苏省各地区地市级公共图书馆普通参考咨询总量对比分析

在这四年间,江苏省的地市级公共图书馆在普通参考咨询方面呈现出了显著的活跃态势,总计 3 804 443 次的咨询量,不仅展现了公众对于图书馆信息服务的强烈需求,也突显了图书馆在提供知识服务、解答读者疑问方面的重要作用。

具体来看,金陵图书馆、无锡市图书馆、连云港市图书馆在普通参考咨询总量上名列前茅,这几家公共图书馆在信息服务的质量和效率上显然有着出色的表现。他们可能拥有更加完善的信息资源体系、更专业的咨询团队以及更高效的服务流程,从而能够为广大读者提供更加准确、及时、有用的参考咨询服务。

相对而言,泰州市图书馆、宿迁市图书馆、徐州市图书馆在普通参考咨询总量上排名较为靠后。这并不意味着这些图书馆的服务质量低下,可能是由于其地理位置、资源投入、读者群体等多方面因素的综合影响。对于这些图书馆来说,如何在保持自身优势的基础上,进一步提升信息服务质量,吸引更多的读者前来咨询,将是他们未来需要努力的方向。

② 区县级馆

2018—2021年,区县级公共图书馆中普通参考咨询总量排名靠前的地区分别是:苏州(1 103 801次)、徐州(1 091 907次)、南通(524 002次);排名靠后的地区分别是:常州(74 673次)、泰州(53 767次)、淮安(13 386次)。

2018—2021年江苏省各地区区县级公共图书馆普通参考咨询总量对比分析

这些数据显示了不同地区的区县级公共图书馆在参考咨询方面的活跃程度。苏州以高达1 103 801次的咨询量遥遥领先,这可能与该地区的经济发展水平、文化氛围以及公共图书馆的服务质量等多种因素有关。徐州紧随其后,咨询量也达到了1 091 907次,显示出该地区对公共图书馆参考咨询服务的强烈需求。南通则以524 002次的咨询量位列第三,虽然与前两者相比有一定差距,但仍然是一个相当可观的数字。

相比之下,常州、泰州和淮安等地区的咨询量则相对较少。常州以74 673次的咨询量位列倒数第三,泰州和淮安则分别以53 767次和13 386次的咨询量排在最后两位。这可能与这些地区的经济发展水平、人口规模、文化氛围以及公共图书馆的服务水平等因素有关。

值得注意的是,尽管排名靠后的地区咨询量相对较少,但这并不意味着这些地区的公共图书馆在参考咨询服务方面没有亮点。相反,这些地区的图书馆可能也在努力提升服务质量,吸引更多读者前来咨询。因此,在评价一个地区的公共图书馆参考咨询服务时,我们不仅要关注咨询量的多少,还要综合考虑其他因素,如服务质量、读者满意度等。

3. 建筑设施保障分析

(1) 江苏省公共图书馆建筑面积总体情况分析

江苏省公共图书馆建筑面积统计反映公共图书馆基础设施建设的强弱情况,并能间接反映馆舍环境的好坏。截至2021年底,江苏省110家公共图书馆的建筑面积共有192.67万平方米。

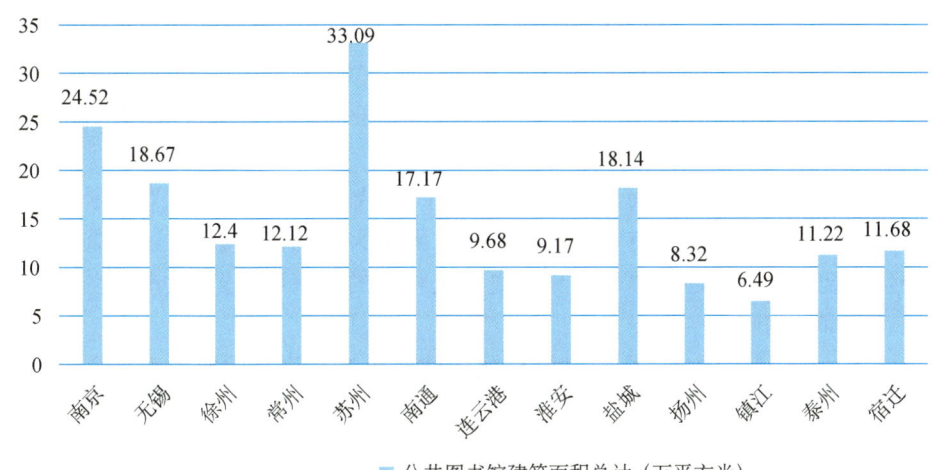

2021 年江苏省各地区公共图书馆建筑面积对比分析

(2) 省市县标准级别公共图书馆建筑面积情况分析

① 省级馆

截至 2021 年底,省级公共图书馆(南京图书馆)建筑面积为 9.84 万平方米。

② 地市级馆

截至 2021 年底,江苏省 16 家地市级公共图书馆的建筑总面积为 49.38 万平方米。建筑面积排名靠前的图书馆分别是:苏州图书馆(9.32 万平方米)、金陵图书馆(4.64 万平方米)、连云港市图书馆(4.45 万平方米)。地市级图书馆中建筑面积较少的图书馆分别是:扬州市少年儿童图书馆(1.31 万平方米)、淮安市少儿图书馆(0.82 万平方米)、连云港市少年儿童图书馆(0.64 万平方米)。

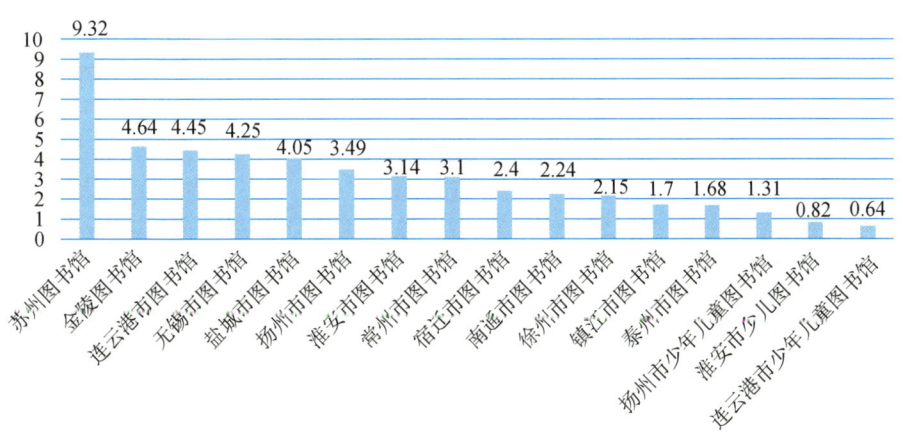

2018—2021 年江苏省副省级/地市级公共图书馆建筑面积对比分析

这些图书馆不仅在建筑面积上有所不同,更在藏书量、服务水平、活动多样性等方面展现出了各自独特的魅力。

苏州图书馆,作为地市级公共图书馆中的佼佼者,其建筑面积达到了惊人的 9.32 万平方米。这不仅为读者提供了宽敞舒适的阅读空间,而且使得图书馆有能力收藏更为丰富的书籍资源。从古典文学到现代科技,从国内名著到世界经典,苏州图书馆的藏书几乎涵盖了各个领域。同时,该馆还积极开展各类文化活动,如讲座、展览、读书会等,吸引了大量市民和游客前来参与。

金陵图书馆则以其深厚的历史文化底蕴吸引了无数读者。4.64万平方米的建筑面积保证了图书馆的藏书量和活动空间。这里不仅收藏了大量的古籍善本,还注重现代文献的收藏和更新。金陵图书馆还经常举办与历史文化相关的讲座和展览,让市民在阅读中感受到南京这座古都的韵味。

相比之下,连云港市图书馆则以其现代化的建筑风格和先进的服务理念赢得了读者们的喜爱。4.45万平方米的建筑面积使得图书馆具备了现代化的设施和服务,如自助借还书系统、电子阅览室等。该馆还注重与读者的互动,经常举办亲子阅读、绘本讲座等活动,为市民提供了丰富多彩的文化体验。

③ 区县级馆

截至2021年底,江苏省100家区县级公共图书馆的总建筑面积为142.213万平方米。江苏省各地区的区县级馆总建筑面积总量排名靠前的地区有:苏州(27.98万平方米)、南通(15.29万平方米)、盐城(14.09万平方米);排名靠后的地区有:扬州(6.123万平方米)、连云港(5.23万平方米)、镇江(4.7万平方米)。

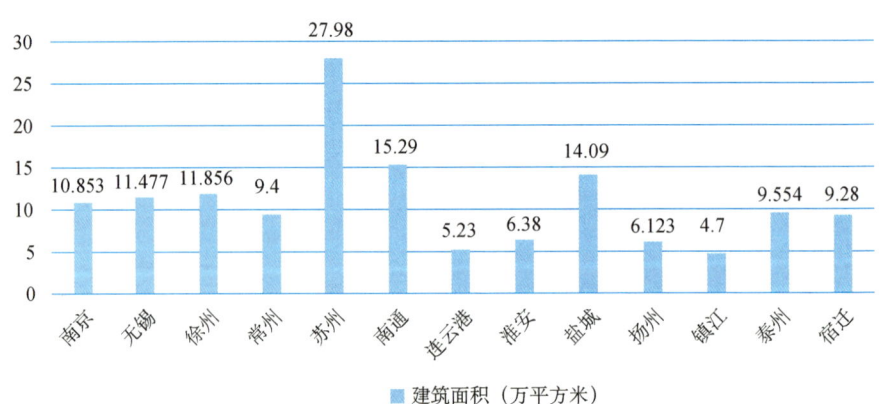

2021年江苏省各地区区县级公共图书馆建筑面积对比分析

从这些数据中,我们可以看出江苏省各区县级公共图书馆在建筑面积上存在一定的差异。排名前三的苏州市、南通市和盐城市,其建筑面积均超过了10万平方米,显示出这些地区对于公共图书馆建设的重视和投入。

4. 人员保障分析

(1) 江苏省公共图书馆工作人员数量情况分析

江苏省公共图书馆工作人员数量统计反映出公共图书馆的人员配备情况,截至2021年底,江苏省117家公共图书馆工作人员总数为5 304人。

(2) 省市县标准级别公共图书馆工作人员数量情况分析

① 省级馆

截至2021年底,省级公共图书馆(南京图书馆)工作人员数量为723人。

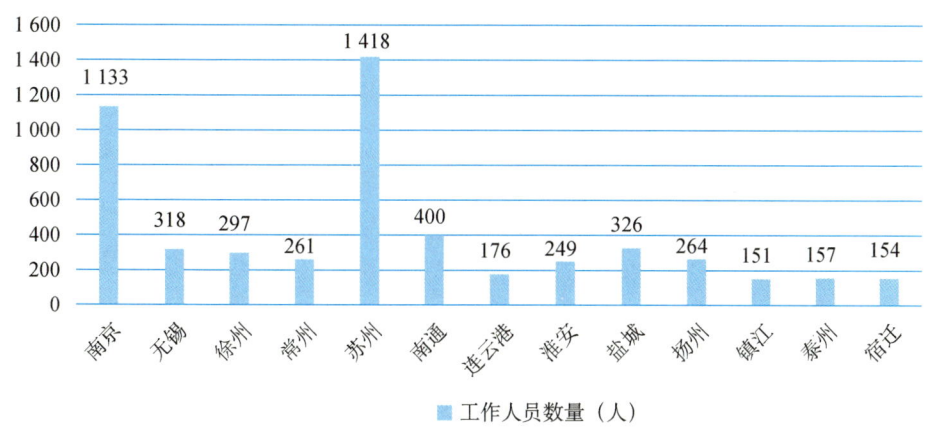

2021 年江苏省各地区公共图书馆工作人员数量对比分析

② 地市级馆

截至 2021 年底，江苏省 16 家地市级公共图书馆工作人员总数为 1 608 人。

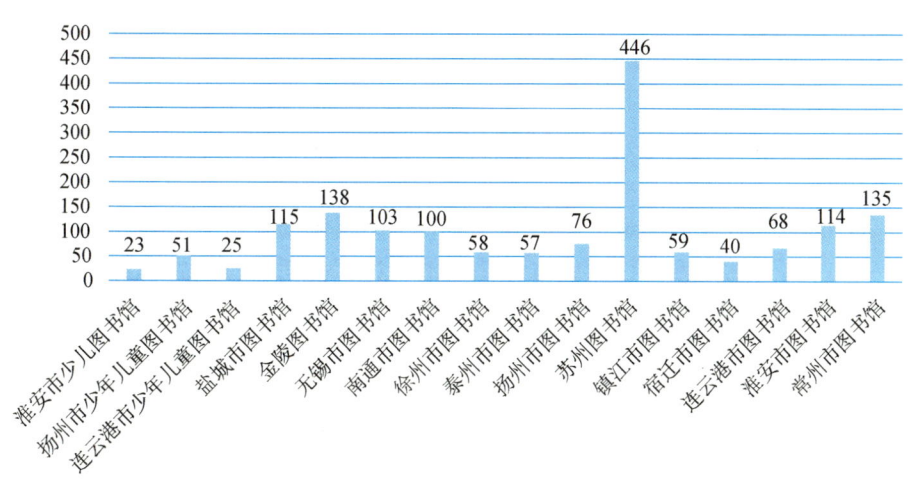

2021 年江苏省地市级公共图书馆工作人员数量对比分析

地市级公共图书馆中，工作人员较多的图书馆有苏州图书馆（446 人）、金陵图书馆（138 人）、常州市图书馆（135 人）；工作人员数量较少的图书馆有宿迁市图书馆（40 人）、连云港市少年儿童图书馆（25 人）、淮安市少儿图书馆（23 人）。

这些图书馆在人员配置上展现出多样化的特点，反映出各地对公共文化服务重视程度的差异。在人员规模方面，苏州图书馆以 446 人的团队位居榜首，显示出其在公共文化服务领域的强大实力和广泛影响力。金陵图书馆和常州市图书馆分别以 138 人和 135 人的规模紧随其后，这两家图书馆也在各自的区域内扮演着文化引领者的角色。

③ 区县级馆

截至 2021 年底，江苏省共 100 家区县级公共图书馆工作人员数量总计为 2 973 人。

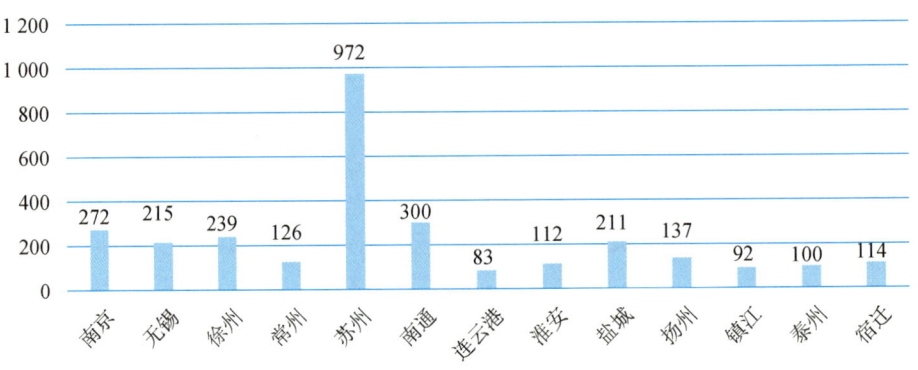

2021年江苏省各地区区县级公共图书馆工作人员数量对比分析

以各区县级公共图书馆工作人员数量情况为基础,得出排名前三的地区分别为:苏州(972人)、南通(300人)、南京(272人);排名靠后的地区分别为:泰州(100人)、镇江(92人)、连云港(83人)。

从这些数据可以看出,江苏省区县级公共图书馆的工作人员数量存在着一定的地区差异。苏州作为江苏省的经济中心之一,其区县级公共图书馆的工作人员数量最多,高达972人,远超过其他地区的数量。南通和南京分别位列第二和第三,但其工作人员数量也远低于苏州。

相反,连云港、镇江和泰州地区的区县级公共图书馆工作人员数量则相对较少,分别为83人、92人和100人。这些地区的区县级公共图书馆可能面临着人力资源短缺的问题,需要加大人力投入,提高服务质量。

(3) 江苏省公共图书馆大学专科及以上学历工作人员占比情况分析

江苏省公共图书馆大学专科及以上学历工作人员占比统计反映出公共图书馆的人员情况,截至2021年底,江苏省117家公共图书馆大学专科及以上学历工作人员占比均值为88.86%。

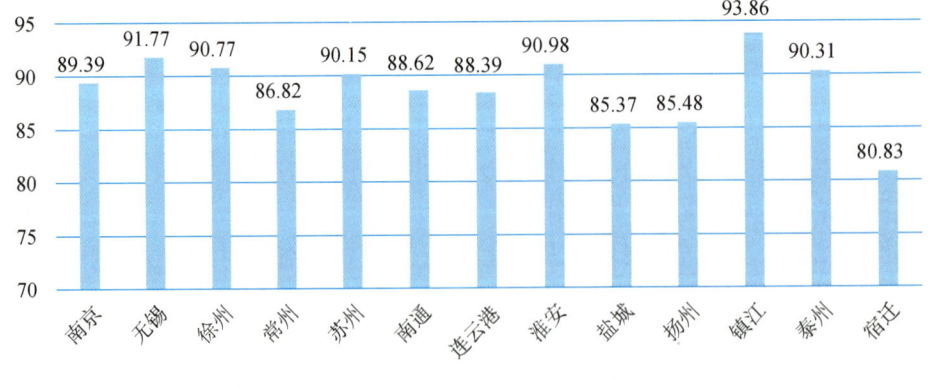

2021年江苏省各地区公共图书馆大学专科及以上学历工作人员占比分析

江苏省公共图书馆大学专科及以上学历工作人员占比统计结果揭晓,该数据全面反映了公共图书馆的人员配置情况,显示出公共图书馆在人才队伍建设上的显著成效。这一统计结果充分表明了江苏省公共图书馆在人员选拔和培养方面的高度重视和严格要求。高素质的工作人员队伍为图书馆提供了坚实的智力支持和专业保障,推动了图书馆服务质量的持续提升和信息资源的高效管理。同时,随着信息技术的快速发展和数字化时代的深入推进,公共图书馆对于人才的需求也在不断变化。具备高学历和专业技能的工作人员能够更好地适应这些变化,掌握新技术和新知识,为图书馆的数字化转型和创新发展提供有力的人才支撑。

(4) 省市县标准级别公共图书馆大学专科及以上学历工作人员占比情况分析

① 省级馆

截至2021年底,省级公共图书馆(南京图书馆)大学专科及以上学历工作人员占比为87.66%。

② 地市级馆

截至2021年底,江苏省地市级公共图书馆中的大学专科及以上学历的工作人员占比均值为76.39%。这一数据表明,江苏省公共图书馆在人才引进和培养方面已经取得了显著的成绩。大部分图书馆都能够吸引到具备较高学历的人才,为图书馆事业的发展提供了坚实的人才保障。在众多地市级公共图书馆中,金陵图书馆、扬州市图书馆和徐州市图书馆等几家图书馆的大学专科及以上学历工作人员占比相对较高,分别达到了89.13%、86.84%和86.8%。这些图书馆之所以能够在人才引进方面取得如此优异的成绩,一方面得益于其优厚的福利待遇和职业发展前景,吸引了大量优秀人才;另一方面,这些图书馆也注重内部人才的培养和提升,通过定期开展业务培训、学术交流等活动,不断提高员工的业务水平和综合素质。

然而,也有一些图书馆的大学专科及以上学历工作人员占比相对较低,如泰州市图书馆、常州市图书馆和苏州图书馆,占比分别为64.9%、64.29%和62.11%。这些图书馆在人才引进和培养方面可能存在一定的困难和挑战,需要加大力度改善和提升。例如,可以通过提高薪酬待遇、优化招聘流程、加强内部培训等方式,吸引更多优秀人才加入,同时提升现有员工的业务能力和综合素质。

③ 区县级馆

截至2021年底,江苏省100家区县级公共图书馆大学专科及以上工作人员占比均值为90.1%。

以各区县级公共图书馆工作人员数量情况为基础,得出排名前三的地区分别为:镇江(96.50%)、淮安(95.83%)、泰州(94.54%);排名靠后的地区分别为:南通(88.91%)、盐城(87.03%)、宿迁(81%)。

这一数据反映了江苏省区县级公共图书馆在人力资源配置上的高水平,特别是大学专科及以上工作人员的占比均值高达90.1%,显示出这些图书馆对于专业知识的重视和投入。这样的配置无疑为图书馆提供了强大的知识服务能力和运营效率。

镇江、淮安和泰州地区的区县级公共图书馆在工作人员配置上表现得尤为出色,其大学专科及以上工作人员的占比均超过了94%,位居全省前三。这表明这些地区在图书馆建设和发展上,不仅注重硬件设施的提升,也重视人才的引进和培养。这样的投入对于提升图书

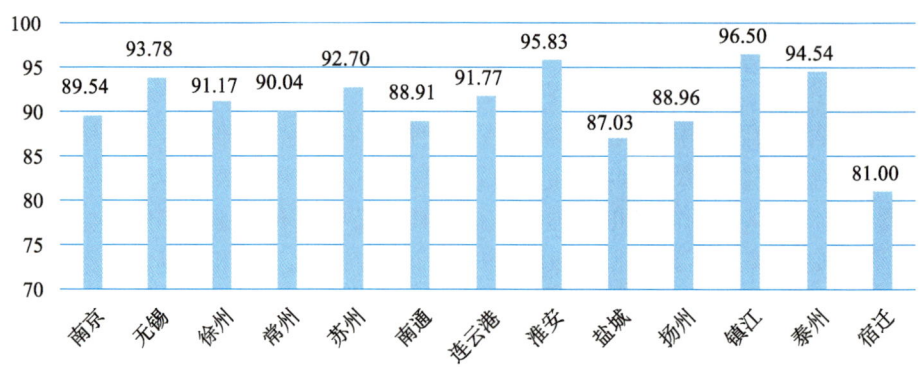

2021年江苏省各地区区县级公共图书馆大学专科及以上工作人员占比分析

馆的服务质量,满足广大读者的阅读需求,具有非常重要的意义。南通、盐城和宿迁地区的区县级公共图书馆在大学专科及以上工作人员的占比上相对较低,其中宿迁市更是只有81%,低于全省均值。这可能意味着这些地区在区县级公共图书馆人才队伍建设上存在一定的短板,需要加大人才引进和培养的力度,以提升图书馆的服务能力和水平。

江苏省区县级公共图书馆在人力资源配置上表现出色,但也存在一些地区需要进一步提升。未来,各地区应继续加大对图书馆的投入,优化人才结构,提升服务质量,以满足广大读者的阅读需求,推动公共图书馆事业的持续发展。

(5) 省市县标准级别公共图书馆中级职称及以上工作人员占比情况分析

① 省级馆

截至2021年底,省级公共图书馆(南京图书馆)中级职称及以上工作人员占比为33.95%。

② 地市级馆

截至2021年底,江苏省地市级公共图书馆中级职称及以上工作人员占比排名前三的图书馆分别是连云港市图书馆(34.2%)、连云港市少年儿童图书馆(33.3%)和盐城市图书馆(31.25%)。

在江苏省地市级公共图书馆中,中级职称及以上工作人员的占比呈现出一定的不均衡现象。连云港市图书馆以34.2%的占比高居榜首,显示出该图书馆在人才队伍建设方面具有较强的实力和优势。连云港市少年儿童图书馆和盐城图书馆分别以33.3%和31.25%的占比紧随其后,也显示出这些图书馆在人才引进和培养方面取得了不错的成绩。

从整个江苏省地市级公共图书馆的角度来看,各图书馆之间在中级职称及以上工作人员占比方面存在一定的差异,这也反映了各图书馆在人才队伍建设方面的发展水平和综合实力。为了促进整个江苏省地市级公共图书馆事业的协调发展,各图书馆需要进一步加强交流和合作,共同推动人才队伍建设的进步和提升。

③ 区县级馆

截至2021年底,江苏省区县级公共图书馆中级职称及以上工作人员占比排名前三的地区分别是常州(84.95%)、连云港(71.95%)和无锡(70.81%);排名比较靠后的地区分别是淮安(57%)、泰州(54.27%)和宿迁(48.74%)。

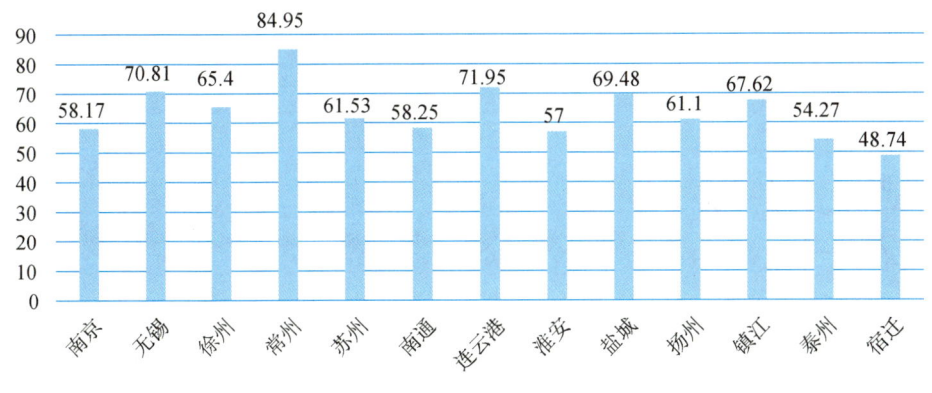

2021 年江苏省各地区区县级公共图书馆中级职称及以上工作人员占比分析

这些数据提醒我们,尽管江苏省整体在公共图书馆人才队伍建设上取得了一定的成绩,但不同地区之间仍然存在明显的差距。这种差距可能会影响到各区县级公共图书馆的服务质量和运营效率。因此,对于那些占比相对较低的地区,应当加强对公共图书馆人才队伍的建设,提高中级职称及以上工作人员的占比,以提升公共图书馆的服务水平和运营效率。

通过对比江苏省各区县公共图书馆中级职称及以上工作人员的占比情况,我们可以发现不同地区在人才队伍建设上存在的差距。为了提升公共图书馆的服务水平和运营效率,各地区应当积极采取措施,加强人才队伍建设,缩小这一差距。

(6) 省市县标准级别公共图书馆专业技术人员占比情况分析

① 省级馆

截至 2021 年底,省级公共图书馆(南京图书馆)专业技术人员占比为 93.95%。

② 地市级馆

截至 2021 年底,江苏省 13 家地市级公共图书馆专业技术人员占比排名前三的图书馆分别是连云港市图书馆(100%)、淮安市图书馆(94.5%)和南通市图书馆(92%);排名比较靠后的分别是徐州市图书馆(81%)、苏州图书馆(80.33%)和无锡市图书馆(80.3%),总体来看占比还是比较均衡的。

由此我们还可以发现,尽管江苏省各地级市的公共图书馆专业技术人员占比存在一定的差异,但从整体来看,这些图书馆的占比还是相对均衡的。这反映出江苏省在公共图书馆建设上,对于专业技术人员的配置给予了足够的重视,确保了图书馆在运营和服务上的专业性和质量。

具体来看,连云港市图书馆以 100% 的专业技术人员占比位居榜首,这显示出连云港市在公共图书馆建设和运营上的决心和力度。淮安市图书馆和南通市图书馆分别以 94.5% 和 92% 的占比紧随其后,同样显示出这两座城市在图书馆专业技术人员配备上的重视。尽管徐州市图书馆、苏州图书馆和无锡市图书馆在专业技术人员占比上排名相对靠后,但他们的占比也都在 80% 以上,这表明这些城市的公共图书馆在专业技术人员配备上仍然保持了较高的水平。

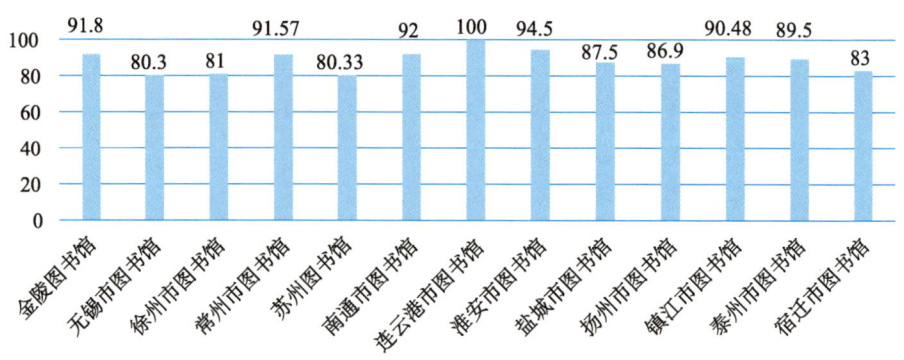

2021 年江苏省地市级公共图书馆专业技术人员占比分析

江苏省各地市级的公共图书馆在专业技术人员配备上呈现出均衡、稳定的发展态势。这对于推动公共图书馆事业的健康发展,提升图书馆服务质量和水平,满足广大市民的阅读需求具有重要意义。我们期待在未来,江苏省的公共图书馆能够在专业技术人员的配备上继续保持这种良好的发展态势,为广大市民提供更加优质、高效的服务。

③ 区县级馆

截至 2021 年底,江苏省 96 家区县级公共图书馆专业技术人员占比排名前三的地区分别是连云港(97.22%)、盐城(94.15%)和常州(93.19%);排名比较靠后的地区分别是南京(86%)、徐州(84.57%)和宿迁(79.85%),总体来看没有拉开很大的差距。

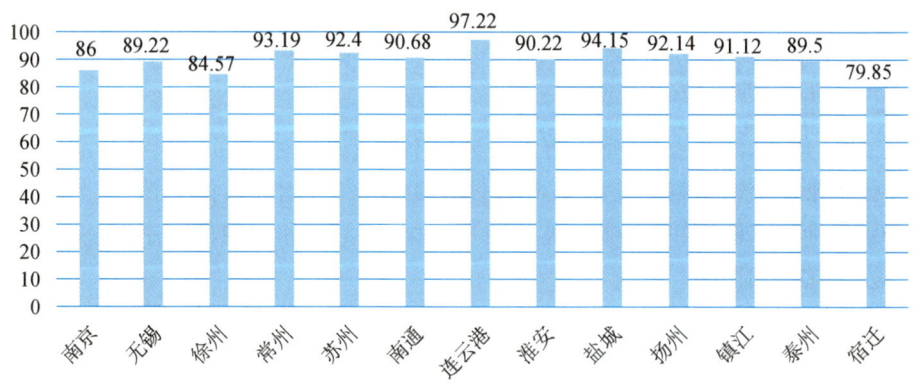

2021 年江苏省各地区区县级公共图书馆专业技术人员占比分析

经过对这份数据的深入剖析,我们可以发现一些令人瞩目的趋势。首先,连云港地区区县级公共图书馆在专业技术人员配备方面表现得尤为突出,以 97.22% 的占比高居全省首位。这一数据充分证明了连云港市在区县级公共图书馆管理和服务领域对专业技术人才的重视,这无疑为提升图书馆服务质量和效率奠定了坚实基础。盐城和常州地区区县级公共图书馆的专业技术人员占比亦相当可观,分别为94.15%和93.19%,位列全省第二和第三。这反映出这两个地区同样认识到专业技术人员在区县级公共图书馆建设和发展中的关键作用,并给予了相应的重视。

总体看来,江苏省各地区在区县级公共图书馆专业技术人员占比方面虽有所差异,但差距并不显著。这表明,无论是占比高的地区还是相对较低的地区,都在区县级公共图书馆建设和发展方面付出了积极努力。展望未来,我们期待各地区在巩固现有优势的基础上,继续加强专业技术人才的培育与引进,从而推动区县级公共图书馆服务质量和效率的全面提升。

核心指标分析

一、省级公共图书馆必备条件分析

1. 年文献外借量

2018—2021 年,省级公共图书馆(南京图书馆)文献外借总量为 514.62 万册次。

2. 年财政拨款总额

2018—2021 年,省级公共图书馆(南京图书馆)年财政拨款总额为 86 906.2 万元。

3. 普通文献馆藏量

2018—2021 年,省级公共图书馆(南京图书馆)普通文献馆藏量为 1 262.29 万册件。

4. 建筑面积

2018—2021 年,省级公共图书馆(南京图书馆)建筑面积为 9.84 万平方米。

二、地市级公共图书馆必备条件分析

1. 年文献外借量

2018—2021 年,地市级公共图书馆文献外借总量为 4 627.79 万册次。

文献外借量排名靠前的地市级公共图书馆分别是:苏州图书馆(1 249.67 万册次)、无锡市图书馆(385.74 万册次)、南通市图书馆(383.55 万册次);文献外借量相对较少的地市级公共图书馆分别是:扬州市图书馆(101.1 万册次)、徐州市图书馆(116.61 万册次)、宿迁市图书馆(129.79 万册次)。由以上数据可得,地市级公共图书馆间文献外借量差距很大,主要是受各设区市经济发展水平和人口数量的差异影响。

2. 年财政拨款总额

2018—2021 年,地市级公共图书馆年财政拨款总额为 218 292.56 万元。

年财政拨款总额排名靠前的地市级公共图书馆分别是:苏州图书馆(85 841.52 万元)、金陵图书馆(24 678.56 万元)、无锡市图书馆(15 671.92 万元);排名靠后的地市级公共图书馆有:淮安市少儿图书馆(1 806.85 万元)、连云港市少年儿童图书馆(2 094.84 万元)、宿迁市图书馆(3 201.2 万元)。

3. 普通文献馆藏量

截至 2021 年底,江苏省 16 家地市级公共图书馆的普通文献馆藏总量为 3 175.66 万册件。

普通文献馆藏量排名靠前的地市级公共图书馆分别是：苏州图书馆(658.94万册件)、金陵图书馆(521.96万册件)、无锡市图书馆(366.08万册件)；普通文献馆藏量较少的地市级公共图书馆分别是：连云港市少年儿童图书馆(40.72万册件)、淮安市少儿图书馆(50.38万册件)、扬州市少年儿童图书馆(68.77万册件)。

4. 建筑面积

截至2021年底，江苏省16家地市级公共图书馆的建筑总面积为49.38万平方米。建筑面积排名靠前的图书馆分别是：苏州图书馆(9.32万平方米)、金陵图书馆(4.64万平方米)、连云港市图书馆(4.45万平方米)。建筑面积较少的地市级公共图书馆分别是：扬州市少年儿童图书馆(1.31万平方米)、淮安市少儿图书馆(0.82万平方米)、连云港市少年儿童图书馆(0.64万平方米)。

三、区县级公共图书馆必备条件分析

1. 年文献外借量

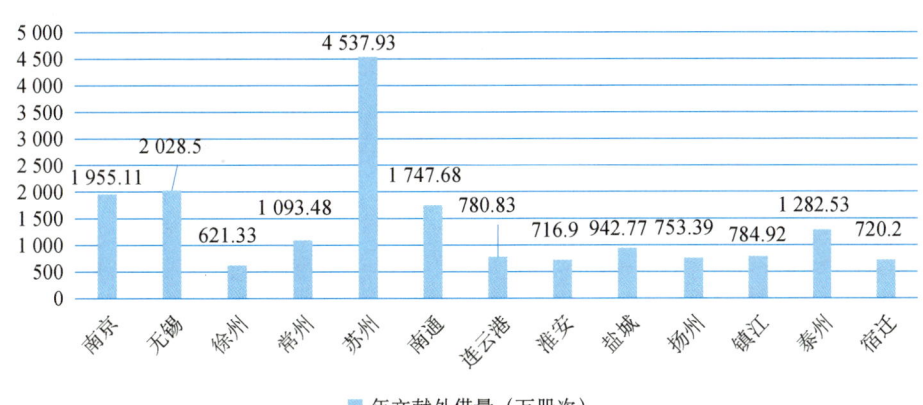

2018—2021年江苏省各地区区县级公共图书馆年文献外借量对比分析

2018—2021年，江苏省100家区县级公共图书馆的文献外借总量为17 965.57万册次。江苏省各地区的区县级馆文献外借总量排名靠前的地区有：苏州(4 537.93万册次)、无锡(2 028.5万册次)、南京(1 955.11万册次)；排名靠后的地区有：宿迁(720.2万册次)、淮安(716.9万册次)、徐州(621.33万册次)。

区县级公共图书馆中，苏州工业园区图书馆文献外借总量排名第一，为1 178.97万册次。

2. 年财政拨款总额

2018—2021年，江苏省100家区县级公共图书馆的财政拨款总额为245 246.12万元。江苏省各地区区县级馆财政拨款总额排名靠前的地区有：苏州(61 401.31万元)、南京(39 599.2万元)、南通(23 346.02万元)；排名靠后的地区有：镇江(8 792.7万元)、淮安

(7 384.05万元)、连云港(5 432.38万元)。

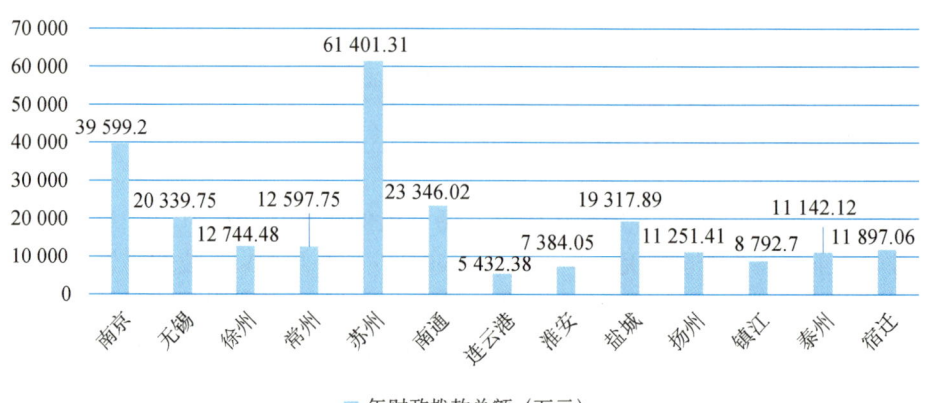

2018—2021年江苏省各地区区县级公共图书馆年财政拨款总额对比分析

区县级公共图书馆中,张家港市图书馆财政拨款总额排名第一,为9 049.43万元。

3. 普通文献馆藏量

截至2021年底,江苏省100家区县级公共图书馆的普通文献馆藏总量为9 197.03万册件。江苏省各地区区县级馆普通文献馆藏总量排名靠前的地区有:苏州(1 906.45万册件)、南通(1 126.39万册件)、无锡(913.67万册件);排名靠后的地区有:常州(435.12万册件)、镇江(421.57)、淮安(417.43万册件)。

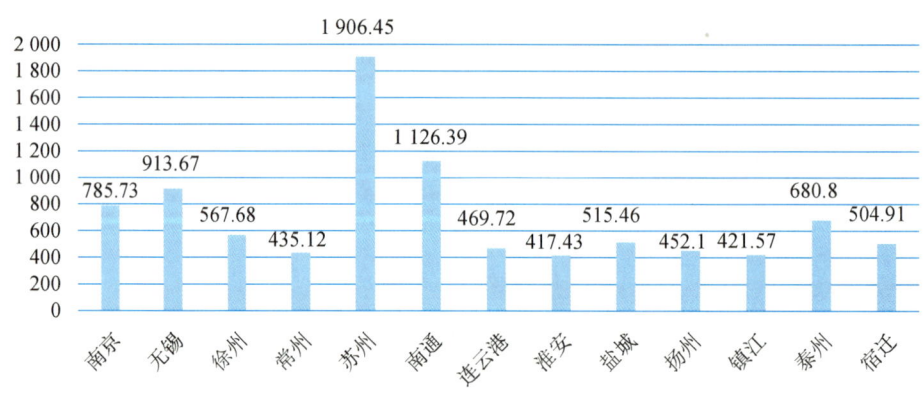

2021年江苏省各地区区县级公共图书馆普通文献馆藏量对比分析

区县级公共图书馆中,昆山市图书馆普通文献馆藏总量排名第一,为334.3万册件。

4. 建筑面积

截至2021年底,江苏省100家区县级公共图书馆的总建筑面积为142.213万平方米。江苏省各地区区县级馆总建筑面积总量排名靠前的地区有:苏州(27.98万平方米)、南通(15.29万平方米)、盐城(14.09万平方米);排名靠后的地区有:扬州(6.123万平方米)、连云港(5.23万平方米)、镇江(4.7万平方米)。

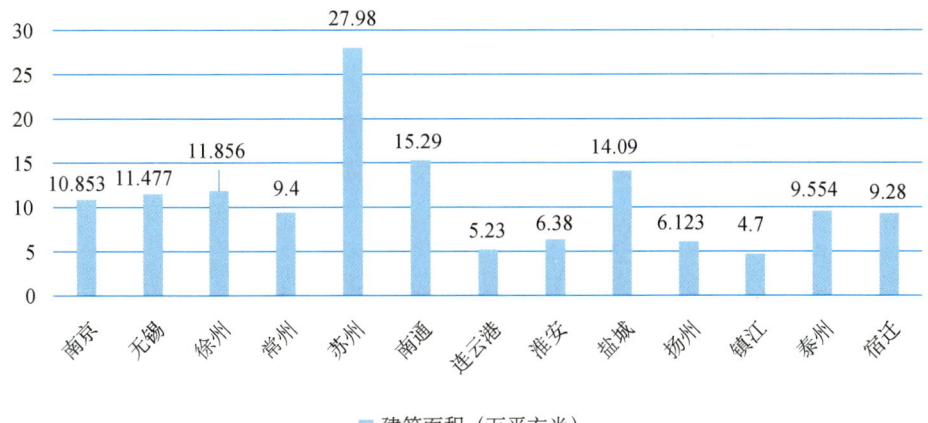

2021年江苏省各地区区县级公共图书馆建筑面积对比分析

区县级公共图书馆中,张家港市图书馆建筑面积排名第一,为4.46万平方米。

四、少儿公共图书馆必备条件分析

1. 年文献外借量

2018—2021年,江苏省7家少年儿童图书馆的年文献外借总量为853万册次。其中扬州市少年儿童图书馆年文献外借量最多,为213.8万册次;张家港市少年儿童图书馆年文献外借量最少,为46.99万册次。

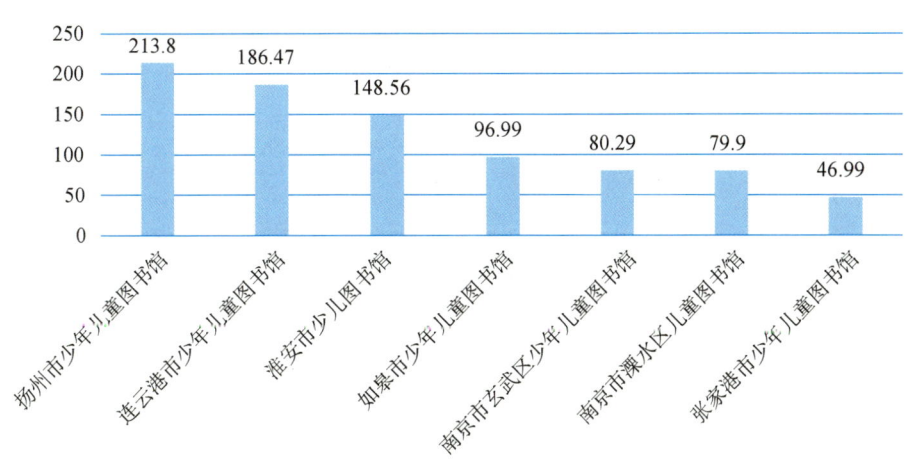

2018—2021年江苏省各少年儿童图书馆年文献外借量对比分析

2. 年财政拨款总额

2018—2021年,江苏省7家少年儿童图书馆的年财政拨款总额为20 364.25万元。其中,张家港市少年儿童图书馆年财政拨款总额最多,为8 947万元;如皋市少年儿童图书馆年财政拨款总额最少,为1 016.1万元。

3. 普通文献馆藏量

截至2021年底,江苏省7家少年儿童图书馆的普通文献馆藏总量为264.63万册件。其中,扬州市少年儿童图书馆普通文献馆藏量最丰富,为68.77万册件;如皋市少年儿童图书馆普通文献馆藏量最少,为14.53万册件。

4. 建筑面积

截至2021年底,江苏省7家少年儿童图书馆的总建筑面积为8.01万平方米。其中,张家港市少年儿童图书馆建筑面积最大,为4.21万平方米;南京市玄武区少年儿童图书馆建筑面积最小,为0.25万平方米。

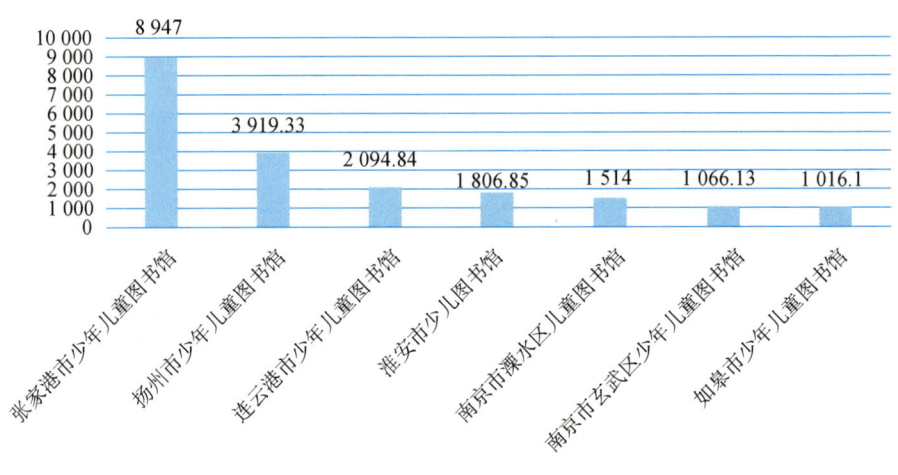

2018—2021年江苏省各少儿图书馆年财政拨款总额对比分析

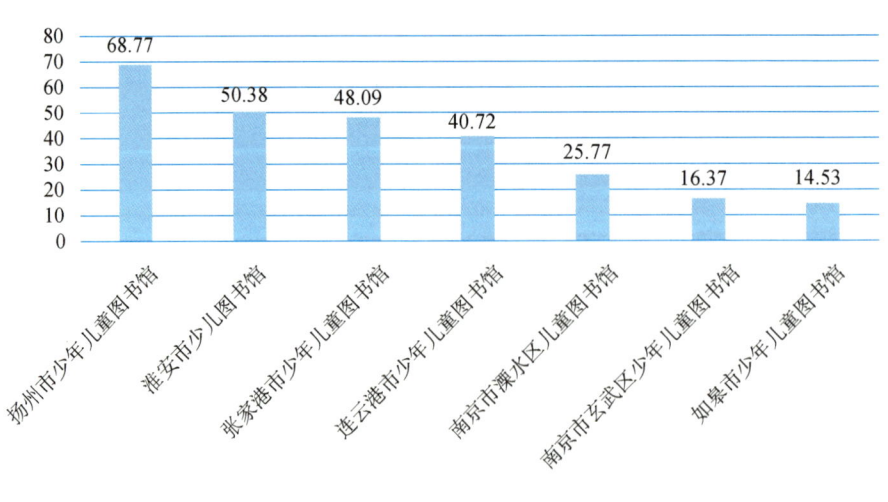

2021年江苏省各少年儿童图书馆普通文献馆藏量对比分析

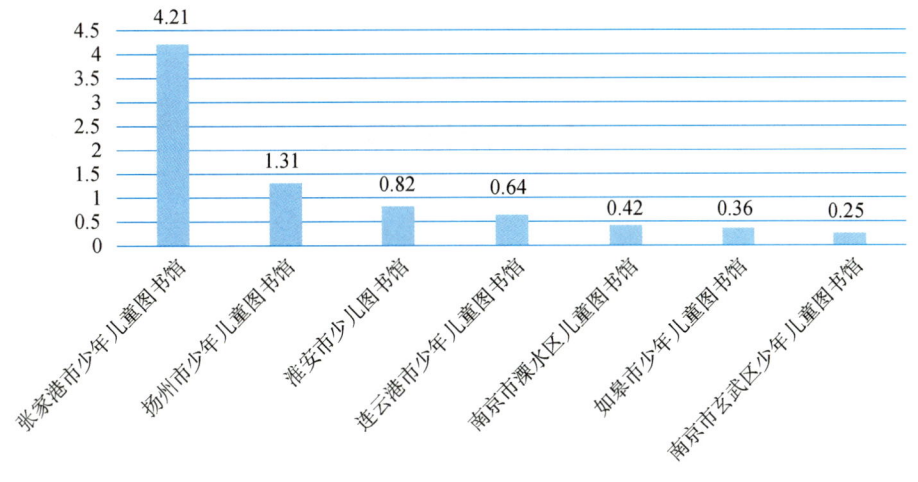

2021 年江苏省各少年儿童图书馆建筑面积对比分析

指标效能分析

一、省级公共图书馆指标效能分析

1. 财政投入产出比分析

省级馆：2018—2021 年，南京图书馆获财政拨款达 86 906.20 万元，总文献外借量为 514.62 万册。

2. 人员投入产出比分析

省级馆：2018—2021 年，南京图书馆获财政拨款达 86 906.20 万元，工作人员数量为 723 人。

3. 建筑面积投入产出比分析

省级馆：2018—2021 年，南京图书馆获财政拨款达 86 906.20 万元，建筑面积为 9.84 万平方米。

4. 服务效能与服务人口对比分析

省级馆：2018—2021 年，南京图书馆年文献外借量 514.62 万册件，服务人口 8 505.4 万人。

5. 对外服务与建筑面积对比分析

省级馆：2018—2021 年，南京市图书馆每周对外服务时长 65 小时，建筑面积为 9.84 万平方米。

二、地市级公共图书馆指标效能分析

1. 财政投入产出比分析

2018—2021 年江苏省地市级公共图书馆财政投入产出比表

场馆	财政拨款总额(万元)	年文献外借总量(万册)
苏州图书馆	85 841.52	1 949.18
金陵图书馆	24 678.56	389.88
无锡市图书馆	15 671.92	617.58
常州市图书馆	14 166.09	382.56
扬州市图书馆	12 181.69	287.63

(续表)

场馆	财政拨款总额(万元)	年文献外借总量(万册)
盐城市图书馆	11 388.74	258.67
南通市图书馆	10 082.59	393.22
连云港市图书馆	7 641.07	212.25
徐州市图书馆	6 741.42	147.93
泰州市图书馆	6 550.2	151.86
镇江市图书馆	6 402.11	289.93
淮安市图书馆	5 924.43	280.59
宿迁市图书馆	3 201.2	265.44

2018—2021年,江苏省地市级公共图书馆中财政拨款投入较多的图书馆有苏州图书馆、金陵图书馆、无锡市图书馆;文献外借量较高的图书馆有苏州图书馆、无锡市图书馆、南通市图书馆。

从这些数据中,我们可以观察到财政拨款与文献外借量之间的潜在关系。苏州图书馆、金陵图书馆和无锡市图书馆不仅在财政拨款方面获得了较多的支持,而且在文献外借量方面也表现出色。这可能表明,财政拨款对于图书馆的服务能力和借阅量有着直接的影响。

苏州图书馆在这两个方面都位居首位,显示出该图书馆在财政投入和服务输出方面的高效性。无锡市图书馆紧随其后,也表现出较强的综合实力。我们也需要注意到,并非所有财政拨款较多的图书馆都在文献外借量方面表现出色。这可能是因为图书馆在资源分配、服务创新等方面存在差异。

2. 人员投入产出比分析

2018—2021年江苏省地市级公共图书馆人员投入产出比表

场馆	财政拨款总额(万元)	工作人员数量(人)
苏州图书馆	85 841.52	446
金陵图书馆	24 678.56	138
无锡市图书馆	15 671.92	103
常州市图书馆	14 166.09	135
扬州市图书馆	12 181.69	76
盐城市图书馆	11 388.74	115
南通市图书馆	10 082.59	100
连云港市图书馆	7 641.07	68
徐州市图书馆	6 741.42	58
泰州市图书馆	6 550.2	57
镇江市图书馆	6 402.11	59
淮安市图书馆	5 924.43	114
宿迁市图书馆	3 201.2	40

2018—2021年,江苏省地市级公共图书馆中工作人员数量较多的图书馆有苏州图书馆、金陵图书馆、常州市图书馆;地市级公共图书馆中财政拨款投入较多的图书馆有:苏州图书馆、金陵图书馆、无锡市图书馆。

这两个结论都指向了苏州图书馆和金陵图书馆,显示出这两家图书馆在人员配备和财政投入上均处于较高的水平。这也从侧面反映出这两家图书馆在地市级公共图书馆中的地位和影响力。

3. 建筑面积投入产出比分析

2018—2021 年江苏省地市级公共图书馆建筑面积投入产出比表

场馆	财政拨款总额(万元)	建筑面积(万平方米)
苏州图书馆	85 841.52	9.32
金陵图书馆	24 678.56	4.64
无锡市图书馆	15 671.92	4.25
常州市图书馆	14 166.09	3.10
扬州市图书馆	12 181.69	3.49
盐城市图书馆	11 388.74	4.05
南通市图书馆	10 082.59	2.24
连云港市图书馆	7 641.07	4.45
徐州市图书馆	6 741.42	2.15
泰州市图书馆	6 550.20	1.68
镇江市图书馆	6 402.11	1.70
淮安市图书馆	5 924.43	3.14
宿迁市图书馆	3 201.20	2.40

2018—2021 年,江苏省地市级公共图书馆中建筑面积较大的图书馆有:苏州图书馆、金陵图书馆、连云港市图书馆;地市级公共图书馆中财政拨款投入较多的图书馆有:苏州图书馆、金陵图书馆、无锡市图书馆,这些图书馆之所以能在建筑规模和资金投入上表现突出,背后可能有多重因素共同作用。一方面,这些地区可能拥有相对较高的经济发展水平和财政实力,使得图书馆的建设和发展得到了更多的经济支持。另一方面,也反映了这些地区对文化事业的重视,认为图书馆是提升城市文化品质、满足市民精神文化需求的重要设施。

4. 服务效能与服务人口对比分析

2018—2021 年江苏省地市级公共图书馆服务效能与服务人口对比表

场馆	年文献外借总量(万册)	服务人口(万人)
苏州图书馆	1 949.18	1 284.78
无锡市图书馆	617.58	747.95
南通市图书馆	393.22	773.3

(续表)

场馆	年文献外借总量(万册)	服务人口(万人)
金陵图书馆	389.88	942.34
常州市图书馆	382.56	534.96
镇江市图书馆	289.93	321.72
扬州市图书馆	287.63	457.7
淮安市图书馆	280.59	456.22
宿迁市图书馆	265.44	499.9
盐城市图书馆	258.67	671.3
连云港市图书馆	212.25	460.2
泰州市图书馆	151.86	452.18
徐州市图书馆	147.93	902.85

2018—2021年,江苏省地市级公共图书馆中年文献外借量较多的图书馆有:苏州图书馆、无锡市图书馆、南通市图书馆;地市级公共图书馆中服务人口较多的图书馆有:苏州图书馆、金陵图书馆、徐州市图书馆。

从上述数据中,我们可以观察到苏州图书馆在文献外借量和服务人口数量上均表现出色,位居前列;此外,无锡市图书馆和南通市图书馆在文献外借量方面也表现不俗,显示出这些图书馆在文献资源和借阅服务方面有着良好的管理和运营。

金陵图书馆和徐州市图书馆在服务人口数量上较多,说明这些图书馆在覆盖范围和吸引读者方面具有一定的优势。这也可能意味着这些图书馆在提供多样化、高质量的服务方面做得较好,吸引了更多的读者前来。

5. 对外服务与建筑面积对比分析

2018—2021年江苏省地市级公共图书馆对外服务与建筑面积对比分析表

场馆	对外服务时长(小时)	建筑面积(万平方米)
盐城市图书馆	91	4.05
连云港市图书馆	84	4.45
苏州图书馆	84	9.32
泰州市图书馆	84	1.68
镇江市图书馆	84	1.70
扬州市图书馆	78.5	3.49
徐州市图书馆	77	2.15
宿迁市图书馆	75	2.40
常州市图书馆	72	3.10
淮安市图书馆	72	3.14

(续表)

场馆	对外服务时长（小时）	建筑面积（万平方米）
金陵图书馆	72	4.64
无锡市图书馆	70	4.25
南通市图书馆	66	2.24

2018—2021年，江苏省地市级公共图书馆中对外服务时长较多的图书馆有盐城市图书馆、苏州图书馆、连云港市图书馆、镇江市图书馆、泰州市图书馆，地市级公共图书馆中建筑面积较大的图书馆有苏州图书馆、金陵图书馆、连云港市图书馆。

这些图书馆之所以在对外服务时长和建筑面积方面表现出色，背后有着多方面的原因。

首先，盐城市图书馆、苏州图书馆、连云港市图书馆、镇江市图书馆、泰州市图书馆之所以拥有较长的对外服务时长，可能是由于它们对公众需求有着高度敏感和对服务质量的持续追求。长时间的开放可能反映了这些图书馆对读者的深度承诺，同时也提供了更多的机会让公众利用这些文化设施。此外，这也可能与这些图书馆的人力资源和运营管理能力有关，它们可能拥有足够的员工和有效的流程来支持更长的开放时间。

其次，苏州图书馆、金陵图书馆和连云港市图书馆之所以拥有较大的建筑面积，可能是由于它们在规划和建设时充分考虑了未来的发展和需求。大面积的建筑可能提供了更多的空间来容纳更多的书籍、读者座位以及技术设施，从而满足公众多样化的需求。此外，这也可能与这些图书馆所处的地理位置和经济发展状况有关，因为它们可能位于人口密集或经济发达的地区，因此有更多的资源和需求来支持更大的建筑规模。

三、区县级公共图书馆指标效能分析

1. 财政投入产出比分析

2018—2021年，江苏省区县级公共图书馆中财政拨款投入较多的地区有苏州、南京、南通；文献外借量较高的地区有苏州、无锡、南京。

然而，这并不意味着财政拨款投入较多的地区文献外借量就一定高，或者文献外借量较高的地区财政拨款投入就一定多。从数据上来看，无锡的文献外借量虽然很高，但其财政拨款投入却并没有位列前三。相反，南通的财政拨款投入较多，但其文献外借量却并没有进入前三名。

这可能是因为各个地区在公共图书馆建设和发展上有着不同的策略和重点。一些地区可能更注重图书馆的硬件设施建设，如增加藏书量、提升服务质量等，而另一些地区则可能更注重图书馆的社会效益，如通过举办各种阅读活动、推广阅读文化等方式，提高公众的阅读兴趣和参与度。

2. 人员投入产出比分析

2018—2021年，江苏省区县级公共图书馆中工作人员较多的地区有苏州、南通、南京；财政拨款额较高的地区有苏州、南京、南通。

首先，从工作人员数量来看，苏州、南通、南京的区县级公共图书馆工作人员较多。这可能是由于这些地区的经济发展水平较高,对文化事业的投入相对较大,从而吸引了更多的从业人员。同时,这些地区可能也更加注重公共图书馆的建设和服务质量,因此增加了人员配置以满足读者需求。

其次,从财政拨款额来看,苏州、南京、南通这三个地区的区县级公共图书馆获得的财政支持也相对较高。这体现了当地政府对文化事业的重视和支持,为公共图书馆的发展提供了坚实的物质基础。有了充足的资金支持,这些图书馆就可以购买更多的图书资料、改善设施条件、提高服务水平等,从而更好地满足读者的阅读需求。

3. 建筑面积投入产出比分析

2018—2021年,江苏省区县级公共图书馆中建筑面积较大的地区有苏州、南通、盐城,财政拨款额较高的地区有苏州、南京、南通。

综上所述,苏州、南通在区县级公共图书馆的建筑面积和财政拨款两个方面均表现优秀,显示出这些地区在公共图书馆建设上的全面领先。而盐城和南京则分别在建筑面积和财政拨款方面有着出色的表现。这些地区的成功经验值得其他地区借鉴和学习,以推动区县级公共图书馆事业的整体进步。

4. 服务效能与服务人口对比分析

2018—2021年,江苏省区县级公共图书馆中年文献外借量较多的地区有苏州、无锡、南京;服务人口较多的地区有苏州、南京、南通。

首先,我们注意到苏州、无锡和南京这三个地区的文献外借量较多。这三个地区都是江苏省的经济发达地区,人口密集,文化底蕴深厚,因此公共图书馆的利用率较高。此外,这些地区的公共图书馆可能也更加注重文献资源的更新和丰富,以满足广大读者的阅读需求。

服务人口较多的地区包括苏州、南京和南通。苏州和南京的服务人口较多,与它们的经济发达和人口密集程度有关;而南通作为江苏省的一个重要城市,其服务人口也较多,这可能与该地区的地理位置、交通条件以及人口分布等因素有关。

总结下来就是,区县级公共图书馆中年文献外借量与服务人口之间存在一定的关系。经济发达、人口密集、文化底蕴深厚的地区,其公共图书馆的文献外借量和服务人口都较多。

5. 对外服务与建筑面积对比分析

2018—2021年,江苏省区县级公共图书馆中对外服务时长较多的地区有南京、苏州、徐州,建筑面积较大的地区有苏州、南通、盐城。

南京、苏州和徐州这三个地区的图书馆提供了较长的对外服务时间,这对于满足广大读者的阅读需求,提供便捷的文化服务有着积极的推动作用。这也反映出这些地区的文化部门对公共图书馆服务的高度重视,以及对阅读文化的深入推广。

同时从建筑面积的角度来看,苏州、南通和盐城的区县级公共图书馆表现出了较大的规模。这不仅为读者提供了更为宽敞、舒适的阅读环境,也体现了这些地区在公共文化设施建设上的投入力度。建筑面积较大的图书馆意味着更多的藏书量,更丰富的文化活动,以及更完善的设施服务,这对于提升当地的文化软实力,推动全民阅读有着重要的意义。

我们也看到,尽管南京、徐州在服务时长上表现优异,但在建筑面积上并未明显领先;反之,南通、盐城虽然建筑面积大,但在服务时长上并未达到前三的水平。这提示我们,在未来的公共图书馆建设中,需要找到服务时长和建筑面积之间的平衡,既要保证图书馆有足够的藏书量和活动空间,也要确保图书馆能够提供足够长的服务时间,以满足广大读者的需求。

四、少儿公共图书馆指标效能分析

1. 财政投入产出比分析

2018—2021年江苏省少儿公共图书馆财政投入产出对比分析表

场馆	财政拨款总额(万元)	年文献外借总量(万册次)
张家港市少年儿童图书馆	8 947	46.99
扬州市少年儿童图书馆	3 919.33	227.15
连云港市少年儿童图书馆	2 094.84	186.47
淮安市少儿图书馆	1 806.85	154.59
南京市溧水区儿童图书馆	1 514	84.81
南京市玄武区少年儿童图书馆	1 066.13	80.29
如皋市少年儿童图书馆	1 016.1	117.41

结论：张家港市少年儿童图书馆在2018—2021年的财政拨款中一直处于较高水平，而扬州市少年儿童图书馆的年文献外借总量则一直领先于其他图书馆。这两个图书馆在各自的方面表现出色，说明它们在各自的运营和发展中都取得了一定的成绩。

张家港市少年儿童图书馆的高财政拨款可能与其在少年儿童阅读推广、图书馆设施建设、图书资源更新等方面的投入有关。这也表明该图书馆在公共服务领域得到了政府的高度重视和支持，为其提供了更多的资源和机会来实现其服务宗旨。

而扬州市少年儿童图书馆的高文献外借量则反映了该图书馆在吸引读者、提供优质服务、满足读者需求等方面的优势。这也说明该图书馆在少年儿童阅读推广方面做得非常出色，吸引了大量的读者前来借阅图书，同时也说明了读者对该图书馆的信任和认可。

2. 人员投入产出对比分析

2018—2021年江苏省少儿公共图书馆人员投入产出对比分析表

场馆	财政拨款总额(万元)	工作人员数量(人)
张家港市少年儿童图书馆	8 947.00	45
扬州市少年儿童图书馆	3 919.33	51
连云港市少年儿童图书馆	2 094.84	25
淮安市少儿图书馆	1 806.85	23
南京市溧水区儿童图书馆	1 514.00	9
南京市玄武区少年儿童图书馆	1 066.13	8
如皋市少年儿童图书馆	1 016.10	30

结论：2018—2021年，少年儿童图书馆工作人员数量最多的是扬州市少年儿童图书馆，财政拨款额较高的是张家港市少年儿童图书馆。

少年儿童图书馆在工作人员数量和财政拨款方面存在差异,这反映了不同地区在少年儿童图书馆事业发展上的不同投入和重视程度。未来,我们应该进一步加强对少年儿童图书馆事业的关注和支持,为少年儿童的阅读和学习提供更好的环境和条件。

3. 建筑面积投入产出比分析

2018—2021年江苏省少儿公共图书馆建筑面积投入产出对比分析表

场馆	财政拨款总额(万元)	建筑面积(万平方米)
张家港市少年儿童图书馆	8 947	4.21
扬州市少年儿童图书馆	3 919.33	1.31
连云港市少年儿童图书馆	2 094.84	0.64
淮安市少儿图书馆	1 806.85	0.82
南京市溧水区儿童图书馆	1 514	0.42
南京市玄武区少年儿童图书馆	1 066.13	0.25
如皋市少年儿童图书馆	1 016.1	0.36

结论:2018—2021年,少年儿童图书馆中建筑面积最大的是张家港市少年儿童图书馆,财政拨款额最高的也是张家港市少年儿童图书馆。

张家港市少年儿童图书馆年财政拨款额最高,这也体现了该市政府对图书馆事业的大力支持。高额的财政拨款不仅为图书馆的日常运营提供了稳定的资金保障,还为图书馆开展各种阅读推广活动、更新图书资源、提升服务水平等提供了有力的支持。这样的投入无疑有助于提升张家港市少年儿童图书馆的整体实力和影响力,使其成为当地乃至全国范围内的一个优秀图书馆。

4. 服务效能与服务人口对比分析

2018—2021年江苏省少儿公共图书馆服务效能与对比分析表

场馆	年文献外借总量(万册次)	服务人口(万人)
扬州市少年儿童图书馆	227.15	455.979 7
连云港市少年儿童图书馆	186.47	460.1
淮安市少儿图书馆	154.59	455.92
如皋市少年儿童图书馆	117.41	123.844 8
南京市溧水区儿童图书馆	84.81	44.98
南京市玄武区少年儿童图书馆	80.29	53.782 5
张家港市少年儿童图书馆	46.99	143.23

结论:2018—2021年,少年儿童图书馆中年文献外借量最高的是扬州市少年儿童图书馆,服务人口最多的也是扬州市少年儿童图书馆。

扬州市少年儿童图书馆在2018—2021年期间的年文献外借量一直处于领先地位,这可能与该图书馆丰富的藏书资源、便捷的借阅服务以及良好的阅读环境等因素有关。

5. 对外服务与建筑面积对比分析

2018—2021 年江苏省少儿公共图书馆对外服务与建筑面积对比分析表

场馆	对外服务时长（小时）	建筑面积（万平方米）
南京市玄武区少年儿童图书馆	66	0.25
淮安市少儿图书馆	60	0.82
南京市溧水区儿童图书馆	58	0.42
连云港市少年儿童图书馆	57.2	0.64
扬州市少年儿童图书馆	57	1.31
张家港市少年儿童图书馆	56.8	4.21
如皋市少年儿童图书馆	51.5	0.36

结论：张家港市少年儿童图书馆在建筑面积上占据了明显的优势，显示出其在硬件设施上的投入和规模上的优势；而南京市玄武区少年儿童图书馆则以其对外服务时长最长而脱颖而出，这充分说明了该图书馆在服务质量和效率上的重视。

张家港市少年儿童图书馆的建筑面积最大，可能意味着该图书馆拥有更多的阅读空间、活动设施以及丰富的藏书资源，为孩子们提供了一个宽敞舒适的学习环境。这样的环境可能会吸引更多的孩子和家长前来，从而进一步推动阅读文化的普及和发展。

南京市玄武区少年儿童图书馆以其对外服务时长最长，表明该图书馆致力于提供全天候、全方位的服务，以满足不同孩子的阅读需求。这样的服务时长不仅有利于培养孩子的阅读习惯，也体现了图书馆对孩子们学习成长的关心和支持。

广东、江苏、浙江、山东、安徽、上海六省（市）公共图书馆对比分析

一、整体公共图书馆核心指标分析

1. 服务效能

（1）文献外借量

2018—2021 年六省（市）公共图书馆文献外借量统计表

地区	文献外借量（万册次）
广东	38 509.17
江苏	24 682.92
浙江	27 719.2
山东	15 430.91
安徽	13 157.4
上海	6 613.5

在 2018—2021 年这四年的时间里，六省（市）公共图书馆的文献外借总量达到了惊人的 126 113.1 万册次，这一数字不仅体现了图书馆在知识传播和文化普及方面的巨大作用，也表明了公众对于阅读和学习的持续热情。

具体到各个省份，广东省的公共图书馆文献外借量高达 38 509.17 万册次，远超过其他省份，这可能是因为广东省的经济发达，人口基数大，阅读需求旺盛。同时，广东省内的图书馆资源丰富，服务质量高，也为其文献外借量的提升提供了有力保障。

江苏省和浙江省的公共图书馆文献外借量紧随其后，分别达到了 24 682.92 万册次和 27 719.2 万册次。这两个省份都是中国的经济强省，文化底蕴深厚，人们的阅读习惯良好，因此图书馆的外借量也相当可观。

山东省、安徽省和上海市的公共图书馆文献外借量虽然不及前三者，但数量也很多，显示出这些地区在阅读和学习方面的积极态度。尤其是上海市，尽管其文献外借量在六省（市）中排名最后，但其作为中国的经济中心和国际大都市，对于阅读文化的推广和传播有着不可忽视的影响。

总的来说,六省(市)公共图书馆在 2018—2021 年的文献外借量呈现出稳步增长的态势,这不仅反映了公众阅读需求的提升,也说明了图书馆在推动全民阅读、建设书香社会方面的重要作用。未来,我们期待这些图书馆能够继续提升服务质量,丰富阅读资源,为更多读者提供便捷、高效的知识服务。

(2)活动次数及参加人次

2018—2021 年六省(市)公共图书馆年均活动次数及参加人次统计表

地区	年均讲座、展览、培训活动数量(次)	年均活动参与人次(万人次)
广东	20 333	3 015.77
江苏	10 356	1 507.36
浙江	17 964	2 405.27
山东	22 296	1 948.47
安徽	8 547	1 054.24
上海	3 446	660.06

2018—2021 年六省(市)公共图书馆年均活动平均数量及平均参与人次统计表

地区	年均讲座、展览、培训活动平均数量(次)	年均活动平均参与人次(万人次)
上海	215.00	19.14
浙江	179.41	22.31
山东	143.38	65.39
广东	121.81	17.10
江苏	91.50	13.48
安徽	84.11	10.72

2018—2021 年六省(市)公共图书馆(不包含少儿馆)年均讲座、展览、培训平均活动数量为 139.20 次,年均活动平均参与人次总计 24.69 万人次。

上海市公共图书馆年均讲座、展览、培训活动平均 215 次,年均活动平均参与人次为 19.14 万人次。

浙江省公共图书馆年均讲座、展览、培训活动平均 179.41 次,年均活动平均参与人次为 22.31 万人次。

山东省公共图书馆年均讲座、展览、培训活动平均 143.38 次,年均活动平均参与人次为 65.39 万人次。

广东省公共图书馆年均讲座、展览、培训活动平均 121.81 次,年均活动平均参与人次为 17.1 万人次。

江苏省公共图书馆年均讲座、展览、培训活动平均 91.5 次,年均活动平均参与人次为 13.48 万人次。

安徽省公共图书馆年均讲座、展览、培训活动平均 84.11 次,年均活动平均参与人次为 10.72 万人次。

从这些数据中我们可以看出,六省(市)公共图书馆在 2018—2021 年的年均活动平均数量和平均参与人次均呈现出较为活跃的状态。其中,上海市的活动数量最多,年均平均达到了 215 次,这反映了上海市公共图书馆在推动文化活动、满足公众文化需求方面做出了显著的努力。

浙江省的活动数量虽然不及上海市,但也相对较多。这可能与浙江省的经济文化发展水平较高、公众对文化活动的需求较为旺盛有关。同时,浙江省公共图书馆在提供多样化、高质量的文化活动方面也可能具有一定的优势。

山东省的活动数量在六省(市)中位列第三,参与人次则位列第一。这表明山东省公共图书馆在举办讲座、展览、培训等活动方面也具有相当的实力和影响力,吸引了大量的公众参与。

广东省的活动数量和参与人次均位列第四,显示出广东省公共图书馆在文化活动方面的活跃度和吸引力。作为文化大省,广东省在推动公共文化活动方面做出了积极的努力,为公众提供了丰富的文化体验。

江苏省的活动数量和参与人次均位列第五,虽然相对较少,但也显示出江苏省公共图书馆在文化活动方面的努力和成果。随着文化事业的不断发展,江苏省公共图书馆有望在未来进一步提升活动数量和参与人次。

安徽省的活动数量和参与人次在六省(市)中位列最后,可能与安徽省的城市特点和文化需求有关。这并不意味着安徽省公共图书馆在文化活动方面的表现不佳,相反,其可能在满足特定群体需求、提供高质量文化活动方面有着独特的优势。

(3) 总流通人次

2018—2021 年六省(市)公共图书馆年均流通人次统计表

地区	年均流通人次(万人次)
广东	1 344.61
江苏	9 824.62
浙江	10 043.27
山东	6 185.66
安徽	4 677.80
上海	2 307.81

2018—2021 年六省(市)公共图书馆年均流通平均人次统计表

地区	年均流通平均人次(万人次)
上海	151.60
浙江	105.31
江苏	83.56
广东	81.31
安徽	43.61
山东	42.89

在 2018—2021 年的四年间,六省(市)公共图书馆的流通人次呈现出多样化的特点,年均流通平均人次高达 84.71 万人次,显示出公共图书馆在满足公众阅读需求方面的巨大作用。具体到各个省份,上海市公共图书馆的年均流通人次最多,达到了 151.6 万人次,这反映了上海市在推动全民阅读、提高公共文化服务水平方面的显著成效。

浙江省的公共图书馆年均流通平均人次为 105.31 万人次,位列第二。

江苏省和广东省的公共图书馆年均流通人次分别为 83.56 万人次和 81.31 万人次,位列第三和第四。这两个省份的平均流通人次数量相近,显示出它们在公共图书馆建设和服务方面的较高水平。

安徽省和山东省的公共图书馆年均流通平均人次分别为 43.61 万人次和 42.89 万人次,位列最后两位,可见安徽省和山东省在公共图书馆建设和服务方面还有一定的提升空间。

总的来说,2018—2021 年间六省(市)公共图书馆的平均流通人次呈现出多样化的特点,既有流通人次较多的地区,也有相对较少的地区。这反映了不同地区在公共图书馆建设和服务方面的差异和特色。同时,也提醒我们要继续加强公共图书馆的建设和服务工作,推动全民阅读、提高公共文化服务水平。

2. 业务建设

总馆藏量及人均馆藏量

2018—2021 年六省(市)公共图书馆总馆藏量及人均馆藏量统计表

地区	总馆藏量(万册件)	人均馆藏量(册件/人)
广东	15 211.78	1.21
江苏	13 634.98	1.60
浙江	11 970.81	1.85
山东	9 648.18	0.95
上海	5 971.5	2.40
安徽	5 721.22	0.94

2018—2021 年,六省(市)公共图书馆的平均总馆藏量为 10 359.75 万册件,人均馆藏量为 1.50 册件。

广东省公共图书馆总馆藏量为 15 211.78 万册件,人均馆藏量为 1.21 册件。

江苏省公共图书馆总馆藏量为 13 634.98 万册件,人均馆藏量为 1.60 册件。

浙江省公共图书馆总馆藏量为 11 970.81 万册件,人均馆藏量为 1.85 册件。

山东省公共图书馆总馆藏量为 9 648.18 万册件,人均馆藏量为 0.95 册件。

上海市公共图书馆总馆藏量为 5 971.5 万册件,人均馆藏量为 2.40 册件。

安徽省公共图书馆总馆藏量为 5 721.22 万册件,人均馆藏量为 0.94 册件。

其中,广东省公共图书馆总馆藏量最多,上海市公共图书馆的人均馆藏量最多。

从这些数据中我们可以看出,虽然广东省的公共图书馆总馆藏量最大,但其人均馆藏量却并不是最高的。相反,上海市公共图书馆的人均馆藏量最高,说明在图书馆资源的分配上,上海市可能更为均衡和普及;而浙江省公共图书馆的人均馆藏量也相对较高,这可能与其经济发达、文化繁荣有关。

另一方面,山东省和安徽省公共图书馆的总馆藏量和人均馆藏量都相对较低,这可能表明这两个省份在图书馆建设和资源配置方面还有一定的提升空间。

3. 保障条件

每万人占有公共图书馆面积

2018—2021年六省(市)每万人占有公共图书馆面积统计表

地区	每万人占有公共图书馆面积(平方米)
浙江	295.97
广东	252.05
上海	245.28
江苏	236.84
山东	207.00
安徽	192.94

2018—2021年,六省(市)每万人占有公共图书馆面积平均值为238.34平方米,广东省每万人占有公共图书馆面积为252.05平方米,江苏省每万人占有公共图书馆面积为236.84平方米,浙江省每万人占有公共图书馆面积为295.97平方米,山东省每万人占有公共图书馆面积为207平方米,安徽省每万人占有公共图书馆面积为192.94平方米,上海市每万人占有公共图书馆面积为245.28平方米。六省(市)中浙江省每万人占有公共图书馆面积最多。

从这些数据中我们可以看出,尽管各个省份每万人占有公共图书馆面积有所不同,但整体而言,六省(市)的公共图书馆面积平均值相对较高,说明这些地区在公共图书馆建设方面投入较大,公共图书馆的覆盖面较广。

浙江省每万人占有公共图书馆面积最多,达到了295.97平方米。这表明浙江省在公共图书馆建设方面投入较大,公共图书馆的设施和服务相对较为完善,为当地居民提供了更好的阅读和学习环境。

我们也注意到,安徽省每万人占有公共图书馆面积相对较低,只有192.94平方米,还有很大的提升空间。为了进一步提高公共图书馆的覆盖面和服务质量,安徽需要加大投入,加强公共图书馆建设,为更多的居民提供更好的阅读和学习环境。

二、省级公共图书馆核心指标对比分析

本小节将2018—2021年六省(市)的省级公共图书馆进行对比分析,六个省级公共图书馆分别为:广东省立中山图书馆、南京图书馆、浙江图书馆、山东省图书馆、安徽省图书馆、上海图书馆。

1. 服务效能

(1) 年文献外借量

2018—2021年六省(市)省级公共图书馆年文献外借量统计表

图书馆名称	年文献外借量(万册次)
广东省立中山图书馆	485.37
上海图书馆	252.54
浙江图书馆	173.14
山东省图书馆	140.5
南京图书馆	130.61
安徽省图书馆	122.49

2018—2021年,六个省级公共图书馆年文献外借量的平均值为217.44万册次。广东省立中山图书馆的年文献外借量为485.37万册次,南京图书馆的年文献外借量为130.61万册次,浙江图书馆的年文献外借量为173.14万册次,山东省图书馆的年文献外借量为140.5万册次,安徽省图书馆的年文献外借量为122.49万册次,上海图书馆的年文献外借量为252.54万册次。六省(市)省级馆年文献外借量中广东省立中山图书馆的年文献外借量最多。

在比较了六个省级公共图书馆的年文献外借量之后,我们不难发现,这些图书馆之间的借阅量存在着显著的差异。其中,广东省立中山图书馆以485.37万册次的年文献外借量遥遥领先,这一数据不仅展示了广东省立中山图书馆在文献服务方面的高效和广泛,也反映了广东省读者对文献资源的高度需求。

上海图书馆和浙江图书馆的年文献外借量分别达到了252.54万册次和173.14万册次,位居第二和第三位。这两个图书馆的借阅量相当,显示出它们在满足读者需求、推广阅读文化等方面所做的努力得到了广大读者的认可。

山东省图书馆和南京图书馆的年文献外借量分别为140.5万册次和130.61万册次,虽然相对较少,但也说明了这两个图书馆在文献服务和读者服务方面的稳定表现。作为省级公共图书馆,它们为地方读者提供了丰富的文献资源和便捷的阅读服务,为地方文化事业的发展做出了积极贡献。

安徽省图书馆的年文献外借量达到了122.49万册次,位居第六位,还有上升空间。

(2) 年阅读推广活动次数

2018—2021年六省(市)省级公共图书馆年阅读推广活动统计表

图书馆名称	年阅读推广活动次数(次)
广东省立中山图书馆	998
安徽省图书馆	416
浙江图书馆	349
上海图书馆	302
山东省图书馆	234
南京图书馆	194

2018—2021年,六个省级公共图书馆年阅读推广活动平均值为411.5次。广东省立中山图书馆年阅读推广活动998次,南京图书馆年阅读推广活动194次,浙江图书馆年阅读推广活动349次,山东省图书馆年阅读推广活动234次,安徽省图书馆年阅读推广活动416次,上海图书馆年阅读推广活动302次。六省(市)省级馆中广东省立中山图书馆年阅读推广活动次数最多。

这六个省级公共图书馆在阅读推广活动上的投入和热情,无疑为读者们带来了丰富多样的阅读体验和学习机会。从数据上来看,广东省立中山图书馆在阅读推广方面的努力尤为突出,其年阅读推广活动次数高达998次,远超其他省份的图书馆。这样的活动频率不仅显示了该图书馆对于推广阅读的坚定决心,也反映了其在满足公众阅读需求方面的努力和成果。

南京图书馆虽然年阅读推广活动次数相对较少,为194次,但考虑到各种因素的影响,如地域、人口分布、读者需求等,这个数据也足以说明南京图书馆在阅读推广方面的积极态度。同时,这也可能意味着南京图书馆在阅读推广活动的策划和执行上更注重质量和效果,而非单纯的数量。

浙江图书馆、山东省图书馆和安徽省图书馆的年阅读推广活动次数分别为349次、234次和416次,这些图书馆在阅读推广方面也做出了不小的贡献。虽然次数上不及广东省立中山图书馆,但他们在各自的区域内,通过举办各类阅读推广活动有效地激发了公众的阅读热情,提升了阅读的文化氛围。

上海图书馆的年阅读推广活动次数为302次,这也在一定程度上反映了上海作为国际大都市在阅读文化方面的独特魅力。上海图书馆的阅读推广活动不仅形式多样,内容丰富,而且具有很强的针对性和实效性,能够满足不同读者的阅读需求。

2. 保障条件

(1) 年财政拨款总额

2018—2021年六省(市)省级公共图书馆年财政拨款统计表

图书馆名称	年财政拨款总额(万元)
上海图书馆	82 719.83
南京图书馆	21 726.55
广东省立中山图书馆	21 493.51
浙江图书馆	12 284.28
山东省图书馆	9 294.84
安徽省图书馆	5 341.61

2018—2021年间,广东省立中山图书馆的年财政拨款为21 493.51万元,南京图书馆的年财政拨款为21 726.55万元,浙江图书馆的年财政拨款为12 284.28万元,山东省图书馆的年财政拨款为9 294.84万元,安徽省图书馆的年财政拨款为5 341.61万元,上海图书馆的年财政拨款为82 719.83万元。由以上可得,六省(市)的省级馆中,上海图书馆的年财政拨款总量最多。

当我们进一步分析这些数据时,会发现财政拨款的多少并不一定代表图书馆的规模或者服务水平。例如,虽然安徽省立中山图书馆的年财政拨款相对较少,但其作为安徽省的主要图书馆,在藏书量、读者服务、文化活动等方面均表现出色,深受读者喜爱。

此外，不同省份的经济实力、财政状况、文化投入等因素也会影响图书馆的财政拨款。例如，上海作为我国的经济中心之一，其文化投入自然也会相对较高，因此上海图书馆的财政拨款总量最多也是情理之中。

但我们也应该看到，财政拨款只是图书馆运营的一部分资金来源，图书馆还可以通过其他途径筹集资金，如社会捐赠、文化基金等。因此，即使财政拨款相对较少，图书馆也可以通过其他方式提升自身的服务水平和影响力。

（2）普通文献馆藏量

2018—2021年六省（市）省级公共图书馆普通文献馆藏量对比分析

图书馆名称	普通文献馆藏量（万册件）
广东省立中山图书馆	940.55
南京图书馆	1 262.29
浙江图书馆	811.15
山东省图书馆	946.1
安徽省图书馆	400.82
上海图书馆	3 440.02

2018—2021年间，六省（市）省级馆普通文献馆藏量平均值为1 300.16万册件。广东省立中山图书馆普通文献馆藏量为940.55万册件，南京图书馆普通文献馆藏量为1 262.29万册件，浙江图书馆普通文献馆藏量为811.15万册件，山东省图书馆普通文献馆藏量为946.1万册件，安徽省图书馆普通文献馆藏量为400.82万册件，上海图书馆普通文献馆藏量为3 440.02万册件。可知，上海图书馆的普通文献馆藏量在六省（市）省级馆中排名第一。

而在这些省级图书馆中，广东省立中山图书馆尽管其馆藏量达到了940.55万册件，但相较于其他省级图书馆来说，其排名相对较低。南京图书馆的普通文献馆藏量排名第二，达到了1 262.29万册件，表现不俗。

浙江图书馆的普通文献馆藏量为811.15万册件，相较于其他省级图书馆来说，其排名较低。山东省图书馆的普通文献馆藏量为946.1万册件，排名第四，表现相对平稳。

安徽省图书馆的普通文献馆藏量最少，只有400.82万册件，排名最后一位。尽管其馆藏量相对较少，但这并不代表其服务质量不高，也许在其他方面，如数字化建设、读者服务等方面，它仍然能够给读者提供优质的服务。

综合来看，上海图书馆的普通文献馆藏量在六省（市）省级馆中排名第一，表现突出。而其他省级图书馆也在各自的领域中发挥着重要作用，为广大读者提供着丰富的文献资源和优质的服务。

（3）建筑面积

2018—2021年六省（市）省级公共图书馆建筑面积统计表

图书馆名称	建筑面积（万平方米）
广东省立中山图书馆	8.39
南京图书馆	9.84

(续表)

图书馆名称	建筑面积(万平方米)
浙江图书馆	9.77
山东省图书馆	6.34
安徽省图书馆	3.61
上海图书馆	25.37

2018—2021年,六省(市)省级馆的建筑面积平均值为10.55万平方米。广东省中山图书馆建筑面积为8.39万平方米,南京图书馆建筑面积为9.84万平方米,浙江图书馆建筑面积为9.77万平方米,山东省图书馆建筑面积为6.34万平方米,安徽省图书馆建筑面积为3.61万平方米,上海图书馆建筑面积为25.37万平方米。六省(市)的省级馆中,上海图书馆建筑面积总量最大。

这些省级公共图书馆的建筑面积在一定程度上反映了它们各自的规模和实力。尽管不同省份的公共图书馆在建筑面积上存在差异,但它们都承载着为公众提供丰富文化资源和信息服务的使命。

广东省中山图书馆,其建筑面积达到8.39万平方米,展现了其在广东地区文化事业中的重要地位。南京图书馆则以9.84万平方米的建筑面积成为江苏地区文化地标之一,吸引了众多读者前来学习和研究。

浙江图书馆位于杭州,这座美丽的城市赋予了它独特的文化气息。其建筑面积为9.77万平方米,使其成为浙江省文化事业的重要组成部分。山东省图书馆则以6.34万平方米的建筑面积,成为山东省的文化地标之一。

安徽省图书馆虽然建筑面积相对较小,为3.61万平方米,但其在推广阅读文化、传承历史遗产等方面发挥着不可忽视的作用。而上海图书馆,作为全国最大的城市图书馆,其建筑面积达到了惊人的25.37万平方米,无疑是国内图书馆事业的佼佼者。

这些省级公共图书馆不仅在建筑面积上各有特色,还在服务内容、读者活动等方面不断创新和提升。它们为公众提供了丰富的图书资源、便捷的信息服务以及多样化的文化活动,成为各自省份的文化名片和重要的精神家园。

三、地市级公共图书馆评级率对比分析

第七次全国公共图书馆评估定级中,六省(市)113家地市级图书馆中,94家图书馆被评为一级图书馆,8家图书馆被评为二级图书馆,4家图书馆被评为三级馆。六省(市)地市级图书馆上等级评级率为93.81%。

广东省41家地市级图书馆中,34家图书馆被评为一级图书馆,3家图书馆被评为二级图书馆,3家图书馆被评为三级图书馆,广东省地市级图书馆上等级评级率为97.56%。

江苏省13家地市级图书馆均被评为一级图书馆,江苏省地市级图书馆上等级评级率为100%。

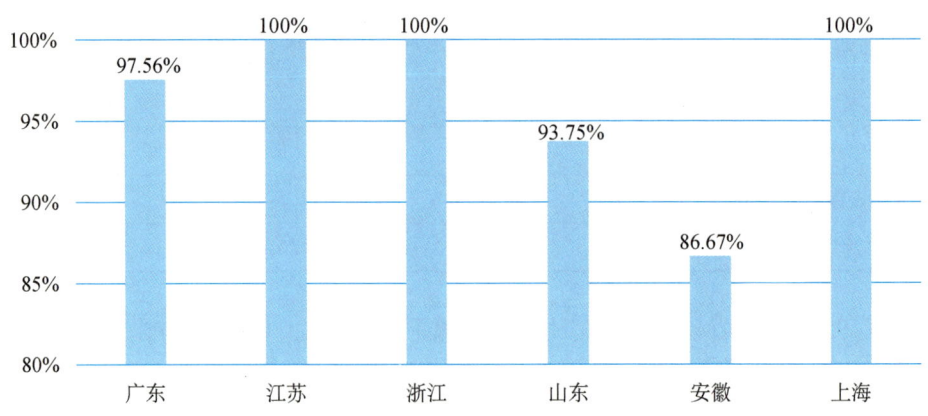

六省(市)地市级公共图书馆上等级评级率对比

浙江省 11 家地市级图书馆均被评为一级图书馆,浙江省地市级图书馆上等级评级率为 100%。

山东省 16 家地市级图书馆中,14 家图书馆被评为一级图书馆,1 家图书馆被评为二级图书馆,山东省地市级图书馆上等级评级率为 93.75%。

安徽省 15 家地市级图书馆中,8 家图书馆被评为一级图书馆,4 家图书馆被评为二级图书馆,1 家图书馆被评为三级图书馆,安徽省地市级图书馆上等级评级率为 86.67%。

上海市 17 家地市级图书馆均被评为一级图书馆,上海市地市级图书馆上等级评级率为 100%。

四、区县级公共图书馆评级率对比分析

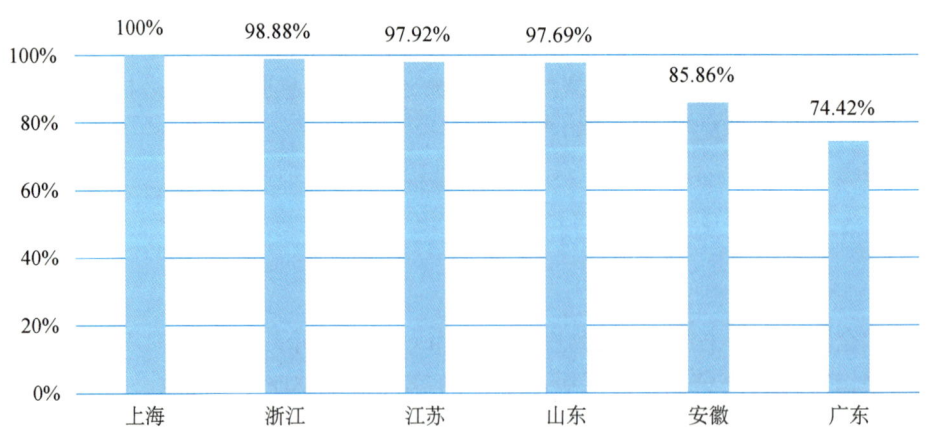

六省(市)区县级公共图书馆上等级评级率对比

第七次全国公共图书馆评估定级中,六省(市)共有 544 家区县级图书馆,有 389 家图书馆被评为一级图书馆,80 家图书馆被评为二级图书馆,22 家图书馆被评为三级图书馆。六

省(市)区县级图书馆上等级评级率为90.26%。

广东省129家区县级图书馆中,54家图书馆被评为一级图书馆,33家图书馆被评为二级图书馆,9家图书馆被评为三级图书馆,广东省区县级图书馆上等级评级率为74.42%。

江苏省96家区县级图书馆中,93家图书馆被评为一级图书馆,1家图书馆被评为二级图书馆,江苏省区县级图书馆上等级评级率为97.92%。

浙江省89家区县级图书馆中,87家图书馆被评为一级图书馆,1家图书馆被评为二级图书馆,浙江省区县级图书馆上等级评级率为98.88%。

安徽省99家区县级图书馆中,43家图书馆被评为一级图书馆,29家图书馆被评为二级图书馆,13家图书馆被评为三级图书馆,安徽省区县级图书馆上等级评级率为85.86%。

山东省130家区县级图书馆中,111家图书馆被评为一级图书馆,16家图书馆被评为二级图书馆,山东省区县级图书馆上等级评级率为97.69%。

上海市1家区县级图书馆被评为一级图书馆,上海市区县级图书馆上等级评级率为100%。

五、少儿公共图书馆评级率对比分析

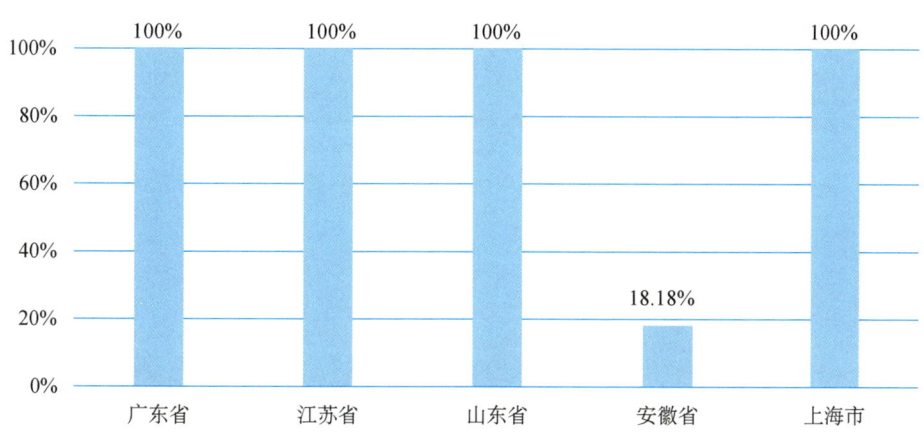

六省(市)少儿馆等级评级率对比

第七次全国公共图书馆评估定级中,六省(市)共有23家少儿图书馆,12家少儿馆被评级为一级图书馆,2家少儿馆被评级为二级图书馆,六省(市)少年儿童图书馆上等级评级率为60.87%。

广东省共有3家少年儿童图书馆,3家少儿馆被评级为一级图书馆,广东省少年儿童图书馆上等级评级率为100%。

江苏省共有7家少年儿童图书馆,6家少儿馆被评级为一级图书馆,1家少儿馆被评级为二级图书馆,江苏省少年儿童图书馆上等级评级率为100%。

山东省共有1家少年儿童图书馆,被评级为一级图书馆,山东省少年儿童图书馆上等级评级率为100%。

安徽省共有11家少年儿童图书馆,1家少儿馆被评级为一级图书馆,1家少儿馆被评级为二级图书馆,安徽省少年儿童图书馆上等级评级率为18.18%。

上海市共有1家少年儿童图书馆,被评级为一级图书馆,上海市少年儿童图书馆上等级评级率为100%。

第四部分

江苏省公共图书馆事业发展创新案例选编

百馆合力阅读推广　书香江苏纵深推进

——南京图书馆"百馆荐书　全省共读"项目

关键词

百馆荐书　全省共读

对象及范围

全省公共图书馆

创新背景

自2014年起,"全民阅读"连续10年被写入政府工作报告。党的二十大报告中强调"深化全民阅读活动""高质量发展是全面建设社会主义现代化国家的首要任务"。在推动全民阅读的热潮之中,图书馆是党和政府推行全民阅读战略的主阵地,是全民阅读活动的重要引领者和主力军。南京图书馆作为江苏省级公共图书馆积极贯彻落实建设数字中国政策,顺应互联网时代读者需求,主动发挥省级公共图书馆的龙头作用。

"百馆荐书　全省共读"项目旨在联动全省公共图书馆推广阅读,引导全省读者开启数字阅读新模式,将高质量发展任务落到实处。项目以每月精选35本经典图书(电子版)并推出2个阅读主题书单的方式在全省公共图书馆服务体系中构建O2O线上线下同步服务,其中图书以二维码为桥梁,全省读者通过网站、微信、大屏一体机、海报等多渠道扫描二维码后免费阅读;活动以全省公共图书馆为阵地,各地读者通过阅读分享会、读书会、答题活动等方式参与共读活动。

创新亮点

1. 资源:精挑细选,优中选优

每月的35本图书均为工作人员在浩瀚书海中精挑细选,优中选优,最后集体讨论决定的。选书模式基本实现按需采购,每月推荐的优质好书覆盖了多种主题类型,包括大运河、陶风图书奖、脱贫攻坚、历史文化、节日好书、年度好书和畅销书等。同时,为满足深度阅读需求每月推送新媒体推文,传递书籍价值,提升阅读乐趣。资源解决了全省公共图书馆电子图书质量一般、缺乏畅销书和新书、读者找不到自己心仪的图书等问题,调动了全省公共图书馆阅读推广的积极性。

2. 平台:多终端服务平台,惠及全省读者

"百馆荐书　全省共读"项目搭建多终端服务平台,向全省读者免费提供多终端、全场

景覆盖的数字阅读服务。读者可通过"手机号＋验证码"方式进行登录后免费阅读电子图书。

平台统计功能全面。通过统一技术后台和大数据服务提供全省公共图书馆读者阅读情况,包括书籍排行、读者排行、阅读时长等实时阅读大数据,了解读者阅读偏好,为优化读者服务提供参考依据。

平台为读者创造优质的个性化阅读体验。电子图书全部采用精排版的 EPUB 格式,不仅高度还原纸质图书,并且提供音乐伴读、批注、划重点、词典等细致入微的个性化服务功能,创造沉浸式阅读环境。

3. 推广：多方式宣传,多维度推广

项目在线上通过官方网站、微信公众号、掌阅精选 App 宣传,配套丰富的活动吸引读者。每月两期的阅读主题紧跟热点,保留经典,满足不同群体的阅读需求。

项目在线下增加曝光度,喷绘海报、易拉宝,电子借阅机和图书馆大屏展示等方式在全省各地公共图书馆、乡镇社区分馆、学校等场所推广优质电子书,努力将全民阅读服务真正惠及基层,实现了公共数字文化资源覆盖全省公共文化服务阵地。

项目积极组织线上答题活动、主题书展等各项阅读推广活动,并配套设置参与奖品,激发读者参与热情。如组织"喜庆二十大、礼赞新时代"主题书展(2022 年 11 月 1 日—11 月 30 日)、组织"学党史 答题目"线上答题活动,读者反响热烈。

南京图书馆充分发挥省级公共图书馆龙头作用,联合全省 115 公共图书馆着力打造线上线下相融合的公共文化服务矩阵平台,调动全省公共图书馆数字化阅读推广积极性,实现公共图书馆数字资源推送与服务的创新发展,构建了全民数字阅读新格局。截止到 2022 年底,"百馆荐书 全省共读"项目为全省读者挑选提供优质图书 885 本精品书籍,累计阅读时长约 17 459 小时,117 家图书馆的 12 万余名读者参与阅读,读者翻阅次数约 49.53 万次。

"百馆荐书,全省共读"项目是全国省级公共图书馆中率先推出的覆盖全省读者的共读活动项目,受到国家文化和旅游部、江苏省文化和旅游厅、江苏省全民阅读办等部门的肯定。2022 年荣获江苏省全民阅读办颁发的"2021 年度江苏省公益阅读推广活动(一类)"荣誉称号。

项目创新点

2021 年 3 月 8 日,文化和旅游部、国家发展改革委、财政部发布了《关于推动公共文化服务高质量发展的意见》,标志着公共文化服务领域正式着力于转向高质量发展。"百馆荐书,全省共读"项目以高质量发展为目标,以提升图书馆阅读推广服务效能为出发点,以数字阅读为方式,联动全省公共图书馆共同推广阅读,保障全省阅读资源供给质量。

1. 省馆牵头建设,全省图书馆共同参与

南京图书馆充分发挥省级公共图书馆龙头作用,牵头建设"百馆荐书,全省共读"项目并联合全省公共图书馆共同推广全民阅读。南京图书馆不仅承担起全省读者数字阅读资源建设的任务,多措并举调动全省图书馆开展共读活动积极性,提升数字阅读服务效能,实现全省公共图书馆均能享有图书(电子版)、书单推荐、小程序答题活动等线上线下阅读资源。阅读资源的共享能够避免全省公共图书馆资源重复采购、活动同质化、推广单一化。

2. 宣传贯彻习近平新时代中国特色社会主义思想

项目向全省读者推荐《习近平谈治国理政》《习近平新时代中国特色社会主义思想学习问答》《习近平讲党史故事》《之江新语》等图书(电子版)，这些书籍鲜明地反映出习近平新时代中国特色社会主义思想，体现了马克思主义人民观、政党价值观、政治观、政绩观、幸福观在新时代的坚持和发展，展现了中国共产党人不忘初心、牢记使命的自觉担当。全省范围内的众多读者通过这些书籍汲取精神营养和思想力量。

3. 精心策划阅读主题，满足不同年龄阶段读者需求

在横向，拓宽阅读内容广度；在纵向，深挖图书内容质量。阅读书单中既有经典文学名著又有豆瓣高分新作，既有南京图书馆推出的"陶风图书奖"获奖作品集又有国家图书馆推出的"文津奖图书特辑"，既有运河主题的"千年运河　流向未来"又有脱贫攻坚的主题图书。2020—2022年，项目持续推送新书和好书，其中5年内出版的新书在推送图书中的占比达到70%。

4. 开放多终端访问，提升数字阅读服务质量

项目提供多终端、全场景数字阅读模式，江苏读者无论在哪个地区均能通过"手机号＋验证码"方式认证后即可免费阅读精品图书。阅读过程中提供音乐伴读、批注、画重点等细致入微的服务，使读者充分体验沉浸式阅读的乐趣。项目后台为读者自动生成读书报告，对阅读时长、阅读笔记、阅读成果等进行展示。

5. 共读活动内容丰富，读者阅读体验良好

全省公共图书馆利用项目开展共读活动，读者可在后台撰写书评、分享心得。全省读者们通过后台进行互动，进而激发阅读兴趣。项目深入挖掘读者需求，进行读者画像，通过后台大数据可以分析出个人的阅读喜好和阅读习惯，这为优化书单做好图书推荐工作奠定了基础，最终让每一位读者读到心仪的图书。

6. 运营高效，稳步实现高质量发展目标

项目采取线上线下相结合的运营模式，全省117家公共图书馆同步推广。线上通过官方网站、微信公众号等载体宣传，配套丰富活动吸引读者；线下增加曝光度，例如利用好易拉宝、电子借阅机、大屏等宣传载体和深入推广至乡镇文化站、农家书屋、中小学校、地铁站等场所。

经验启示

图书馆高质量发展是以国家高质量发展为背景，以创新、协调、绿色、开放、共享的新发展理念为指导，以图书馆资源、服务、管理等诸要素的高质量发展为基础，实现图书馆适应我国社会发展新征程的要求。"百馆荐书，全省共读"项目创新推出全省共读的新模式，协调省内多家图书馆共同推广，在项目运营过程中实现绿色、开放、共享目标，是我国图书馆领域实现高质量发展的范本。

下一步，南京图书馆将以提升全省读者满意度、美誉度为衡量标准，以开放和创新的理念继续优化服务资源、提升服务质量、加强项目管理，促进"百馆荐书，全省共读"项目不断迈向新的水平。

1. 获奖资料

2022 年荣获江苏省全民阅读办颁发的"2021 年度江苏省公益阅读推广活动（一类）"荣誉称号

2. 活动图片

2022 年全省公共图书馆年会暨"百馆荐书　全省共读"工作交流会

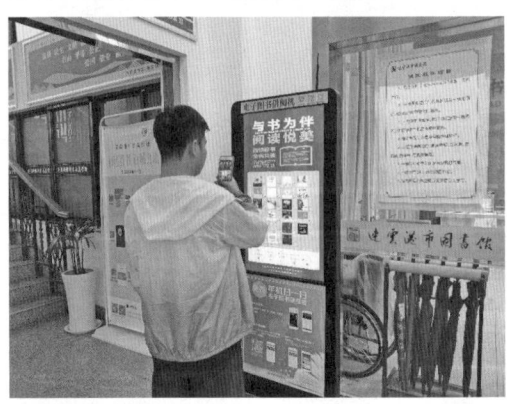
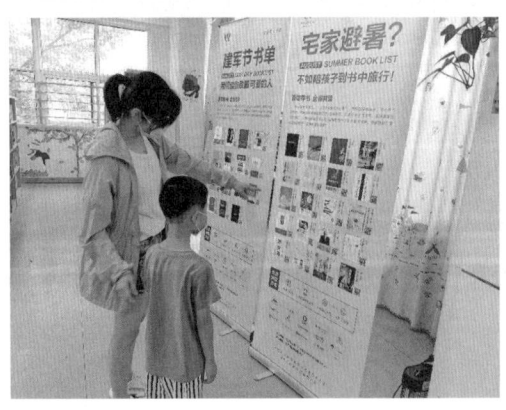
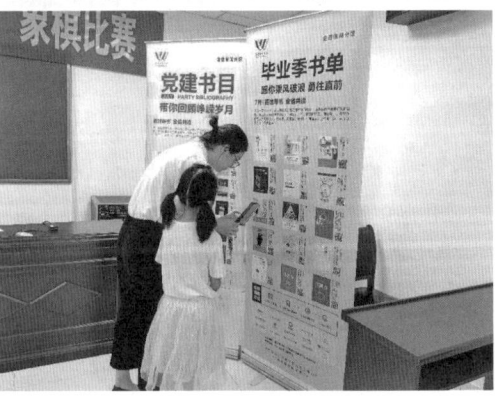

(执笔人:梁雯雯)

南京图书馆"文化筑梦"书香童年 1＋N 项目

关键词

文化筑梦　书香童年

对象及范围

未成年人　南京图书馆

创新背景

未成年人是一个国家社会发展的未来，素养培养是未成年人最重要的核心，是实现社会发展和精神发展的奠基石，同时也关系着一个国家的未来发展。自 2000 年世界经济合作与发展组织（OECD）把国际学生评估项目（PISA）类学生能力国际评估测试作为审视一个国家未来建设者核心素养的标准后，2012 年教育部发布《3～6 岁儿童学习与发展指南》，2016 年《中国学生发展核心素养报告》也正式发布，"人文底蕴、科学精神、学会学习、健康生活、责任担当、实践创新"六大素养被定义为未成年人应具备且能够适应其终身发展和社会发展需要的必备品格和关键能力。未成年人素养发展成为未成年人教育关注的热点，基于素养培养的未成年人阅读推广研究也逐渐成为公共图书馆的研究热点。

南京图书馆（简称南图）的未成年人服务历来已久，但其规模拓展和细化服务，则始于 2016 年少儿馆开放。这项举措不仅将服务年龄延至 0 岁，还打开了南图未成年人读者服务工作的新局面。阅读启迪智慧，阅读疗愈心灵。为持续推进南图未成年人读者服务工作，南图创办了"书香童年"品牌，并坚持通过在节假日举办系列活动举措与传统图书借阅服务实现满足南图未成年人读者的阅读需求和丰富其业余生活的目的。2021 年随着"双减政策"、《家庭教育促进法》的相继出台，为更好引导 0～15 岁未成年人阅读，培养他们的阅读兴趣，提升他们的阅读意愿和阅读能力以及综合素质，南图推出了"文化筑梦"——书香童年 1＋N 项目。

创新项目设计

在"文化筑梦"——书香童年 1＋N 项目中，"1"是核心，即儿童；N 代表儿童身边的人群，包括图书馆员、家长、老师、社工和社群。该项目以阅读为媒，依托 1＋N 阅读推广模式，凝聚不同人群智慧和力量，联合各类社会资源，共同助力未成年人成长，为全体未成年人及其家庭提供阅读服务，用阅读构建梦想、点亮未来。

"文化筑梦"——书香童年 1＋N 项目以促成未成年人素养的全面发展为目标，通过拓宽未成年人视野，激发他们的阅读、探索兴趣，采用多种服务组合，保障未成年人图书馆权益，实现图书馆未成年人阅读推广服务立体、多样以及全社会对未成年人素养养成的关注。项目系列活动的策划设计围绕三个目标实施：一是以促进未成年人应具备的六大核心素养内涵形成为目标，遵循素养发展规律，将能力培养、素养发展融入具体的活动设计、推荐书目挑选中，设计多类型的阅读活动；二是关注家长、家庭需求，策划满足未成年人家长、家庭需求的活动，为家庭教育提供支持；三是以保障全体未成年人权益作为目标，联合社会力量共同关爱特殊群体。多项举措并举，将精准服务理念落到实处。

创新项目开展情况

1. 自办特色活动介绍

"南图姐姐故事汇"系列活动，活动分为线上、线下版。线下版主要是面向4岁以下儿童，每月一个主题，用"阅读＋游戏"的形式开启儿童阅读启蒙。线上版主要是面向4～6岁儿童，以"短视频＋文字"的方式，每月发布一期，为儿童荐读、解读一本绘本。2021—2022年9月线上线下共开展了28场相关活动。

"寻访古诗"系列活动，以美景、色彩、美食、百花为主题，在2022年暑假期间共策划了4期系列"南图姐姐"线下阅读推广活动，用"诵读＋游戏"的方式提升未成年人对诗词的兴趣，帮助未成年人感知语言魅力以及提升他们的表达能力。

"同住地球村：趣味科普"活动，以宝石、早期地球与生命、地球的动力、生物多样性与保护为主题，联合高校公益志愿团队，在2022年暑假期间共同策划组织4期系列科普讲座，用"讲解＋体验＋提问＋奖励"多种形式相结合的方式，提高讲座的趣味性，拓宽未成年人视野，激发未成年人对自然科学的兴趣。

"畅游书海 沐浴书香"南图之旅活动，用"参观游览＋体验式学习"的方式帮助未成年人了解图书馆、学会利用图书馆资源。活动内容包括：游览特色阅览室，了解图书馆借阅规则，学习、体验并掌握图书馆检索工具的使用方法，2021—2022年9月共开展了20场相关活动。

"家长课堂"活动，围绕未成年人成长、家庭教育主题，邀请专家开展系列讲座，并鼓励家长与孩子一同参加，在解答家长关于儿童成长疑惑的同时，促进亲子交流。2021—2022年9月线上线下共开展了8场相关活动。

"趣味编程"活动，根据未成年人年龄，分为"世界编程一小时"活动和"小小编程星"夏令营活动："世界编程一小时"活动采用轻松、趣味的方式进行，体验流程包括知识讲解、游戏互动、实践模仿编程三部分，帮助儿童学习了解坐标、角色、变量等基础编程知识；"小小编程星"夏令营活动，以儿童为主体，通过活动开展，实施未成年人信息素养调查研究，活动包含编程教育课程、阅读推介与分享等内容，在调动参与者学习编程和阅读兴趣的同时收集关于少儿编程效度的数据、找寻儿童适应并喜爱的阅读推介形式等信息。两个活动在2021—2022年暑期共开展8场。

"我是南图文明小义工"实践活动，是面向10～15岁未成年人举办的图书馆实践体验活动，活动内容包括学习图书管理知识，熟悉馆藏文献分类和布局，协助馆员进行读者咨询、图书借阅、图书整理等工作，培养未成年人的社会责任感，弘扬"奉献、友爱、互助、进步"的志愿服务精神。在2021—2022年寒暑期共开展150场相关活动。

"学习强国·青少年学党史"荐读，是南图联合学习强国江苏平台共同开展的青少年学党史好书推荐活动。活动根据青少年读者的阅读偏好，精心挑选传记类、历史类、儿童文学类等百本适合不同年龄阶段青少年读者阅读的书籍,在2021年8—9月期间,每周发布7条音频,目的是持续激发青少年读者学习党史的兴趣。

"图书赏新　阅读日历"荐读活动,依托南图馆藏少儿图书资源优势,根据各阶段未成年人阅读能力和阅读喜好,结合时事热点,用多主题推荐、多平台发布,高频次推送、录制音频、拍摄短视频、分享阅读体会等方式,发布符合各年龄层次阅读需求的阅读推荐短视频,推送给家长,将图书馆的阅读服务延伸至家庭,促成儿童养成阅读习惯。2022年5—9月共发布152条短视频。

"我是长江的孩子·国际儿童图书日云上嘉年华"活动,是与长江沿线图书馆共同举办的直播活动,以"我是长江的孩子"为主题,采用云端游览的方式,通过探访文化名城、研读传统文化,将长江沿线城市人文历史与图书馆特色儿童阅读推广活动相结合,带给儿童沉浸式阅读互动体验。

2. 活动参与情况

2021—2022年9月,"文化筑梦"——书香童年1＋N项目共举办线上、线下活动388场,累计超过166.9516万人次参与。其中:直播活动4场,累计4万人次观看。线上版"南图姐姐故事汇"18期,微博微信阅读量47.1万人次。"图书赏新阅读日历"馆员荐书152期,微博微信阅读量10.54万人次。"我是长江的孩子·国际儿童图书日云上嘉年华"活动共联合长江沿岸19家公共图书馆举办,当日观看人数超过115万人次。新建乡村中小学流通服务点6个,援建少儿图书5万册。

3. 成效与影响

"文化筑梦"——书香童年1＋N项目启动至今,由于形式多样、内容丰富、辐射人群广,获得了社会各界的广泛关注和赞誉,取得了良好的社会效果,并逐步成长为南图的特色儿童服务项目。同时,该项目的实施还激发了儿童阅读的兴趣,促使越来越多的未成年人走进南图,南图少儿持证人数、日均接待量、图书借阅量显著增加,读者遍及南京及周边各区县。截至目前,南图少儿持证人数达20万人。2021年新办证中少儿读者证超2万张,年均接待少儿读者20多万人次,借还图书30多万册,节假日日均少儿读者接待量超2000人次。内设的单项活动或服务先后被荔枝新闻、现代快报、扬子晚报、图书馆报、潇湘晨报、关心下一代周报、中国江苏网、精彩江苏等媒体报道,并在媒体推介下,不断掀起"游在南图、学在南图、爱在南图"的热潮。

项目创新点

1. 设置"促进未成年人素养全面发展"培养计划

"文化筑梦"——书香童年1＋N项目的整体规划涵盖核心素养发展的六个方面,且项目内容以拓宽视野、激发兴趣、培养儿童探索研究精神为目的。在整体规划和内容选择上,如"寻访古诗"系列以诗为题,帮助未成年人发展审美情趣,培养人文情怀;"同住地球村:趣味科普"系列以自然知识为题,拓展未成年人视野,培养未成年人理性思维;"畅游书海　沐浴书香"阅读活动用体验式参观,帮助未成年人感性认识图书馆、培养未成年人的信息意识、信息能力;"南图文明小义工"实践活动、线上版"南图姐姐故事汇"、"青少年学党史"图书推荐,培养未成年人的社会责任感和国家认同感;"世界编程一小时"活动、"小小编程星"夏令营活动帮助未成年人理解技术与人类文明的联系,提升儿童逻辑思维能力。

2. 搭建普特融合、亲子教育交流平台

普特融合是时代发展下特殊儿童教育新趋势。在普特儿童融合方面,南图采用"线上征集+线下体验"联合方式,促进普特群体交流融合。如:同期推出的"同读一本书"有声读物征集、"畅游书海 沐浴书香"阅读活动以及电影赏析活动,旨在为普通儿童与视障儿童搭建交流互动平台,通过共读一本书、参观视障阅览室、触摸盲文书、观看无障碍电影,帮助普通儿童了解盲童的生活阅读场景,满足视障儿童群体被平等对待的诉求,进而使融合教育在全社会范围内获得广泛认同。

在家庭亲子阅读方面,推出"书香伴冬日,亲子共成长——南图姐姐带您亲子共读"系列活动,活动共分为四期,选取绘本《糟糕的假期真开心》《奔跑的蜗牛》《牵着蜗牛去散步》《十二生肖·虎》,用音频、文字、图片相结合的方式,指导家长从"意愿、目的、要求、交流"四个维度入手,增强家长对亲子共读重要性的认知,帮助家长学习亲子共读方法,为家庭教育提供有效支持,促进家长与孩子共同成长。

3. 用短视频、多样化体验丰富呈现形式

短视频阅读是近年来的新型阅读方式,南图从优质内容入手,采取"馆员出镜+馆员书评"方式,拉近馆员与读者的距离,迎合时代发展趋势,引领阅读风尚。例如线上版"南图姐姐故事汇"和"图书赏新阅读日历"荐书服务,都是由馆员直接出镜担当主持人,从形象、声音、画面、语言等方面打造优秀品质,满足读者的情感需求。2022年"南图姐姐故事汇"6月19日《最爱的,是我》微博阅读量是11.2万人次,"图书赏新阅读日历"5月15日《我们仨》微博阅读量是1万人次。

"阅读+"是近年来图书馆界儿童阅读推广比较热衷的活动方式,南图把倡导"发展性阅读"作为儿童阅读推广工作的重点,用"体验感受+交流互动+知识传播"方式,激发儿童参与兴趣,并延伸至阅读热情,进而实现习惯养成、兴趣启蒙,最终实现个性化发展。例如:"同住地球村:趣味科普"活动中,不仅有图片感观、实物触摸,还有游戏竞猜、图书推荐,全方位满足参与者的需求。

古往今来,阅读是备受赞美的行为,引导、训练、帮助、服务是图书馆阅读推广的使命,也是未成年人阅读推广的使命。涵盖未成年人所有年龄段设计和规划图书馆的未成年人阅读推广活动或服务,以"核心素养"培养为重心,构建主旨明确的未成年人阅读推广服务体系,是顺应公共图书馆阅读推广日常化的趋势,也是促使阅读推广成为图书馆主流服务形式的有益探索。

古诗里的百花

古诗里的美食——稻花香里说丰年

家长课堂　　　　　　　　　趣味科普——捕龙者说

趣味科普——天然地震　　　　给未成年读者颁发证书

（执笔人：曾　茹）

"南京共享图书馆"市区联动共建共享服务体系创新实践

关键词

书服到家　市区联动　共建共享

对象及范围

南京市各公共图书馆、社会大众

创新背景

如果将图书馆看作城市的文化心脏,那么构建覆盖城乡、便捷实用的公共图书馆服务网络,则是畅通书香血脉、强健文化肌体的重要举措。2018年颁布的《中华人民共和国公共图书馆法》立足新时代新需求,对县级总分馆的工作方式、网络架构以及建设要求都给出了详细明确的指导。在基层图书馆总分馆建设取得长足发展的背景之下,金陵图书馆作为南京市级公共图书馆,一直以来积极探索实现全市公共图书馆资源均衡发展和有效供给之道,以期提升南京地区公共图书馆的整体服务效能。

目前,南京市13家区级公共图书馆基本实现了全市公共图书馆纸质文献资源共建共享、阅读推广活动互联互通等服务,但由于各馆保障条件迥异,功能对象不一,服务效能参差,为更好形成推动全市公共图书馆事业共同发展的整体合力,金陵图书馆从2018年起逐步在全市范围内构建起上下整合、左右互通、全面覆盖的南京市公共图书馆共建共享服务体系。

主要创新点

1. 迭代升级　有机生长

要了解"南京共享图书馆"的实践创新之道,首先需要厘清其更新迭代的过程。如果将基于纸质资源流通的线下物理总分馆体系称为市区联动共建共享服务的1.0模式,那么金陵图书馆从2018年起联合南京市13家区级公共图书馆,在全国首次尝试打造全市统一的信用网借平台"书服到家",并基于此联动开展各类线上线下运营活动,正式开启了"南京共享图书馆"2.0阶段。此后,在金陵图书馆的牵头引领下,全市各馆继续围绕阅读推广活动、业务培训与统计、数字建设等工作互联互通、共建共享,成功走出了地域综合性的"共享图书馆"3.0发展新模式,这是在物理模式基础上不断产生化学反应的新型总分馆。与"图书馆是一个生长着的有机体"相对应,南京共享图书馆的发展演变也是一个有机生长的过程。

2. 技术革新　业务创新

传统的市区总分馆服务表现形式为"通借通还一卡通",是每一个阅读点的自我辐射,是一个又一个的基础设施。南京市公共图书馆共建共享服务体系将有形的市区馆、总分馆体制虚拟化,通过信用网借、统计培训、阅读活动等形式进行服务呈现,通过各类平台的搭建和运行将市馆、区馆连成一个整体。一方面,"书服到家——南京共享图书馆"信用网借平台整合了全市各级公共图书馆的网借资源,连通各馆网借服务,统一入口、统一书库、统一管理、统一运营,从技术层面实现了共享平台、共享图书、共享读者,在系统层面将全市14家市、区级公共图书馆组成一个统一整体,成为全国首创。另一方面,按照"别样总分馆　共享图书馆"的发展新思路,从继续加强市区资源联采、数字服务平台共建,到推出全市统一的业务培训、统计平台及相关管理制度,再到连续三届成功举办南京市公共图书馆读者节,在全市范围内开展"阅美"系列活动,不断创新联动模式,带动基层业务提升,引领全市行业发展。

3. 双轨运行　有章可循

南京市公共图书馆市区联动共享共建系列工作创新地采用了双轨运行方式,根据单双年工作侧重点各有不同。在双年,例如2018年、2020年、2022年,金陵图书馆将侧重点放在市区基础业务同步和读者阅读共享上:在业务培训方面,除了常规培训以外还特别增加了市区新进馆员培训;在阅读推广活动方面,金陵图书馆带动全市各个区图书馆参与"阅美四季"系列阅读推广活动(读者征文、摄影、诵读大赛,全市"读者节"等)。在单年,例如2019年、2021年,金陵图书馆更侧重图书馆服务提升工作:在业务培训方面,除了常规培训以外还特别增加了区县级图书馆馆长和业务骨干的培训;在阅读推广活动方面,单年更重视图书馆和馆员本身的服务能力提升,开展了读者服务成果评选、馆员竞赛,开展覆盖全市联动市区的科普联盟阅读推广活动等特色项目。在对读者的阅读推广工作上,单年主推少儿阅读推广工作,组织读者征文、摄影、短视频大赛及七彩夏日系列活动等。通过市区联动工作的"单双年制"模式,每年各级馆要共建共享有规律可循并逐步形成长效机制,彰显了市级馆责任担当的应有本色,形成了共谱共享"阅美"新篇章的良好局面。

4. 市区联动　馆读共享

从馆员的角度来看,通过市馆的引领和指导,及大型活动、竞赛及培训工作的下沉,更多区级图书馆的基层馆员可以接触、体验甚至亲身参与到这些工作的策划、组织及现场统筹中去,不仅增长了见识,锻炼了业务水平,更为今后图书馆开展相关业务积累了经验。

从读者的角度来说,共建共享服务体系首次实现了市区阅读推广活动和数字平台联动,以金陵图书馆及各区图书馆为主阵地,通过14家公共图书馆的资源整合、平台共享及品牌升级,不断突破传统阅读格局,迎合读者现代阅读习惯,精心打造讲座、沙龙、展览、诵读等活动,活动种类丰富多样、内容生动有趣,叫人目不暇接。这一系列"接地气""受欢迎"的文化活动,拉近了读者与图书馆的距离,增进了读者对图书馆的了解,给老百姓带来看得见的便利和实惠,使图书馆成为一个平等、和谐、分享、共融的阅读文化空间。

创新项目开展过程

从建立特色分馆、服务点,实现通借通还一卡通,金陵图书馆很早就开始了南京市公共图书馆市区联动共建共享服务体系的构建探索。2018年,"书服到家"全市统一信用网借平台的上线运行,使得"南京共享图书馆"这一创新概念和生动设想首次进入大众视野,该项目以智能信用网借柜网点建设为抓手,在文旅融合、入驻地铁、服务政企等方面延伸了公共图书馆业务范围,发挥了市区联动共建共享的合力作用。此后,金陵图书馆带领各区馆围绕业务培训、业务统计、阅读推广活动以及数字建设等主题开展了一系列工作,让"总分馆"的物理模式产生了理论创新、机制创新、实践创新的化学反应,有效推动了南京市公共图书馆的联动发展,充分发挥了市馆引领基层、服务基层的积极作用,推动了更多优秀阅读推广活动朝着一体化、多样性方向发展,全面提升了全市公共图书馆事业发展水平。2022年,金陵图书馆继续发挥区域公共文化服务建设纽带和引领作用,牵头组建南京都市圈公共图书馆共享发展协作体,走向"4.0都市圈模式",开启跨城市的发展新篇章。

取得的成效、影响及评价

2018年起,金陵图书馆以"新时代阅读共享,新征程市区同行"开启了市区联动"别样总分馆,共享图书馆"的新篇章。五年来,市区联动共建共享工作组织各类全市性业务培训数十场,阅读推广活动千余场,从市区到乡镇,从图书馆到农家书屋,数十万市民读者参与受益。其中,"书服到家——南京共享图书馆"信用网借平台项目先后荣获2018年全民阅读优秀案例奖项、第二届公共图书馆创新创意案例征集三等奖、2019年度江苏省数字文化和智慧旅游示范项目等。市区联动这些工作和活动的成效也获得了上级主管单位、行业同仁、社会各界的广泛认可和充分肯定,被《图书馆报》、学习强国平台等国字号及省市媒体广泛报道。

2021年南京市统计工作培训会

"南京共享图书馆"统一标识

"南京共享图书馆"宣传 logo

2019"阅美"——南京市公共图书馆馆员
迎国庆主题诗歌朗诵会

2019年南京市公共图书馆
优秀服务成果评选

2020 年南京市公共图书馆业务技能竞赛现场

（执笔人：曹宁欣）

"书香金陵"

——南京市公共图书馆读者节的创新实践

关键词

市区联动　文旅融合　阅读推广

对象及范围

社会大众

创新背景

随着《中华人民共和国公共图书馆法》的颁布与施行,新时代公共图书馆在保障公民基本文化权益、提高公民科学文化素养、坚定文化自信、推动社会主义文化繁荣兴盛伟大事业中的责任也更加明确。如何适应全媒体、数字化、多元化的读者需求,有效聚合南京市各级公共图书馆的优质文化服务成果,更好地将文都南京的市民与图书馆融为一体,成为金陵图书馆新的探索课题。"书香金陵"——南京市公共图书馆读者节由此应运而生,它既是增强市民对图书馆认同感和归属感的有力举措,也是加快构建全市公共文化服务体系的有益尝试。

主要创新点

1. 市区联动　共读共享

"书香金陵"——南京市公共图书馆读者节以金陵图书馆及各区图书馆为主阵地,通过14家公共图书馆的资源整合、平台共享及品牌升级,不断突破传统阅读格局,迎合读者现代阅读习惯,每届读者节敲定一个主题,由市馆领衔、区馆参与,共同精心打造讲座纵横、展览荟萃、读者互动、阵地服务、数字推广、共建行动、少儿活动等百余场活动,让全市读者纵览全市各公共图书馆的文化特色。

读者节期间,南京市区两级公共图书馆由点及面,全线铺开,活动各具特色,相互呼应,织就起覆盖全市的阅读网络。除了小读者"跟习爷爷学经典"主题演讲、《阅美新诗篇》原创现代诗歌大赛、《阅读新"视"界》短视频征集等全市范围的各类阅读推广活动以外,更有全市公共图书馆馆长集体发声,联袂荐读图书,为南京市民的阅读指引方向。

2. 读者节日　书香浓郁

"书香金陵"——南京市公共图书馆读者节,每届历时近一个月,采取线上、线下联动推广的方式,围绕各类特定的主题,开展了一系列创新型、互动性、智能化的文化活动。作为读者节预热活动的"换书市集"一经推出就受到热烈追捧,活动当天集合了换书市集、公益捐赠、惊喜抽奖、精美文创等元素,为市民读者提供潮流新颖的阅读互动体验。读者换来的旧书一部分捐赠给困境儿童,另一部分在新建成的"金图·八九零空间"常设换书点上架,读者可以前去以书换书,让书香在爱书人之间流动。读者积分换好礼的活动也于读者节期间上架,凭借在金陵图书馆借书积攒的积分可以换取相应的礼品,读者可以在畅游书海、享受阅读乐趣的同时获得实惠,让阅读的收获有形起来,与之相似的还有浦口区图书馆开展的"阅读储蓄　智慧人生"活动。"书岛·BOOOOK 艺术书展"是金陵图书馆和 JIN SPACE 联手打造的公益书展,挑选一些市民读者平时鲜少接触的建筑和艺术类书籍作为展示,旨在以此为契机增强市民读者与图书馆之间的互动交流;"我和《读者》合个影"——《读者》杂志封面展,回首几代读者共同的文化记忆,进一步拉近了图书馆与读者间的距离。

3. 智慧服务　文化惠民

"书服到家"南京共享图书馆是读者节的重要亮点之一。它由金陵图书馆携手各区馆推出,于 2018 年 10 月 13 日正式上线试运行。该平台整合各馆已有网借资源,连通各馆网借服务,统一入口、统一书库、统一管理、统一运营,读者在全南京市范围内可实现通借通还,仅需网上下单借书,物流即可配送图书上门,实现"外卖"模式的借书方式;同时,平台基于芝麻信用体系,为芝麻分 550 分以上的读者提供"免押金、免办卡"的信用借书服务。"互联网+信用"的借书模式让人们在现代科技带来的便捷中回归与享受传统阅读的乐趣。

实现外卖式借书的"书服到家"项目,于第二届读者节期间开启线上"你选书,我买单"服务,给市民读者带来了新惊喜——读者可在线上免费下单时尚实体新书,快递送书上门。目前,金陵图书馆已与江苏凤凰新华书店集团有限公司旗下的凤凰国际书城、南京市新华书店新街口旗舰店以及南京出版传媒(集团)有限责任公司旗下的青春书店、文都书店、新城书吧合作,全面开启"所见即可借"、购借合一的借阅新模式。

4. 文旅融合　阅荐文都

南京市公共图书馆读者节充分发挥图书馆积极融入"文学之都"建设的功能,传承南京地方文化特色,推动文旅融合事业发展。鼓楼区图书馆邀请到"文学鬼才"马伯庸分享新书创作经历;江北新区图书馆邀请南京大学苗怀明教授回归经典,带领读者体验四大名著的人生智慧;溧水区图书馆开设国学讲堂讲述《汉书》精髓;浦口区图书馆开展"遇见文学,穿越历史"主题荐书活动,聚焦文学阅读,提升城市素养;秦淮区图书馆用纪伯伦的诗展现纯文学的魅力……金陵图书馆的老牌阅读推广品牌也持续发力:"习经堂"讲述"四书五经"中的《大学》与人生、"手工坊"让读者在动手实践中领略工匠精神、"诗游南京"带领小读者用脚步丈量南京文脉。

5. 爱心助盲　精准多元

因读者节期间有"国际盲人节",为了让视障读者也能持续感受阅读带来的暖意,每届读者节的开幕式也会邀请"朗读者"文化助盲公益品牌项目的志愿者共同表演。参加演出的文化志愿者包括专业志愿者、社会爱心志愿者和视障读者,他们在同一个舞台上施展才艺,各出其彩。第二届读者节开幕式当天,金陵图书馆举办"书声画舫泊秦淮"活动,记录下盲人与志愿者在石头城下、秦淮河畔的诗词吟诵之声,成为全球助盲声音中的一支。线上,金陵图书馆联合南京创新名城文化推广中心,发起"文化中的力量"全球助盲声音传递活动,将各地水畔散文或诗歌编制成辑,在社交媒体上广泛分享,呼吁给予视障群体的精神文化生活更多社会关注。此外,为更加扎实做好特殊群体阅读普及工作,搭建视障人士阅读的绿色通道,读者节期间金陵图书馆还通过"双预约"服务的实践与推广,实现盲人读者对最前沿阅读资源的零障碍获取——通过预约热线,视障读者可来电预约到馆时间,馆员一对一现场协助阅读;或就阅读需求来电咨询,邀请馆员前往社区或家中提供文化类服务。

创新项目开展过程

金陵图书馆在全国公共图书馆率先创建读者自己的节日——读者节。首届"书香南京"——金陵图书馆读者节于2015年秋季拉开大幕,并成为南京文化艺术节的一大亮点。每届读者节历时近一个月,分为"特别策划""读者互动""阵地服务""共建行动"等十大篇章,百余场活动。只要是热爱阅读、热爱生活的读者,都可以分享阅读的喜悦,展示自我的才华。

三届金陵图书馆读者节后,该节于2018年秋季升级为"书香金陵"——南京市公共图书馆读者节,由南京市文化广电新闻出版局(现为南京市文化和旅游局)主办,全市公共图书馆共同承办。之后,"书香金陵"——南京市公共图书馆读者节每两年举办一届,加入了更多元化的阅读元素和接地气的阅读方式,推出了更为便捷的线上线下多平台的参与方式,让市民读者乐享文化福利,擦亮南京"世界文学之都"金字招牌。

成效、影响及评价

读者节作为南京市民读者自己的节日,是一项旨在深化全民阅读活动、增强公众阅读意识、提升城市文化品位的创新实践活动。读者节通过整合市馆、区馆丰富的馆藏图书和讲座、展览、阅读推广活动资源,打造了数十个诸如"金图讲坛""科学的南京""知行讲坛""明德讲堂"等文化阅读品牌,让更多文学、文化内容与大家见面,持续为文都南京建设注入书香之力。此外,南京市公共图书馆"读者节"的影响力也在不断扩大,辐射范围从全市逐步扩大至南京都市圈。在第三届读者节期间,南京都市圈公共图书馆馆长集体发声,联袂荐读。另外,金陵图书馆还携手马鞍山市图书馆,特别策划有"宁马共读 童画金陵:我和地铁的故事"儿童画都市圈联展,促进城市之间的人文交流与文化精神共融。

在"全民阅读"的大环境下,"书香金陵"——南京市公共图书馆读者节发出了公共图书馆和广大读者联合起来强有力的"好声音"。每届读者节,中央、省、市级新闻媒体报道百余次,各大网站、新平台转载近千篇,加上微信、微博等各馆自媒体广泛宣传,在全市产生了较大的社会影响。以2020年"书香金陵"——第二届南京市公共图书馆读者节为例,平面媒体方面,南京日报、扬子晚报、现代快报、南京晨报等相继做了20余篇报道;主流网络新闻媒体方面,学习强国平台、人民日报App、光明网、新华网、央广网、中青在线、中国新闻网、中国网、今日头条、澎湃新闻、东方网、浙江在线、荔枝新闻、凤凰新闻、中国江苏网、龙虎网、交汇点新闻、网易、搜狐、新浪、腾讯等也相继做了共300余篇相关报道。

首届金陵图书馆读者节全市读者换书大会

首届南京市公共图书馆读者节"书服到家"试运行启动仪式

第二届南京市公共图书馆读者节"南京市文学之都图书馆联盟"授牌仪式

第二届南京市公共图书馆读者节开幕式

第二届南京市公共图书馆读者节闭幕式

第三届南京市公共图书馆读者节创意换书市集

（执笔人：胡宁涛）

助力谱牒传承释疑　赓续优秀传统文化

——无锡市图书馆谱牒文化特色服务及家谱馆建设

关键词

馆藏　家谱馆　谱牒服务　文化推广

对象及范围

向无锡市及周边地区社会各界提供家谱阅览、家谱展示、专题咨询、家风文化推广等多元化服务。

创新背景

"国有史,地有志,家有谱"。家谱是一种以表谱形式记载一个以血缘关系为主体的家族世系繁衍及重要人物事迹的特殊图书形态。它不仅具有追本溯源、寻根问祖的功能,还具有重要的史料价值和教化功能。在新的时代背景下,同时也为了响应读者需求,无锡市图书馆于2007年10月成立了无锡市谱牒文化研究会,构建起以谱牒资料为核心的家谱信息交流平台。2020年6月,馆内特辟馆中馆——家谱馆,专门为读者提供馆藏家谱查阅、目录检索、课题咨询等谱牒文化特色服务。

主要创新点

1. 围绕资源找准定位

丰富的家谱收藏是无锡市图书馆馆藏特色之一。新中国成立前旧家谱就有281种592部,其中还有不少名人家谱,如顾宪成、倪云林、荣毅仁、秦邦宪、钱穆、钱钟书等,是研究地方文化的重要史料。还有600多种来自海内外不同地区的吴氏家谱和统谱,更是研究吴文化珍贵的一手资料。因此,家谱工作从一开始就有明确的定位,那就是依托丰富的馆藏家谱资源,为修谱续谱人群服务、为发掘家训家风服务、为弘扬优秀传统文化服务。

2. 依托阵地开展服务

无锡市图书馆常年为读者提供家谱查阅、修谱指导、信息交流等服务,每年接待查谱、修谱读者不少于5 000人次。十多年持之以恒形成的特色和馆员们精准热诚的服务,得到了广大家谱爱好者的一致肯定。依托家谱馆(实体阵地)与谱牒文化研究会(虚拟阵地),开展主题沙龙和专题研讨活动,编制会刊《谱牒文化研究》;指导各姓氏修谱续谱,参与发谱、祭祖等

传统文化活动;广泛征集家谱资源,丰富谱牒特色馆藏;编制地区性家谱联合目录等。无锡市图书馆与无锡市祠堂文化研究会、各谱牒文化研究会分会、各姓氏修谱委员会紧密联动,还和无锡本地、江阴、宜兴、常州等地区史志办、档案局、博物院、图书馆等文化机构加强合作与信息交流,共同打造地域文化弘扬传承的新高地。

3. 多元展示弘扬文化

除了开展各类特色服务外,无锡市图书馆还通过展览、讲座等方式积极开展传统文化宣传、家训家风推广。近年来,成功举办了"无锡市谱牒文化成果展""吴文化渊源——吴氏谱牒文化成果展""无锡名人家谱家训展""崇德尚贤 知礼行孝——无锡市家风家训展""国之本在家——青少年家风家训手抄作品展"以及"盛世修谱,薪火相传"专题讲座等。常态化在馆刊《锡图广角》、会刊《无锡谱牒研究》推广宣传,同时通过官网及微博、微信等新媒体,采取微信推送、在线直播等新方式,多途径地宣传特色家谱馆藏,展示优秀中华文化,弘扬传统家训家风。

创新项目开展过程

1. 加强资源建设，特辟专馆典藏地方家谱

无锡市图书馆有着百年历史和丰富的历史文献收藏。家谱作为特色馆藏，藏有0.2万余种1.9万余册，所涉姓氏165个，其中本地家谱0.12万余种1.5万余册。所藏家谱具有品种丰富、地缘性强、质量上乘等特点，尤其是名人家谱众多更是一大特色。

家谱特藏的形成离不开历代图书馆人的共同努力与传承积累。多年来，无锡市图书馆通过征集、交换、受赠、采购等形式，多途径、多渠道广泛采集、补充家谱资源，不断丰富品种、提升质量、形成体系。丰富的家谱收藏为开展谱牒文化特色服务、弘扬优秀家训家风奠定了坚实的基础。

2020年伊始，无锡市图书馆加紧"馆中馆"家谱馆的改造建设工作。4月底完成施工，5月份完成家谱的移架整理工作，6月初无锡市首个家谱馆正式向社会公众开放，分为典藏区、阅览区、家谱展示区、电子阅览区，受到社会公众以及新闻媒体的广泛关注。开馆一个月内，新受赠家谱近十部，图书馆报、现代快报等国家、省、市级媒体竞相报道。

2. 深化专题服务，传扬优秀家风家训文化

针对不同的修谱人群与需求，家谱馆推出修谱专题服务。由资深馆员接待前来查阅家谱的读者，从源头上分类、分流不同需求，切实开展修谱指导。定期开展修谱沙龙活动，为修谱爱好者搭建畅通的信息交流平台。积极引导修谱爱好者们将树立良好家风、传承优秀家训的意识融入修谱活动中，辩证地对待、科学地传承中华传统文化，做到"取其精华，去其糟粕"，指导他们以优秀家风家训弘扬社会主义核心价值观。

很多新修家谱中除了保留了尊老爱幼、勤俭持家等传统家训，还结合时代发展新增了爱党爱国、遵纪守法、崇尚科学、助人为乐等新时代家训，甚至有姓氏专门将家训摘出、单独成册便于翻阅查找。例如，无锡钱镠研究会家训课题研究组就深挖钱氏家风家训的精髓，特意

编写了《钱氏家训》解读折页,既利于传播也方便阅读。

传统习俗活动也是传播优秀家训家风的好平台,通过与无锡市图书馆长期沟通和宣传,很多姓氏在颁谱、祭祖等传统活动中也特意加入了朗诵家训、表彰先进的环节。在惠山钱王祠院中,由全体钱氏后人诵读《钱氏家训》、合唱《无锡钱氏家族族歌》,已经成为持续近十年的无锡钱氏祭祀典礼的必备流程。2021年6月10日,国务院发布了《关于公布第五批国家级非物质文化遗产代表性项目名录的通知》,《钱氏家训家教》作为规约习俗被收入其中。

3. 挖掘时代价值,促进家谱资源创造性转化

无锡市图书馆积极参与省、市相关课题研究,依托丰富馆藏家谱资料和专业馆员团队,发掘优秀家谱资源的时代价值。近年来,先后为无锡市纪委《无锡家训与廉政建设》丛书、无锡市文明办《家规家训明信片》、《无锡惠山祠堂群家谱家训集萃》等编辑出版提供课题服务。

创新宣传推广新模式,搭建新媒体宣传阵地,多渠道宣传优秀家谱典籍资源。2020年服务宣传周期间,举办"序昭穆 传家风——走进锡图家谱馆"主题直播,将家文化、江南文化、谱牒文化融汇在一起,展示无锡市图书馆家谱整理开发服务成果,开展"江南人文及家风家训传承"微讲座,吸引1.1万余名市民在线观看。联合新华网客户端、新浪无锡特别策划"吉光片羽"锡图典籍文化推广主题直播活动,让流传千年的古籍走入大众寻常生活。精心筹办"金匮之藏 缥缃万卷"典籍文化推广周,推出古籍修复、线装书制作、古籍书画临摹、典籍主题讲座等推广活动,现场展示馆藏年代最为久远的家谱《华氏传芳集》,进一步提升文化传播影响力。

整合优质资源,依托东林文化讲坛、锡图展览等策划家风家训主题活动。推出家风家训系列讲座,特邀著名教育家叶圣陶孙女叶小沫、扬州大学教授刘勇刚、无锡市城市职业技术学院副教授袁灿兴等担任主讲嘉宾,为市民生动讲述名人家训、家规。开展青少年典籍推广

以及家风家教宣教活动,增强青少年的文化归属感和文化自信,依托"阅读使者全城行"阅读推广活动,将"传承家风家训　弘扬传统美德"主题巡讲送进南尖社区、站北社区、古运河社区等。

取得的成效、影响及评价

十多年来,无锡市图书馆已累计接待查谱、修谱读者6万余人次,协助120多个姓氏完成800余种家谱的续修。馆藏家谱量逐年递增,特藏品种与质量在地级图书馆首屈一指,逐渐有了"长三角查谱中心"的美誉。

在收集家谱的同时,开展整理和研究工作。先后编纂了《无锡市图书馆馆藏家谱目录》《无锡地区家谱知见目录》等,后者荣获第五届江苏省图书馆学情报学学术成果二等奖。2020年开始,受邀参与上海图书馆主持的国家社科基金项目重大课题《1949年以来中国家谱总目》的编纂工作。

2014年9月,无锡市图书馆参编大型地方文献集成——《无锡文库》获第六届江苏省公共图书馆优秀服务成果一等奖。2016年12月,《挖掘传统文化精髓　助力"中国梦"实现——无锡市图书馆谱牒文献特色服务》项目获第七届江苏省公共图书馆优秀服务成果三

等奖。2021年5月,由无锡市图书馆指导编修并选送的《无锡陆氏西园支世谱》荣获江苏省首届新修家谱评选一等奖第一名;10月,"心中有谱　家传良风——无锡市图书馆家谱文化特色服务案例"荣获2020—2021江苏省图书馆学会学术年会论文和业务案例征集活动案例一等奖。

(执笔人:章曦宇)

江阴市公共文化艺术发展中心（江阴市图书馆）艺风书房、艺风微书房创新实践

关键词

"艺风书房"自助图书馆 "艺风微书房"智能信用借书柜 新型阅读信用积分

对象及范围

读者或社会公众

创新背景

党的十九大报告提出，要"完善公共文化服务体系，深入实施文化惠民工程，丰富群众性文化活动"。在新时代背景下，构建完善的现代公共文化服务体系，打通公共文化服务的"最后一公里"成为大势所趋。

互联网时代，在阅读需求多元化、个性化、便捷化的现状下，公共图书馆需要加快构建现代公共文化服务体系，创新服务模式、缩短服务半径，以此更好地满足读者日益增长的阅读需求。

随着科技的发展，网络技术和图书馆自助化设备的不断成熟，自助图书馆建设开始成为图书馆建设的一个选择。自助图书馆可在城市街区、公园、商业区、车站等广泛布局，与城市中心图书馆网络互联，图书通借通还。建设自助图书馆，构建新型的公共图书馆服务网络，是现代各城市建设图书馆服务体系的重要手段。

主要创新点

中国近代图书馆之父、江阴人缪荃孙，晚号"艺风老人"，江阴市公共文化艺术发展中心（江阴市图书馆）以"艺风"为品牌，于2019年起推出了"艺风书房"自助图书馆、"艺风微书房"智能信用借书柜，在江阴市拓展图书馆分馆建设，开拓了新型阅读服务模式，打通图书借阅的"最后一公里"，为江阴市阅读地图填补新的版块，为江阴市图书馆总分馆"一卡通"服务体系注入了新的活力。

自助图书馆以自助开放、自助服务、自助管理，全年365天不打烊为全新理念，采用了国内最先进的RFID技术，结合智能门禁，通过远程监控、灯光和空调控制系统，配备自助办证机、自助借阅机、电子书借阅机等设备，读者凭江阴市图书馆读者证或电子证入馆，自助办证与借阅图书，一张证通行全市，既无需人员管理，又节能环保，成为江阴公共文化服务的一张

亮眼的名片。

"艺风微书房"以"智能信用借书柜"为载体，设立在政府政务服务部门、商场商圈综合体、小区社区及车站等场所。读者只需凭借支付宝的信用积分便可无证借书，并结合"滴答借书"网借服务平台，进一步织密了阅读服务网络，完善公共服务体系，让全民阅读无处不在。

创新项目开展过程

江阴市图书馆对于24小时自助图书馆的探索早在2015年就已经开始，到2019年之前已建成各种形式的自助分馆4家。自2019年底开始，以新技术与新设备的迭代更新为契机，江阴市图书馆以"艺风书房"为主题，统一装修风格及主题Logo，统一技术标准及设施装备，在协调统一的基础上又兼顾特色，以此为基础新建了江阴市馆、绿道驿站（延陵路）、中山公园仪门及迎阳路农商行等四家"艺风书房"自助图书馆，并对之前建成的自助分馆按相同标准进行升级改造。"艺风书房"自助图书馆的建设既增加了江阴地区新型阅读空间的数量，又拓展了阅读服务的时间。

2020年，江阴市图书馆以"智能信用借书柜"为载体，开始进行"艺风微书房"布局，至2023年底，已在市政大厦、政务服务中心、临港管委会及祝塘镇政务中心等机关单位，万达、印象汇、南门印象、八佰伴、美嘉城及方程荟等商业综合体，天鹤小区、石牌社区、立新社区及敔山湾人才公寓等小区和江阴汽车客运站等15处设立"艺风微书房"。"艺风微书房"智能信用借书柜以免押金信用借、还为核心，包含"借、还、取、查"四大功能。市民通过支付宝芝麻信用授权登录，只要个人芝麻信用积分大于550分，即可免押金办证，免费借阅包括"艺风微书房"智能信用借书柜在内的江阴市图书馆借阅体系内所有图书，完成了网借服务载体布局。

2021年，江阴市图书馆以"艺风微书房"为载体，推出了"足不出户，书送到家'滴答借书'"手机网借服务,通过"手机+物流"的服务形式,将图书馆的书籍直接送到读者手中。通过"滴答借书"手机网借服务借阅的江阴市图书馆图书,可以选择就近的"艺风微书房"智能信用借书柜,物流免费配送到柜,短信通知读者自行前往取书。

取得的成效、影响及评价

"艺风书房"自助图书馆、"艺风微书房"作为图书馆服务的延伸,弥补了传统图书馆服务模式的缺陷,突破了传统图书馆对服务阵地、专业人员、开放时间的限制,打通了图书借阅的"最后一公里",将阅读融入市民的工作和生活中,实现了精准化服务,满足了读者个性化、多元化、便捷化的阅读需求,改变了传统公共图书馆的图书借阅方式,有效地弥补了公共图书馆的服务"短板"。同时通过与政府机关、商业综合体、社区的合作,将阅读融入市民的工作和生活中,让图书"唾手可得",让全民阅读无处不在。这两项服务的推出改变了传统公共图书馆的图书借阅方式,目前江阴市已形成以江阴市图书馆为基干,乡镇街道分馆为分支,"三味书咖"城市阅读联盟、单位共建分馆、"艺风书房"自助图书馆、"艺风微书房"、流动图书车等为枝叶,"滴答借书"网借服务为特色的网络服务体系,实现了江阴市公共图书资源的城乡联动,读者凭一张借阅证即能在江阴市图书馆和各分馆享受到"一卡通行、通借通还"的服务,真正实现"平等、免费、专业、高效"的图书馆服务宗旨,将优质资源直接送至市民群众手中,实现了点面结合的立体宣传,有效提升了社会影响力。

(执笔人:缪晓辉　唐宇瀚)

"由绘本爱上阅读"

——宜兴市图书馆绘本阅读推广的创新实践

关键词

绘本馆建设　绘本阅读　幼儿阅读推广　公共图书馆　绘本分级阅读

对象及范围

儿童、家长和其他感兴趣的读者

创新背景

阅读从娃娃抓起，指的是儿童早期阅读的重要性，即重视0～6岁婴幼儿的阅读。公共图书馆作为全民阅读推广的主阵地，要积极开展针对幼儿的阅读推广活动，以兴趣引导儿童参与阅读，帮助儿童养成良好的阅读习惯，从而推动实现全民阅读。

绘本作为一种独特的儿童文学形式，以其生动的故事情节、丰富的色彩和形象化的画面，深受孩子们的喜爱。绘本阅读在激发孩子兴趣、培养综合能力、增进亲子关系上具有重要的作用。近年来，随着国家对文化教育事业的高度重视，绘本阅读逐渐走进人们的视野，成为培养孩子阅读兴趣和习惯的重要方式。

绘本馆建设，就是在这样的背景下应运而生。许多公共图书馆以绘本馆为载体，丰富绘本馆藏资源、打造温馨舒适的绘本阅读环境、组建绘本阅读推广团队、开展丰富的绘本阅读推广活动，从而在最大层面上满足儿童的阅读需求。

创新亮点

宜兴是中国陶都。2021年，宜兴市图书馆以"陶陶"为名称，以馆中馆形式建设了"陶陶"绘本馆，面积约700平方米，藏书近5万册次。为丰富绘本馆馆藏资源，宜兴市图书馆每年以20%的购书经费用于采购优质绘本，并依托馆藏资源积极开展绘本分级阅读项目；组建绘本阅读推广志愿者队伍，引进培训机构与幼儿园优质师资，使之成为亲子阅读推广的中坚力量；创新绘本阅读推广形式，在传统绘本阅读活动的基础上，开展绘本数字阅读推广、举办英语绘本阅读活动、丰富传统文化主题阅读等，使"陶陶"绘本馆成为宜兴市图书馆一张亮丽的名片。

创新项目开展过程

1. 建设"陶陶"绘本馆

2015年,宜兴市图书馆新馆落成,低幼绘本区就以一个闪亮的空间引人注目。该区域提供绘本在馆阅读、开展亲子阅读活动等服务,深受广大读者的喜爱。

2021年,宜兴市图书馆调整阅读空间布局。为更好地满足儿童的阅读需求,该馆以"馆中馆"的形式,改造一楼原少儿借阅区,建设"陶陶"绘本馆,扩大绘本阅读空间。绘本馆分为阅览区、交流区、主题区、活动区和书架区等,面积700平方米,配有座位149个,藏书近5万册次,提供绘本外借、在馆阅读、开展亲子阅读活动等服务。每年根据宜兴读者构成、借阅数量等实际情况,调整藏书建设结构。近几年,每年以近1万册优质绘本新书递增,在丰富绘本馆馆藏的同时,也为绘本阅读带来了新的气象。

2. 探索绘本分级阅读

不同年龄段的孩子在认知上会存在较大的差异,因此,公共图书馆要以儿童身心健康发展的规律为依据,进行各年龄段的阅读干预和指导。"陶陶"绘本馆以分年龄段为主、思维特征和社会化特征为辅,开辟出分级阅读书架与分主题阅读书架,为各个年龄段的孩子给予相应的阅读指导和阅读服务。分级绘本书目的选择更是参考权威书目与专家推荐,例如,国家图书馆在2013年推出的《绘本100》和2014年推出的《温暖童心绘本书目》,东莞图书馆在2010年推出的《儿童绘本导读书目·心灵成长系列》,深圳爱阅基金会在2021年11月推出的《爱阅童书100》等。这些权威书目为绘本馆的资源建设、主题阅读空间打造提供了有力的支持。

3. 创新绘本阅读推广

"陶陶"绘本馆依托馆藏绘本资源,创新绘本阅读推广形式,着力打造自有品牌"小飞屋"绘本故事会,深受家长与孩子们的喜爱。一是与培训机构、学校等社会力量合作,共建绘本阅读推广志愿者团队,如今绘本馆与6家机构、11所幼儿园建立了合作共建机制。100多位具有幼儿教育经验的老师成为绘本馆的阅读推广志愿者。二是融入宜兴市图书馆少年宫课程,与机构合作推出英语绘本故事会,激发幼儿英语学习的兴趣;开展每周一次的科创课程,让孩子们在动手动脑的过程中享受学习的新奇和乐趣等。三是与数字阅读推广结合,以购买的幼儿数字资源为内容,结合角色扮演、绘本剧、传统节庆活动等促进绘本阅读的推广。

取得成效、影响及评价

绘本阅读可以促进儿童语言和阅读能力的发展,培养情感和社会能力,提高想象力和创造力。宜兴市图书馆"陶陶"绘本馆的建设,为宜兴市广大读者提供了一个优质的绘本阅读环境。绘本馆通过收藏丰富的绘本资源,推广绘本阅读的理念和方法,为孩子和家长提供了一个便捷的绘本阅读平台,对推动0~6岁儿童绘本阅读的普及和发展具有非常重要的作用。

绘本馆通过定期举办绘本故事会等阅读推广活动，帮助孩子们建立良好的阅读习惯。这种习惯将伴随他们一生，使他们在未来的学习和生活中受益无穷。2018—2022年，"陶陶"绘本馆开展了300多场"小飞屋"绘本故事会，服务1.5万余人次。2021年至今，"陶陶"绘本馆在馆阅读突破20万人次；提供外借服务以来，绘本借还总量达到10万余册次，每年近4万册次。2021年，宜兴市图书馆少年宫正式投入使用以来，开展了110多场科创课程，参与人次近3 300。2021年宜兴市图书馆少年宫被列为全国乡村复兴少年宫首批50个试点之一。2022年"小飞屋"绘本故事会获得宜兴市优秀阅读项目。

(执笔人:杨芝琴　恽如冰)

"徐图＋社会团体"

——徐州市图书馆地方文献工作创新案例

关键词

地方文献　社会合作

对象及范围

徐州地方文化研究者团体、徐州文化读者

创新背景

习近平总书记在中央城市工作会议上的讲话中指出："一个民族需要有民族精神，一个城市同样需要有城市精神。城市精神彰显着一个城市的特色风貌。要结合自己的历史传承、区域文化、时代要求，打造自己的城市精神，对外树立形象，对内凝聚人心。"城市是一个民族文化和情感记忆的载体，历史文化是城市魅力之关键。徐州市图书馆是徐州地方文献的资源中心和开展徐州地方文化咨询服务工作的重要单位，为更好搜集、研究和利用地方文献，深入挖掘、阐释和传承地方文献中所蕴含的徐州文化、徐州精神，徐州市图书馆自2019年以来，开始实施和不断完善"徐图＋社会团体"创新项目，利用图书馆在文献资源、设备和人员方面的优势条件，与徐州雅集、徐州市谱牒文化研究会等社会团体合作，开展徐州家谱资源普查登记、徐州地区碑刻资源调查与采集、徐州地区口述史料采集、徐州文化讲座专题服务等，共办刊物，修复、整理、出版地方文献书籍和将一批稀有地方文献、家谱做成数字资源。目前，创新项目已经取得了一系列成果，得到徐州地方文化研究者和广大读者的肯定。

主要创新点

1. 激活徐州地方文献领域各个要素

地方文献是做好地方文化挖掘和弘扬的基础，由于地方文献种类、产生、流传的情况各不一样，所以分布与收藏现状也比较复杂，如无法对这些信息进行整合，后续的工作将难以开展。地方文献工作既要面向地方文化研究者群体，又要紧密联系民间基层，同时也要兼顾专项领域的研究团体。

"徐州雅集"是一个由徐州地方文化学者自发组织形成的群体，主要开展地方文献信息的搜集、从事文化研究、撰写相关著述、举办讲座等，这些内容都存在与徐州市图书馆合作的巨大空间，徐州市图书馆为徐州雅集成员提供学术资源服务，通过帮助他们修复古籍藏品、扫描其搜集的稀有地方文献,达成文献的保护和共享,同时也建立了一个具有一定覆盖广度的地方文献信息搜集网络,以此服务更多读者。目前,已经修复清钞本《韩纯玉诗文集》、邳睢铜行政区联防办事处《新民主主义教科书》、民国石印本《新方言》《检论》等文献,将一批徐州名人文集、契约文书、谱牒资料、红色档案数字化,为徐州雅集成员开展的讲座提供学术资源服务 50 余场,出版了《汉风清韵·润彭城资料汇编》《石桥诗稿》等出版物,取得了较好的社会效益。

"徐州市谱牒文化研究会"是一个专门从事谱牒相关工作的社会团体,该协会在建立之初就得到徐州市图书馆的指导和帮助。通过与该协会的合作,徐州市图书馆将地方文献工作与徐州广大最基层的乡村和家族联系起来,共同开展家谱文献资源和祠堂文化的普查,举办族谱文化展、家风家训书法作品展,编辑谱牒文化杂志和普及读物,对协会成员进行破损家谱修复和数字化技术方面的培训,并签订了《关于捐赠、接收、收藏民间族谱的协议书》。目前,在徐州本地高校和企事业单位、社区举办多次主题展览;对徐州地区家谱进行了普查登记,共同制作《徐州谱牒文化》杂志 12 期,编纂了《徐州市传统家训书法作品汇编》《家谱编修常识》《中华经典家训故事选》《冯屯村志》《西朱村记忆》等书籍;修复了《刘氏族谱》《泗山家乘》等老谱,将 10 余部族谱做成数字资源;并通过一系列宣传和影响,形成了徐州家族新修族谱第一时间向徐州市图书馆捐赠的良好风气。

2. 为徐州地区口述史料采集工作开辟新路径

通过与徐州雅集、徐州市谱牒文化研究会等团体合作,徐州市图书馆口述史料采集工作得以更加便利开展;同时,徐州市图书馆配备了录像机、数码相机、录音麦克风等设备,与协会中的骨干力量共同采集关于徐州地区非遗技艺、稀有戏曲、红色歌谣、家族故事、民间传说等方面的口述史料,拍摄了相关图片,录制了音视频资料,在丰富馆藏的同时还形成了一系列相关成果发表在《徐州日报》《彭城晚报》《铜山文史资料》等刊物上。

3. 开展徐州地区碑刻文献调查和采集工作

碑刻拓片属于古籍特藏文献的一种,《公共图书馆业务规范第 2 部分:市级公共图书馆》要求:"通过捐赠、购买、传拓、复制等多种渠道进行古籍特藏文献的采集。"徐州是中国历史文化名城、大运河节点城市、历代区域经济文化政治中心,古代遗迹众多,同时又是石刻之乡、汉画像石之乡,碑刻资源丰富。但由于大部分分布分散,遗落在田野的碑刻文献,在信息掌握和传拓采集方面存在一定困难。徐州市图书馆采用与协会合作的模式,由协会志愿者担任碑刻文物"调查员"、家族碑刻信息"传递员",调动了广泛的碑刻信息普查力量,对徐州散落碑刻进行了调查,同时也为依法依规采集碑刻文献解决了一些现实中的难题。目前,已经采集到关于徐州地区历史建筑、大运河文献、名人乡贤、历史事件、民俗文化、革命遗迹、书法艺术等方面的碑刻拓片 60 余件,同时还宣传了碑刻文物保护方面的知识,为碑刻所在地群众释读碑刻内容,解答他们心中的疑惑,帮助他们更好地了解家乡历史。在此基础之上,徐州市图书馆还报送了《徐州地区碑刻文物保护与利用》决策咨询报告,被 2021 年《两会参阅》收录,为参加两会的江苏省人大代表、政协委员提供参考。

4. 用"文化采风"活动推进掌握和征集地方文献资源

为更加主动做好地方文献信息调查工作,徐州市图书馆与社会团体合作,利用团体成员紧密联系基层文化单位和个人的优势,组织了一系列城乡文化采风活动,共同拜访基层文化站、文物保护点、文博单位、特色乡村和地方知名人士等,或是受邀参加一些基层单位组织的文化研讨会等活动,开展文化交流,了解和掌握当地文化活动开展情况、地方文献存藏现状和地方人士著述活动信息。依靠这种采风活动,徐州市图书馆多次在现场得到一些令人意外的收获,如了解到某部珍贵文献的存世情况,征集到一些具有较高价值但未能正式出版的个人著述等。更重要的是,建立了徐州市图书馆与这些单位和个人之间的桥梁,为以后的地方文献工作预留了更多空间。

取得的成效、影响及评价

1. 目标达成效果

徐州市图书馆推出"徐图＋社会团体"创新举措后,促进图书馆地方文献工作更深入地走向社会,拓展了地方文献采集途径,丰富了地方文献藏量和种类,提高了地方文献服务能力。得益于这一模式,目前已经形成对徐州古籍地方文献数据资源、徐州家谱资源、徐州口述史料、徐州碑刻文献、徐州人士著述的良性采集机制,取得了事半功倍的效果,建立了上述资源的专题资料库;通过一系列展览、采风、研讨活动普及了徐州市图书馆地方文献工作知晓率,扩大了影响;通过共同编著刊物和书籍促进地方文献资源成果转化,宣传推广了徐州文化。

2. 社会影响

"徐图＋社会团体"创新项目模式下的地方文献工作取得了一系列社会影响。2023年7月5日,在第六届淮海书展暨第十三届江苏书展活动期间,徐州市图书馆举办了首届图书集体捐赠仪式,数十余位徐州作家齐聚一堂,向徐州市图书馆捐赠了书籍70余种共200多册,其中不乏一些古籍和丛书巨制。以徐州为背景的小说《柜城》、辑录丰县碑刻文献资料的《古丰金石志》等的新书发布会和赠书仪式均在徐州市图书馆举办,作者通过图书馆向社会赠书,这些都成为该项目取得实效和回馈的典型体现。徐州市图书馆在这一创新项目下开展的各项工作引起了媒体的关注,徐州日报《徐州青年担负起新时代的文化使命》《他们用匠心弥合历史的缝隙》《保护古籍传承文脉,徐州人这样做》,彭城晚报《古驿道上探访乡村文旅》等专题文章对此进行了报道。徐州市图书馆主导与徐州雅集共同编著的《汉风清韵·润彭城资料汇编》,于2020年12月荣获"江苏省廉洁文化实践探索优秀成果奖"。2023年12月,徐州市图书馆荣获徐州市社会科学普及工作先进单位。

在以后的日子里,徐州市图书馆还将继续探索和实践这一模式架构下更多的创新路径,让地方文献工作有更多源头活水,以更丰富的形式和内涵服务读者,助力徐州文化发展。

徐州市图书馆首届图书
集体捐赠仪式

徐州市图书馆与徐州雅集成员共同采集
铜山毛笔制作技艺口述资料

《徐州日报》报道徐州市图书馆修复《刘氏族谱》和采集地方碑刻文献

徐州市图书馆参与徐州市谱牒文化研究会举办《中华经典家训书法作品展》

(执笔人：张菲菲)

徐州地区公共图书馆社会化运营工作实践

关键词

社会化运营　业务管理

对象及范围

县区级公共图书馆

创新背景

《中华人民共和国公共图书馆法》规定县级以上人民政府应当积极调动社会力量参与公共图书馆建设，并按照国家有关规定给予政策扶持。党的二十大报告指出，坚持把社会效益放在首位、实现社会效益和经济效益相统一，深化文化体制改革，完善文化经济政策。

随着我国大力推动公共文化服务体系建设，公共文化服务建设的社会力量参与呈现出精准化、多元化、协同化的发展趋势。在公共图书馆建设方面，社会力量参与的范围和深度不断增加，全国市、县区、社区等不同层级的公共图书馆都出现社会化运营整体服务外包的案例并且向全国推广。公共图书馆的社会化运营主要是将服务业务部分或全部业务交由专业的社会组织完成，由政府提供财政资金支持并负责监督和考核等。公共图书馆社会化运营的优势十分明显，经过几年的探索实践，徐州地区泉山区图书馆、云龙区图书馆、丰县图书馆、经济技术开发区图书馆这4家公共图书馆坚持"文旅局主导、图书馆主动、社会力量参与"的共建共享机制，形成了联动共建、多业态组合的特色。通过管办分离的社会化运营服务和管理，建立社会化运营制度体系，形成"选—用—管"全流程闭环管理。最大限度地满足图书馆的使用功能和服务效能，充分满足老百姓的文化阅读需求，构建多层次、多方式的公共文化服务供给体系，摸索出一系列社会化运营的新经验、新举措，不断完善社会化运营体系。

主要创新点

1. 社会化运营由整体外包服务向优势服务外包转变

由于社会化运营公司的业务范围、技术能力、管理实力、内部协调等因素，现阶段整体外包越来越显示出服务的弊端。当前社会化运营机构或侧重于服务，或侧重于技术，在图书馆专业上相对薄弱。社会化运营的基层图书馆主要保证的是图书馆的服务质量，而负责沟通协调和监督管理的职务、文献资源的采访业务、参考咨询服务等还应由政府主办的图书馆专业人员负责,以确保服务沟通顺畅、文献质量优良、文献服务专业等。外包内容主要有日常开放借阅服务、读者的阅读指导、文化沙龙、讲座培训等各类图书馆基础服务活动;图书馆内部的布局规划、计算机软硬件和电子资源的采集;承担基层书籍配送服务,为基层图书馆等提供技术支撑和管理服务;配合政府完成临时性的工作任务等服务。所以,选择有优势服务项目的社会运营机构完成单项或多项的服务就显得尤为有效。

2. 考核制度由单一年度考核到多元项目考核

公共图书馆服务直接关系着老百姓享受公共文化服务的质量,承载着新机制下公共文化服务政府责任的信誉,因此对图书馆和运营机构的职责分工、运营机构的遴选标准和方式、服务规范及要求、绩效考核与管理等全方位、全要素、全链条事项要明确规范,尤其是对运营机构的政治素质、专业水平和服务能力要进行重点考察。进行充分的尽职调查和评估,从资质、经验和能力等方面确保其能够提供高质量的服务。对外包服务进行持续监管,按周期、项目、即时工作进行考核,确保服务团队按照既定要求完成相关工作。文体旅局派驻专职人员担任负责人,代表政府对运营机构的履约过程进行全程跟踪和监督,在其遇到困难时进行指导、协调。由图书馆、第三方机构、审计、纪检部门共同参与绩效评价工作,在基本公共文化服务内容和延伸公共文化服务内容的基础上,依据国家一级图书馆服务标准,制定细则完善的绩效考评内容,从业务建设、服务效能、发展规划和可持续发展、创新评估等方面制定定性指标和定量指标。通过建立读者反馈机制,"日常监管+年度考核""公开监管+动态跟踪""主动监管+第三方反馈"相结合的方式,建立月检查、季考核、年审计的考核检查机制,进行全面评估,考评结果与付款金额直接挂钩。将绩效评价结果作为年度编制购买公共文化服务预算和选择承接主体、续签服务合同的重要参考依据。

3. 积极沟通,确保运营通畅

政府购买公共文化服务后由文化服务的"提供方"向"监管方"转变,在履行新身份赋予的新职能中,必须切实把握"政府主导"这一原则。专业把控书籍质量,意识导向,运营模式。政府为图书馆的运行、开放、装修维护以及固定资产的购置提供经费保障,对运营机构的工作进行考核监管,这并不等于责任的转移,必须安排有专业基础、有学习动力、有干事热情的管理人员驻馆参与管理,把控图书馆全盘工作不偏离轨道,职责是代表政府对承接方的履约过程进行全程跟踪和监督,在其遇到困难时进行指导、协调。同时,驻馆管理应注重服务意识和平等意识,将承接方视为合作伙伴,加强与政府职能部门的对接,切实当好图书馆发展方向的领路人、资源整合的掌舵者,壮大图书馆的发展空间和网络。除驻馆管理人员进行全面监管外,还应组建"第三方专家团队"进行明察,邀请参与度较高的读者进行暗访,形成多形式、多维度的监管体系,反馈信息。加强与社会运营团队的沟通交流,确保在合规范围内运营机构能够理解接受,并满足图书馆合理的需求。

4. 建立鼓励培训机制、激励机制,拓展运营机构员工发展空间

图书馆社会化运营后,工作人员存在流动性大、员工归属感差、工资福利较低、缺乏长远发展等问题,会对图书馆服务质量造成直接影响。提供必要的培训和资源,使服务团队了解图书馆的使命、价值和文化,并鼓励双方之间的知识分享。鼓励运营机构人员参加图书馆业务能力培训,专业技术培训,业务知识竞赛,将发达地区的先进理念、办馆经验引入本地,同时组织人员到其他项目进行异地培训,增强服务专业性。

> 取得成效

1. 实行社会化运营服务的择优化

政府不用过多考虑人员编制和运营机构人事管理问题,由传统"办文化"模式改变为"管文化"模式,改变了传统图书馆人浮于事、出工不出力的状况,以项目优势中标的运营机构能够发挥专长,让专业的人干专业的事,有效解决实际问题。

2. 实行考核管理的多元化

对外包服务进行持续的监管,按周期进行考核,确保服务团队按照既定要求完成相关工作。考核机制的多元化促使运营机构对各个部门的工作职能进行细致划分,实现岗位整合,启用了绩效管理体系,通过对员工岗位贡献值的考核,提升员工工作的主动性、积极性。考核标准根据图书馆发展阶段不断调整优化,确保监督考核体系和绩效评价体系科学化、精准化,使指标更贴合运营实际的同时,也更能引导企业完善工作内容、提升管理水平。

3. 实现平等沟通相互协作新局面

政府和社会力量具有互补性,政社合作可以在政府的有效控制指导下高度整合社会资源,充分释放公共文化服务的活力。平等沟通原则是保证双方顺畅工作的基础,确保运营机构理解并能够满足图书馆需求的前提。通过派驻管理人员的沟通协调,各县区馆运行都比较通畅。

4. 培训、激励机制实现社会效益与经济效益的双得利

激励运营机构练好内功,加强图书馆业务培训、专业技术培训、参加业务知识竞赛,增强了运营机构人员的归属感、荣誉感。运营机构开发激励机制,为工作人员长期发展铺平道路,留住了认真负责、业务能力强、有进取心、勇于拼搏的优质员工。这种内动力作用的结果是节约运行成本,提升了运营机构的服务效能。

实行社会化运营后,4家县区馆节约了运行经费、人员管理成本,提升了图书馆综合服务性,达到社会效益与经济效益的双得利。其中,泉山区图书馆、云龙区图书馆、丰县图书馆在第七次评估定级中被定为国家一级图书馆,经济开发区图书馆开馆较晚,不在评估周期内,没有参加评估定级工作,根据其工作业绩也已经具备了国家一级图书馆的评审条件。在未来徐州地区将继续探索社会化运营机制,着力实现政府部门、承接主体和社会民众多赢局面,推动公共文化事业高质量发展。

泉山区图书馆运营团队

云龙区图书馆举办《在草原上的我》
名家作者签售会活动

丰县图书馆绘本进校园活动　　经济技术开发区图书馆【湖畔绘本剧】木偶戏活动现场

（执笔人：王仁同）

馆校共建,探索公共图书馆服务新征"图"

> **关键词**

馆校共建　公共文化空间　服务体系

> **对象及范围**

市民读者

> **创新背景**

常州市武进区(不含常州经济开发区)面积883.99平方千米,常住人口约130万,2022年完成地区生产总值超2 110亿元,人口众多、经济雄厚,民众精神文化需求高涨。2012年,武进成为江苏省首批公共文化服务体系示范区。近年来,武进深入学习习近平新时代中国特色社会主义思想,高度重视公共图书馆服务体系建设,建立了以武进图书馆为总馆,10个乡镇街道文化站为分馆,300个村(社区)为图书室的三级总分馆制,受制于各馆服务面积小,图书资源短缺等因素,服务效能不足。2021年,武进完整、准确、全面贯彻新发展理念,积极创新理念、机制、举措,制定推动公共图书馆服务体系高质量发展的专项规划,在全域范围内进行公共图书馆均等化布局,通过"馆校共建"模式成功建成开放武进第二图书馆、武进第三图书馆,突破一级政府只设置一个等级图书馆的现状。

> **主要创新点**

1. 创新理念,制定均等化布局方案

根据《公共图书馆建设用地指标》及《中华人民共和国公共图书馆法》第十三条"……县级以上地方人民政府应当根据本行政区域内人口数量、人口分布、环境和交通条件等因素,因地制宜确定公共图书馆的数量、规模、结构和分布",武进紧密结合当地实际,确定公共图书馆服务体系高质量发展专项规划的核心要素是:按照合理的服务半径、人口密度和等级馆的建设标准,形成覆盖全域的均等化、标准化、品质化公共图书馆服务体系,满足中国式现代化公共图书馆服务体系建设要求。据此,武进规划2025年前在人口密集的武进城区(含两镇两街道)按照3千米服务半径均等化布局国家一级馆,2030年前在人口较为密集的6个乡镇中心按照国家等级馆要求标准化建设公共图书馆,形成"1+4+6"全域覆盖的整体布局方案。"1"是武进区级总馆为一级馆,"4"是4个城区中心分馆为一级馆,"6"是6个乡镇中心分馆为等级馆。目前,武进第二、第三图书馆已建成投用,武进第四图书馆计划于2024年9月建成开放。

2. 馆校共建，探索集约化实施路径

要形成"1＋4＋6"全域覆盖的整体布局方案，需要新建10个国家等级馆，这对土地、资金的有效使用是个巨大的挑战。为此，武进全面贯彻新发展理念，结合《武进区教育均等化发展三年规划》，通过"馆校共建"模式，创造性地推动资源整合共享，实现资金、土地集约高效使用，加速布局方案顺利落地。与"交流合作""结对帮扶"不同，"馆校共建"模式突破自身领域限制，充分融合教育系统和文化系统优势，实现"1＋1＞2"的效果。"馆校共建"就是武进图书馆按照国家等级图书馆建设和服务要求，与辖区内新建学校进行共建共享公共图书馆。"馆校共建"的图书馆与新建学校一体化建设，同步施工、验收和开放，将基础建设、工程安装、装修纳入到学校预算；分别设置社会人员入口和学生入口，互不干扰，确保学校安全，既向社会开放，又为学校服务。

3. 社会共享，打造一体化服务空间

"馆校共建"的图书馆由武进图书馆统一运行管理，武进图书馆充分发挥核心服务能力，按比例建立图书资源采购合作经费，综合考虑公共图书馆需要和在校师生需求，统筹馆藏资源建设。共建的图书馆共享智慧图书馆建设成果，阅读推广服务整体策划、协同开展，按照各具特色的理念建设主题图书馆，打造一体化公共文化服务空间。"馆校共建"的图书馆不仅是学校开展国学、体育、英语校本课的主要场地，也是学生进行寒暑假社会实践的关键场所，更是全社会共享智慧品质公共文化服务的重要阵地。比如，全面引入RFID智能借还系统，实现读者办证、借还图书等一键式操作和图书馆智能化管理；"'暑'你最棒"青少年志愿服务项目在提升青少年的社会实践能力的同时，能够大力缓解图书馆寒暑假人手不足的问题；设置"元宇宙空间"，提供VR艺术馆、博物馆等多沉浸式媒体服务，吸引更多的学生和家长爱上图书馆。

4. 降本增效，提升现代化服务效能

经济效益上，"馆校共建"的图书馆由于不存在额外增加土地费、拆迁补偿安置费、土建和装修费，财政不再向学校下拨图书馆布馆经费，实际单个图书馆建设比单独建设国家等级图书馆（服务面积不少于5 000平方米，馆藏图书不少于20万册，阅览席位不少于600个）只增加400万元布馆经费，实现一次投入、两馆共用。目前，已建成的武进第二图书馆、武进第三图书馆面积均为5 400平方米左右，开架图书20万册左右，已节省财政资金9 200万元，节约土地面积1万平方米。

社会效益上，覆盖全域的均等化现代公共图书馆服务体系使广大市民能够就近、便捷、充分地享受高质量公共图书馆服务，服务效益显著。武进第二图书馆自2021年7月开放以来，服务读者102万人次，图书借还62.8万册次；武进第三图书馆自2022年12月开放以来，服务读者18万人次，图书借还11.6万册次。2021年、2022年，武进图书馆在人均接受文化场馆服务人次的高质量考核中名列常州市区县级图书馆第一位。

取得的成效、影响及评价

武进图书馆通过打造"馆校"共建、均等化布局的公共图书馆服务体系，大力提升基层公共图书馆建设的标准化、均等化、专业化、品质化。该模式创新形成公共文化空间运营的全社会共享机制，资源利用高效、社会效益显著，打造出可复制、可持续的公共图书馆高质量发展"武进样板"，为谱写中国式现代化江苏新实践贡献"武进力量"。案例成功入选江苏省公

共文化服务"十佳案例",并于中国图书馆学会第七届百县馆长论坛做交流推广。

武进图书馆与牛塘实验学校共建的武进第三图书馆全景图

武进第三图书馆开展图书馆第一课活动

(执笔人:王晓刚)

秋白书苑，新型公共文化服务空间的"常州模式"

关键词

秋白书苑　公共文化　智能化阅读综合体　常州模式

对象及范围

市民读者

创新背景

秋白书苑是常州市委、市政府推动公共文化服务标准化建设、丰富基层公共文化供给的品牌行动，是探索高质量发展背景下整合各类社会资源、引入社会力量运营模式，采用自动化设备和无线射频技术，以图书阅读为基础功能，实现智能化、一站式服务的智能化阅读综合体，通过"阅读+"服务模式，为群众提供"阅读+文创+活动"等优质便捷的公共文化和阅读服务。人民群众不断提高的精神文化生活需求对新时代高质量公共文化服务的探索创新提出了新的更高的要求。在常州市探索高质量发展背景下打造的秋白书苑，得名于"常州三杰"之一的瞿秋白，不仅与公共文化服务体系建设、书香城市建设、全民阅读、文化惠民品牌打造息息相关，也与城市文脉传承、打造城市文化标识、构建主客共享公共空间、促进文旅深度融合、提升城市吸引力承载力高度关联。

主要创新点

1. 从政府单方建设向多方合作共赢转型

秋白书苑建设打破了原有政府单方建设的固定模式，首创探索"政府+社区+企业"三方合作共建新机制，整合各方力量参与公共文化建设。其中，街道无偿提供社区用房作为经营场地，常州市图书馆负责图书资源及专业设备配送，每家秋白书苑均由市馆提供业务管理软件系统、图书及专业自助设备，实现全市范围内的通借通还，街道与社会力量共同出资进行装修并购置相应设施设备，后期运营管理及相关费用由社会力量承担，保障秋白书苑滚动式可持续发展。同时，专业阅读机构、社会文化团体加盟其中，组织开展读书沙龙、志愿宣讲、家庭讲座、亲子教育等活动，让百姓在家门口享受到便捷、高效、普惠的公共阅读服务。

2. 从传统型图书馆向数字化智能化图书馆升级

秋白书苑是以图书阅读为基础功能，实现智能化、一站式服务的阅读综合体。每个秋白书苑都配备自助办证机、自主借阅机等专业设备，加上智能门禁系统实现"无人值守"；通过支付宝等第三方平台的信用积分实现信用借阅；依托微信等移动应用程序构建智慧书库，实现自助借阅;除此之外,还利用微信公众号、抖音视频号等社交网络平台账号,宣传自身开展的品牌特色项目,提升影响力,真正实现了全景智能、全域智能、全数智能。

3. 从城市阅读圈向全民阅读全域书香跨越

秋白书苑迈出了从"城市阅读圈"向"全民阅读全域书香"跨越的一大步。以往图书馆总分馆体系建设侧重于城市,构建"15分钟城市阅读圈",服务对象主要是城市居民,广大农村群众及外来游客难以享受同等均质的阅读服务。秋白书苑在建设布局中,围绕构建城乡一体、均等普惠的公共文化服务体系要求,与各辖市区政府达成全面战略合作,主动融入旅游、体育、科技、农业、交通等领域,把触角伸向广大基层社区、景区景点、体育场馆、美丽乡村、高铁枢纽,整合辐射范围内的各类文化资源,在为读者提供沉浸式阅读体验的同时也为游客打开了解常州城市文化的窗口。同时,秋白书苑积极探索连锁化运营模式,通过统一标准、规范管理,打造集公共图书馆、实体书店、青少年综合服务中心、社会组织孵化中心及共享活动中心等功能于一体的标准化服务体系。

4. 从公共文化一花独放迈向文旅多元业态共生共融

秋白书苑构建了从"公共文化一花独放"迈向"文旅多元业态共生共融"的新格局。在老城厢,秋白书苑入驻历史文化街区、历史文化院落、名人故居纪念馆、大运河文化带,书香与历史文脉、文化名人、古老建筑交相辉映,成为讲好"常州故事"、传承"诗画常州"的最佳注脚;在美丽乡村,秋白书苑与生态保护、农事体验、四季风光浑然天成,市民游客竞相打卡体验;在科教城、科技园区、科技型企业,秋白书苑植入高科技元素,为"文化+科技+旅游"融合发展注入动力,也为"智造名城"赋予更多文化意蕴。常州在加快推进文旅融合发展的战略中,把秋白书苑打造成为"全民阅读新阵地、文旅融合新标杆、城市文化会客厅",发挥其传承历史记忆、集聚城市人气、铸造文旅标识、宣传展示集成的作用,增进市民游客对常州的认知感、认同感、体验感、亲近感,做亮"常州,教我如何不想她"城市标识。

创新项目开展过程

2018年起,常州市文广旅局积极探索"政府主导、社会参与、共建共享"全新模式,建设以瞿秋白同志命名的新型城市公共文化空间秋白书苑。2019年初,由常州市图书馆、北港街道、书式生活三方联合建设的首家秋白书苑建成开放,全年流通率达450%。2020年全市建成的10家秋白书苑服务读者超100万人次,初步探索出一条"政府引导、多元主体和力量参与"的公共文化服务体系建设模式。至2021年底,已建成32家秋白书苑覆盖常州市全域各辖市区,包括乡村,全年文献借阅量达77.7万册次,举办阅读推广活动435场。32家秋白书苑被纳入公共图书馆服务网络,通过业务辅导、培训与考核,助推地区公共文化服务均衡发展,作为常州市图书馆的直属分馆,秋白书苑已发展成为常州市公共文化服务一体化的重要支撑。

取得的成效、影响及评价

在常州,遍布城乡的秋白书苑书香四溢,致力于打通全民阅读、书香城市建设、公共文化服务的"最后一公里",打造提升城乡基层公共文化服务效能的"最美一公里",立足于基层街道和社区文化工作现状、辐射范围内的文化资源、辖区内市民的切实文化需求,秋白书苑集教育性、公益性、休闲性等特征于一身,一经推出便受到广大市民、社会各界的广泛关注和好评。其已成为常州推进全民阅读的新阵地、文旅融合的新标杆、城市文化的会客厅。2021—

2022年，共7家秋白书苑入围江苏省"最美公共文化空间"打造对象名单，获中国文化报、新华日报、学习强国平台等媒体广泛关注与报道。秋白书苑让居民在家门口就能享受到便捷、高效、普惠的公共文化服务，它以一种崭新的公共文化服务形态推动广大市民转变阅读方式、养成阅读习惯，形成全民阅读氛围，为实现引领风尚、教育社会、服务人民的美好愿景提供了公共文化服务探索创新的"常州模式"。

秋白书苑北港馆

秋白书苑丁堰运河公园馆内景

秋白书苑花开西庄馆

秋白书苑蔚蓝馆内景

（执笔人：薛　妍）

以"融"为媒,常州市图书馆"悦读经典"的实践探索

关键词

经典阅读　数字资源　推广

对象及范围

市民读者

创新背景

近年来,党和国家大力倡导建设书香社会。自2014年起,全民阅读连续八年被写进了政府工作报告。2019年9月,习近平总书记在给国家图书馆老专家的回信中指出,要"弘扬优秀传统文化,创新服务方式,推动全民阅读,更好满足人民精神文化需求"。而新冠疫情使得公共图书馆传统的阅读推广模式受到极大的冲击,线下阅读活动无论从数量上还是规模上都呈现出断崖式的下滑。但与此同时,各类线上服务平台优势凸显,如何在全民阅读新时代紧紧抓住新媒体发展的浪潮,已成为图书馆人热衷探讨的新课题。

另一方面,广电领域的"融媒体"概念被不断演绎和深化。2019年1月,习近平总书记在中共中央政治局第十二次集体学习时强调,深刻认识全媒体时代的挑战和机遇,全面把握媒体融合发展的趋势和规律,推动媒体融合向纵深发展。根据中国互联网信息中心发布的第50次《中国互联网络发展状况统计报告》,截至2022年6月,我国网民规模达10.51亿,互联网普及率达74.4%;短视频的用户规模增长9.62亿,占网民整体的91.5%。移动网络的飞速发展为图书馆服务模式的转变奠定了坚实的基础。

作为公共数字文化的建设者和传播者,公共图书馆对如何充分利用新媒体平台和数字资源提供远程服务、开展阅读推广进行了有益的思考与尝试。常州市图书馆引入了"融媒体"的"融"理念从而重新审视和思考图书馆工作,以数字资源建设项目"悦读经典"为抓手推进全民阅读,优选20部中外经典书籍,撰写书评并录制音视频节目,充分发挥新媒体的线上优势,结合线下阅读活动,牵手当地融媒体集团,成功树立常图阅读推广新品牌。

主要创新点

1. 组织架构上,项目管理内外相"融"

作为项目主导方,常州市图书馆内部的工作组主要由两个团队构成:一是"秋白读书

会"经典文学小组,负责书评的征集选稿,并结合建成的资源成果组织开展阅读活动;二是数字资源部,负责项目建设的跟踪推进,对音视频摄录及后期制作进行技术质量把控,并在常图网站、微信公众号等平台开展专题资源推送。而音频、视频的摄制则采用了政府公开招标方式,引入专业机构人员作为第三个团队。从整个项目管理来看,从选题策划到过程把控再到宣传推广,都由图书馆全程主导、深度介入,而中标方常州市互联网新闻中心则发挥了其视频摄制的专业长处,三方各司其职,分工协作,不仅组建了微信群实时信息沟通,而且定期召开项目推进会议,以保证项目建设的进度和质量。

2. 建设方式上,资源活动共"融"共生

"悦读经典"项目的目标成果是适用于手机端移动图书馆、文化云、官方微信公众号等应用程序平台的阅读推广资源。可以说,尽管该项目类属于数字资源建设项目,但其目标定位就已经将资源成果的推广利用提到重要位置,资源的建设目标就在于用,在于发挥其能效,最终目标就是通过微信、抖音、网站等线上平台实现经典书籍评论的传播利用,助力推广全民阅读。图书馆在整个项目推进过程中全程与读者保持互动:在内容组织阶段,通过常图微信公众号推送书评征稿启事;在音视频摄制阶段,发布入选作品并公开海选"好声音";在资源完成阶段,提前启动成果的推广利用,一是结合《沈从文全集》《沈从文自传》两篇书评,于暑期开展了"乡下人,喝杯甜酒吧"线下阅读分享活动,二是将《汪曾祺小说》与南京图书馆"品读汪曾祺"的征文、书画活动相结合,组织开展了线上读书群征文、书画活动。一次次的活动公告、通讯报道、活动体验,项目的高曝光度、高参与度带来了阅读推广服务效能的不断放大。

3. 推广模式上,携手打造经典"融"阅读

除了结合资源开展读者活动,"悦读经典"项目另一大亮点即通过手机 App、文化云、微信公众号等应用程序平台实现资源的推广利用,尤其是借助社会力量,大幅度提升资源建设的质量及推广利用的覆盖面。在图书馆层面,常州市图书馆微信公众号设置了"悦读·经典"栏目,全部视频资源都可在手机端观看;连续 4 个月保持每周一次栏目资源推送介绍,将音频资源送到读者身边。此外,常州市文广旅局的"文旅常州云"视频号进行同步推送,项目资源建设方也在其网站、手机 App、微博号、抖音号上开辟了相关栏目,放大资源辐射范围。通过合作方的新媒体平台,图书馆的自建数字资源得以在更多的地方发光发热,被更多的人所知晓、所利用。

取得的成效、影响及评价

随着大数据、移动互联网、人工智能等新兴应用不断普及,图书馆阅读推广面临着巨大的挑战,也拥有新的发展机遇。"悦读经典"项目以资源建设为载体,将图书馆和社会力量在人力、内容、宣传等方面进行全面整合,实现"资源通融、内容兼融、宣传互融、利益共融",先后开展征文、读书分享、拍摄体验等活动,读者参与量超 800 人次,微信公众号资源推送点击量累计超 2 万次,抖音号栏目点击量超 15.9 万次,在自建资源与阅读推广融合发展方面做出了有益的尝试。随着智能手机的普及和移动网络的开发,"文旅云"发展方兴未艾,微博、抖音、视频号等新兴应用不断推陈出新。在新技术的加持下,秉承"融和"理念,借助"融媒

体"平台,图书馆经典阅读可以走出深闺、破圈前行。

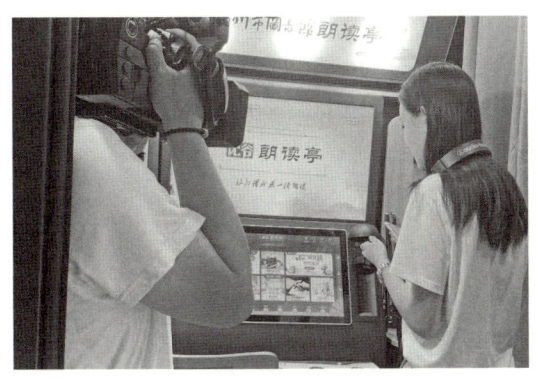

征集海选"好声音"

"乡下人,喝杯甜酒吧"阅读分享活动

(执笔人:钱舒屏)

昆山市图书馆"E 养天年"老年人智能手机培训项目

关键词

智慧助老　老年教育　智能技术　公益培训　数字鸿沟

对象及范围

昆山全市 55 周岁以上且对智能手机使用技能有学习需求的老年人群体

创新背景

随着老龄化社会的到来,数目庞大的老年人是现阶段社会中的一个不可忽视的特殊群体。智能化服务的发展似乎并没有真正改变他们的生活,反而"制约"了他们的正常生活。公共图书馆作为社会教育的核心载体和主导力量,关注老年人在互联网时代的无障碍友好环境,助力老年人跨越"数字鸿沟",我们责无旁贷。

1. 社会需求

随着科技的发展,智能手机已经成为日常生活中的必备工具。然而,许多老年人由于缺乏相关的技能和知识,无法充分利用这些设备。

老年人在使用智能手机时,可能遇到各种困难,如操作复杂、新概念难以理解等,这限制了他们获取信息、参与社交活动以及享受便利服务的能力。因此,老年人在智能手机等智能化设备、智慧化场景的使用技能方面,有着迫切的学习需求。

近年来,随着国家政策的支持,各公共机构、社区等纷纷在老年人数字素养教育方面行动起来,但是老年人数字素养及其教育方面的盲区和短板仍然突出,由于缺乏必要的数字素养,老年人在信息社会几乎寸步难行,成为信息社会的"数字贫困户"和"数字难民",无法享受社会发展带来的便利。

2. 政策支持

2020 年,国务院办公厅印发《关于切实解决老年人运用智能技术困难实施方案的通知》,倡导加强老年人信息技术培训教育,从国家层面集结力量以帮助老年人跟上智能时代的步伐,提升老年人在数字时代生存发展所需要的素养,进而帮助老年人跨越数字鸿沟,融入信息社会,提升老年人群体的幸福感。

2021 年,工业和信息化部、民政部、国家卫生健康委联合发布《智慧健康养老产业发展行动计划(2021—2025 年)》,指出要提升老年人智能技术运用能力,研究编制老年人智能产品应用教程,开展视频教学、体验学习、尝试应用、经验交流、互助帮扶等智能技术应用培训活动,切实解决老年人运用智能技术困难,为老年人使用智能产品及服务提供便利,提升老年人信息应用、网络支付等方面的安全风险甄别能力,增强老年人反诈防骗意识。

2021年,苏州市人民政府办公室印发《苏州市切实解决老年人运用智能技术困难重点任务清单》,昆山市发改委印发《关于提供解决老年人运用智能技术困难工作举措的通知》,均大力提倡和要求各部门在切实解决老年人运用智能技术困难方面提出举措,做出成效。

3. 前期工作成效

昆山市图书馆始终坚持在老年人数字素养教育方面不断探索实践。自2015年以来,先后组织"昆图老年人免费电脑培训""昆图老年人免费电脑及智能手机培训""E养天年老年人智能手机培训"等活动,坚持与时俱进,不断优化老年人数字素养教育服务。

为了更好地服务老年读者群体,优化昆山市图书馆老年人数字素养教育培训工作,图书馆相关项目负责人、参与人联合苏州大学社会学院教授,围绕城乡融合老年人数字素养教育主题先后于2021年、2023年申报了苏州图书馆学会、中国图书馆学会课题,研究探索适合昆山市老年群体的数字素养教育模式,收获了良好的研究和实践结果。为此,2021年昆山市图书馆主动联合苏州大学社会学院师生,为老年群体量身打造专业课程体系,以解决老年人在运用智能手机方面遇到的困难,帮助老年人跨越数字鸿沟,更好地融入信息时代。培训课程分为初级、中级、高级三阶,精准对接不同基础、不同需求的老年读者,帮扶老年群体循序渐进地获得进步,以保持持续的学习热情和兴趣。

昆山市图书馆推出的"E养天年"老年人智能手机培训活动,不但在本馆开展,还联合区镇分馆,将活动送到社区、分馆等更基层的地方去,惠及更多更基层的老年人,常态化、密集化地将活动推广下去。与此同时,培训内容也与时俱进,注重老年人生活需求方面的,如网上挂号、线上支付、铁路购票、点外卖、打网约车等等,贴近老年人生活需要,真正做到学有所用,为老年人生活添活力、增便利。该品牌活动经过两年的实践,在社会上取得了良好的反响,受到了广大老年学员的好评和赞赏,也受到了社会媒体的关注与报道。其中,2021年开展老年人智能手机培训活动60场次,参与活动的老年人达千余人次。

4. 项目目的

该项目是昆山市图书馆聚焦老年人运用智能技术困难而着力打造的精准化关爱老年人、提升老年人数字素养的智慧助老服务。活动配备专业的课程体系,培训内容贴合老年人需求与特点。项目计划联合多方力量,将培训活动体系化,聚焦需求,将培训课程模块化,送课到家,将活动推进阶段化。通过课件讲授、指导操作、操作练习、答疑解惑四大环节的精细培训形式,"一对一"的指导训练,让老年学员熟练地掌握智能手机的使用方法,破解老年人在智能技术使用方面的难题,让老年群体也能享受到数字化时代给生活带来的便利,有效满足广大老年人的精神文化需求。

主要创新点

在实施这个项目时,昆山市图书馆采用了以下创新方法:

1. 分级教学

根据老年人的学习能力和需求,将课程分为初级、中级和高级三个级别。每个级别的教学内容和方法都不同,旨在让每个学员都能找到适合自己的学习路径。① 初级-安全感:针对完全没有使用过智能手机的老年人,会从最基础的操作开始教起,如开关机、解锁屏幕、调节音量、微信、短信等基本功能的使用。② 中级-获得感：针对已经掌握了一些基本操作的老年人，会教授一些更复杂的功能，如线上阅读、手机拍摄、网上预约等。③ 高级-幸福感：针对已经能够熟练使用智能手机的老年人，会教授一些更高级的功能，如抖音拍摄与发布、观看网络电视、文娱场馆预约、做旅游攻略等。通过分级教学，可以确保每个学员都能在适合自己的水平上进行学习，从而提高老年人的学习效果和兴趣。

2. 实践为主

在实施这个项目时，强调实践操作，让老年人通过实际操作来熟悉和掌握智能手机的各种功能。对于老年人来说，理论学习固然重要，但更重要的是让他们亲自动手操作，因为只有通过实践才能真正掌握技能。因此，在课程中，会尽量减少理论讲解，而是将重点放在实践操作上。为了确保实践教学的效果，昆山市图书馆采取了以下方法：① 一对一指导：对每个学员都进行一对一的指导，帮助他们解决在实践中遇到的问题。② 模拟场景：模拟一些日常生活中的应用场景，让学员在实际操作中学习如何使用智能手机。③ 小组合作：组织小组活动，鼓励学员之间互相帮助、交流经验，共同提高技能。通过以实践为主的教学方式，可以帮助老年人更好地掌握智能手机的操作技巧，增强他们的自信心和独立性，使他们能够享受到科技带来的便利。

3. 互动教学

鼓励老年人之间的互动交流，让他们在互助学习中提高技能。老年人之间有着共同的经验和感受，他们可以通过互相学习、交流经验来提高自己的技能。因此，在课程中，会组织一些小组活动，让学员们有机会进行互动教学。① 分组讨论：根据学员的兴趣和需求，将他们分成不同的小组，让他们在讨论中互相学习。② 小组竞赛：组织一些小组竞赛，鼓励学员们通过团队合作来提高技能。③ 课堂分享：邀请一些已经熟练掌握智能手机操作的老年人来分享他们的经验和技巧。通过互动教学的方式，增强他们的社交能力和自信心，使他们能够享受到科技带来的乐趣。

4. 定期评估

定期评估是非常重要的一个环节。通过知识测试、技能测试、反馈调查、成果展示等评估方式,帮助我们了解学员的学习情况和进步程度,以及教学方法是否有效。同时关注学员的学习状态,例如他们是否有信心掌握所学的内容,是否有兴趣继续学习等,这些因素也会影响他们的学习效果。

创新项目开展过程

前期准备阶段:包括确定培训目标、设计课程内容和教学方式、联系区镇及社区寻找开展合作伙伴、招募讲师和志愿者、相关物料准备、公众号宣传推广、招募学员等。

正式培训阶段:在几个开展点按照预定的课程表进行同步培训,包括理论教学、实践操作、小组讨论、互动游戏等多种形式。

结业阶段:在完成所有培训课程之后,通常会举办一个结业典礼,颁发结业证书和奖品,表彰优秀学员,分享学习心得和经验。

回顾总结阶段:在整个培训全部结束之后,我们会对该阶段的培训进行总结回顾,发现教学中的问题,及时调整课程内容和授课方法,以增强培训效果。

取得的成效、影响及评价

昆山市图书馆自 2015 年以来,已组织开展老年群体信息素养教育培训相关活动近 200 场。2023 年昆山市图书馆共开展 6 期,总计 60 场培训活动,分别在昆山市图书馆、开发区创业社区、开发区绣衣社区、千灯新时代文明实践所、张浦大直社区进行,活动惠及千余人,视频号相关视频浏览量达 1 300 余次。我们不仅吸引老年人"走进来",还让培训服务"走出去",走进老年人聚集的地方、走进信息素养匮乏的地方,扩大培训活动的广度,增进培训活动的意义。

江苏省图书馆学会、学习强国平台、昆山日报、昆山市人民政府、昆山文体广旅局等官媒都曾对"E 养天年"老年人智能手机培训进行报道。2021 年,昆山市图书馆在千灯镇炎武社区开展的"E 养天年"老年人智能手机培训活动中荣获昆山市全民阅读活动工作领导小组颁发的第十六届昆山阅读节"优秀活动奖"。

"江苏省图书馆学会"对该项目进行报道

《昆山日报》对该项目进行宣传报道

2021年"E养天年"老年人智能手机培训活动在苏州图书馆开展

活动现场进行"一对一"指导

"E养天年"老年人智能手机培训活动走进千灯镇淞南社区

"E养天年"老年人智能手机培训活动走进千灯镇炎武社区

"E养天年"老年人智能手机培训活动走进陆家镇图书馆

培训班学员结业合影

(执笔人:王宇萌　殷　玲)

苏州市吴中区图书馆
"有书童享　流动儿童关爱行动"

关键词

公共图书馆　流动儿童　特殊群体　未成年人　阅读推广

对象及范围

苏州市吴中区辖区民工子弟学校流动儿童、家长及外来民工子弟学校教师

创新背景

根据 2020 年第七次全国人口普查公布的数据,我国有流动人口 3.76 亿人,十年增长近 70%。苏州市吴中区图书馆地处的苏州市吴中区外来人口较多,《苏州市第七次全国人口普查公报》显示,到 2020 年 11 月 1 日零时,吴中区常住人口数为 138.96 万人,户籍人口为 70.5 万人,非户籍人口数基本接近户籍人口数,辖区内有大量的随着家庭迁徙而来的流动儿童。"外来务工人员子女往往兼具城镇外来人员、未成年人、农民、贫困人群等多重特殊身份,弱势特征明显。"作为人口流入地的公共文化服务机构,在儿童成长的关键时期,如何更好地为流动儿童提供文化教育资源和成长交流平台,帮助流动儿童积极融入当地,实现区域认同、文化认同、心理认同,显得愈益必要和迫切。

服务流动儿童健康成长,是公共图书馆的使命所系、职责所在。历年来,在少儿阅读推广工作中,苏州市吴中区图书馆对辖区流动儿童予以了重点关注,2018 年 4 月,苏州市吴中区图书馆创设"有书童享　流动儿童关爱行动"活动品牌,并持续开展至今。

主要创新点

1. 活动选题系列化、主题化,有效提升品牌形象

吴中区图书馆"有书童享　流动儿童关爱行动",主要开展图书流动大篷车"校园行"、"有书童享——书香暖童心,阅读齐步走"千名流动儿童走进图书馆、"太湖大讲堂"公益讲座、"同源同享·送给流动儿童的公益课"、主题展览、优质阅读资源走进民工子弟学校等系列活动,每个系列均主题鲜明。从活动内容上看,既有展览讲座培训,也有其他阅读推广活动;从活动形式上看,既有主题阅读,也有互动体验;从举办地点来看,既有"走出去"——把活动送进民工子弟学校,也有"请进来"——请流动儿童走进图书馆。一系列活动使得该活动品牌深入人心。

2. 高度重视,扎根基层,关注弱势群体的阅读推广

吴中区图书馆结合区域人口特点,对辖区流动儿童的阅读服务予以高度重视,主动与吴中区教育局对接沟通,了解辖区批准设立、备案的民办学校。每年年初,吴中区图书馆对民办学校进行对接、筛选,了解学校基本情况,制订活动计划及方案,将阅读触角向流动儿童延伸。

3. 携手高校及专家,保证活动内容的专业性

"同源同享·送给流动儿童的公益课"项目与苏州大学艺术学院、教育学院合作,邀请专家及其研究生团队精心设计制作每期课程;邀请法官、作家等相关专业人士,普及中国传统文化、心理、法律等内容。"太湖大讲堂"公益讲座邀请吴文化研究专家,普及吴地文化知识。

4. 量表分析,保障效能评估的科学性

"同源同享·送给流动儿童的公益课"项目在实施前就心理学量表评估的可行性与苏州大学心理学专业老师进行了分析探讨,借助《青少年心理适应性量表》《中小学生学习动力问卷》《3—6年级小学生主观幸福感量表》三个量表对项目实施对象的心理适应性、学习动力及主观幸福感进行测量和数据分析,以此作为项目优化和改进的依据。第一轮实践以"中国古代历史与文化艺术"为着眼点,在民工子弟学校开设中国艺术课;第二轮实践补充相同配比的"苏州地方特色文化"课程;第三轮实践联手郭巷街道湖景花园社区及3家民工子弟学校,成立"同源同享"公益服务联盟,将活动地点延伸到外来人口聚集的社区,将活动对象拓展到流动儿童家长及老师,课程内容增加了苏州非遗体验、阅读指导、心理、法律等。实证研究证明,实施对象在接受持续的、有计划的阅读服务后,可以实现心理适应性、学习动力和主观幸福感的有效提升,同时在多个维度变量上的提升可以达到统计显著水平。

成立"同源同享"公益服务联盟

5. 以多元化、立体化的形式,对流动儿童进行地方文化普及

活动将地方文化与传统文化相融合,如举办太湖大讲堂"播种吴文化"公益讲座,开展"苏州园林"系列图片展、"江南文化 苏州非遗"苏州非遗展等地方文化展览,"同源同享·送给流动儿童的公益课"在"中国艺术课"的基础上,加入吴文化、非遗系列课程,使得活动更加生动、更加立体、更加丰富。

6. 深化活动成果,提升活动系统性、完整性

"有书童享 流动儿童关爱行动"在促进流动儿童社会融合的过程中,还全程穿插渗透了公共图书馆的服务推介,并邀请流动儿童走进图书馆,体验图书馆的服务与设施。在现场发放的奖品设置上,精选了多款吴中区图书馆定制的吴图文创,将承载阅读信息的多形态载体与流动儿童探索汲取知识后的快乐体验相结合,增强公共图书馆的吸引力。吴中区图书

馆还精心挑选苏州吴中古往今来的经典美文,制作《大美吴中》选辑发放到每个参加讲座的同学手中,"书雅吴中"朗诵团成员现场诵读作品,增加流动儿童对吴地人文的了解。

创新项目开展过程

1. 图书流动大篷车"校园行"走进民工子弟学校

2014年,吴中区委宣传部和吴中区文体局利用"江苏省第二届未成年人思想道德建设工作先进区"60万元奖励经费,采购吴中区未成年人流动图书大篷车,为辖区学校的孩子们提供现场借阅服务,并逐步将民工子弟学校学生调整为服务对象主体。2019年12月,吴中区未成年人流动图书大篷车新车正式交付使用,装载图书5 000册,可同时容纳20余名未成年人上车借阅,空间功能及服务能力均实现了全面提升。2018—2021年,图书流动大篷车走进民工子弟学校109次,服务人次达5.8万人次。

图书流动大篷车"校园行"走进民工子弟学校

2. 开展"有书童享——书香暖童心,阅读齐步走"千名流动儿童走进图书馆活动

吴中区图书馆安排接送大巴,组织辖区民工子弟学校学生走进图书馆,帮助流动儿童认识、利用图书馆。2018—2019年开展活动17场,共1 835名流动儿童走进吴中区图书馆。因疫情原因,2020—2021年该项目暂停。

3. 组织"太湖大讲堂"走进民工子弟学校活动

吴中区图书馆特邀吴文化研究专家叶正亭走进辖区民工子弟学校,为学校学生送去"太湖大讲堂"公益讲座,同时编辑制作《大美吴中》选辑,将经典诗文诵读、经典图书与讲座一起送进学校。2018—2021年,共为10所民工子弟学校3 379名流动儿童开展了12场"播种吴文化"主题讲座,引领孩子们了解身边的吴文化。

"有书童享——书香暖童心,阅读齐步走"
千名流动儿童走进图书馆活动

"太湖大讲堂"走进民工子弟学校活动

4. 策划"同源同享·送给流动儿童的公益课"项目

自 2019 年起,吴中区图书馆每年邀请苏州大学教授、吴文化研究专家及相关专业人士,为辖区流动儿童送去 12 节主题公益课,内容包括中国传统艺术、吴地文化、心理、法律、苏州非遗、阅读指导等。2019—2021 年,该项目面向吴中区流动儿童、家长及外来民工子弟学校教师共 4 310 人次,开展 3 轮实证研究,举办公益课 36 场,制作播放"课程回顾视频集锦"13 期。

5. 组织主题展览

2018—2021 年,吴中区图书馆组织了"苏州园林"系列图片展、"江南文化 苏州非遗"苏州非遗展等 16 场展览,先后走进辖区 8 所民工子弟学校,吸引 2.3 万人次的流动儿童观展。

6. 发掘优质资源,向民工子弟学校倾斜和延伸

一是江苏省少儿数字图书馆资源走进民工子弟学校。吴中区图书馆将少儿数字创客、书童互动科普体验活动等送至辖区 2 所民工子弟学校 112 名流动儿童身边。二是"百馆荐书 全省共读"走进民工子弟学校。

"同源同享·送给流动儿童的公益课"项目

吴中区图书馆印制电子书单易拉宝,送进辖区 7 所民工子弟学校,服务教师 669 人次。三是阅读大礼包走进民工子弟学校。2021 年 12 月,在江苏省全民阅读促进会、江苏省书香全民阅读基金会、苏州市全民阅读促进会的指导和支持下,吴中区图书馆以"携手共读·阅读关爱"为主题,向辖区的 5 所民工子弟学校学生赠送阅读大礼包 600 份。四是暑期关爱"小候鸟"活动走进社区。2021 年暑假,吴中区图书馆为社区 53 名流动儿童送去"神奇的二十四节气·小暑"等 3 场阅读活动。五是"护苗行动"进校园。吴中区图书馆将"护苗"专项行动送至辖区 4 所民工子弟学校,向 921 名流动儿童派发绿书签。

主题展览走进民工子弟学校巡展

"携手共读·阅读关爱"公益项目
——苏州市向流动儿童赠送阅读大礼包活动

取得的成效、影响及评价

2018—2021年,苏州市吴中区图书馆"有书童享·流动儿童关爱行动"共开展六大系列207场主题阅读活动,参与活动的流动儿童、家长及外来民工子弟学校教师93 672人次。此次活动是全民阅读向辖区外来务工子弟学校延伸的生动实践,彰显了公共图书馆优先考虑特殊群体的利益和需求。苏州市吴中区图书馆充分发挥公共图书馆社会教育职能,持续为流动儿童提供公益、均等、免费的公共文化服务,通过把形式多样的活动送到流动儿童身边,将优质阅读资源与流动儿童共享普及,培养他们的阅读兴趣、阅读习惯和阅读素养,滋养流动儿童的内心世界,帮助其寻找文化同源,介入流动儿童的情感教育,引导其表达、疏解自己的情感,培育多元文化视角,促其形成乐观积极的人生态度,促进流动儿童自我学习、自我接纳、自我成长,推动社会融合。

"有书童享——书香暖童心,阅读齐步走"千名流动儿童走进图书馆项目列入苏州市2018年度社科普及创新引导扶持项目名单、获评2018年度苏州市优秀阅读创新项目;"同源同享·送给流动儿童的公益课"项目获评2020年度苏州市"优秀阅读创新项目";"有书童享——流动儿童关爱行动"项目获中共苏州市吴中区委宣传部2020年度未成年人思想道德建设重点项目扶持资金。项目研究成果《公共图书馆流动儿童阅读推广研究——基于成效评估比较的实证分析》入选中国图书馆学会2021年学术论文和业务案例征集"图书馆如何参与乡村振兴"分主题推荐交流名单。

一系列活动的开展受到了辖区民工子弟学校、流动儿童及家长的广泛好评,书香江苏网、江苏省图书馆学会网、苏州市文化广电和旅游局网、吴中区政府网、搜狐、网易等媒体争相报道,取得了良好的社会效益。

(执笔人:陈筱琳　张慧婷)

太仓市图书馆"好阅连节"传统节日阅推活动

关键词

传统文化　地方文化　创新转化

对象及范围

全市市民

创新背景

2017年中共中央办公厅、国务院办公厅印发了《关于实施中华优秀传统文化传承发展工程的意见》，第一次以中央文件的形式专题阐述中华优秀传统文化传承发展工作。以习近平同志为核心的党中央以坚定的文化自信、强烈的历史担当，把传承弘扬中华优秀传统文化作为一项历史性工程、战略性工程来抓，引领中华文化创造性转化、创新性发展，让文脉传承弦歌不辍、历久弥新。

太仓市图书馆作为文化宣传阵地，响应时代号召，坚持通过创造性转化，丰富传统文化的表现形式，赋予其新的时代内涵，激发其新的生命力，打造具有图书馆特色的传统文化推广模式。

"好阅连节"隶属于"我们的节日"，自2015年至今已举办9年，是太仓市图书馆的经典阅读品牌，是太仓市民耳熟能详的佳节活动。在每年的春节、元宵、端午、中秋等传统佳节，以传统文化为根基，开展形式多样、内容丰富的活动，将非物质文化遗产、传统礼仪、传统习俗、传统服饰、传统书画、传统美食、传统歌舞等元素融入其中，展现传统文化之境、之美、之意，让读者沉浸其中感受江南文化的精致优雅，也给娄城烟火再添文化底色。

主要创新点

1. 别出心裁，创新活动形式

在传统文化全面复兴的当下，图书馆作为文献保存机构，将纸本的传统文化延伸到立体的文化体验，是太仓市图书馆"好阅连节"系列活动策划的宗旨，打造独具"图书馆"特色的传统文化活动。中华传统文化内蕴深广，宜古宜今，较有代表性的形式包括再现历代特色民俗和链接现代流行元素。

2022年中秋·古韵今秋宋潮市集，再现宋人"四雅"技艺——点茶、焚香、插花、挂画，现场还开展拜月、祈福、歌舞、赶集等活动，极具古风。2023年中秋·大明风物集，再现明代太仓画家仇英《清明上河图》中的烟火市集，辅以文化元素装点，气氛浓郁，文采辉煌，再现江南文化繁盛时期的市井佳节盛景。

除了复现古典场景,也策划了一些具有现代元素的活动形式,如 2022 年"元气满满,盒气生才"元宵喜乐灯谜会采用年轻人热捧的"开盲盒"形式,以馆内寄包柜作为道具,将谜面贴于其上,柜内即为奖品,活动人气极高。2023 年元宵节则以氢气球作为道具,灯谜悬挂其下,铺陈于图书馆一楼大厅,得到了孩子们的热捧。

2023 年中秋·大明风物集

2022 年图书馆漫游灯谜会

2. 文旅融合,促进文化消费

文旅融合是近年来其中一项文化工作的重心,通过文化资源和旅游资源的融合,实现互利共赢。文旅融合包括市场融合与服务融合。

市场融合,丰富文化消费市场的内涵。2021 年太仓市政府提出繁荣"夜经济"的工作要求,太仓市图书馆策划开办了"诗书礼易乐中秋"古风市集,售卖以古风元素为主的非遗文创、手工艺品、传统食品等,共 20 余家商户参与。现场还开设了二手书交易、飞花令对诗、雅乐演奏等活动,让读者在享受购物、美食的同时,也能感受到中国传统文化的魅力。这种综合性体验使"夜市"经济更具品质、更有吸引力。

服务融合,打造主客共享的文化旅游新空间。2023 年端午"诗人沐兰 躲午书园"将活动地点选在本地景区南园,依托图书馆在南园中的 24 小时书房,打造了持续 8 小时的端午园林文化活动,包括点雄黄、贴额钿、包粽子、射五毒等传统文化项目,为游园的读者提供更为丰富的文旅体验,让读者沉浸其中感受江南文化的精致优雅,当日园林到访人次较平时翻一番。

3. 传承非遗,挖掘地方文化

图书馆不仅是保护和传承非物质文化遗产的重要场所,也是弘扬和普及非遗知识的重要渠道。"好阅连节"系列活动策划中,太仓市图书馆邀请太仓本地的传统匠人和手工达人,展现太仓的传统非物质文化遗产,如太仓特色地方美食,非物质文化遗产灶画,太仓本土画家书画展示等。通过对话非遗传人、亲手参与制作、触摸文化温度的真实体验,让更多人了解和认识太仓非遗,增强对家乡传统文化的认同感和归属感。2021 年春节"年味儿·最牛绝活 最美非遗"探访了本土五位非遗传承人,拍摄五期"桃花坞年画、肉松骨头、竹编、年糕、风筝"非遗视频,邀请读者线上共赏最美非遗无可替代的魅力,讲述最牛绝活不为人知的故事,发起线上答题、赠送非遗大礼包等互动活动,活动推文累计观看转发人次达到 10 万。

2022年端午"诗人沐兰　躲午书园"　　　　　2022年书外市集·夏日流水市集

4. 各尽其才,展现"润泽"力量

随着活动的开展、内容形式逐步增加,原有人力已不能满足需求。因此,"好阅连节"依托太仓市图书馆润泽阅读推广志愿者团队,向社会招募具有专业技能的志愿者加入活动中,包括表演、讲解、摄影、协助等岗位。同时建立了完善志愿者培训与管理制度,对志愿者进行有的放矢的培训模式,分别对其进行表演、口才与应变能力、摄影技巧、现场调度能力的培训。中秋·大明风物集主持人就来自志愿者团队,在烘托全场气氛的同时为大家表演了太仓话说明朝历史;在端午·躲午书园现场的志愿者为我们留下了珍贵的影像视频资料;每次活动现场志愿者都忙碌在各个岗位上,志愿者的加入缓解了人手不足的压力,保障了各项活动的顺利进行,满足了更多人更高层次的文化需求,树立了良好的公益志愿文化形象。

2023年元宵喜乐灯谜会

创新项目开展过程

"好阅连节"活动分为四个阶段:

1. 活动策划阶段(一周)

完成策划文案,主要包括活动的目的、意义及形式的明确,举办的时间、地点、呈现内容确定、嘉宾确定、活动预算、人员安排方案等。召集人员、召开筹备会、统筹安排工作。

2. 活动筹备阶段(一周)

根据人员安排及工作进度表,开始筹备工作,主要包括活动物料准备、视觉设计及制作、线上微信宣传、线下活动阵地的海报宣传、对外宣传的媒体联络、活动报名、志愿者招募等。

3. 活动开展阶段

活动开展人员分为现场活动组、后勤组、宣传组,现场活动组负责协调整个活动现场。后勤组负责物料准备,宣传组负责媒体联络及外宣。

4. 活动收尾阶段(一周)

活动结束后,统计活动数据,发布回顾微信,总结活动等。

取得的成效、影响及评价

1. 传统文化焕发新生

将传统文化与当代文化进行联结，以今话古，更容易激发读者对传统文化的亲近感、认同感，包括文化仪式的再现，节庆项目的体验，近年来的汉服热，都融入了活动中。越来越多的年轻人愿意了解并由衷热爱传统文化，更多的孩子也通过活动学习到传统文化知识。

2. 地方文化活化创生

太仓的美食肉松骨头、青团、酒酿纷纷现身市集，太仓的非遗滚灯、龙狮表演、昆曲表演纷纷登上舞台，太仓娄东画派的名人书画元素嵌入美陈，太仓独具江南特色的民俗文化、独步明清的绘画艺术，都在现场生动活泼起来。一方水土养一方人，生活在太仓土地上的市民通过活动感受到与传统的联结，油然而生自豪自信之感。

3. 社会影响日益扩大

太仓市图书馆充分利用了连廊这一场地优势，灵活地搭建出各种场景，逢年过节定期举

第15题：您比较喜欢图书馆的哪类阅读活动？[多选题]

选项	小计	比例
讲座	220	49.66%
技能培训	180	40.63%
读书会	203	45.82%
展览	195	44.02%
市集	221	49.89%
年节传统文化活动	284	64.11%
线下共读	89	20.09%
线上阅读打卡	118	26.64%
太图文创互动活动	254	57.34%
本题有效填写人次	443	

办大型活动,在读者中获得极高的认知度和参与度。2023年单场中秋活动到场读者就达5 000人,2023全年"好阅连节"参与读者达15 000人次。这一项目也成为读者期待值最高的项目,在2023年年底对400多位读者抽样调查结果显示,64.11%的读者表示对这类阅推活动的喜爱,位居全馆项目之首。

太仓官媒报道了太仓市图书馆"好阅连节"的活动,如《多彩活动气氛浓 "家门口"闹元宵》。

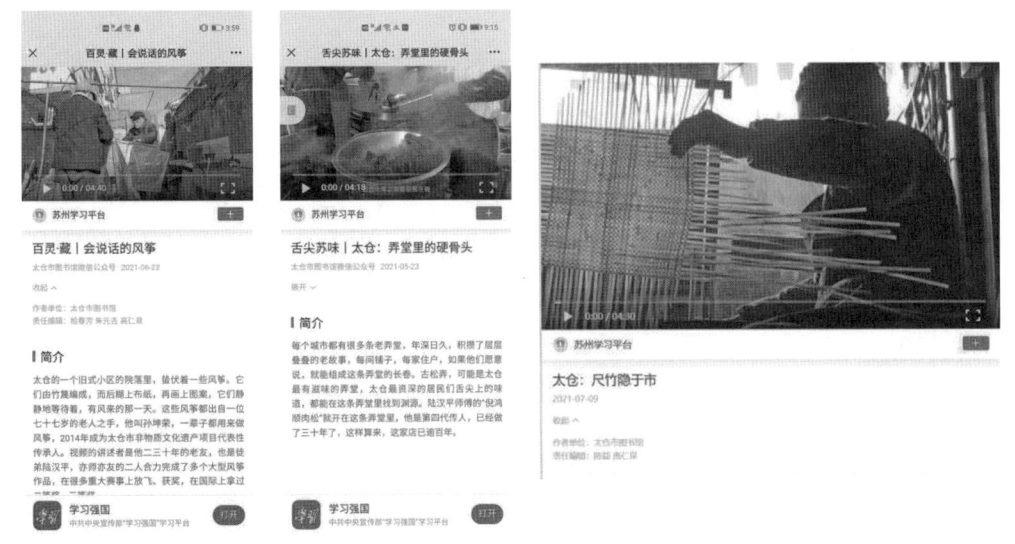

春节·年味儿"最美非遗 最牛绝活"拍摄的非遗人文视频于2021年6月发布在学习强国平台上。

"年味儿·新春文化大集"在中国图书馆学会、国家图书馆主办的2015全国少年儿童阅读年——中国传统节日图书馆未成年人服务案例评选中,荣获"二等奖";2018年度中国传统佳节志愿服务项目被评为太仓市最佳志愿服务项目;"好阅连节"传统佳节志愿服务项目被评为2020年度太仓市新时代文明实践"最佳志愿服务项目";好阅连节·中秋古风市集被评为2021年度"夜读苏州"优秀项目。

(执笔人:赵书苑)

南通市图书馆新媒体阅读推广服务的创新实践

关键词

后疫情　新媒体　阅读推广　地方文化　文化共享工程

对象及范围

社会公众

创新背景

阅读是人类独有的信息传播方式，是传承文化、提升全民综合素养的重要途径。自2014年以来，全民阅读已连续10年被写入政府工作报告；2021年，《中华人民共和国国民经济和社会发展第十四个五年规划和2035年远景目标纲要》明确提出"深入推进全民阅读，建设书香中国"。"全民阅读"已逐步上升为国家发展战略。

后疫情时期，以抖音、微信视频号、快手为代表的短视频平台逐渐进入大众的视野，伴随着受众移动化、碎片化、场景化阅读习惯的养成，短视频正日益成为文化传播的重要手段。南通市图书馆在此背景下，主动顺应趋势，拓展服务平台，以数字化信息技术为支撑，创新阅读方式，通过高质量的数字化阅读供给开展了阅读推广服务的新实践。

主要创新点

1. 不断创新阅读品牌服务

一是推出"图书管家"品牌。2021年正值中国共产党建党100周年，在这历史性时刻，南通市图书馆紧紧围绕"重温党史、弘扬红色精神、树立当代典范"这一核心，创设党建品牌"图书管家"。品牌以"书+"服务模式深度融合党建与业务工作，以党员视频荐读模式，通过活用图书馆现有品牌与文化积累，积极接入"学习强国"南通学习平台、南通发布、微信视频号、官方抖音号等平台。讲好党的政策纲领，推荐好书引领全民阅读新风尚，展现青年馆员的朝气与活力。

二是推出"图书小管家""小小阅享家"品牌。"图书管家"是由图书馆员、党员讲好南通红色故事，传承江海红色基因，推荐好书。"图书小管家""小小阅享家"是在"图书管家"品牌的基础上进行需求细分，聚焦未成年成长、关注低龄阶段的思想与文化教育。由孩子们推荐优质好书，打通课内外知识，让孩子们在书海中探寻智慧，在知识中培育思想，在实践中感悟成长。

三是推出"书人书事"品牌。品牌以书为媒、以文化人，利用讲座、展览、直播、文化纪录片等形式，邀请不同年龄、不同身份的读者、媒体人、工作人员，以线上线下多角度多层次，讲述书人、书事、书情、书味，为人找书、为书找人。通过图书馆信息空间的扩展、全民阅读活动的开展和数字网络的链接,努力使南通市图书馆成为老百姓身边的图书馆,让更多人一起阅读,展现书籍与阅读的魅力,唱响阅读"主旋律"。

2. 不断完善阅读推广内容

一是将共享资源与自建资源有机结合。南通市图书馆与国家图书馆、国家公共文化发展中心、上海图书馆、南京图书馆等多家单位一起,将"国家公共文化云""数字图书馆推广工程""国家数字文化网""江苏省文化共享工程""上图讲座""南图讲座"等上百部数字视频,通过云端发布,不断充实市民阅读生活。同时,南通市图书馆探寻"张謇精神",申请到全国文化信息资源共享工程地方资源建设项目,制作南通人文历史题材的专题片《强国梦痕》《余西古镇》、制作可多元搜索的承载城市文化缩影的《南通地区古镇老街图文数据库》,为市民奉献优质多元的精品文化内容服务,让市民了解中国近代第一城的历史文脉。

二是将馆内资源与馆外资源有机结合。为推动公共文化服务与教育融合发展、促进公共文化服务提质增效,南通市图书馆推出"嵌入"式服务,用流动服务车把图书馆"搬"进学校。车内有多类型图书1500余册,并提供6个座位供未成年人现场阅读。此外,流动服务车采用无线网与南通市图书馆实现数据互联互通,可以提供办证、图书借还、电子图书扫码阅读等和图书馆一样的服务。同时,南通市图书馆邀请孩子们来到图书馆直播间,向全市的少年儿童分享他们感兴趣的书籍,为他们提供了一个增进交流、促进学习、共同进步的新平台。

三是将线上资源与线下活动有机结合。围绕"锤炼一支阅读推广人队伍、拓展一块阅读阵地、举办一系列阅读活动、打造一个阅读品牌"的"四个一"不断深化阅读推广,同向用力打造阅读推广新格局。图书管家是一支属于南通市图书馆自己的阅读推广人队伍,在开展本职业务工作的同时,还化身网红主播,在镜头前开展阅读推广活动。同时还邀请社会知名人士做客直播间,化身成中华文化的传播者和践行者,对文化进行传播与延续。他们成为推动、引导、服务全民阅读的重要推动力量,向市民朋友传递阅读之美。

3. 不断延伸阅读服务半径

一是拓展平台服务。从搭建云媒体本地化平台,自建地方文化数据库,到共享工程网站推荐南通地方文化;从流媒体数据库Web模式做文化资源保存,到自媒体时代利用数字媒介开展阅读推广。依托"百馆荐书 全省共读"等书单,以"视频+直播"等新媒体阅读推广方式,从图书管家到"图书馆+"等多种协作形式,推动数字化阅读向纵深发展,每一次改变都给新媒体阅读推广带来新变化、注入新能量。

二是拓展社会合作。与江海文化中心、南通大学建筑系、南通市测绘院有限公司合作,结合南通地方方言、图像、建筑矢量数、全景拍摄,"技术"赋能,打造《南通地区古镇老街图文数据库》,让老建筑"活"起来;与南通市委党史办、南通市地方志办携手,"云端"赋能,打造指尖上的党建阵地,唱响红色主旋律;与南通大学非遗研究院、蓝印花布国家级非遗传承人吴元新等专家团队携手,成立"纹样南通大数据实验室",致力挖掘、复原、再造南通纹样,以数字化方式点燃传承薪火;与南通市社科联、文联一起,打造传统文化传播"新舞台",让"老"文化绽放"新"光彩。

三是拓展农村服务。为了进一步完善公共文化服务体系,推进乡村文化振兴,南通市图书馆一直在寻求有效的补充方式。依托乡村书院,拓展出党员、群众学习的新阵地,并输送全省公共图书馆"百馆荐书 全省共读"项目推荐图书累计千册,电子书百余种,同时还将

"书阁南通"服务范围延伸到乡村,村民通过手机扫码即可借阅南通市图书馆畅销图书,快递邮寄到家。

取得的成效、影响及评价

在如今的传播形势下,新媒体可灵活应用多种传播方式,使阅读推广的内容展现得更加清晰和具有吸引力。在弹指即达的传播效率下,让广大市民立即获取到图书馆的一手信息,特别是对图书馆活动和思想导向的宣传,新媒体能够发挥出更深、更广的传播效果。在降低传播成本的考量下,新媒体是低成本执行宣传策略的最好实践方式。

通过这几年的不懈努力,南通市图书馆共制作播出视频 205 个,直播 32 场,观看人数 159 974 人次,点赞人数 4 650 327 人次,向中国日报网、央广网、学习强国、文旅中国、江海晚报、扬子晚报等各类平台推送新媒体服务 40 余条。2019 年南通市图书馆荣获江苏省公共数字文化建设工作先进单位;在 2021 年度《全国公共图书馆视频服务监测季报》中,南通市图书馆官方抖音号、微信视频号排在全省地市级馆第 1 名;南通市图书馆展示馆内视频制作申报,荣获 2021 年最美公共文化空间称号。此外,南通市图书馆还荣获江苏省中科杯"重温百年党史 传承红色基因"党史学习优秀组织奖、江苏省公共图书馆系统红色经典诵读视频大赛优秀组织奖、"青阅计划"志愿服务被评为文化和旅游志愿服务典型案例、江苏省"阅美善读——馆员荐书"优秀组织奖、"长江读书节第四届讲书人大赛"江苏赛区优秀组织奖、作品《濠河》荣获江苏省文化厅"水韵江苏 经典诵读"二等奖、南通市"南通好通!我们的幸福生活"微视频征集大赛优秀组织奖。

新媒体技术的迅猛发展和普及,不仅为图书馆阅读推广服务提供了前所未有的机遇,而且极大地拓宽了图书馆阅读推广的服务边界,更好地满足了市民的文化需求。南通市图书馆期待在新媒体的加持下,让市民朋友们爱上阅读、享受阅读,让读者时刻都能在一个生态式的时空分布中,便捷阅读、会心阅读。

(执笔人：季丰吉　王　俊　林　莹)

启东市图书馆创新案例之 24 小时城市书房

关键词

24 小时　城市书房

对象及范围

全市市民

创新背景

24 小时城市书房作为一种智能化图书馆，融合了纸质资源与数字资源，阅读服务与便民服务，是传统阅读阵地的现代延伸和有益补充。其全天候开放、无人值守、低成本运营，打造"城市名片"，可以有效解决公共阅读服务"最后一公里"的问题。

近年来，城市书房正在全国各城市生根发芽，受到市民的追捧与热爱。城市生活的快节奏和工作学习压力，使得人们渴望一个安静、轻松的公共阅读空间，让心灵得到安慰。城市书房是图书馆在社区的延伸，充满人文关怀，让人感受城市的温度，能让沉睡的藏书焕发新活力，不仅可以盘活公共图书资源，还能提供读书交流空间，提升城市文化品位，推动城市经济社会的发展。

鉴于此，启东市图书馆于 2017 年开始进行 24 小时城市书房建设，旨在为读者营造一个集方便户外借还书、有良好阅读体验、知识共享、信息交流等功能于一体的 24 小时全天候"城市书房"。

创新项目开展过程

启东市首个 24 小时城市书房位于市中心投兴港河一侧的儿童乐园内，采用全玻璃房结构，建筑面积 60 平方米，是由启东市图书馆出资打造的全天候 24 小时市民阅读空间。2017 年 7 月进入试运行，10 月正式面向所有人开放，借助现代科技手段，不配备工作人员值守，24 小时对外开放，市民读者凭证刷卡入内，内设图书自助借还机，读者可自行完成图书借阅。如果没有借书卡，可在书房外侧的自助办证机上凭身份证交上押金后，即可现场办理借书证。

城市书房室内环境优雅，绿植清新诱人，整体风格简约而又弥漫着书香。配备有 3 500 册图书，两张长桌、十多把椅子、两张休闲沙发，书房内图书种类齐全，依照读者的借阅兴趣逐步调整图书，还特别设置了少儿图书专架，带上孩子，在静谧的环境中，翻上几册图书，总能让人体会到阅读的幸福。

由于首个 24 小时城市书房的成功，后续的 2018—2021 年，分别在启东市图书馆的东西南北中方向建设了 5 个 24 小时城市书房,作为馆内服务的重要延伸。每个书房的面积在 60~100 平方米不等,藏书在 3 000~6 000 册,每个书房的风格也有所不同,有简洁的现代风,也有配合建筑的古典风设计。书房内进行了简单的分区,面积较大的书房内还专门设置了少儿区域,都配备了电子读报机、电子图书借阅机等数字化阅读设备。

主要创新点

1. 公园＋阅读文化

什么样的书房最受读者们的喜爱,也是建设初期着重考虑的问题。如何打造一个利用率高的城市书房,选址就尤为重要。经过意见征询和讨论,启东市图书馆坚持在城市最繁华、最漂亮、交通方便、方便群众参与的儿童乐园建造启东市的首家 24 小时城市书房。首个书房的火爆人气,充分证明了对于选址的定位是准确的,达到了预期的目标。充分利用公园的优美环境和超高的人气,营造一个温馨的阅读空间,也是启东市图书馆对于"公园＋阅读文化"及文旅融合新亮点的初体验。

2. 纸质阅读与数字阅读完美结合

现代科技的不断发展,让书籍不再停留在纸张阅读阶段。据科学统计,全年国民数字阅读接触率高达 80% 以上,越来越多的人选择用手机代替书本解决阅读所需。各 24 小时城市书房紧随当代人阅读形式发展的脚步,设置数字资源服务区,有各式电子图书借阅机,读者扫码即可下载电子图书;电子读报机,可在线浏览数百种报纸杂志;电脑可供读者上网查询书目或是浏览数字资源。

3. 智能化助力书房建设

城市书房的智能化高,市民可凭图书馆的借阅证或身份证或直接刷脸进入书房。为了节约资源,书房的部分灯光是感应式的,留有一个长明灯,随时欢迎读者进入。城市书房的空调也有温度感应系统,有夏季和冬季两种模式,通过感觉温度自动调节。为了保证书房的安全,进行远程视频控制,可紧急呼叫。城市书房还设有消防感应系统、安保系统,连接启东市图书馆。

4. 小成本,大收益

24 小时城市书房作为"家门口的书房"是公共文化服务的有效补充,为市民提供了阅读休憩的好去处,每个 24 小时城市书房的投入都在 50 万元左右,每年的运行维护费在 8 万元左右。书房虽然面积不大,但是功能齐全,24 小时开放,所以利用率极高,每个书房每年进出的读者近 10 万人次。

取得的成效、影响及评价

24 小时城市书房,智能、便捷、突破时间和空间的限制,读者可以自由借阅、归还图书,吸引了众多的读书爱好者,读者办证率和图书流通率都得到了提高,对于提升市民修养,促进文化交流,陶冶情操,推动公共文化服务体系建设也起到了积极的作用。

24 小时城市书房一经对外开放,就成了东疆小镇一道靓丽的风景线,常常至深夜仍有读者在看书。读者如是评价:"深夜书房,是读书的好地方。"而附近的居民则表示:"城市书房就开在家门口,方便多了,书也能多看一会儿。有了这样一个读书的好地方,感觉特别好。"

截至 2021 年 12 月,启东市图书馆的 24 小时城市书房共计进馆人数达到 1 788 400 人次,日均 160 人以上。不受时间与空间的限制,城市书房为读者带来了很大的便利,为充分利用这一阵地,启东市图书馆还在书房内开展各类活动,有数字图片展、金融知识宣传、亲子共读、阅读与畅谈文学沙龙、残疾人读书分享会等等阅读活动,深受广大读者的喜爱。

24小时城市书房是图书馆阅读服务的创新之举,正是由于首个24小时城市书房带来的良好社会效益,启东市又增加投入建设了5个24小时城市书房,把在城市最繁华、最漂亮、离老百姓最近的地方拿来建设城市书房,24小时免费向市民开放,让阅读融入市民生活、融入城市血脉。

新华书店24小时城市书房

紫薇公园24小时城市书房

城东书房24小时城市书房

儿童乐园24小时城市书房

灵秀公园24小时城市书房

(执笔人:顾 蕾 黄冬梅 姚燕杰)

海岛书房看大海　缕缕书香海上来

——江苏海岛书房建设案例

关键词

海岛书房　文旅融合

对象及范围

海岛居民　游客

创新背景

在蓝色的大海中,星罗棋布的岛屿是自然的瑰宝,也是人类文明的延伸。它们承载着丰富的海洋文化和独特的旅游资源,成为探索与发现的乐园。然而,如何让这些海岛的文化魅力和旅游资源得以充分展现,成为促进地方经济发展的新引擎,是一个值得深思的问题。江苏省内有人工作居住的基岩质海岛都集中在江苏省连云港市,南京图书馆和连云港市图书馆借助海岛独特的海洋地理和文化底蕴,为这一问题提供了创新的解决方案——建设江苏海岛书房。这不仅是一项文化工程,更是推动海洋经济高质量发展的重要举措,为海岛旅游注入了新的活力。

创新项目开展过程

1. 项目概况

江苏海岛书房项目自 2021 年启动以来,经过科学调研、实地考察和专家论证,最终在连云港海域范围内的开山岛、连岛、羊山岛、前三岛、秦山岛等基岩质海岛建成了书房,实现了江苏省有人居住、工作的海岛书房全覆盖。这些书房不仅为海岛居民和游客提供了丰富的阅读资源,还成为海洋文化和海岛旅游融合开发的重要平台。2023 年 3 月,江苏(连云港)海岛书房集中揭牌仪式暨"融合共享·文化赋能海岛旅游"研讨会的成功举办,更是标志着海岛书房项目迈入了新的发展阶段。省市县三级文旅主管部门领导、沿海省市公共图书馆馆长、海岛管理单位负责人和海洋文化旅游学者共同出席了活动,五家海岛书房也成立了联盟,共同推动海岛文化和旅游的高质量发展。这一项目的成功实施,不仅提升了海岛公共文化服务的效能,促进了优质资源向基层的延伸,也为构建更加完善的阅读服务体系提供了有益的探索和实践。

2. 主要内容

在2021—2023年期间,南京图书馆与连云港市图书馆紧密合作,充分结合海域内五座独特的基岩质岛屿特色,精心打造了各具主题风格的"海岛书房"。这些书房不仅作为公共图书馆事业的重要补充,也促进了海洋旅游经济的发展。南图和连图为海岛书房提供纸质图书和智能化阅读设备,将其纳入连云港市图书馆的总分馆建设体系,为驻岛民兵、边防警察、渔民和游客等群体提供了一个"小而美"的阅读空间。这一举措有效推动了全民阅读活动深入基层、乡村和海岛,显著提升了公共文化服务的效能。

开山岛书房坐落在灌云县的开山岛上,由南图、连图与灌云县委党校、现代快报共同合作建设。书房以全国时代楷模王继才、王仕花的"开山岛夫妻哨"事迹展馆为基础,打造成了一个融合爱国主义和国防科普教育的红色阅读空间。

连岛书房位于连云区的连岛游客中心,由南图、连图与海州湾文旅集团、连岛街道联手打造。作为海滨旅游景区的书房,它依托"全国十大最美海岛"和江苏最大的基岩质海岛,拥有丰富的海洋文化和休闲旅游资源。通过"图书馆+景区"的模式,书房为海岛居民和游客提供了优质的服务,成为一个美丽的公共文化空间。

羊山岛书房位于连云区的羊山岛,由南图、连图与高公岛街道共同建设。书房坐落于风景秀丽的羊山岛上,周围环绕着AAA级景区、传统渔村、渔民民俗陈列馆、渔人码头和田湾跨海大桥等丰富的海洋文化元素。这里的阅读空间舒适宜人,成为一个独具特色的海岛渔民书房,并荣获江苏省最美公共文化空间的称号。

前三岛书房位于连云区的前三岛乡,由南图、连图与连云区文体旅局、前三岛乡合作建设。书房结合海岛陈列馆,汇聚了海洋文化和海岛边防文化,聚焦于海岛的产学研游。它以其鲜明的红色主题、独特的海洋特色和品牌效应,成为一个集党性教育和国防教育于一体的特色海岛阅读空间。

秦山岛书房位于赣榆区的秦山岛,由南图、连图与连云港秦山岛旅游开发公司合作建设。这里环境优美、地貌奇特、人文历史厚重。通过"景区+图书馆"的模式,书房营造出了神奇浪漫的海洋文化氛围。在为海岛渔民和工作人员提供服务的同时,也为广大游客提供了免费的休闲阅读服务,成为新晋的网红打卡地。书房内配置了用老船木定制的书架和阅读桌椅,并收藏展示了秦皇桥(神路)的海蚀奇石,充分展现了山海特色和历史人文气息。

主要创新点

海岛书房项目展现出了独特的创新性和鲜明的地方特色,为江苏省的海岛文化建设和经济发展注入了新的活力。

1. 独特性

地理分布的独特性:江苏省海域内的26个海岛中,有20个基岩质海岛位于连云港市海州湾,其中5座海岛常年有人居住和工作。这些海岛分散在海域中,形成了独特的地理分布,使得海岛书房项目在地理上具有鲜明的特色。

文化融合的独特性:海岛书房不仅仅是阅读空间,更是文化与旅游的融合体。每个书房都根据各自海岛的特点,融合了海岛特色文化、航运文化、海防文化、红色文化及海洋资源等,形成了"一馆一品"的特色文化空间。这种文化融合的方式,使得每个海岛书房都独具魅力,成为当地文化的新地标。

2. 创新性

服务模式的创新:海岛书房采用了"小而美、小而特、小而优"的建设理念,注重服务质量和文化内涵的提升。这种服务模式与传统图书馆相比,更加贴近市民需求,更具人文关怀和地方特色。

宣传方式的创新:通过增加海岛书房的辨识度,采用"种草文化"、流量经济等新的宣传方式,引领海岛旅游和全民阅读新风尚。这种创新的宣传方式,不仅提高了海岛书房的知名度,也为其带来了更多的流量和关注度。

组织运营的创新:成立了江苏(连云港)海岛书房联盟,通过合作共享的方式,共同推动海岛书房的发展。这种组织运营的创新,为海岛书房的后续运行提供了组织保障,也为其发展注入了新的动力。

取得的成效、影响及评价

海岛书房项目的建设和开放取得了显著的成效和影响。首先,它实现了公共阅读空间在江苏省境内有人居住、工作的海岛全覆盖,大大拓展了公共文化服务领域的覆盖面。其次,通过融合文化与旅游,海岛书房成为当地文化旅游的新地标,为当地经济发展注入了新的活力。此外,海岛书房还通过创新的服务模式和宣传方式,引领了全民阅读的新风尚,提高了市民的文化素养和阅读水平。最后,通过成立书房联盟,实现了资源共享和互联互通,为海岛书房的后续发展提供了有力的组织保障。

然而,海岛书房项目也存在一些缺点和不足,如部分海岛处于半开放状态,纸质图书更新服务存在一定滞后性等。未来,还需要继续完善海岛书房的建设和管理,提高其服务质量和影响力,为推动海洋经济与旅游业的融合发展做出更大贡献。

（执笔人：郝涛洁）

连云港市图书馆解锁"新"玩法，文旅融合绘就乡村振兴美丽画卷

关键词

一村一品　乡村振兴

对象及范围

羊山岛居民

创新背景

2022年是全面推进乡村振兴的关键之年，根据党中央和省市关于做好全面推进乡村振兴有关要求，聚焦产业促进乡村发展，扎实稳妥推进乡村建设，连云港市图书馆积极响应、认真谋划，于2022年正式启动"一村一品"——文旅融合助推乡村振兴项目，该项目获评2022年连云港市十大重点领域志愿服务项目之一。经过前期走访调研、实地考察和综合评估，连云港市图书馆将羊山岛作为"一村一品"项目的服务对象，通过地域文化挖掘、海岛书房建设、文旅品牌包装、新媒体推广等形式，美化乡村环境，促进乡村文化旅游资源开发，激发港城人民对本土文化的认同，推动当地经济发展，提升村民幸福感获得感。

该项目团队成员29名，包括连云港市图书馆学会、连云港师范高等专科学校、中国美术家协会成员，志愿服务经验丰富，职责分工明确，专业技能过硬，为助力乡村振兴打下坚实基础。团队主要成员来自连云港市图书馆学会，该学会是由连云港市图书馆工作者和志愿者组成的专业性、公益性群众团体，积极展开各项公益活动，得到社会各界广泛认同及好评，是此次项目有序推动的关键力量。

羊山岛位于江苏省连云港市区东约30千米，三面环山，一面向海。岛上现有居民210人，主要经济来源为紫菜养殖出口，因受到气候和政策影响，原有的养殖业面临调整。为帮助羊山岛改善乡村环境、丰富旅游资源、增加经济来源，连云港市图书馆工作人员前期进行系统调查研究。经分析，羊山岛自然风光独特，旅游资源丰富，可以通过"文化＋旅游＋特色空间打造"的模式帮助羊山岛开发旅游资源，改善旅游环境，打造网红景点，赋能乡村振兴。

创新项目开展过程

1. 挖掘特色资源　建设海岛书房

秉持文旅融合深度发展的理念，连云港市图书馆联合高公岛街道在羊山岛景区渔港管理服务中心一楼建立海岛书房，占地面积约200平方米。书房充分融合海岛特质，内设"学

习强国"线下体验区、电子阅读推广区、交流分享区、亲子活动区、手工贝雕区、休闲娱乐区,是集读者阅读学习、亲子交流互动、游客旅游打卡、渔民活动开展于一体的多功能"加油站"。

书房内设电子借阅机,读者点击"在线阅读"即可在屏幕上阅读喜欢的书籍,还可以扫描二维码免费下载电子书,将知识配送至读者"指尖"。招募乡村阅读推广志愿者,开设"E起来读书　乐享'悦'生活"线上读书栏目,开展"全民阅读春风行动""弘扬渔家文化,助力乡风文明"等活动,不断擦亮"阅读你我他　书香飘渔家"阅读品牌。

2. 推介旅游资源　加强交流合作

为宣传海岛旅游资源,打造文旅融合新高地,南京、连云港两地图书馆联合各海岛书房建设单位,携手打造羊山岛书房、开山岛书房、前三岛书房、连岛书房、秦山岛书房等5家特色公共阅读空间,并由此实现了全省有人居住或值守的基岩质海岛书房全覆盖。

在江苏(连云港)海岛书房集中揭牌仪式暨"融合共享·文化赋能海岛旅游"交流活动中,连云区文旅部门负责人详细介绍了羊山岛地质地貌、自然资源、物产资源、人文历史以及特色旅游景点,全面宣传推介羊山岛旅游资源。为增强联动协作,南京、连云港两地图书馆以及灌云县、赣榆区、连云区文旅部门负责人签署了共建协议,5家海岛书房发起成立了江苏(连云港)海岛书房联盟。

3. 拍摄宣传视频　彰显海岛魅力

为全面展现羊山岛特色风貌,推广旅游资源,连云港市图书馆组织志愿者服务团队,拍摄《诗游连云港》诗词诵读视频、海岛书房宣传视频、乡村彩绘志愿服务视频。视频选取海滩、礁石、栈道、渔港、书房等特色地点多角度拍摄,将文化和旅游紧密结合,全方位展现羊山岛的文化历史和风土人情,为羊山岛打造一张靓丽的名片,吸引广大游客打卡参观,体验"睁眼即为风景,闭眼即为诗意"的美好意境,品味海岛风情的诗和远方。

4. 践行志愿服务　美化乡村环境

以改善旅游环境、丰富旅游资源为目标,连云港市图书馆"连图·知行"志愿者团队赴羊山岛开展环境保护和文化服务活动,以实际行动宣传环保理念,美化乡村环境,提升村民幸福感获得感。

连图志愿者们在海岛书房开展图书归类、书架清洁和整理摆放工作,为读者查找借阅图书提供了极大的便利。为改善乡村环境卫生,志愿者们来到海边沙滩,手持捡拾器和垃圾袋,两人一组清理塑料瓶、包装袋、果皮纸屑、烟头等废弃物,以实际行动守护美丽海岸线,共建魅力羊山岛。

5. "画"美乡村墙　绘就振兴图

连云港市图书馆组织连云港师范高等专科学校和连云港市艺术学校的40余名学生志愿者,充分利用专业优势,结合羊山岛的乡村风貌和传统文化,对渔港码头进行墙体彩绘。彩绘围绕历史人文、民居风貌、特产特色等主题,对护坡、墙面、步道及木桩进行美化,让羊山岛码头换上了"新衣"、提升了"颜值",成为新晋网红打卡地,吸引了市民游客驻足欣赏和打卡拍照,促进羊山岛旅游发展和经济增长。

取得的成效、影响及评价

1. 服务对象满意度

"一村一品"志愿服务项目是连云港市图书馆学会深入践行文旅融合发展,提高公共文化服务效能,赋能羊山岛经济与文化发展的有力举措。项目开展以来,羊山岛整体生态环境得到改善,公共文化服务设施逐渐完善,旅游品牌影响力日益提升,慕名而来参观的游客显著增加。在项目实施过程中,团队成员充分考虑村民的需求和建议,对部分村民展开民意调研。结果显示,村民对项目的开展表示大力支持。由于居住环境美丽宜人,随时可以体验优质便捷的阅读服务,旅游发展带动了当地经济发展,村民们的幸福感满足感与日俱增。

2. 志愿者成效

志愿服务团队是本次项目的核心力量,是推动目标高效达成的关键。秉持着"服务他人,快乐自己"的理念,志愿者们充分发挥自身专业能力,铆足为民办事的干劲,在此次乡村振兴事业中作出重要贡献。以连云港市图书馆职工为代表的志愿服务团队,积极为村民提供文化志愿服务,将海岛书房中的图书按编码归类、整理上架,整理图书1000余册;净滩活动现场,志愿者手持捡拾器、垃圾袋,沿海边对白色垃圾、果皮纸屑、烟头等废弃物进行了集中清理,营造健康、文明的生活环境。以高校学生为代表的志愿团队,深入挖掘海洋文化资源,弘扬优秀传统文化,为羊山岛拍摄多部宣传视频,持续扩大羊山岛影响力。在手绘乡村画卷码头彩绘工作中,志愿者们克服寒冷,用画笔为羊山岛码头换上了新装,获得了社会各界的高度肯定和赞扬。

3. 社会成效

在推进乡村振兴过程中,文旅融合不仅发挥了促进社会经济发展的功能,更推动了中华优秀传统文化、海洋文化的保护传承和创新发展。项目开展以来,团队成员深挖传统文化,深度融合文旅主题,通过手绘乡村画卷、开展资源链接会等形式,扩大羊山岛品牌影响力,促进经济文化发展繁荣,提升乡村人文价值。海岛书房的建成让海岛居民、游客享受到优质便捷的阅读服务,满足日益增长的精神文化需求。乡村环境的治理是建设美丽家园的有力举措,也是"绿水青山就是金山银山"的生动实践,更是羊山岛可持续发展的重要保证。在羊山岛乡村振兴各项举措中,羊山岛海岛书房获评江苏省2023年度"最美公共文化空间",获得经费资助20万元。羊山岛码头彩绘工作从开始到完工多次被省、市级新闻媒体报道,抖音、微信公众号、视频号等自媒体运营者纷纷前来打卡,成为连云港新晋网红打卡地。

项目创新点

本项目是在2022年全面推进乡村振兴的背景下提出的,符合时代发展,民之所需。2022年中央一号文件《中共中央 国务院关于做好2022年全面推进乡村振兴重点工作的意见》正式发布,连云港市也在同年2月据此文件提出了相关要求。文件提出要聚焦产业促进乡村发展、扎实稳妥推进乡村建设、突出实效改进乡村治理,乡村振兴要取得新进步。图书馆作为文化传播的重要载体,在深化文旅融合,助推乡村振兴方面理应发挥积极作用。本项目正是连云港市图书馆紧跟时代发展、贯彻落实国家政策的体现,具有创新性和前瞻性。

本期志愿服务项目的调研方式和实施方案也同样颇具创新性。连云港市图书馆经过实地考察、访谈调研、综合评估等多种方式,对该项目的市场需求、环境影响、资金使用、实施流程等方面进行了综合分析,制定项目可行方案,确保项目开展的科学性、合理性。为了让羊山岛面貌焕然一新,吸引广大游客的注意力,达到以文促旅、以旅彰文的目的,项目组结合时代热点,谋划实施方案,通过书房建设、墙面改造、环境治理等大众喜闻乐见的方式,赋予乡村振兴志愿服务工作强大的动力与生命力,让羊山岛真正"活"起来。

项目的可持续性评价

近年来,乡村振兴战略深受国家重视,具有广阔的前景和发展空间。乡村振兴可以带动当地经济发展,提升居民生活水平,促进地方经济繁荣。"一村一品"乡村振兴项目的开展,不仅可以改善乡村环境,开发旅游资源,对发扬传统文化、促进经济发展也具有重要作用。同时,该项目团队成员专业能力强、综合素质高,通过整合社会各方面资源促进合作交流,推动项目稳步推进,效益持续向好。

项目总结

文化是旅游的灵魂,旅游是文化的载体。近年来,连云港市图书馆以文旅融合为抓手,充分发挥图书馆文化阵地作用和社会教育职能,不断在"景区+图书馆""阅读+旅游"等多个方面积极尝试与探索,整合社会资源,创新服务形式,为推动全民阅读、助力乡村振兴和社会经济发展提供源源不断的动力。

"一村一品"——文旅融合助推乡村振兴项目是连云港市图书馆延伸服务触角和内涵,推动文旅融合的有力实践。在保持羊山岛自然资源和文化资源的原真性基础上,深入挖掘海洋文化、地方文化、民俗文化的内涵精髓,充分展现羊山岛历史文化底蕴和特色风貌,激发文旅融合的新动能、新引擎,吸引无数游客参观打卡,持续增加羊山岛旅游吸引力、竞争力,助力乡村振兴迈上新台阶。

结合羊山岛的乡村风貌和传统文化,对渔港码头进行墙体彩绘

(执笔人:石 扬 万 林)

"追寻光辉足迹，做向上好少年"

——党史教育研学打卡系列活动

关键词

党史教育　研学打卡　好少年

对象及范围

青少年

创新背景

2021年6月25日，习近平总书记在主持十九届中央政治局第三十一次集体学习时指出："红色资源是我们党艰辛而辉煌奋斗历程的见证，是最宝贵的精神财富，一定要用心用情用力保护好、管理好、运用好。"党史蕴含着中华民族的信仰，彰显着中国人的精神。图书馆作为传承红色基因、倡导全民阅读和传播传统文化的主力军，要充分利用好红色文化资源，讲好党史故事，弘扬主旋律，传播正能量。

"追寻光辉足迹，做向上好少年"是淮安市图书馆立足百年新征程，创新推出党史教育研学打卡项目。该项目以馆外带领青少年研学打卡地方红色资源为主线，以馆内延伸举办"五个一百"为多路支线的立体的、多层次的红色文化阅读推广活动，旨在引导广大青少年进一步学习党史、了解党史、铭记党史，定位精神坐标、指引人生方向，扣好人生第一粒扣子。截止2022年底，"追寻光辉足迹，做向上好少年"——党史教育研学打卡系列活动共开展156场，带领青少年先后走进新安旅行团历史纪念馆、车桥战役纪念广场、黄花塘新四军军部纪念馆等19个红色印记。"五个一百"系列活动吸引了19500余名青少年参与，其中"万场活动进乡村——结对子　种文化"100套红色经典连环画研读赠送系列活动，已走过10余个乡镇，惠及600余名乡村青少年学生。相关活动情况被江苏省文旅厅网站、淮安市人民政府网站、淮安市广播电视台、淮安日报等媒体报道16次，2021年荣获江苏省图书馆学会颁发的"2020—2021江苏省图书馆学会学术年会论文和业务案例三等奖"。

创新项目开展过程

1. 优化整合资源，推出党史研学路线

通过电话咨询、实地走访、查阅文献等方式，根据青少年感兴趣的党史话题，确定研学点位、路线、红色书目，以重大历史、历史人民、红色文化遗存、景区为主线，梳理设计出3条研

学行动路线图：①传承薪火信念,致敬百年征程：新安旅行团旧址纪念馆、淮安市党史陈列馆、苏皖边区政府旧址纪念馆、江淮大学旧址等6处。②探寻总理足迹,传承总理精神：周恩来纪念馆、周恩来故居、周恩来童年读书处等3处。③铭记革命历史,弘扬铁军精神：新四军刘老庄连纪念馆、新四军黄花塘军部纪念馆、车桥战役纪念广场、涟水抗日同盟会旧址等10处。沿着党史路线图,带领青少年走进红色遗产点、红色景区、党性教育基地开展实境研学,与革命英雄开启一场跨越时空的"对话"。

2. 合理配备公益讲师,打造党史宣传队伍

成立红色宣讲队伍,邀请党史专家、红色书籍宣讲员围绕青少年感兴趣的党史话题,收集各大红色文化目的地的人文历史资料,开展研究性学习,为青少年带来"听得懂、学得进、说得出、记得牢"的灵活解说,让革命思想"破圈"而入,正确引导青少年读懂党史,引导青少年体会、发现、思考、感悟中国共产党百年革命历程的思想精神。

3. 挖掘馆藏红色资源,夯实党史宣教阵地

充分发挥公共图书馆的社会教育职能,挖掘馆藏红色资源,结合党史研学打卡主线,推出的"五个一百"多路支线活动："淮安红色景点100张图文展"和"100本红色经典连环画展"实现文化资源的共享,推动红色文化在青少年群体中广泛传播。"100场红色经典连环画主题课堂"和"100场红色经典电影播放"让红色读物和经典佳片成为青少年学习党史的生动教材,从视听说读多方面深化党史学习成果。"万场活动进乡村——100套红色经典连环画研读赠送暨流动红色展览讲读"活动,将一堂堂"小而精"的党史教育课送到基层,在乡村青少年群体中播撒红色文化种子,以文化惠民阻断贫困代际传递。

4. 丰富研学形式,提升青少年教育质效

依托"党史研学"点位,创新"场景式＋讨论式＋聆听式＋观摩式"研学模式,旨在通过听革命故事、观红色展览、看电影、学唱红歌、吃忆苦思甜饭、行入团仪式、分享红色书籍、红色演讲等多元化的学习方式,沉浸式体验红色文化,增强青少年的参与感和体验感,使党史教育更加生动、深刻。为配合活动的开展,面向青少年,开展"童心永向党　快乐伴成长"演讲比赛活动,分享党史研学活动中的感悟和收获,回顾建党之路,感悟前辈伟绩,抒发对党的忠诚和热爱。

主要创新点

1. 结合红色书籍,打造立体化的党史研学体系

将革命英烈、红色历史人物事迹等内容与馆藏图书相结合,注重活动形式与读者体验相结合、图书研读与红色打卡点相结合,党史学习与青少年实践活动相结合,通过研学游、讲座、展览、阅读推广、电影展播、文化志愿等多种形式,极大地增强了党史研学的趣味性,引导青少年儿童的学习积极性和参与性,真正实现了"游"中"学"、"研"中"悟",进而达到学习成效"1＋1＞2",激发青少年赓续红色血脉,传承红色基因。

2. 活化淮安红色资源,赋能青少年党史教育

党史研学打卡系列活动是一项专门为少先队员设计、打造的阅读推广活动。淮安市图书馆选择10~14岁的青少年读者作为活动对象,将红色景点与百年党史"连点成线、连线成面"的新颖模式,让广大青少年在沉浸式的漫步中学习革命知识,领略红色文化,营造浓厚的学习教育氛围。活动经过统一策划、统一宣传、统一服装。在每场研学活动中,党史宣传员

佩戴党员徽章、少先队员佩戴红领巾,这种沉浸式党史学习形式,既走"新"又走"心",增强红色文化学习的吸引力和感染力,身临其境的学习体验,产生共情共鸣。

取得的成效、影响及评价

公共图书馆开展红色研学游是一项非常有意义的活动,它不仅让青少年深入了解本地的红色文化历史,增强了爱国主义情感、团结奉献以及吃苦耐劳的精神,还锻炼提升了图书馆馆员策划能力、组织管理能力以及团队协作能力。下一步,淮安市图书馆将寻求与其他单位的合作机会,共同开展党史研学活动,实现资源共享和优势互补,进一步提高活动的覆盖面和影响力。

荣誉证书

党史教育研学打卡系列活动
——新安旅行团历史纪念馆

党史教育研学打卡系列活动
——红色金南人民兵工精神馆

党史教育研学打卡系列活动
——周恩来童年读书处旧址

党史教育研学打卡系列活动
——车桥战役纪念广场

"童心永向党 快乐伴成长"
红领巾演讲比赛

"追寻光辉足迹 致敬百年风华"
庆祝建党100周年淮安红色景点图文展

（执笔人：叶志军）

"淮上讲堂"公益讲座项目

关键词

淮上讲堂　公共文化服务

对象及范围

社会公众

创新背景

"淮上讲堂"是淮安市图书馆面向公众免费开放的公共文化服务项目。自 2018 年 3 月首讲以来，始终秉承"倡导全民阅读，建设书香社会、服务城乡百姓，共享智慧人生"的价值理念，运用系统化思维，从提炼文化标识、精心策划选题、锤炼名家队伍、提升媒体影响、创造价值品牌等方面多点发力，创新打造嘉宾最耀眼、听众最喜爱、内涵最精彩的热点话语话题。截止 2022 年底，62 位知名专家学者做客"淮上讲堂"，累计举办各类讲座 163 场，线上线下累计受众逾 40 万人次，获得近 1.2 万人次点赞，已成为淮安市民常来的"周末课堂"和"城市教室"。由于活动主题鲜明、受众广泛且广受好评，"淮上讲堂"系列活动多次受到中国图书馆学会、江苏省图书馆学会、淮安电视台、淮海晚报等报道。2022 年荣获淮安市全民阅读办颁发的"2021 年度全市十佳阅读推广活动"荣誉称号。

创设"淮上讲堂"，旨在弘扬"为中华之崛起而读书"的时代精神，营造"阅享淮安，读在淮图"的浓厚氛围。作为全民阅读推广的一个亮丽品牌，它是淮安文化创新的一个缩影，更是切实履行习近平总书记"将总理的家乡建设好，很有象征意义"殷切嘱托的一次实践行动。

主要创新点

1. 贴近读者生活，精选特色主题

围绕"多元化、立体化、分层次、创品牌"的总要求，"淮上讲堂"整合全市人文社科讲座资源，先后创设了"名师讲名著""淮上说法""名医开讲""溯源与传承"四大主题鲜明的子板块，适应分众时代读者不同的讲座需求。围绕文化、法律、健康、教育、历史等话题，邀请各界热心公益、学识渊博、专业过硬、务实亲民的专家学者开展讲座，获得受众广泛好评。

2. 紧扣时代脉搏，提升讲座质量

紧扣时代脉搏，扎实开展党史学习教育，强化理论宣讲，先后邀请市委党史工办原主任柳宏为、恩来干部学院周恩来精神研究中心副主任房震鹏走进"淮上讲堂"，开展《中国共产党在淮安的奋斗历程》《我认的主义一定是不变了——学习周恩来，坚定理想信念》红色专题讲座。引导读者从百年党史、先进文化中汲取力量,以史为鉴,赓续红色血脉,树立文化自信。

3. 适应发展变化,创新服务形式

后疫情时代,信息传播形式迎来新变化,网络传播优势日益凸显,智慧图书馆建设与服务成为新主题。为积极适应疫情防控要求及互联网时代信息获取形式新变化,"淮上讲堂"项目推动讲座资源全面上"云"。依托江苏图书馆数字资源建设平台,通过在线直播形式共享优质讲座资源,让读者足不出户也能尽享文化盛宴。线上讲座播放量逾40万次,成为疫情影响下公共文化服务的有力补充。

4. 延伸服务半径,扩大服务范围

采取固定讲坛与流动讲坛相结合的方式,把精品讲座送到基层百姓身边。按照"请进来"与"走出去"相结合的原则,在吸引市民走进图书馆听讲座的同时,推动讲座进机关、进企业、进学校、进社区,扩大讲座的阅读群体和社会影响力。依托全国科普日、图书馆服务宣传周等特殊时间节点,推动"淮上讲堂"公益讲座逐步走进学校、乡村,成效显著。

创新项目开展过程

1. 充分融合展示地方文化特色

"淮上讲堂"的"名师讲名著""溯源与传承"两个板块,始终坚持将阅读推广和传播优秀本土文化相结合,以"图书推介+文化讲座+特色专架+文化走读"联动结合的方式,着力打造成极具地方文化特色的阅读推广品牌,具有辨识度和聚合效应。

2. 紧贴读者需求,提供"定制"服务

充分征求读者群体意见,根据阅读需求策划活动主题,提供"定制"服务,提升品牌阅读活动的群众参与度、辐射度和影响力。积极联系淮安市第一人民医院、淮安市中医院、淮安市司法局、淮安市巾帼律师公益联盟等相关单位开展公益活动,分别以"名医主讲+健康实操+健康咨询的形式+义诊""线下宣讲+线上直播+互动体验"的方式开展活动,解答读者日常生活中密切相关的健康问题、法律问题,帮助读者解除困扰和焦虑。

取得的成效、影响及评价

强化活动顶层设计。明确活动的宗旨和目标,形成一套完整的活动方案,为活动开展具

"淮上讲堂"荣获淮安市全民阅读办颁发的"2021年度全市十佳阅读推广活动"荣誉称号

有长期性与连续性提供保障。精准定位活动,紧密贴合读者需求。阅读推广的对象是读者,了解读者需求是首要任务,按需开展活动,活动上座率高,活动参与度好。构建全面服务框架,线上线下无缝对接。服务方式多样化,服务平台数字化,让阅读抵达更广阔的人群,活动辐射效果好。集结多方力量,共创阅读推广新生态。联合政府部门、社会组织,共同参与到阅读推广中来,丰富读者的阅读内容和文化体验,提升社会影响力。

"淮上讲堂"——名师讲名著·文化走读《吴承恩故居》

"淮上讲堂"——"淮上说法"·民法总则专题讲座

"淮上讲堂"
——"溯源与传承"·运河文化与舆图文化专题讲座

"淮上讲堂"
——"名医开讲"·高血压防治科普专题讲座

(执笔人:唐　红)

盐城市图书馆
"故事时间"绘本亲子阅读的创新实践

关键词

故事时间　亲子阅读　阅读推广

对象及范围

3～7岁低龄儿童及家庭

创新背景

亲子阅读是全民阅读的重要组成部分,推广亲子阅读对于建设书香盐城具有重要意义。2019年盐城市图书馆充分发挥阵地优势,按照分级阅读的要求进行提升改造,设立了低幼儿借阅室,针对3～7岁低龄儿童常态化开展阅读推广活动。近年来,为打造亲子参与、互动的阅读平台,盐城市图书馆读者服务部精心打造"故事时间"绘本亲子阅读推广主题活动,以绘本为媒介,以阅读为纽带,开创读者服务工作新局面,极大程度满足读者的阅读需求。

主要创新点

1. 以幼儿为中心

通过调查、观察、研讨等方式了解低龄儿童的阅读需求和兴趣,以及家长对亲子阅读的态度和期望,根据反馈及时采购适合低龄儿童的绘本,提供舒适、安全的阅读环境,包括合适的座椅、柔和的灯光、适合儿童高度的书架等。同时,邀请专家、儿童作家、幼儿教师按照分级阅读需求,精心策划、共同打造优质的绘本阅读推广活动,提供精细化的阅读服务。

2. 具有一定创新性和独特性

通过"绘本+阅读"模式,在绘本阅读基础上多元化融合音乐、绘画、手工、游戏等多种元素,充分挖掘阅读内涵,极大提高全民阅读普及率,提升图书馆的服务效能。

3. 有较强的应用性和推广性

通过创新整合资源、提升服务品质和树立品牌形象等方式,形成优势互补、互利共赢,活动内容和形式在公共图书馆界亲子阅读中完全可复制、可推广,具有一定的普适性。

创新项目开展过程

1. 立足阵地服务,提升读者服务质量

从"为书找人"到"为人找书",强化"一切以读者为中心"导向,积极探索新形势、新阅读

环境下的亲子阅读推广工作新模式。读者服务部成立以员工中活动骨干、年轻员工、新手妈妈为核心的亲子阅读推广小组,根据盐城市图书馆馆藏特色,通过举办展览、推荐书目、新书推荐等形式进行绘本导读工作,并利用读者座谈、发放调查问卷等手段广泛收集读者对亲子阅读推广活动的意见和反馈,及时整改并加以完善;建立读者微信群,对绘本中具有阅读、教育意义的书目进行推荐分享,同时积极吸纳低龄儿童读者及家长的想法,有力促进亲子主题阅读、高效阅读、深度阅读。经过全员努力、多措并举,亲子阅读服务水平有效提升,读者满意度显著提高。

2. 挖掘绘本内涵,创新阅读推广服务方式

结合盐城市图书馆实情、官方平台、本地特色等打造"故事时间"全年计划表,根据接待读者群体、图书类别开展了形式多样、内容丰富的读者活动。在"绘本＋阅读"的基础上,以红色之旅、传统习俗、经典传承、本土文化、解密自然(科普)、亲子时光等 6 大阅读主题为抓手,坚持:**一讲**,邀请幼儿园老师、志愿者妈妈、学生进行现场绘本分享及互动,主动激发幼儿阅读兴趣,让家长直观感受阅读绘本的乐趣和益处;**二研**,即结合本土文化到其他文化场馆进行研学,通过与中国黄海湿地博物馆、中国海盐博物馆联合开展绘本研学活动,以盐城特色教育系列绘本为切入点,通过实地参观、绘本共读、研学体验等环节经阅读穿越过去,感受盐城这片土地的生命起源、文化传承和历史变迁;**三创**,举办阅读培训、阅读指导、阅读分享、图书修补等活动,在充分尊重幼儿个体差异和兴趣的基础上引导其对绘本进行想象和拓展,鼓励幼儿自主原创绘本;**四赛**,以比赛形式促进绘本阅读推广;**五演**,以讲故事、绘本表演

形式展示阅读成果。通过"五步走"模式,充分发挥图书馆文化传承和社会教育职能作用。同时,通过舞台剧、童话电影、3D绘本展陈、书海猜谜、书香集市、非遗民俗展等活动带领幼儿和家长沉浸式体验绘本阅读,致力将绘本亲子阅读推广活动走深走实。

3. 构建"图书馆＋"模式,打造阅读服务矩阵

从点到面,拓展阅读延伸服务。以"图书馆＋学校、景区、社区、商业综合体"为体系,从真人图书馆、公益伴读、心育课堂等着手,实现从单馆服务扩大到共建服务、从馆内服务拓展到馆外服务,全方位满足不同低龄读者的差异化阅读需求,增进读者与图书馆的情感交流,充分调动读者们的积极性和参与性,使得图书馆多元化的阅读推广活动潜移默化地融入读者生活,有效提升全民阅读覆盖率。

取得的成效、影响及评价

1. 服务人次显著增长

根据高质量考核指标文件规范要求,2023年"故事时间"举办各类活动120余场,参与的低幼读者达6万余人次,开展"四季童读"好书推荐展览、绘本舞台展演、绘本阅读分享、立体绘本展、亲子阅读指导等形式多样的绘本阅读推广活动,全年绘本阅读服务零投诉。在读者满意度调查工作中发放调查表1 000余份,读者满意度达100%。

2. 共建共享持续发展

积极探索馆校合作、馆园、馆景合作。与格林幼儿园、新都路小学、盐城市幼儿高等专科学校共建阅读基地,与盐南关工委进行阅读实践,加强与景区之间联动,常态化举办阅读活动,通过二十四节气传统节日、4·23读书节、红色节日节点,打造盐小图、书香市集、童话之

旅、红色故事我来讲、"勿忘国耻　强国有我"红色经典阅读等特色品牌活动，实现"引进来，走出去"，构建多主体、多层次、多类型的阅读推广模式，有效延伸阅读阵地，影响力辐射全市。

3. 社会影响全面升级

在依托现场活动、各大公众号平台、电视电台多方宣传的同时，阅读推广活动受到现代快报、书香江苏、学习强国等多家主流媒体的宣传报道，获得盐城市2023年度公共图书馆优秀服务成果奖，得到社会各界广泛关注和一致好评。

（执笔人：刘　蕾　温宣健）

盐城市图书馆推动阅读空间效能建设的创新实践

关键词

阅读空间　全民阅读　公共图书馆　公共文化服务

对象及范围

公共图书馆及阅读空间管理人员，学校、社区、企事业单位等热心文化服务的单位，社会公众

创新背景

近年来，盐城市图书馆围绕全民阅读活动的开展，本着在城市空间内均衡布局、普惠市民的原则，不断创新阅读服务方式，通过加强文旅融合、引入社会力量等方式不断拓展城市书房、社区图书馆等公共阅读空间建设，持续完善现代公共文化服务体系，满足人民群众日益增长的文化需求，实现基本公共文化服务的标准化、均等化。

主要创新点

1. 建立健全制度化、长效化的工作机制

一是遵循"因地制宜、整合资源"的原则,规划建设布局合理、服务便捷的图书馆阅读空间;二是遵循"分馆服务标准"原则,要求分馆图书实行统一配送、统一管理、统一系统的通借通还体系;三是遵循"资源共享,创新发展"的原则,加强业务指导和资源调配,创新服务方式,有效提高服务均等化水平。

2. 建立科学阅读空间考核评价制度

根据《盐城市图书馆"阅读空间"试行办法》,制定《盐城市图书馆"阅读空间"考核标准》,采用考核对象自评、现场考评和综合评估相结合的方式,对各阅读空间进行考核。考核内容包含基础设施建设、读者服务、组织管理及工作成效等四部分共30条考核指标,总分为220分,阅读空间考核结果评定为优秀、良好、及格、不及格四个等次,依据考核结果和相关政策对阅读空间进行目标管理。对连续两年考核结果不达标的,盐城市图书馆解除与该阅读空间的合作。

3. 通过"图书馆+"战略

加强与景区、学校、企事业单位、美丽乡村文化社区等机构合作,建设多样化的分馆和流动点服务站,从单馆服务扩大到多馆服务、从馆内服务拓展到馆外服务,推进"阅读+"多元发展。从点到面,扩展服务网点、优化服务布局,不断提升公共文化服务水平,助力文化惠民服务。

创新项目开展方式

1. 规范管理,增强读者服务水平

为加强阅读空间管理、提升读者服务水平,设置专门部门、专职人员负责阅读空间的图书配送、人员管理、业务指导、故障维修及读者咨询等业务。成立阅读空间管理工作小组,由分管馆长担任组长,小组成员包括业务管理部、读者服务部和技术开发部相关人员,切实加强和改进各阅读空间的建设与管理,加强日常工作指导,推动阅读空间健康发展。盐城市图书馆制定《盐城市图书馆"阅读空间"试行办法》《盐城市图书馆"阅读空间"考核标准》等管理考核办法,以及定期开展培训活动,提高各家阅读空间的业务管理水平,确保阅读空间建设工作有序推进。通过规范管理,各阅读空间实现了统一服务规范、统一考核标准、统一岗位培训、统一形象标识。

2. 分级运行,提升阅读供给能力

各阅读空间的图书由盐城市图书馆负责采购、编目、分类、标引、加工并配送(图书产权在盐城市图书馆),在做好总馆图书借阅和开展读书活动的同时,负责对阅读空间人员进行业务培训,指导各阅读空间的业务活动和读者服务工作。各阅读空间负责配送图书的登记、上架、借阅,做好阅读空间的日常管理维护和读者借阅、文献服务,组织开展阅读推广活动。

3. 联动共享,推进"阅读+"多元发展

为充分发挥图书馆作用,让书香浸润校园,盐城市图书馆分别与盐城市亭湖高级中学、盐城市初级中学、盐城市松江路小学、北京师范大学盐城附属学校等多所中小学"牵手"合建学校分馆,实现馆校深度合作,培养学生爱读书的好习惯,进一步激发学生的阅读热情,营造爱读书、读好书的书香校园氛围。深入基层警营,建立了盐城市公安局、巾帼交警中队、公交派出所、市海警局、交警支队六大队等阅读空间。为丰富高墙内特殊人群的精神文化生活,盐城市图书馆送文化进高墙,在方强戒毒所、市拘留所、盐城监狱等建立阅读空间,帮助服刑人员树立正确的世界观、人生观和价值观。

持续关注残障人士等特殊群体的文化需求,为广大残障读者打造无边界阅读体验,与市残疾人教育康复中心、市特殊教育中等专业学校、盐城特殊教育学校等深入合作,设立分馆,让特殊群体读者享受到图书馆快捷方便的阅读服务,充实精神文化生活;考虑到社区百姓的阅读需求,盐城市图书馆分别与裕新、宝才、旭日、幸福路、珠溪、盛世华城北园等六家社区(小区)合作建设阅读空间,作为盐城市图书馆下沉村社的图书馆阅读空间,方便周边百姓借阅图书。

4. 文旅融合,推广数字资源进景区

盐城市图书馆积极探索"旅游+交通+图书"的融合创新平台,联合全市21家4A级景区建立数字阅读流通服务点,推出"码上同行"文旅融合数字阅读推广品牌活动,把电子图书、期刊等数字资源以展板、数字大屏、微端链接等形式在各个景区宣传推广。让广大市民随时阅读、随身阅读成为常态,助力书香盐城建设。实施"风景这边'读'好"旅游公路自驾游点读阅读项目,依托旅游公路1—8号线,在道路自身绿化美化基础上,进一步丰富和完善驿站服务功能,通过在一级服务驿站内部设置图书流通点,在二级服务驿站内部设置"码上同行"扫码阅读,推动更多的优质阅读资源进驻景点景区,让广大群众一路行走、一路书香、一路风景、一路品味,营造良好的人文阅读环境。

取得的成效、影响及评价

目前,在盐城市区建有33家通借通还的分馆,22家盐渎书吧、15家流动服务点、9个鸟巢漂流书屋、4个24小时自助图书馆。在优化阅读功能的基础上,各阅读空间常态化举办经典诵读、读者座谈会、公益讲座等丰富多彩的惠民便民活动,"城市15分钟阅读圈"加快形成。

1. 资源配置更为合理,使用效益大幅提升

盐城市图书馆不断强化资源整合,盘活存量,将图书馆及少儿图书馆现有的实体文献和电子文献资源统筹调配,集中利用,根据不同阅读空间的主题及读者群体的阅读需求,配置合适的图书资源。在解决盐城市图书馆总馆库存饱和的同时,有效解决了群众看书难的问题,有效提高了文献使用率,为建设书香盐城提供了有力的保障。

2. 活动项目更加丰富,活动内容更具特色

与各阅读空间联合打造各类阅读活动和文化志愿活动,积极拓展文化阅读新方式,不断推进阅读的"最后一公里"。开展"4·23世界读书日""学习雷锋月""红领巾读书征文"、图书馆服务宣传周、全民读书月、送展览进社区、智能手机使用培训等各类活动。送展览进社区、进学校、进景区,联合各社区分馆打造特色阅读活动品牌"银龄课堂",针对中老年人进行智能手机使用、身体保健等方面的科普培训,辐射群众近万人。针对中小学开展流动图书车送书服务和亲子共读活动。每月定期利用流动图书车送书、送展览至建军路小学、田家炳小学等流通服务点,方便学生及时阅读,让盐城市图书馆丰富优质的资源惠及更多的学生,更好地发挥图书馆校外文化教育作用。

3. 管理能力得到提升,运行管理更为规范

盐城市图书馆阅读空间评星已经在全市产生广泛的影响力,在全市各县市区已经全面推广实行,从指标内容、打分机制、考核形式等形成了一套完整科学的公共图书馆阅读空间科学评价体系,公共图书馆服务网络建设已形成具有推广价值的典型经验,有效促进公共图书馆阅读空间建设管理工作更加规范化、标准化。

(执笔人:吴莹莹 李 霞)

宝应县图书馆研学旅行服务模式的实践探索

——"畅游宝应　阅走悦美"文旅暑期亲子研学游

关键词

研学旅行　阅走悦美

对象及范围

青少年儿童

创新背景

伴随着文旅融合发展日趋深化，如何紧跟时代发展，积极创新突破原有服务模式，在实现自我服务价值提升同时，也能更好地促进地方旅游业发展——已经成为新时代各地公共图书馆思考的重要课题。

2020年初爆发的新型冠状病毒感染的肺炎疫情，让家庭假期旅行目的地大部分局限在居住地的县区范围内，学校组织的中小学生研学旅行基本处于停滞状态。2021年7月"双减"政策落地，承担着青少年儿童社会教育重任的公共图书馆如何助力"双减"，除了传统的图书借阅服务和常态化的阵地文化活动之外怎样高品质丰富广大中小学生的课余文化生活，亦已成为迫在眉睫的任务。

宝应县图书馆以自身场馆和本地城乡特色旅游景点为项目主要开展阵地，充分发挥文旅融合带来的资源优势，举办了"畅游宝应　阅走悦美"文旅暑期亲子研学游系列品牌活动。

主要创新点

"畅游宝应　阅走悦美"文旅暑期亲子研学游系列品牌活动由宝应县图书馆主办。在充分调研县域城乡中小学生研学旅行需求的基础上，立足地域客观现状，将馆藏资源与地方特色旅游资源有机融合，2021年6月项目开始实施，截至2023年8月底已经连续举办三年。从围绕一个主题书目单、一份地方文献资料和一组专题展览的文化走读开始，通过创设特色旅游场景式阅读，把馆内阅读延伸到馆外更广阔更多维的空间；丰富阅读活动内容，激发孩子们的阅读兴趣；逐步完善活动环节，联合多方社会力量，精心打造活动品牌，旨在积极引导让广大城乡青少年儿童在研学旅行中一边畅游家乡特色旅游景点，一边阅读主题图书和地方特色文献，在研学途中爱上阅读，在阅读与行走中深入了解家乡，多视角、多方位感受家乡之美，关注家乡的变化与发展，从而更加热爱家乡、宣传家乡，切实提升研学游品质，进一步丰富孩子们的课余精神文化生活。

每年的"畅游宝应 阅走悦美"文旅暑期亲子研学游系列活动结合重大时事背景确定一个主题,于6月底7月初启动,8月底结束,历时两个月。整个系列由研学和旅行两大部分组成,研学课程设计与旅行路线安排紧紧围绕该主题进行。研学课程主要包括主题图书文献的导读分享、专题展览的参观讲解、家乡文化课堂、研学报告书写作等;将全县城乡红色景点、历史人文景观及生态自然风光进行统筹组合,精心打造了多条精品特色研学游路线;联合教育部门、团委、妇联、工会及乡镇综合文化服务中心等多家单位,组织开展的"追寻家乡红色足迹"、"家乡非遗文化体验"、"高新科技风景线"、"假如我的家乡会说话"征文比赛、景区打卡寻宝、小小讲解员大赛等数十种上百场活动贯穿整个暑假。

创新项目开展过程

1. 重调研与勘察,确定活动主题

宝应县图书馆举办的研学游系列活动的参与对象是县内中小学生读者,涉及学校和家庭;旅行的目的地是县内城乡特色景点,与县文旅管理部门和各镇区旅游景点紧密关联。宝应县图书馆既是活动的组织者也是研学游行程的出发点和终点站。虽然研学游活动都在暑假进行,但早在当年初就开始四项前期干预工作:一是"摸清家底",对馆藏资源了然于心,细致梳理馆藏地方文献资源、地方志、红色革命文献、特色古籍等;二是"勘察一方",与县文旅局管理科室对接,实地逐一勘察各镇区特色景点,详细记录景点特色、交通状况和研学配套设施等情况,并分析问题提出建议形成勘察报告书;三是"调研双方",到学校调研并认真听取校长、老师们对研学游的需求和期待,到社区家庭调研并倾听家长和孩子们的旅行和阅读喜好;四是"访问馆员",了解宝应县图书馆日常开放借阅服务和节假日阅读推广活动开展情况,充分发挥他们的集体智慧,征询项目推进的意见和建议。在此基础上,紧跟重要时事热点,确定年度研学游系列活动的主题。

2. 重融合与创新,精心策划活动环节

"诗和远方在一起"是图书馆研学游的形象解释,图书馆的"书"(文献资料)与旅游特色景点之间、学校家长需求的研学游意义和小读者期待研学游趣味之间、地方旅游品牌宣传和图书馆阅读活动品牌宣传之间等诸多方面的融合,都体现在研学游路线安排和课程活动的设计策划中。该项目在前期全面调研的基础上,一方面区域整合相邻乡镇旅游资源,优化特色景点,推出符合需求、集"红色教育、绿色生态、人文历史、地方文化、国防、科普与亲子娱乐"于一体的体验式精品"一日游"旅游线路6种,详见下表1:

表 1 宝应文旅暑期亲子研学"一日游"特色旅行路线

线路序号	景点区域化乡镇组合	"一日游"旅行线路安排及特色
1号线	夏集+柳堡	① "春秋故里 夏集子婴"桃花源(国家AA级旅游景区、江苏省三星级乡村旅游区),三月家庭出游赏桃花,六月亲子采摘劳动乐趣体验; ② "柳堡的故事",二妹子模范民兵营地参观,国防教育体验; ③ 参观柳堡夏凤山革命烈士纪念馆,追寻红色革命足迹
2号线	西安丰+曹甸	① "红色小延安"——西安丰镇(国家AA级旅游景区、江苏省三星级乡村旅游区)红枫园,红色寻访,国防教育,安丰百叶非遗技艺体验; ② 曹甸镇"忆思园"(扬州市研学旅游基地),寻访苏中公学纪念园,了解苏北地区大型教、玩具产业园
3号线	泾河+安宜	① 泾河镇,了解镇名称的来源故事——《西游记》泾河龙王的老家,到泾河西瓜园了解无土西瓜的栽培技术,开展亲子采摘西瓜体验活动; ② 安宜镇,历史人文景观:刘堡减水闸遗址、八宝亭、博物馆、学宫、蒲松龄游幕馆、朱氏家祠等;红色景点:周恩来少年读书处、华克之纪念馆等;生态康养景点:湿地生态园、生态体育公园等
4号线	安宜+开发区	① 安宜镇,历史人文景观:刘堡减水闸遗址、八宝亭、博物馆、学宫、蒲松龄游幕馆、朱氏家祠等;红色景点:周恩来少年读书处、华克之纪念馆等;生态康养景点:湿地生态园、生态体育公园等。 ② 开发区果园农场,家庭果蔬栽培、采摘体验,光大宝应环保科普教育园(江苏省工业旅游区),高科技垃圾处理流程现场体验,树立绿色环保意识
5号线	曹甸+安宜	① 安宜镇,历史人文景观:刘堡减水闸遗址、八宝亭、博物馆、学宫、朱氏家祠等;红色景点:周恩来少年读书处;科技馆,亲子科普教育体验; ② 曹甸镇忆思园(扬州市研学旅游基地),寻防苏中公学纪念馆,了解苏北地区大型教、玩具产业园
6号线	射阳湖+安宜	① 射阳湖镇,红色教育基地:吴运铎暨华中军械处第一总厂纪念馆,苏中报社旧址;历史人文景点:九里一千墩、藏陈遗址;乡村自然生态景点——荷园(国家AAA级旅游景区、江苏省四星级乡村旅游区); ② 安宜镇,历史人文景观:刘堡减水闸遗址;科技馆:亲子科普教育体验

另一方面,从青少年儿童年龄特征出发,立足他们暑期学习生活娱乐的需求,综合考虑家庭亲子关系建设等因素,不断丰富研学游活动内容,不断创新形式,从项目创建之处围绕一本书和单一特色景点的简单参观研学走读活动,到2023年精心设计推出集"多元性、趣味性、研究性、鼓励性"于一体的系列研学游课程,创设多种特色旅游场景式阅读,让阅读与旅行始终并行。具体课程详见表2。

表 2 2023年"畅游宝应 阅走悦美"宝应文旅暑期亲子研学游课程安排

研学课程	主要内容	参加对象
亲子研学大课堂	见证成长,父母必修 ——专业摄影师教你为孩子拍摄研学游中的精彩瞬间	亲子家庭中的家长
	陪伴成长,亲子互动 ——我和孩子一起做家乡旅游攻略	亲子家庭
	上好"文明旅游,安全旅行"第一课	亲子家庭

(续表)

研学课程	主要内容	参加对象
给孩子的 名师课堂	研学游中的主题征文写作指导（中学组、小学组）	亲子家庭中的孩子
	从必读书目走向图书馆的延伸阅读	亲子家庭中的孩子
	读懂博物馆里文物背后的故事	亲子家庭中的孩子
红色故事汇	和孩子一起研读家乡红色历史文献（文物）	亲子家庭
	听地方文史专家讲家乡红色革命先烈的故事	亲子家庭
趣味 竞技项目	趣味篮球、足球、投壶、射击气球、两人三足、 家庭接力赛等等	亲子家庭
科普探究	参观科技馆、科普基地，完成科普知识竞赛答题	亲子家庭
	科技航模搭建比赛	亲子家庭
研学报告书	我行　我能　我真棒 ——一起完成亲子研学报告书	亲子家庭

3. 重安全与合作，弥补活动的不足

安全是研学游项目推进首要考虑的因素，也是贯穿整个研学过程的大事。研学游参与对象主要是中小学生，天性活泼好动，旅行目的地大都是户外景区或者文博场馆，甚至不少还在偏远的乡村，且研学过程是一个动态活动过程，加之图书馆作为组织者还存在专业安全人员严重短缺、户外活动经验欠佳、突发应急措施考虑不周等问题，如何弥补这些不足之处以确保研学游平安顺利开展，宝应县图书馆采取"多方合作、齐抓共管"五步走模式确保安全责任与措施落实到人、到点和到位：第一，在活动报名阶段用安全告知书的形式详细说明研学游过程中存在的安全隐患、参与者及其监护人必须遵守的规则等安全事项；第二，与确定参加的学生及其监护人签署安全协议，明确各人应该承担的安全责任；第三，与旅游景区及其属地管理部门、文博场馆、学校和社会专业救援机构建立研学游安全管理联盟，共同排查梳理，安全管理落实每个点位；第四，在购买研学游车辆租赁、意外保险公司、餐饮供应等后勤保障服务第三方时，在签订合同时把安全条款放在第一位；第五，聘请专业救援机构在研学游启动仪式上为每一个参与者做一次专项安全集中培训，掌握必备的安全救援操作方法，邀请参与学校的安全分管校长为各自团队做一堂安全讲座，提高每个人的安全意识，研学游全程随行工作人员、学校团队领队老师、专业救援人员三方合力做好保姆式安全跟踪服务。

4. 重公益与共享，拓宽活动的惠及面

"畅游宝应　阅走悦美"文旅暑期亲子研学游系列活动也是宝应县图书馆以地方文旅惠民服务争取上级专项经费保障的项目，公益与共享是其本质属性。活动面向全县城乡中小学生家庭，每一个适龄青少年儿童家庭的家长均可以通过主要承办单位宝应县图书馆微信公众号发布的报名链接直接报名；另外，为了拓宽活动的惠及面，保障城乡留守儿童和特殊困难家庭能够共享该研学游服务，宝应县图书馆联合县妇联、团县委、社区等部门单位，专门开辟"爱心妈妈陪伴研学游"线路，招募文旅系统"爱心妈妈"、社区妇女主任干事担任"伴游志愿者"，共同带领农村的留守儿童游览参观城区文博场馆、科技馆和高新科技环保产业园区，带领城市的困难家庭游览乡村特色景区，一一体验趣味手工制作、阅读分享、非遗文化、

科普影片等孩子们喜爱的活动,指导协助孩子们完成研学报告书,见证他们的成长。

5. 重宣传与评估,扩大活动的效应

"畅游宝应　阅走悦美"文旅暑期亲子研学游系列活动是宝应县图书馆一个开放型地方文化服务项目,具有历时较长、活动系统丰富、参与面较广等特点。前期预热和报名,中期每一场研学游活动,后期研学成果展示分享以及整个活动总结宣传,都需要统筹考虑图书馆公共文化服务、地方文化旅游宣传、学校暑期社会实践教育、家庭亲子成长陪伴等多方宣传需求,因此宝应县图书馆采取了"多平台、专业化、共参与"三管并行开放宣传方式:多平台是指依托江苏省公共文化云、省少儿数字图书馆、(图书)馆与(学)校微信公众号、地方文旅官方网站、融媒体中心以及参与单位、家庭的抖音号视频号等媒体;聘请专业摄影团队全程全方位跟踪拍摄,专业编辑制作每期短视频和专题总结视频,尽量在宣传报道的视频、图片充分展现地方旅游景点之美与研学游的愉悦体验;此外,还举办了研学游抖音视频制作和专题摄影等赛事,设置一定的物质奖励措施激励吸引更多社会群众参与其中,扩大活动及特色景点的知晓率。

同时,该系列活动是一个需要闭环管理评估的项目。宝应县图书馆根据研学游活动环节的设置和实际参与的情况,设计出《"畅游宝应　阅走悦美"研学游报告书》发放给每一个参与者和团队,征集参与学生、家长和学校三方活动的体验、星级评分和意见建议,通过活动复盘反思对该项目每年开展的情况进行较为客观的评估,以便实现来年项目的完善、创新和提升。

取得的成效、影响及评价

1. 推动了图书馆纸质馆藏资源的具象化展示,激发了读者的阅读兴趣

2021年为庆祝建党百年推出的红色研学游场景阅读活动,将馆藏地方红色革命文献、现当代红色专题图书的导读引进西安丰镇苏中革命纪念馆、柳堡镇夏凤山烈士纪念馆和华克之纪念馆,邀请地方文史专家到现场结合图书馆的红色文献、纪念馆的文物和系列展览讲述那一段段曾经发生在苏中革命老区宝应的红色往事;2022年在曹甸镇民俗馆举办的"走进县志中的里下河民俗文化"、柳堡镇农博馆开展的"水乡农耕漫谈"等有关县志、乡志的场景阅读,引导参与活动的少年儿童和中青年群体正确打开地方志阅读的新模式;2023年"学科学爱科学"科普主题图书的推荐是在县科技馆、光大宝应科普教育园区和曹甸镇教、玩具产业园陆续开展的。这种旅游场景中的阅读,把枯燥的地方文献资料中记录的内容具象化,把主题图书阅读生动化,大大激发了读者的阅读兴趣,近三年来研学游推荐的主题书单借阅、馆藏地方文献查阅都达到了宝应县图书馆历史的高峰。

2. 提高了公共图书馆服务质效和影响力,促进了地方优秀传统文化的传播与传承

大部分基层公共图书馆自身场馆难以成为地方旅游的"网红"打卡点,主要存在的问题是:外部建筑风格相似,内部功能布局雷同,既缺乏历史厚重感,配套设施现代化、智慧化程度也不高;馆内阵地活动服务对象主要集中在"一小一老",活动形式类似化、内容同质化,难以吸引社会中青年群体。"畅游宝应　阅走悦美"研学游项目以宝应县图书馆为起讫点,把服务阵地延伸到了馆外具有地方特色的旅游空间——博物馆、民俗馆、旅游景区、特色果园农庄、湿地公园等,研学游系列活动紧紧围绕景点特色、地方文化和专题文献图书阅读推广展开,不论是全藕宴制作技艺、经典淮剧赏析、里下河地区民俗文化,还是以地方历史名家刘

宝楠《宝应图经》等古籍为蓝本推出的《宝应图经》雕版印刷体验等活动都是形式新颖、特色鲜明、品质较高。虽然是亲子研学游,但是实际参与其中的青年大学生、中年家长占据超过总人数的三分之一,既有效拓宽了图书馆服务人群的覆盖面,提高了服务效能,又促进了地方优秀传统文化的传播与传承。

3. 丰富了青少年儿童的暑期文化生活,为地方旅游业发展提供了文化助力

项目实施三年来,每年推出4~6条特色研学游路线、开展上百场研学系列活动,组织数十场研学游赛事,为广大青少年儿童暑期文化生活提供了更多选择,年均直接报名参加研学游的亲子家庭均超过200组。此外,还有数十个20人一组的中学生团队和30人规模的返乡大学生团队,系列活动年均累计服务超过3万人次,满足了中小学校的暑期社会实践教育需求,丰富了孩子们的假期生活。

该项目的顺利实施得益于文旅融合带来的资源优势。宝应县图书馆举办研学游系列活动,将地方文化内涵与区域特色景点深度融合,以情景式阅读、沉浸式畅游、研究性学习、鼓励式比赛等新颖独特的多元活动,让读者在研学游途中有了鲜活生动的感受;同时,三年来宝应县图书馆发布的20多条专题短视频,转发累计超过数千次,网络点击量60多万次,为区域旅游产业发展提供文化助力,赢得了社会各界人士的高度肯定,连续三年获得主管局专项经费扶持,被地方政府列为全县文旅宣传的创新品牌活动;2022年,宝应县图书馆研学游专题视频在江苏省电视台《寻味》栏目中播出受到了广大观众的关注和好评。

项目提升的思考与建议

目前,该研学游服务项目还处于起步探索阶段,主要存在以下不足之处:第一,图书馆作为研学游服务基地,馆舍建筑物风格普通、内部配套设施等硬件条件一般,旅游元素融合度不高,难以成为游客的"网红"打卡点;第二,研学游服务项目属于公共图书馆非必要服务,政府财政经费难以保障,体现文旅融合的研学游产品开发不足,难以长期持续;第三,精通图书馆服务和地方景点旅游服务的综合型人才稀缺,缺乏行业特色研学游服务规范指导,整体服务水平不高,影响了游客的感受。

基层公共图书馆是地方文旅融合展示的重要窗口,其提供的研学游服务不但是其公共职能的增值延伸,也在一定程度上改善了地方文旅服务供给不足的现状,缓解了社会大众对研学游的需求与供给之间的矛盾,助力了区域青少年儿童的健康成长,长期持续开展十分必要。针对上述存在的不足提出如下可持续开展策略的建议:

1. 鼓励地方政府加快基层公共图书馆馆舍建设提档升级

国内部分大型公共图书馆馆舍已经成为网红旅游打卡点,成为城市旅游景点的重要构成。鼓励有条件的地方政府在提升城市建设和发展地方旅游产业时优先考虑加快基层公共图书馆馆舍提档升级,提高城市品位的同时建成区域研学游基地,惠及社会大众。

2. 从政策层面给予项目扶持,保障活动持续开展

研学游服务项目的持续开展,需要长期、稳定、较大的经费投入才能保障其成效。基层公共图书馆是完全依靠地方财政拨款运营的公益性文化事业单位,近年来其专项经费尚未增长仅维持基本开放服务,省市级文旅主管部门应拟定相关文件,让主动作为积极开展研学游服务且成效显著的基层公共图书馆获得项目资费扶持,保障活动持续开展。

3. 从自身行业视角下制定研学游服务规范,提升质效

2017年实施的《研学旅行服务规范》更多是从中小学校、旅行社角度推行的规范,2019

年起文旅融合成为旅游行业发展态势,图书馆行业研学游服务需要行业自身的服务规范加强指导,提升质效。

4. 加强综合性人才的引进与培养

研学游服务团队需要掌握图书馆文献馆藏和区域特色景点情况两方面的专业知识,同时兼备阅读推广人、景点讲解员、活动主持人、旅游导游员等多种角色,仅依靠图书馆馆员或者招募的社会志愿者,往往难以承担重任,直接影响游客的旅游体验,加强综合性人才的引进与培养势在必行。

(执笔人:仇素文)

扬州市图书馆智慧城市书房

关键词

城市书房　图书馆　智慧化　标准化　法治化

对象及范围

全市市民

创新背景

近年来,扬州市图书馆积极适应人民群众的需求变化,坚持在城市最繁华、最漂亮、离老百姓最近的地方建设城市书房,引导人们爱读书、读好书、善读书,让阅读融入市民生活、融入城市血脉,让"书香扬州"成为扬州发展的特质,形成扬州的一道亮丽风景线,城市书房已经成为扬州的"精神新坐标"。

越来越多的24小时城市书房,在夜晚亮起灯火,让每一位阅读的人身有所往,心有所属。如果连接起这些因为阅读而明亮的灯火,就能构成一幅完整的扬州阅读地图。自2015年开始,经过8年的建设工作,扬州市主城区已建成51家城市书房。截至2022年底,扬州城市书房共接待读者近800万人次,图书流通670万册次,新增办证量22万张,服务效果显著。2020年3月26日,扬州市统计局调查队对386名市民进行了城市书房评价问卷调查,结果显示,市民总体满意率达100%。

主要创新点

扬州的城市书房建设有几大特点:

一是科学规划布局,打造城市书房"扬州模式"。在规划布局上,扬州市图书馆利用当地主流媒体向社会公开征集选址,并开展专家选址评审会,严格参照建设标准,筛选出最适合建书房的地址,得到市民的一致好评。在空间设计上,城市书房更是积极营造浓厚书香氛围,将扬州的文化艺术元素、主题特色、地域特色融合进书房设计中,充分展现扬州设计之美、艺术之美、文化之美。

二是加强智慧建设,建设书房信息导航站。用5G、云计算、大数据、VR、AI等技术提升城市书房数字化、智能化水平,增强城市书房体验感,让服务模式不再单一。开发"喜马拉雅·声音图书馆"项目,为市民和游客提供全新的VR场景和视听服务,让游客"沉浸式"体验扬州文化底蕴。

三是推出首部地方法规,树立全国书房建设标杆。颁布了《扬州市城市书房条例》,成为全国首部以城市书房为主题的地方法规,荣获 2022 年度设区市立法精品培育工程项目。《扬州市城市书房条例》的颁布标志着我国新型公共文化空间的建设、运行和服务步入法治化轨道,为城市书房的优化布局、科学建设、高效运行、优质服务增添了法律力量。这是扬州市实施文化惠民工程的创新举措,为落实党的二十大提出的健全现代公共文化服务体系的任务做出了示范引领。

扬州市图书馆城市书房立法调研会

四是打造行业建设标准,全面提升公共文化服务水平。扬州市图书馆编制了《24 小时

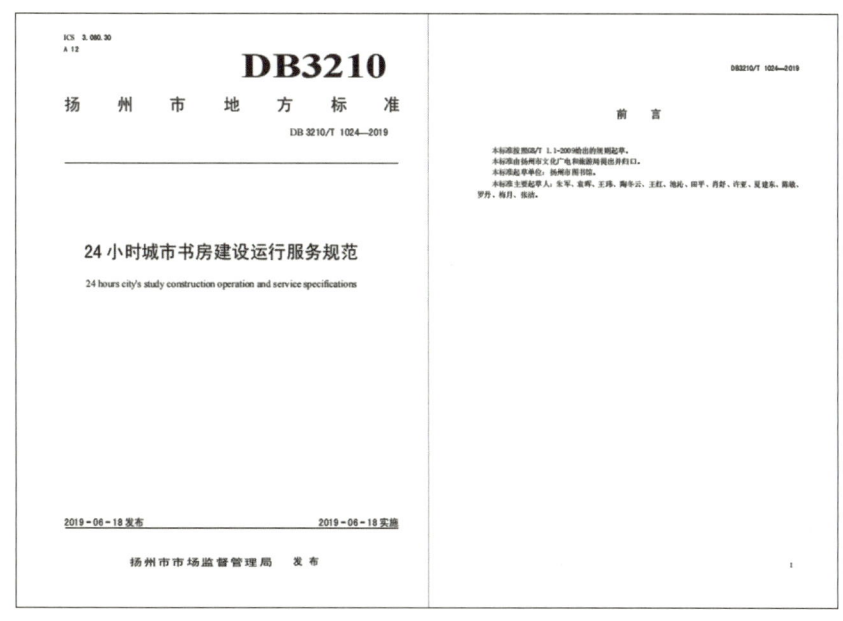

扬州市地方标准《24 小时城市书房建设运行服务规范》

325

城市书房建设运行服务规范》,于 2019 年成为扬州市市级标准,在此基础上,扬州市图书馆继续提炼总结,修订了省级地方标准《24 小时智慧城市书房建设与服务规范》。同时,扬州市图书馆联合温州市图书馆共同完成了国家行业标准的起草修订工作,进一步建立健全以书房建设、书房服务标准化为核心的标准化体系,不断提升城市书房运行管理效能,为推动城市书房服务体系建设打好基础。

创新项目开展过程

1. 科学规划,合理布局,打造城市书房"扬州模式"

在规划布局上,扬州市图书馆严格参照建设标准,向社会公开征集选址并开展专家选址评审会,筛选出最适合建设书房的地址,所以已建成的城市书房都座无虚席,运行有序,得到了市民的一致好评。在空间设计上,城市书房更是积极营造浓厚的书香氛围,将扬州的文化艺术元素、主题特色、地域特色融合进书房设计之中,充分展现扬州设计之美、艺术之美、文化之美。例如邗建城市书房,不仅内部设计精巧雅致,整座城市书房的玻璃外立面上还贴有朱自清散文《我是扬州人》,更显得文气盎然,既是市民的阅读场馆,也是游客感受文明扬州的窗口。扬州城市书房通过科学规划、合理布点和精致建设,让书房的建设者、参与者和使用者成为城市公共空间的主人。

2. 系统整合,集成优势,创新书房智慧化平台

扬州市图书馆一卡通总分馆和数字图书馆的功能在城市书房这个平台进行了整合,将图书借还系统、查询系统、门禁系统等与图书馆总馆业务管理系统有效集成,实现了图书馆、分馆、城市书房图书的通借通还、自助借阅图书和资源共建共享。所有城市书房的读者都可以通过数字资源平台访问扬州市图书馆的中国知网、万方数据等外购 30 个数据库,自建 6 个数据库,以及总馆的 100 多万书目数据。同时,打通城市书房与图书总馆的数字资源下载、图书信息检索通道,开发运行手机图书馆、微信图书馆、电视图书馆,形成了完备的数字图书馆服务网络,实现了实体图书馆和数字图书馆协同发展。

3. 统一建设,规范管理,创新书房管理新模式

扬州在规划建设城市书房之初,在扬州市图书馆总馆专门成立了分馆管理部、图书配送中心,全市所有城市书房建设都实行统一业务建设标准、统一的 LOGO 标识、主体设计风格和内部功能设施标配实现了管理与服务的"六统一",即图书资源统一采购、统一配送,工作人员统一培训、统一指导,服务流程统一规范、统一标准。同时,根据城市书房建设运行的实际需求,扬州市图书馆编制了《24 小时城市书房建设运行服务规范》,内容涵盖 24 小时城市书房建设运行服务的 12 大类标准,于 2019 年 6 月成为扬州市市级标准。在此基础上,扬州市图书馆继续提炼总结,编制了省级地方标准《24 小时智慧城市书房建设与服务规范》,已于 2023 年 8 月正式颁布实行。省级地方标准的出台及实施将进一步提升完善现有建设、运行和管理的标准,推动城市书房的智能化程度、精细化管理和品质化发展,形成可复制、可推广的样本,对全省的城市书房发展具有重要的导向性和借鉴意义。

4. 资源共享,精准服务,创新书房服务模式

为进一步推进扬州市图书馆大数据应用和智慧图书馆建设工作,扬州市图书馆通过大数据分析各个书房的借书信息和各个区域读者的阅读爱好,实行精准购书、精准配书,配备图书配送车,定期调度各分馆的图书配置,并绘制扬州城市阅读地图,极大地方便了市民读

者阅读需求。同时,城市书房作为公共文化服务空间,除了提供基础阅读服务外,还是全民阅读推广、文化交流的前沿阵地。书房紧密配合全年各项重大节日和纪念日开展主题鲜明、形式多样的阅读活动,如"元宵佳节焙喜乐"、"香"伴母亲节等;引入"图书馆＋物流"模式,提供"扬图速递 悦读书房"网借服务,为读者提供点对点、立体式、订单式服务,实现线上线下互动。

5. 政府引领,多元投入,带动社会力量广泛参与

扬州城市书房建设坚持以政府引导、多元投入为方向,在政府主导保障公共文化服务的基础上,通过品牌效应引领、资源互补、签约合作等方式,带动企业、社区和其他社会力量参与项目建设运营;由合作机构提供场地和基础硬件设施,书房整体设计、业务专用设备和图书采购配送、后期设备维护等由扬州市图书馆负责,仅城市书房建设就争取到社会各界多元投入资金1730万元。通过撬动社会力量,有效降低了图书馆建设书房的投入,有力地促进了城市书房的建设发展。

6. 安全为要,绿色节能,助推书房建设可持续化

扬州的城市书房为市民提供24小时"不打烊"、无人值守自助式、"一站式"阅读体验、"一卡通"通借通还、现代数字智能化、温馨舒适个性化等六大服务。城市书房强化技防、消防、人防等措施,铸就了城市书房的安全防护网,例如:通过门禁系统控制人员进出,每本图书都运用了RFID无线射频识别技术,与门禁系统相连,未借图书会被门禁自动识别。多个高清摄像头实现无死角监控,监控画面与图书馆控制中心、辖区派出所联动。配备高灵敏度的烟感消防系统,设置醒目的禁烟标志。充分体现环保节能理念,通过智能控制系统对室内灯光、空调等设备进行自动控制,深夜无人时感应灯光系统自动切换成夜灯节能模式。无人值守不是无人管理,每个图书馆白天配备一名图书管理员、夜间配备安保巡逻。

取得的成效、影响及评价

目前,扬州城市书房建设无论是建设管理水平,还是实际运行成效,都处于全国领先地位,探索出珍贵的"扬州模式"。以城市书房为重要组成的扬州"四位一体"公共图书馆服务体系获批国家公共文化服务体系示范项目,荣获江苏省宣传文化工作创新奖和扬州市政府工作创新奖。2020年,城市书房荣获江苏省青年志愿服务项目大赛二等奖;2021年,城市书房获评江苏省"最美公共文化空间";2022年,三湾城市书房获评长三角"最美公共文化空间";2023年4月,中宣部办公厅公布了"2022—2023年全民阅读优秀项目"名单,"扬州市城市书房建设项目"赫然在列,名列全国第三,且江苏省内仅扬州获此殊荣。

扬州24小时城市书房的成功创新建设还引来新华社、中央电视台、人民日报、光明日报等主流媒体的高度关注和聚焦报道。2018年4月23日,央视《新闻直播间》栏目在午间直播了对扬州城市书房的探访,并以"扬州24小时城市书房:黄金地段书香清远"为题播出;2020年9月,央视新闻《夜游美丽中国》栏目走进三湾城市书房,采用互动直播的形式,展现了美丽扬州的历史风貌及别具一番江南韵味的璀璨夜色;2022年4月,央视《新闻联播》,以"建书香中国 铸精神伟力"为题进行了专题报道,扬州三湾城市书房入镜。

扬州也是全国城市书房合作共享机制发起城市之一。2023年,扬州市获选第三届全国城市书房合作共享机制轮值城市,由文化和旅游部公共服务司主办的全国城市书房合作共享机制年会在扬州举行。扬州市图书馆联合全国各级图书馆举办2023全国城市书房合作

共享机制年度主题活动,充分彰显作为国家公共文化示范项目城市书房"扬州模式"的引领性和示范性,掀起全民阅读活动的新高潮。

2023全国城市书房合作共享机制年会暨智慧城市书房建设研讨会

(执笔人:张　洁)

"残健携手 书适相伴"

——镇江市图书馆分众化服务特殊群体实践

关键词

残障群体 公共图书馆 困境儿童

对象及范围

残障群体 困境儿童

创新背景

"文化平权、均等服务"是公共图书馆的理念和职责。我国有8 502万残障人士,包括残障人士在内的特殊群体接受文化服务,对于保障他们的文化权益、提升他们的文化获得感具有重要意义。党的二十大报告提出"完善残疾人社会保障制度和关爱服务体系,促进残疾人事业全面发展"。《中华人民共和国残疾人保障法》和《中华人民共和国公共文化服务保障法》规定了包括公共图书馆在内的公共文化机构应配备无障碍设施,为残障群体提供公共信息交流及辅助性文化服务。近年来,随着公共文化事业的不断发展,文化服务均等化问题也逐渐受到社会各界的广泛关注,全国各地图书馆不断深化残障文化服务理念,创新服务方式,拓展服务领域,服务残障人士效能大幅提升。

镇江市图书馆开展残障群体服务历史已久。2019年以前,镇江市图书馆残障人士的服务半径主要局限在馆内,以建设无障碍阅览空间、提供无障碍资源借阅为主,服务对象包括视障人士、听障人士、肢体残障人士、行动不便的老年人等,文化助残涵盖送书上门、赠送听书机、无障碍电影进社区等。在实践中,我们发现残障群体受自身行动限制,到馆人次有限;虽然提供了一定数量和种类的特殊文献资源,但难以对接残障读者的实际需求,利用率较低;开展的一些文化助残活动未形成长效机制,辐射范围有限。

如何跳出传统思维圈,更好地服务残障群体?镇江市图书馆一直在实践中思索。在与残障人士长期接触、交流中,我们发现服务有"温度"、交互能"共情"是大部分残障人士的心底诉求。他们渴望融入集体,被社会接纳和认可,在获得基本文化权利的同时也期盼更高层次的精神需求。这促成了镇江市图书馆"残健携手·书适相伴"项目的萌芽。

创新项目开展过程

"残健携手·书适相伴"项目主要由四类形态、功能、目标不同的活动构成:即"'书'适相伴""Dark有爱 书香有约""困境儿童畅游图书馆""文化助残进社区"。项目最突出的创新之处是依托图书馆传统的文化属性并融合社会各方力量,为健全人群和特殊人群搭建一个互动、交流的平台,引导大众消除歧视、伸出援手,帮助特殊群体树立自信心,融入社会。活动主要开展节点是全国助残月、九九公益日、国际儿童节等紧密相关的节日。

"残健携手·书适相伴"项目的详细内容

活动名	重点服务人群	服务手段	功能属性	主要特色
"书"适相伴	到馆不便的残障人士	微信小程序、快递配送	便捷性、即时性、自主选择性、二次利用性	智能化运行;"你选书我买单"线上下单线下配送
Dark有爱书香有约	残障人士和健全亲子家庭	视障生活体验基地"星心"分馆内开展活动	残障、健全两群体间的桥梁纽带	亲身体验,如临其境;共同合作,深化理解
困境儿童畅游图书馆	残障、留守儿童及其监护人	亲子来馆实地游学	教育性、互动性、寓教于乐性	"五个一"标准化流程增进对场馆的理解和喜爱
文化助残进社区	各社区残障青少年及监护人	古籍"拓印"、法律讲堂等活动走进社区	服务"触手"延伸、深入基层	传统文化体验、个人权益维护等知识活动体验

1. "书"适相伴项目

传统的送书上门既不利于保护残障人士的隐私,也不方便图书馆及时轮换新书。为解决耗费大、效率低的问题,镇江市图书馆积极思考,与当地新华书店建立起合作关系,利用新华书店网上购书商城"掌上新华"系统推出菜单式书籍下单服务,购买一批既有广泛覆盖面也适合残障人士阅读的书籍。书籍在选书界面按照类目呈现,选书者只要选择心仪的图书加入购物车并下单,就可以享受送书上门的服务。

为把图书资源精准配送到最需要的人手上,镇江市图书馆积极与市残联取得联系并建立合作,由对方提供残障人士的精准信息并做好备案登记。为了让更多残障人士及家庭知晓活动,镇江市图书馆利用各类新媒体进行活动内容推送,社会面上的广大残障读者群体可以凭身份证和残疾证来馆登记个人信息,享受"书"适相伴服务。汇总好残障人士信息资源库后,镇江市图书馆在"掌上新华"系统为这些残障人士充值"读书豆"作为阅读经费。当有用户下单时,镇江市图书馆将通过邮政快递将书籍配送到各位读者家中。当读者阅读完后,再通过邮政快递寄回图书馆,这些已经被阅读的书籍经编目后二次上架,实现了其他读者再次阅读。

在"书"适相伴项目中,镇江市图书馆需要对接的单位包括市残联、新华书店和邮政快递。衔接好各合作单位的资源是图书馆工作的重点。在该项目中,图书馆安排了人员与各单位进行了大量前期沟通协调工作,涉及首批残障读者对象的审核和确定、"掌上新华"小程序各个用户账号读书经费的充值和试用、快递的寄出和收回、收回图书的编目加工和二次上架以及后期的宣传推广工作。随着活动的进行,有许多残障读者对于微信小程序的使用存在障碍,当他们提出要求后,图书馆还会安排专人进行上门指导,并着力解决他们在选书、寄书方面的其他困难。

本活动最大的特色就是智能化运行。许多行动受限的残障人士足不出户,只需手指轻轻一点,心仪的书籍就能快递到家,避免了烦琐的程序、复杂的交接,读书真正成为一件属于读者本身的事。残障读者根据自身需要做出的选择不仅更有针对性,而且大大提升了他们阅读的积极性。阅读后的书籍再次入库,让服务不再停留于项目本身,而是继续延伸到更广大读者,进一步提高了馆藏利用率,是一次"双赢"的成功实践。

2. "Dark 有爱 书香有约"项目

位于镇江市西津渡景区内的"大客(Dark)咖啡",是江苏省第二家视障生活体验基地和镇江市残疾人就业创业孵化基地。一层咖啡厅的工作人员都是残障人士,二层是残障人士文创作品的展示基地。镇江市图书馆于2021年4月在大客咖啡内建立了专门为残障人士尤其是残障青少年阅读服务的"星心分馆",馆内藏有千余册视障读物和绘本。无论是景区内驻足小憩的游客,还是在这里工作、学习、聚会的残障人士,都能享受书香与美景融合的温暖。

作为视障体验基地,"星心分馆"为图书馆开展残障人士服务提供了天然的阵地。镇江市图书馆积极与该视障体验基地的管理人员沟通,签订了长期合作协议,商定了适合大众亲子体验的具体活动流程。前期准备完成后,于2021年4月起开始开展"Dark 有爱 书香有约"小读者黑暗体验伴读活动。图书馆通过新媒体在全城广泛招募小读者和家长,以亲子为单位参与活动,并做好预约登记工作,同时对人员进行培训。具体活动分为"黑暗体验""文创参观""手工制作""爱心募捐"四个固定环节。活动伊始,在工作人员的引导下,十余组家庭依次进入模拟全黑环境,在其中喝牛奶、走盲道、触摸盲文图书、写明信片。活动深度还原了盲人衣食住行各个环节,让小读者亲身体会到视障人士生活的诸多不便之处。"黑暗体验"环节结束后,工作人员引导小读者参观残障人士文创作品,欣赏残障人士亲手制作的蛋雕、刺绣、编织等非遗作品。参观结束后,组织小读者家庭与大客咖啡内的工作人员——同时是残障人士的哥哥姐姐们一起合作,手工制作富有寓意的启明灯、千纸鹤等。

整个活动涉及与视障生活体验基地的沟通、活动流程的探讨与商定、工作人员的培训、活动的现场组织和后期宣传推广。为让更多人获得更好的活动体验,镇江市图书馆对该块经费进行了专门保障,与对方签订了长期合作协议,并精心打造了一支专门服务该活动的工作人员团队,定期进行培训。不仅让工作人员对活动流程熟悉,而且还能应对各种突发情况。镇江市图书馆还积极与政协、工会等部门或组织联系,提升该项活动的影响力,吸引社会不同家庭的亲子加入该项活动,对残障群体倾注更多关心。

3. "困境儿童畅游图书馆"项目

"困境儿童畅游图书馆"活动的打造主要面向民政和公益组织登记的残障、留守儿童及其监护人,旨在精准对接残障儿童需求,以"点单式"服务吸引残障儿童和青少年主动走进场馆,亲历在图书馆的一天,积极融入社会。

"困境儿童畅游图书馆"以镇江市图书馆面向全市的"我们身边的场馆——从小爱场馆"文化活动为依托,在原有活动范式"听一次场馆介绍、与场馆合一个影、走一条场馆参观游线、体验一次场馆服务、推荐一次场馆"的基础上,根据残障儿童的特点和需求,增添了无障碍阅读辅具使用方法、信息技术能力培养、康复训练绘本阅读、残障儿童才艺展示等环节。

镇江市图书馆积极与市民政局、市京口区儿童关爱之家、市童乐乐青少年公益服务中心取得联系并开展合作,以对方登记在册的残障儿童及其监护人为活动对象,分批次邀请他们走进图书馆,体会图书馆。

在活动开始之前,镇江市图书馆会提前联系本次进入图书馆的儿童团队负责人,了解他们对于活动的想法和要求,根据他们的需求"定制"活动菜单。根据不同的活动配置,安排不同部门工作的老师进行带队讲解,并做好活动的衔接工作。针对残障儿童较难管理和照顾的特点,还会安排来自江苏大学或金东纸业的镇江市图书馆志愿者随队,帮助带队老师一起完成活动流程,并应对各种突发情况。

以2021年10月举行的活动为例,来自市京口区儿童关爱之家的20余名特殊儿童及其家长来到图书馆,在工作人员的引导下参观了少儿馆、视障阅览室、朗读亭、AR互动长廊等空间,学习了特殊群体图书借阅、归还、检索等基本技能,接触了有声读物、数字阅读机、AR互动百科等新科技,图书馆老师为他们讲读了绘本故事《图书馆狮子》,并带领他们与普通小读者两两结对,共同合作,制作钻石画、书签等手工艺品。通过活动,特殊儿童增进了对图书馆的了解,学习了利用图书馆资源的实用技能,感受了科技给特殊群体带来的便利,也与其他同龄小读者在合作中发展了新的友谊。

4. "文化助残进社区"项目

在服务对象方面,镇江市图书馆注意到儿童关爱之家和青少年公益服务中心登记在册的残障儿童数量有限,更庞大的群体隐藏在社会的角落中,深入社区等基层组织扩大服务人群成为图书馆工作自2022年4月起的工作目标。镇江市图书馆先后与镇江市酒海街、九华山等12家社区取得联系,按照均衡分配、统筹兼顾、突出特色的原则选择社区所在地,并做事前调研,了解每个社区残障人群分布状况、年龄范围和家庭情况,针对不同社区的突出特点配置工作人员和具体流程,并建立后续服务长效机制,将这些社区的残障人员纳入我馆建立的特殊群体服务库,做到长期跟踪,持续关心。

以2022年8月酒海街社区活动为例,镇江市图书馆事先从社区工作人员处了解到该社区的亲子家庭主要是以一些孤独症、认知困难等心理障碍的儿童为主,这些儿童年龄分布在6~14岁之间,与人交往沟通较为困难,但是动手能力普遍较强。针对这一特殊群体的特点,镇江市图书馆安排了古籍部的老师进入该社区为他们带来古代雕版印刷术体验这样一场别开生面的文化课。许多特殊儿童直观面对和亲身参与到雕版印刷过程中,不仅参与热情高涨,而且体现了难得的专注力和纪律性,全程认真聆听图书馆老师的讲解,取得了非常圆满的活动效果。

再以2022年6月在九华山社区开展的活动为例,当时时值暑假前夕,如何让社区的特殊儿童度过一个安全、充实、有意义的暑假成为镇江市图书馆的活动目标。本着这样的目的,图书馆工作人员为社区内残障群体特别是青少年带来的是图书馆馆情教育、电子资源使用方法讲解、展览、送书以及青少年法律权益维护讲座等服务。图书馆工作人员为他们讲解如何利用图书馆电子资源足不出户享受资源和服务。图书馆与当地知名律师事务所建立合作,邀请知名律师来到社区为特殊亲子家庭带来青少年权益维护的法律讲堂,以案释法,生动传神,在暑期来临之际为他们带来干货满满的课程。

在其他社区,这样温馨的故事也在不断上演。图书馆联合当地律师事务所,为特殊儿童带来儿童权益保护的专题法律讲座,为处在城乡接合部、到馆并不方便的特殊儿童送书上门。"文化助残进社区"正在把关爱特殊群体的春风吹向社会更多的角落。

主要创新点

"残健携手　书适相伴"项目以面向不同残障群体的四类活动为依托,以文化助残主题为核心,综合利用多种媒介、载体平台、人力物力资源等,与读者密切互动,为读者提供更好的体验和服务(详见下图)。在人员配置上以镇江市图书馆工作人员为主体,邀请各合作单位的专业人士,并吸纳了一定数量的志愿者团队。在后勤保障方面,图书馆拨出专项经费服务该项目,定期组织工作人员培训,提升服务残障群体的素质和能力;在场地设施方面不仅提供图书馆场地,而且通过协调还将许多合作单位的场地纳入活动中。为了保障参与活动的残障群体的安全和身心健康,图书馆还制定了相应的应急预案。在宣传推广方面,融入了新闻报道、媒体推广、合作单位推广等多种手段。为了能让项目常态化运转,图书馆通过顶层设计、服务对象建档、跟踪回访、监督评价等手段保障了长效机制的建立。

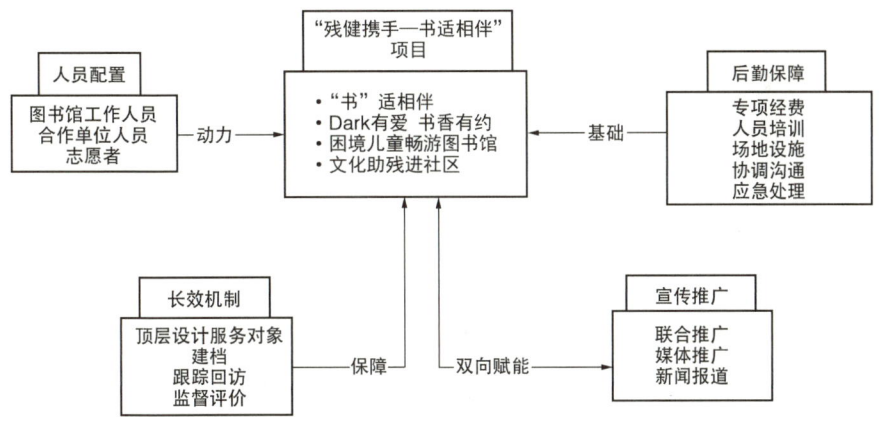

"残健携手　书适相伴"项目运行机制图

取得的成效、影响及评价

"残健携手　书适相伴"项目的四类活动各具特色,自开展以来受到社会多方关注,取得了良好的社会反响,受到地方主流媒体镇江日报、京江晚报、金山网等多次关注和报道。"书适相伴"活动服务残障读者 200 余人次,线上购置书目超过 500 册,平均每月轮转 1.3 次图书,极大提高了残障读者服务覆盖面和馆藏图书利用率。微信小程序的应用精简了借阅手续,方便了因各种原因无法到馆的残障读者,体现了图书馆的人文关怀价值。"Dark 有爱　书香有约"小读者黑暗体验伴读活动迄今已成功举办 12 场次,参与小读者和家庭 600 余人次。"困境儿童畅游图书馆"活动截至目前已服务 500 余人次。"文化助残进社区"走进市内 12 家社区,惠及 800 余人次。总结整个项目,有四点可取之处有一定的创新性和推广价值。

第一是对接需求。活动不以量取胜,而是在立足摸排调查的基础上,精准对接残障群体的痛点、堵点和需求,找到最能打动他们的活动方式,为他们带来最需要的文化资源和关心帮助,充分发挥了图书馆人文关怀的价值。

第二是打破壁垒。以往图书馆服务残障群体往往将他们与健全人割裂开来,无形中形成群体对立,不利于残障群体融入社会。该项目在残障群体和健全人之间架起了理解、尊重的桥梁,在活动设计上注重将两个群体尽可能融合起来,消弭两个群体间可能的误解和歧视,实现了图书馆消除边界、沟通互联的价值。

第三是扩宽合作。将"请进来"与"走出去"结合,积极寻求跨行业合作,与残联、民政部门、儿童关爱之家、社区、图书馆分馆等多家单位协同配合、聚合力量,实现资源共享和优势互补,形成帮扶合力。

第四是建立机制。通过近年来的持续实践,形成了一套文化助残项目的实施运行机制。做好项目的顶层设计,明确工作机制,确定人员分工,有序推进项目实施,锻造了一支优秀的项目服务团队,形成了帮扶残障群体的长效机制。

项目存在的问题与下一步打算

镇江市图书馆"残健携手 书适相伴"项目截至目前已经持续开展了两年有余的时间,项目从图书馆优势特色和残障群体实际需求出发,通过常态化、特色化、多元化的活动,推进了残障群体文化权益的保障和人文关怀的诉求,取得了良好的社会效益,具有一定的推广借鉴价值。但在实际运行中,我们也发现存在一些问题,具体来说表现在三个方面:

第一是工作人员的心理沟通能力有待进一步提升。不同年龄段的残障群体有着不同的个体特点和障碍,图书馆工作人员在和不同年龄段、不同群体的残障人士交流时存在模式化问题,沟通技巧有待进一步提升,如何打开他们的心门,探求不同人群的心底诉求,还需要进一步探索。

第二是数字时代智能技术的发展给老年人群带来的客观上的使用门槛。作为信息弱势群体,老年人有的没有智能手机,有的不会使用智能手机。特别在"书适相伴"活动中,对于某些老年残障群体,小程序的使用反而给他们带来了难度。

第三是目前活动的开展主要是在城市中进行,对于分布在广大农村地区的残障群体基本没有涉及。农村地区的残障人士属于弱势叠加群体,在乡村振兴的大背景下,如何帮扶到数量广大的农村地区残障群体,是值得探索和思考的问题。

针对目前项目中出现的三方面问题,在未来工作中,镇江市图书馆的努力方向主要有三方面:

首先是加强工作人员在心理素质和沟通技巧方面的培训,通过组织心理研讨会和培训班,学习心理沟通的技巧和方法。同时在实际助残工作中,工作人员应该注重倾听残障群体的需求和感受,建立良好的沟通信任关系,理解残障群体的想法和情感,并且尊重他们的选择,在积极的沟通氛围下开展工作。

其次是针对残障群体中的老年人群,除了给他们带来项目基本服务外,还应配套带来智能手机使用方法普及等教程,在教授他们使用新技术时应该本着循序渐进、浅显易懂的原则,秉持耐心细致、不厌其烦的态度,保障让智能技术真正发挥其应有的便利价值。

最后是要注重农村地区残障人群的服务。图书馆可以探索利用分布于广大乡村地区的分馆、农家书屋等阵地设施,将自身服务残障群体的实践融入乡村振兴的一盘棋中,努力保障残障群体服务和资源的全员覆盖、全体参与。

"助残扶弱"是文明社会永恒的话题,更是文化机构肩负的责任。图书馆被誉为"生长着的有机体",而这个有机体也应适应社会不断变迁的新需求,为更多特殊人群带来帮助与关怀。镇江市图书馆将在实践中持续探索,让助残扶弱的关爱之光照亮社会更多角落。

小读者在黑暗体验环节前聆听工作人员讲解

"书适相伴"活动走进二道巷社区帮扶残障人士

困境儿童畅游图书馆活动

文化助残进社区活动

(执笔人:曹语乔　张　珺)

镇江市图书馆"从小爱场馆"项目创新实践

关键词

公共图书馆　场馆教育　馆校合作

对象及范围

全市少年儿童

创新背景

2016年,《中华人民共和国公共文化服务保障法》提出,"国家鼓励和支持公共文化服务与学校教育相结合,充分发挥公共文化服务的社会教育功能"。2018年,《中华人民共和国公共图书馆法》指出,"公共图书馆应当开展面向少年儿童的阅读指导和社会教育活动,并为学校开展有关课外活动提供支持"。在教育终身化、全景化、全纳化特性日益彰显的时代背景下,如何发挥场馆隐匿的资源优势和被遮蔽的教育价值,深化场馆与学校教育的衔接,搭建协同共享的育人共同体,已成为时代的新课题。在这一背景下,镇江市图书馆于2021年推出"从小爱场馆"项目,项目以馆校联动为基础,通过整合馆内全民阅读、全民艺术普及、优秀传统文化传承等活动资源,将之转化为儿童可理解、可接受、可感知、可体验的服务形式,引导他们走出学校教育情境,打破课堂边界,在图书馆内接受文化、艺术、科学教育,培养儿童感受书香、欣赏艺术、体验科学的学习和生活习惯,鼓励他们走进图书馆、使用图书馆、亲近图书馆。

主要创新点

1. 深化"协同育人"的馆校合作模式

镇江市图书馆与学校就每一次活动的主题、目标、内容、方法、评价等具体问题进行认真计划和耐心沟通,优化内容编排和呈视逻辑,设计和组织目的明确、指向清晰、符合学生认知特点的场馆教育活动,将之融入学校的社会实践活动和历史、语文等学科课程。同时,及时向主管部门反馈馆校合作的掣肘和壁垒,积极呼吁从政府层面加强统筹,推动"文化系统"和"教育系统"的有效衔接,助力馆校合作长效运转机制的持续生成与优化。

2. 坚持"馆员主导"的课程开发路径

以馆情教育、阅读推广、地方文化传承为支点深化进馆学生对图书馆及镇江历史文化的认知,形成了一批以馆员和职能部门为核心的场馆教育活动,这些活动或基于馆员日常工作的经验总结,或基于工作中需要解决的问题,或基于图书馆的价值传达与功能宣扬。如"神奇的雕版印刷术"是文献开发部从文献研究和古籍保护等工作出发设计的场馆教育活动。"书海寻宝""小小志愿者体验活动"是少儿部普及图书馆知识、引导读者文明有效使用图书馆的尝试。"盲文体验""童书趣游""萌娃数读""小绘本大世界"等则是流通部、采编部、技术部、少儿部从各自工作出发对图书馆资源、功能、价值的积极展示。

3. 形成"基于需求"的场馆参观流程

经过不断摸索,"从小爱场馆"项目已形成一条将馆内各功能室全部囊括其中的标准参观游线,但每次活动会根据参观者的年龄特点、参观时长、教师需求等对游线上各点的停留时长、讲解内容和讲解风格进行调整。为保证游览质量和讲解内容的专业性,实现更精准的对接与服务,各阅览室的讲解及功能介绍由阅览室工作人员负责。

4. 注重"情境体验"的教育内容供给

一方面,基于学生思维由直观动作向具体形象再向抽象逻辑发展的渐进式特点,设计适合他们年龄的活动类型:如针对学龄前儿童设计"摸一摸、看一看、玩一玩"的体验式课程;针对小学低年级儿童,设计"做中学、做中教"的实践式课程;针对小学高年级学生及初中生,设计更有认知挑战的讲座类活动,活动中通过引导、启发、阐释、争辩、诘问,加深他们对知识的理解。另一方面,通过"统一着装""活动打卡""互动游戏"等细节增强活动的趣味性和仪式感,并通过活动美文分享、观后感、活动记录等形式形成闭环,延伸活动体验。

创新项目开展过程

1. 深化合作关系

为保证"书香校园·馆校联盟""绘本故事园"等馆校合作平台的有效运行,镇江市图书馆通过"一人一证"项目、阅读成长礼包、校园分馆建设、志愿服务和社会实践基地搭建、文化进校园活动等具体措施充实馆校合作内容,形成图书馆和学校相互需要、资源共享的局面,夯实馆校合作平台,实现图书馆与镇江市幼儿园、中小学的深度联结,为"从小爱场馆"活动打下合作基础。

2. 搭建组织架构

形成馆长室协调推进(与学校达成合作意向),社会工作部对接学校(确定学生的进馆时间、参与人数等信息),少年儿童图书馆牵头管理(统筹全馆资源),各部门积极参与(供给课程资源)的工作格局。为保证项目顺利有效推进,镇江市图书馆还将之纳入部门目标责任状中,以年终考核的形式激励部门和馆员完成目标任务。

3. 整合馆内资源

依托全民阅读示范基地和全国古籍重点保护单位的平台和资源优势,确立"古籍与文化""阅读与教育"为方向的课程资源开发路径,形成了由馆员主导的多个特色课程内容,如"小绘本大世界""智趣手工坊""盲文体验""童书趣游""萌娃数读""古籍知识讲座""神奇的雕版印刷术"等,并根据进馆学生身心发展特点灵活供给。

4. 优化活动流程

按照"五个一"模式进行流程安排:①听一次场馆介绍。开展馆情教育,介绍图书馆的社会功能和文化资源,让学生知道为什么进馆、怎么样进馆、进馆干什么。②与场馆合一个影。选取标志性场景,为进馆学生拍照留念。③走一条场馆参观游线。根据图书馆功能区布局,设计游览参观路线,综合运用解说导览、互动游戏、角色扮演、动手实践等方式对游线上的重要节点进行深入浅出的介绍,兼顾图书馆宣传需求和进馆读者的个性参观需求。④体验一次场馆服务。将前期开发的场馆课程资源嵌入每次活动流程中,为进馆学生提供有针对性的、有深度、有趣味的场馆教育服务。⑤推荐一次场馆。引导学生分享进馆感受,积极推荐图书馆。"五个一"模式通过紧凑、规范的流程安排,消解因场地迁移、角色改变、场景变换引发的管理问题,让学生在馆内安全高效地接受场馆教育。

取得的成效、影响及评价

1. 活动效果显著

"从小爱场馆"项目是镇江市图书馆基于现实教育需求,从自身资源和条件出发,积极发挥主体性和能动性的实践成果。2021年,镇江市图书馆借助馆校合作平台,与敏成小学、镇江外国语学校、贺家弄幼儿园等80余所中小学、幼儿园建立合作,举办"从小爱场馆"活动62场,提供场馆教育活动103次,活动时长124小时,参与学生1 600余名。明确的分工、清晰的流程和丰富的内容让"从小爱场馆"项目得到了学生、学校、家长的认可,不少参加完项目的学生主动前往图书馆办理借阅证,参加图书馆举办的其他社教活动,很多教师和家长表示"活动很有意义,以后会多多带孩子来图书馆"。

2. 延伸效应明显

在组织活动的过程中,镇江市图书馆也实现了馆藏结构、场馆服务、活动统筹和资源利用的优化:①通过与镇江市各小学的沟通,收集教师推荐书目,在图书馆内设置校园推荐书架,将馆藏与学校课外推荐阅读结合起来,精准满足学生群体的阅读需求。②针对长久以来低幼阅读服务的缺失,以"从小爱场馆"为契机,将办证年龄从6岁下移至3岁,同时开放绘本借阅,让幼儿园学生也能享受阅读服务。③为开发馆内教育资源,将各职能部门的特色活动整合起来,以"从小爱场馆"为线索,改变各自为政的状态,串成相互联系、互为补充的活动链。④结合学生的参观游览,将馆内有特色但不为人知的精品展览、数字体验、线下活动等展示给更多人。

3. 示范引领作用突出

在2021年8月的镇江市文化广电和旅游局组织的高质量发展工作推进会上,镇江市图书馆的"从小爱场馆"项目被作为优秀典型进行工作汇报和成果展示,以更具操作性、更可参

少儿视听室　机关幼儿园中班学生
参加"小绘本大世界"活动

少儿馆　丁卯中心幼儿园大班学生
接受馆情教育

照的实践逻辑,为各文博场馆的场馆教育与馆校合作提供可资借鉴的行动经验。项目还通过线上线下宣传报道、项目成果验收与交流、典型案例申报与推介、课题立项与论文发表等方式,凝聚社会目光,推动行业研究,引发模仿效应。目前,镇江文博场馆都从自身资源和条件出发,全面推进"从小爱场馆"项目,在全市营造了浓厚的场馆教育氛围。

少儿馆　红旗小学一年级学生
　　　　参加"从小爱场馆"活动

从小爱场馆 VR 体验活动

（执笔人：杨　秀）

"靖享阅读·书香润企"

关键词

阅读推广　馆企联动　书香润企

对象及范围

企业职工

创新背景

建设书香企业是靖江市为贯彻党的二十大提出的"深化全民阅读"而开展的一项重要工作,靖江市企业就业人数有15万左右,为了更好地适应时代的变化、满足读者的需求,图书馆必须不断创新。

书香润企是一个旨在提高企业员工阅读能力和文化素养的举措,通过在靖江市各大中小企业建起职工书屋、阅读角等阵地,搭建读书学习平台;同时开展系列活动丰富靖江市企业职工的业余文化生活,并通过活动中的互动环节为职工们提供多层次、全方位、套餐式的精神食粮,真正做到"阅"读——丰富职工生活、提高文化素养、"跃"读——活跃企业文化、树立企业形象;"悦"读——涵养阅读风气、建设书香马洲。

主要创新点

1. 阅读——丰富职工生活、提高文化素养

为了更好地发挥阅读的作用,靖江市图书馆联合企业开展了阅读分享会,让职工互相交

职工书屋

"靖享阅读·书香润企"真人图书馆
活动走进扬子江船业

流读书心得;设立了职工书屋,提供丰富的阅读资源,鼓励职工利用业余时间进行阅读。

首先,通过开展各种阅读活动,职工可以不断更新自己的认知体系,提升工作能力;其次,通过阅读,职工可以调节工作压力,激发职工的创造力,提高工作效率;同时,系列阅读活动的开展也可以进一步加强职工自主学习、终身学习的意识,拓宽职工视野,丰富职工生活、提高文化素养,也为职工交流分享、共同进步提供了平台。

"靖享阅读·书香润企"全民阅读进企业系列活动走进东兴镇
——江苏旭顺东明云智能科技有限公司

2. "跃"读——活跃企业文化、树立企业形象

自2023年5月开始,靖江市图书馆联合全市近百家企业持续开展形式多样的阅读活动:8月31日,"理家理心"读书会走进江苏瑞尔姆电器有限公司,江苏省作家协会会员仲一晴和大家交流分享《曾国藩家书》以及家书背后的故事。虽然字里行间都是家常话,却孕育着修身、劝学、治家、理财、交友、为政及用人等多个领域的真知灼见;9月25日,"情暖中秋话团圆'阅'享文明倡新风"主题活动暨"中秋月·家国情"诵读分享会走进靖江市永盛光电科技有限公司,通过好书赠阅、理论宣讲、中秋诗词分享、民俗文化点评、传统歌曲演绎等环节,为现

场观众奉上了一道精美的"文化大餐";10月20日,真人图书馆活动走进靖江天力燃气有限公司,活动中员工分享自己近期阅读的好书、听过的好歌、看过的难忘的电影,结合自己的工作生活谈谈收获和感悟,一起邂逅有趣的灵魂,认识不一样的自己。

通过一系列活动的开展,一方面向外界展示企业的文化底蕴和内涵,树立起一个积极向上、充满活力的企业形象,提升企业的社会声誉和品牌价值,另一方面也通过阅读和知识的传播,为企业注入新的活力,持续营造爱读书、读好书、善读书的浓厚氛围,构建以书香氛围为核心的企业文化,扎实推动"书香企业"建设,助推企业高质量发展。

3. "悦"读——涵养阅读风气,建设书香马洲

书香润企系列活动的开展,为企业职工搭建了良好的学习交流平台,提供多层次、全方位、套餐式的"精神食粮",对激发广大职工的读书热情发挥了重要作用,引导企业职工将读书作为一种追求、一种爱好、一种健康的生活方式;同时,在企业形成了"多读书、读好书"的良好舆论氛围和文明风尚,实现以企业职工阅读影响家庭阅读、带动全民"悦"读、社会阅读的良好风尚,让书香溢满社会的每个角落,共同书写美好未来。

创新项目开展过程

"靖享阅读·书香润企"系列活动由中共靖江市委宣传部、靖江市全民阅读活动领导小组办公室主办,靖江市图书馆承办,并邀请了字里行间、朗诵协会、阅读协会等相关专家共同参与,并让员工参与到企业的文化建设和管理中来,营造了资源共享、活动共举的良好氛围;同时本系列活动得到了靖江市企业的大力支持,极大地调动了职工参与阅读活动的积极性,尤其是职工积极参与互动环节,启发大家自己思考感悟、静心创作,实现了阅读宣传巩固群众思想基础的目的,有效推动了阅读推广活动走进企业、走近职工群体。

自2023年5月活动开展以来,靖江市图书馆先后与江苏江平新环境科技有限公司、江苏瑞尔姆电器有限公司、江苏华麒建设有限公司等企业合作,共计开展活动10场,参与的职工人数达到500余人。

取得的成效、影响及评价

1. 树立企业形象

在这个信息爆炸的时代,知识更新的速度极快,企业只有保持持续学习的态度,才能在激烈的市场竞争中立于不败之地。"书香润企"正是这样一种学习型文化的典范,通过阅读推广活动,企业不仅能够提高职工的文化素质和职业技能水平,还能培养职工的阅读习惯和自主学习能力。它让企业在追求经济效益的同时,也不忘承担社会责任,为推动社会进步贡献力量。

2. 营造静心阅读新体验

移动互联网的普及碎化了人们对知识的系统学习,而"书香润企"以活动促阅读,以阅读提素质,以经典培信仰,让每天处于快节奏忙碌中的人们停下来,做到"放慢脚步,让灵魂跟上",让更多的人自觉把阅读当作一种生活方式,一种修炼内心、提升境界的重要途径;让更多的人继续致力于阅读倡导、知识传播、文明传承。

3. 促进城市文明建设

新时代、新气象、新作为,"书香润企"对社会的成效、评价及影响是积极的、正面的。它不仅能够提升员工的素质和绩效,还能够促进城市文明进步、传递正能量、引领社会风尚以及创新阅读推广模式。因此,政府和社会各界应该支持并推广书香润企项目,共同营造一个文明、和谐、富有书香的社会。

(执笔人:陈春梅　印　妍)

泰州市姜堰区图书馆
多彩主题宣教助力阅读推广

关键词

图书馆　主题宣教　阅读推广

对象及范围

姜堰区各社区群众及学校学生

创新背景

书籍是人类智慧的结晶,阅读有益的书籍可以给读者带来颇多收益。一个人养成良好的阅读习惯,将对今后的学习生活产生重要的影响和意义。

为全面推进书香城市建设,姜堰区图书馆充分利用公共文化场馆优势,积极与学校社区等对接,组织开展主题展览、名家讲座等进校园、进社区活动,邀请优秀阅读分享人、大学教授等前来授课,通过开展内容丰富、形式多样的主题宣教活动,帮助基层群众养成热爱阅读的好习惯,主题宣教活动逐步常态化、品牌化。

主要创新点

1. 宣教主题丰富多彩

针对不同人群心理特点和需求兴趣,精心选取宣教主题。既有弘扬传统文化主题的《画说腊八节的故事》、"珠还合浦　历劫重光——《永乐大典》的回归和再造"等展览,又有助力少年儿童成长的普法主题宣教、帮助中小学生提升阅读写作能力的主题讲座,更有宣传党和国家大事的主题宣教,如:喜迎冬奥展览,喜迎二十大主题展览进校园等。

2. 宣教活动形式多样

邀请大学教授、知名专家走进校园,开展名家经典校园行活动,带领师生一起欣赏经典的精致之美,激发师生阅读中国古典文学的兴趣;举办"强国复兴有我"系列活动主题科普展览活动,充分展现我国科技成果和大国重器风采;举办主题阅读活动,带领小朋友们学习中国共产党的建立、发展壮大等知识,在潜移默化中让孩子接受爱国主义教育。除线下活动外,还有党史学习线上有奖答题活动、红色电影播放、红色经典著作推荐等线上活动,传承生命不息、战斗不止的革命拼搏精神。

3. 宣教影响不断扩大

结合不同人群的阅读需求和兴趣,积极策划采取点单式服务,宣教活动开展,及时整理报送信息,分别在姜堰日报、泰州日报、书香江苏网站、省新闻出版局网站、书香江苏微讯、现代快报网站采用,活动影响逐步扩大。

创新项目开展过程

1."走出去",明晰目标定位

往年,姜堰区图书馆依循"等读者上门"的传统服务模式,制约了阅读人群的拓展,每年入馆读者不足15万人次,持证读者不足1万人。为提升公共文化场馆高质量服务水平,姜堰区图书馆多次思考谋划,集思广益,确定了"走出去"的工作思路,以多彩主题宣教助力阅读推广,打通基层阅读"最后一公里",激发基层群众读书热情,扩大图书馆的服务覆盖面,缓解自身馆舍老旧的不利影响。

2. 抓对接,有序组织活动

明确专人负责讲座主题、主讲人、授课对象的选择与对接,提前对授课内容进行交流沟通,确保活动效果最大化。多次联络相关学校负责人,结合学生阅读兴趣,采取点单式服务,有针对性地开设专题讲座,确保活动受到广大师生的喜爱。结合社区共建,以培育和践行社会主义核心价值观、传承中华优秀传统文化为重点内容,配送主题展览,提升广大市民的文化素养。

3. 塑品牌,放大宣教影响

姜堰区图书馆逐步将项目开展品牌化,开展名家讲座校园行活动,提升阅读推广活动层次,邀请著名学者和领域专家等走进中小学,为师生和家长开展专题讲座,内容涉及传统文化、经典名著、家庭教育等。通过讲座展示传统文化魅力、经典名著之美,为师生和家长朋友答疑解惑。

2021年5月21日,姜堰区图书馆邀请南京大学文学院副院长、教授、博士生导师苗怀明教授,在罗塘高级中学报告厅开展了名家讲座校园行活动。苗教授以其扎实的学术理论功底从"读红楼的视角""如何读好红楼""读红楼的理由"等方面,带领现场师生一起欣赏《红楼梦》的精致之美。活动现场教授幽默风趣、妙语频出,师生积极热情、掌声连连。此次活动约400人到场,激发了在场师生阅读中国古典文学的兴趣。

取得的成效、影响及评价

主题宣教活动开展以来,姜堰区图书馆共举办20多场主题宣教活动,累计受众近2万人,普及了多种知识,激发了大家的阅读兴趣,深受参与者好评。具体成效如下:

1. 图书馆的关注度明显提高

通过"走出去"开展多彩主题宣教活动,吸引了更多的读者了解图书馆、走进图书馆。近年来,图书馆高质量服务人次年均接近40万,姜堰区图书馆微信公众号关注人数突破13 000人,馆内绘本阅读、公益口才培训等阵地活动一经报名系统发布,参与人数迅速满额,读者对图书馆的满意度显著提升。

2. 馆员的创新意识明显增强

通过策划和组织丰富多彩的主题宣教活动,图书馆员切身感受到多样化的阅读推广形式对读者参与的重要性,意识到创新在阅读推广活动中起着举足轻重的作用。活动方案的反复谋划、活动的组织实施激发了图书馆员的创新意识,锻炼了图书馆员的工作能力。

3. 图书馆的影响力逐步扩大

主题宣教活动与图书馆阵地阅读推广活动形成了良性循环,进一步扩大了图书馆的社会影响力,助力"堰尚书香"全区阅读品牌建设跟上时代。名家讲座校园行荣获2021年度姜堰区未成年人思想道德建设工作创新创优成果奖,相关活动多次被书香江苏、现代快报全媒体等平台报道。

(执笔人:杨 健)

宿迁市图书馆"无边界服务体系"构建的创新实践

关键词

总分馆　数字阅读　无边界服务　提质增效

对象及范围

免费面向广大读者提供普惠、均等、高效、便利的阅读资源和服务,服务范围包括人流量密集的主城区和尚未有公共图书馆配置的老城区、经开区、苏宿工业园区和湖滨新区等处。

创新背景

大数据时代,公众对普遍均等的公共文化服务提出了更高的要求。为更好地满足和保障社会公众的基本文化需求,让广大读者可以就近获取优质高效的公共阅读资源和服务,近年来,宿迁市图书馆紧紧围绕阵地建设、资源优化、社会化合作、新技术融合和服务营销等方面持续开展"无边界服务体系构建"的实践和探索。

主要创新点

以不断完善全市总分馆服务体系为基础,充分融合运用新媒体、新技术推动服务体系转型升级,持续打造更加高效、便捷、智能、人性化的知识服务生态,为读者提供更多实时性强、互动性好、适配度高的个性化资源和无边界服务,大幅度提高了公共阅读资源和服务的使用效率和公众认可度。同时,利用现代技术和设备打造统一的数字服务平台,实现体系内资源共建共享、文献通借通还、活动互通互联,并通过各类型电子阅读设备和新媒体服务平台将馆藏数字资源、线上活动资源和多媒体服务延伸到分馆和基层服务点,让分馆和服务点也具备"无边界"服务能力。

创新项目开展过程

近年来,宿迁市图书馆紧紧围绕全域共建书香宿迁的目标,从强化机制创新、完善总分馆体系建设、优化馆藏资源建设和强化社会合作等方面扎实推进"无边界"服务体系构建,不断促进公共阅读服务效能提升。

一是强化机制创新,延伸"无边界"服务维度。近年来,为进一步完善市图书馆总分馆服务体系,提升公共阅读资源的利用率并扩大其覆盖面,2018年起,宿迁市图书馆积极探索公共阅读服务创新机制,在市区商圈、公园、公交站台等人流密集场所部署投放50个共享书巢点位,并设立多家自助图书馆、流通服务点、城市书房等供群众免费借阅。2021年起,宿迁市图书馆按照"优化一批、撤销一批、新建一批"的总体原则，不断优化分馆及流通服务点结构布局，在全市范围内选择打造"品牌馆"，精准对接现代读者阅读服务个性化、品质化需求，先后为读者打造了金丝利阅享空间、和园城市书房、民丰银行红海路支行分馆等一批新型阅读空间。"品牌馆"集图书借阅、休闲阅读、文化展示和个性化服务于一体，藏书丰富并与市图书馆总馆和各直属分馆实现通借通还，部分品牌馆配备了数字阅读机、自助借还机和RFID安全门禁等设备，实现了图书全自助借还并满足了市民多元化阅读需求。总分馆体系的提档升级进一步延伸"无边界"服务维度，构建起"10分钟阅读服务圈"，有效传播阅读理念，培育阅读习惯，基本实现了城区公共阅读服务全覆盖，有效满足了广大市民休闲阅读和就近借阅图书的需求。

二是强化资源建设，提升"无边界"服务质效。一是基于总分馆建设任务和读者需求，建立科学合理的文献资源体系。为确保文献采选质量，2021年起，宿迁市图书馆每年通过发放问卷、读者座谈、电话回访等方式开展至少2次文献资源需求调研活动，通过对读者意见和图书管理系统中的文献利用率数据进行分析，科学制订年度文献采选计划，从而不断提高文献资源质量。同时，市图书馆通过图书流通车高效开展图书流转、配送工作，不断丰富总分馆体系内各分馆和服务点的图书种类，满足读者的差异化阅读需求。读者可以自由选择就近点位借还图书，实现城区内总馆、分馆和服务点由"独体孤岛"向"互联共同体"的转型，有效实现了资源的高效流转和均衡配置。二是基于数字图书馆建设，进一步推动高品质的数字资源供给。2022年，宿迁市图书馆对已有的数字阅读资源、活动资源、基础服务、信息公开等内容板块进行优化整合，并通过微信小程序、公众号、官方网站等方式对外发布。优化后的用户界面更为清晰、简明，便于利用，其中囊括了文献信息借阅查询、数字资源发布、阅读活动报名、服务信息公示、参考咨询服务等丰富的内容模块，让读者足不出户就可以参与各类阅读服务活动。利用"一网读尽"数字阅读平台，构建起市、县、镇、村四级图书馆集约化服务，打通不同业务管理体系间的壁垒，构建起全市公共图书馆借阅服务集约化平台，实现文献信息资源获取"一键通"。基于该平台，读者可访问市内任何一家图书馆，获取更多元、更便捷的资源与服务，真正实现了图书馆通借通还"大流通""无边界"。

三是加强社会合作，壮大"无边界"服务队伍。践行"无边界"阅读、"图书馆＋"的服务理念，例如"图书馆＋社会机构"，引导公益阅读推广机构参与到图书馆阅读推广活动当中，共同开展大型阅读推广服务活动，例如与乡镇中小学合作推动建设"留守儿童图书室"，宿迁是人口流出大市，全市有近5万名农村留守儿童，推动"留守儿童图书室"建设意义重大；"图书馆＋社区（村居）"，同社区（村居）党支部及公益组织联合，推出"社区主题党日＋阅读"服务模式，每月定期到不同社区开展阅读服务和推广活动，充分发挥农村应急广播系统优势，创新开展"空中听书"活动，播放红色经典好书音频，覆盖全市近百万人群，使城乡的每一个角落都洋溢着韵雅书香；"图书馆＋企业"，与本地知名企业携手，由企业提供场所、人员等，图书馆提供阅读资源与设备，合作构建"企业阅享空间"；"图书馆＋志愿者"，引入文化志愿者积极参与，动用各类社会资源，推动图书馆服务效益，提升阅读推广活动质量，与市区多个中小学签订合作共建协议，为学生办理读者证实现通借通还，并号召教师、家长作为志愿者，引导其参与管理与志愿服务，通过吸收返乡大学生、在校生、退休职工和阅读推广人等不同年龄层次、行业人群投身公共阅读服务活动群体，不断壮大阅读"无边界"服务队伍。例如"百盏星灯"乡村青少年阅读培训计划，由宿迁市图书馆为全市每个村居阅读点提供图书服务，同时从全市乡村中小学教师中招募100名阅读推广志愿者，定期为阅读点提供阅读指导与服务,该项活动共惠及农村留守儿童近5 000人。

四是加强宣传互动,扩大"无边界"服务影响。为扩大公共阅读"无边界"服务的社会影响力,充分激发广大读者对公共图书馆服务的参与意识,实现沟通"无边界",宿迁市图书馆不断构建并完善读者互动交流平台。一是建立完善读者评价机制,充分发挥官微、官网等服务平台的互动沟通模块功能,搭建线上线下沟通交流融合体系,为读者在使用图书馆资源和服务过程中遇到的问题进行"零距离""零延时"服务;同时通过设立"馆长接待日""主题馆员服务日""读者座谈会"等形式,加强与读者的面对面交流。二是构建读者参与机制,通过各类活动开展,积极引导读者参与到图书馆管理以及阅读服务工作中,培养读者的责任意识与信息意识,提升其参与度和获得感。三是加强服务宣传并提升影响力,虽然市图书馆不断创新服务形式,拓展服务内容,但很多读者对图书馆的印象仍然停留在提供单一借还服务阶段。为了让更多公众了解、支持、参与图书馆阅读服务,最大化发挥公共阅读资源的社会效益,近年来,宿迁市图书馆主动对接本地报纸、电视等大众媒体、充分利用两微一端等第三方平台加强对图书馆"无边界"服务的宣传和推广,以改善公众对公共图书馆的认知,进而吸引更多读者并享受图书馆的深层次服务。

取得的成效、影响和评价

目前,宿迁市图书馆已建成由100余处分馆和流通服务点、40TB外购和自建数字资源以及统一的数字服务平台共同组成的"无边界"服务体系。通过该服务体系,读者可以方便快捷地获取体系内任意一家场馆的文献资源信息、读者活动信息和空间预约使用权限等相关服务资源,也可以通过手机、平板等电子设备随时随地获取数字阅读资源,真正实现图书馆资源的"无边界"利用。

安静舒适的阅览空间、更新及时的文献资源、丰富多彩的读者活动、人性化的导航服务,使得宿迁市图书馆"无边界"服务得到了越来越多的公众关注和参与,市民群众的阅读热情被充分激发。近几年,体系内各场馆的文献外借量、读者到馆量、活动参与率显著提升,"无边界"服务成效显著。2021—2023年期间,宿迁市图书馆先后荣获"创建江苏省书香城市建设示范市"突出贡献单位、全民阅读20佳图书馆、全民阅读推广示范项目、第四届江苏全民阅读十佳阅读志愿服务组织等荣誉。

2021年5月图书馆数字资源阅读推广活动1

2021年5月图书馆数字资源阅读推广活动2

2021年7月宿迁市图书馆数字阅读体验活动　　2022年1月数字阅读研学体验走进泗洪县雪枫学校

白堡城市书房　　　　　　　　　　　　幸福街道幸福书吧

永阳城市书房

（执笔人：王　虎　王　景）

宿迁市图书馆"关爱基层留守少儿"的创新实践

关键词

留守少儿　阅读关爱　馆校合作　社会参与

对象及范围

以 3~15 岁的乡镇"留守孩子"和城市"流动孩子"为重点。

创新背景

根据《宿迁市第七次全国人口普查公报》，宿迁市 0~14 岁人口已达到 117.09 万人，占全市常住人口数的 23.48%，提升儿童阅读能力是文化强市之本，也是建设学习型社会的重要举措。为了营造良好的阅读氛围，激发基层少儿阅读热情，宿迁市图书馆充分发挥馆藏资源优势和社会共育职能，重点关注乡镇留守儿童和城区流动儿童，广泛开展关爱基层儿童阅读活动。

主要创新点

项目以乡镇"留守儿童"和城市"流动儿童"为关爱重点，每年结合传统节日、世界读书日、科普宣传周、六一儿童节等重要节日节点和寒暑假期，通过"请进场馆"和"走进乡镇"相结合的方式组织开展关爱基层儿童系列活动。主要创新点有：

一是打造阅读活动品牌，提升活动吸引力。为确保基层阅读活动的连续性和可操作性，宿迁市图书馆着力打造携手共读活动、春风少年读书会、公益大讲堂、特色主题展等 4 大品牌阅读活动。其中，携手共读活动已连续开展 8 年，为全市 2 400 余名学生送上阅读关爱礼包，并先后在乡镇学校和村居建成 4 处留守儿童图书室，配送少儿图书 8 000 余册，深受孩子们喜爱。

二是开展分级分众阅读，提高活动针对性。为确保活动效果，宿迁市图书馆根据不同年龄阶段儿童的特点，分级分众开展基层阅读活动。例如，面向 3~6 岁儿童开展的绘本阅读之旅、亲子手工坊活动，面向 7~15 岁儿童开展的科普小课堂、公益大讲堂、阅读研学体验等。

三是加强馆校合作，延展活动覆盖面。为了让更多基层少年儿童参与图书馆阅读关爱活动，宿迁市图书馆一方面积极推动阅读活动进校园，另一方面着力打造图书馆第二课堂，不断加强馆校合作，延展活动覆盖面。2021 年，宿迁市图书馆先后走进宿豫区、经开区、湖滨新区、洋河新区的 18 所乡镇中小学校和幼儿园，开展公益大讲堂、特色主题展和我为青少年办实事活动，通过红色故事展览和专题阅读讲座全面激发孩子们的爱国情怀和阅读热情。

四是发动社会力量参与，提升活动多样性。加强与社会阅读组织和团体的联系合作，吸引更多社会力量参与基层儿童阅读关爱活动。2022 年，宿迁市图书馆重点打造图书馆第二课堂，利用寒暑假期邀请市区学校在职教师到馆为基层儿童免费上公益课。与乡镇社区的中小学、幼儿园合作,接待师生到馆上选修课、开展社会实践活动,通过寓教于乐的方式培养儿童阅读兴趣和阅读习惯,以儿童基层阅读活动为契机发动社会力量参与阅读关爱活动,不断完善为农村留守儿童和贫困儿童提供阅读服务和关爱的长效机制,以实际行动点亮基层儿童的阅读梦想。

创新项目开展过程

为了保证项目的实施效果,宿迁市图书馆建成一支爱孩子、懂孩子、有阅读实践经验的志愿服务团队,包括青年馆员、学校老师、市阅读推广人员等,以绘本阅读、手工互动、研学体验等形式引导少儿体验阅读。具体包括几个板块:

① 携手共读活动,面向6~15岁孩子,广泛动员社会力量开展阅读关爱和精准志愿服务活动,为农村留守儿童送去"书香关爱"。

② 绘本故事会:面向3~6岁孩子,结合传统文化、习惯养成、情感表达、自我保护等主题,选取配套经典绘本故事,采用绘本导读、手偶剧等不同形式演绎,分享绘本故事,给予孩子们高品质的阅读陪伴。

③ 亲子手工坊:面向3~6岁孩子,以"我们的节日"、"缤纷的四季"、父亲节、母亲节等纪念日为主题开展亲子手工制作活动,让父母与孩子在收获一份手工成果的同时共享亲子时光。

④ 科普小课堂:面向7~10岁孩子,利用水果、牛奶、食用油等生活中常见物品开展儿童科学实验,通过寓教于乐的方式让孩子学习科学知识、培养逻辑思维能力。

⑤ 公益大讲堂:面向7~15岁孩子,通过组织全民阅读讲师团讲师走进乡镇中小学校,开展专题阅读讲座。

⑥ 特色主题展:面向3~15岁孩子,深入乡镇、社区中小学和幼儿园开办"蝶舞翩跹"蝴蝶标本展、"纸本里的非遗"专题图书展、"时空印记"经典文献作品展等主题展览。

⑦ 阅读研学体验:面向7~15岁孩子,依托宿迁市图书馆数字体验区,邀请农村留守儿童和城市流动儿童到馆体验。同时与18所乡镇、社区中小学和幼儿园合作,推动数字阅读体验进校园,为在校学生带来3D立体书和VR眼镜等数字设备,让孩子们感受数字阅读的魅力。

取得的成效、影响和评价

宿迁市图书馆"开启阅读之旅,书香浸润童年"关爱基层儿童阅读系列活动自实施以来,充分发挥场馆资源和职能优势,深入乡镇学校,广泛开展各类阅读关爱活动百余场次,惠及基层少儿2万余名,被宿迁市电视台、速新闻、中国文明网、书香江苏网等媒体网站多次报道,深受社会各界好评。

一是丰富基层儿童阅读资源:宿迁市图书馆先后在宿城区屠园镇中心小学、北丁集涧东村、蔡集镇朱李小学、宿城区泰和社区建成4处留守儿童图书室,配送各类精选少儿图书8 000余册,这些阅读资源深受孩子们喜爱。

二是充实基层儿童课外文化生活:通过绘本阅读、展览、讲座、研学体验等形式多样、内容丰富的公益阅读活动充实基层儿童的课外文化生活。其中绘本故事会、公益讲座进校园先后被评为市级全民阅读示范项目。

三是提升基层儿童思维并开拓其视野:将馆内数字阅读、扎染、活字印刷、科普实验等研学体验设备带进乡镇学校,让孩子们直观体验和感受多样化的阅读魅力,深受学校师生好评。因科普研学活动开展成效显著,宿迁市图书馆2021年被授予市级科普基地称号。

四是发动更多社会力量关注和帮助基层儿童:通过阅读活动的开展,吸引更多社会阅读组织、培训机构和政府单位关注和参与到关爱基层儿童项目中来,让更多有需要的基层留守儿童和城市流动儿童获得帮助。

为进一步完善和推广"开启阅读之旅,书香浸润童年"关爱基层儿童阅读活动,下一步宿迁市图书馆将建立长效机制、整合各方资源,对已开展的活动进行系统梳理和归纳,根据活动实际开展效果和基层儿童接受程度对项目推进年度计划进行动态调整。同时,加强与基层中小学和幼儿园的常态化合作,定期组织全民阅读志愿者业务培训,提高基层儿童阅读服务专业化水平,确保关爱基层儿童阅读活动项目常态长效、高标准、高质量开展。

(执笔人:陈 雪 袁 芳)

第五部分
附　录

附录一

文化和旅游部办公厅关于开展第七次全国县级以上公共图书馆评估定级工作的通知

各省、自治区、直辖市文化和旅游厅（局），新疆生产建设兵团文化体育广电和旅游局：

为贯彻落实《文化和旅游部 国家发展改革委 财政部关于推动公共文化服务高质量发展的意见》精神，发挥以评促建、以评促管、以评促效能提升的作用，促进公共图书馆事业高质量发展，文化和旅游部决定开展第七次全国县级以上公共图书馆评估定级工作。现就有关事项通知如下：

一、评估范围

此次评估定级对象为全国县级以上公共图书馆（含少年儿童图书馆，下同），按行政层级相应称为省级馆、副省级馆、地市级馆、县级馆。

二、评估标准

评估定级工作以文化和旅游部制定的省级馆评估标准、副省级及地市级馆评估标准、县级馆评估标准和少年儿童图书馆评估标准（详见附件，可从文化和旅游部政府门户网站下载）为依据，评估数据主要采用2018年至2021年评估周期数据（标准中另有规定的除外）。

三、评估方式

此次评估采取线上与线下相结合的方式进行。通过"全国公共图书馆评估定级管理与服务平台"线上采集各参评馆数据并进行评分。线下实地查看各参评馆设施建设、运行管理与服务情况，核实评估数据。原则上需对参评馆进行实地评估，确因新冠肺炎疫情等原因无法进行实地评估的，可采取线上审核资料的方式进行评估。

四、职责分工

文化和旅游部、中国图书馆学会、各省级文化和旅游行政部门分工负责开展评估定级工作。

（一）文化和旅游部：统筹组织评估定级工作，负责组织制定评估标准、评分标准和细则;组织评估组对省级馆进行评估,并抽评部分副省级、地市级、县级馆;确定一、二、三级图书馆名单并进行命名。

(二)中国图书馆学会:受文化和旅游部委托,具体承办相关工作。

(三)省级文化和旅游行政部门:组织本地各参评馆开展自查自评;指导监督各参评馆采集评估数据、在线上开展服务满意度测评;组织评估组对本地副省级、地市级、县级馆进行评估,提出一、二、三级图书馆建议名单。

五、时间安排

(一)2022年6月至7月,文化和旅游部组织举办第七次全国县级以上公共图书馆评估定级工作培训班;各参评馆自查自评,做好评估数据采集工作。

评估数据将依托"全国公共图书馆评估定级管理与服务平台"进行采集。鼓励各参评馆开放数据接口,自动采集数据(此次评估结束后,文化和旅游部将推动各地开放数据接口,逐步建立常态化采集评估数据、定期研究分析事业发展形势、阶段性总结定级的评估工作模式)。同时,组织在线上开展服务满意度测评。

培训事宜、平台上线时间以及数据采集规范等另行通知。

(二)2022年8月上旬,文化和旅游部会同中国图书馆学会分析评估数据,制定评分标准和细则。

(三)2022年8月中旬至10月底,各省级文化和旅游行政部门组织评估组,根据评分标准和细则对本地副省级、地市级、县级馆进行评估,提出一、二、三级图书馆建议名单,于2022年11月4日前将评估工作总结报告(加盖公章的扫描件及word版)发送至文化和旅游部公共服务司、中国图书馆学会电子邮箱。

(四)2022年10月中旬至11月,文化和旅游部委托中国图书馆学会组织评估组对省级馆进行评估,并抽评部分副省级、地市级、县级馆。

(五)2022年12月,文化和旅游部确定评估定级结果,公示并命名一、二、三级图书馆。

六、工作要求

(一)各级文化和旅游行政部门要高度重视,切实加强组织领导,周密部署、精心安排,有序推进本地评估工作。各级公共图书馆要认真开展自查自评,扎实做好各环节工作。如无特殊原因,各级公共图书馆一律参加本次评估。因故无法参评的,仍须在评估定级管理与服务平台上注册备案,并由省级文化和旅游行政部门将名单和原因(加盖公章的扫描件)发送至文化和旅游部公共服务司、中国图书馆学会电子邮箱。本次评估结束后至下一次评估开始,文化和旅游部将不再单独受理未参评馆的评估定级工作。

(二)要组建高水平的评估队伍。评估专家一般应具有副高及以上专业职称,理论功底扎实,相关工作经验丰富,为人公道正派。原则上每个评估组不超过4人。

(三)要高度重视新冠肺炎疫情防控工作。严格遵守本地疫情防控规定,灵活安排工作,避免人员聚集,确保评估工作安全。

(四)要严格遵守工作纪律。严格落实中央八项规定及其实施细则精神、中央关于为基层减负的要求,精简评估材料,有电子材料的不再提供纸质版材料。坚持实事求是、公开公正,杜绝弄虚作假。如发现有弄虚作假行为,将取消参评资格并通报批评。

请各省级文化和旅游行政部门认真制订本地评估定级工作方案，确定 1 名联络员，于 2022 年 6 月 10 日前将工作方案和联络员信息（包括姓名、单位、职务、电话、手机号、电子邮箱）以加盖公章的扫描件形式发送至文化和旅游部公共服务司、中国图书馆学会电子邮箱。

文化和旅游部公共服务司联系方式：

联 系 人：王来、凌丁洋

联系电话：010-59881740、59881734

传　　真：010-59881776

电子邮箱：ggsjgc@126.com

中国图书馆学会联系方式：

联 系 人：郭万里、石慧

联系电话：010-88545829、88545653

传　　真：010-68417815

电子邮箱：guowl@nlc.cn

平台技术支持：

联 系 人：胡凤彬、朱可伟

联系电话：400-1111413、18310516887、18601920534

特此通知。

文化和旅游部办公厅

2022 年 5 月 26 日

附录二

关于组织参加第七次全国县级以上公共图书馆评估定级工作的通知

苏文旅发〔2022〕65号

各设区市文化广电和旅游局，昆山市、泰兴市、沭阳县文化和旅游行政部门，南京图书馆：

根据《文化和旅游部办公厅关于开展第七次全国县级以上公共图书馆评估定级工作的通知》（办公共发〔2022〕90号），文化和旅游部定于2022年开展第七次全国县级以上公共图书馆评估定级工作。经研究，现将我省组织参加本次评估定级工作的具体事项通知如下：

一、评估范围

全省各设区市、县（市、区）公共图书馆（含县级以上少年儿童图书馆）。如无特殊原因，各级公共图书馆一律参加本次评估。因故无法参评的，仍需在评估定级管理与服务平台上注册备案，并以书面形式报上一级文化和旅游行政主管部门确认，并经省文化和旅游厅同意方可不参加评估工作。本次评估工作结束后至下一次评估工作开始期间，不单独受理未参评馆的评估定级工作。

二、评估标准及方式

评估定级工作以文化和旅游部制定的县级以上公共图书馆评估标准（详见附件，请在文化部门户网站下载）为依据，评估数据主要采用2018年至2021年评估周期数据（标准中另有规定的除外）。

此次评估采取线上数据审核和实地评估相结合的方式进行。线上数据主要采取人工填报和平台自动更新的方式进行采集。

三、职责分工

1. 省文化和旅游厅统筹负责全省县级以上公共图书馆评估定级工作。省图书馆学会配合省文化和旅游厅负责具体组织实施，组建评估工作小组，对设区市级公共图书馆进行评估，并抽查部分县级公共图书馆。南京图书馆接受文化和旅游部公共服务司组织的现场评估及实地检查。

2. 各设区市文化广电和旅游局负责组织开展本地区的评估工作，制定评估计划，组织专家评估组，对本地区县级公共图书馆进行评估；对本地区评估工作进行总结，并在线上开展服务满意度测评。

3. 省图书馆学会负责组织将省内各级参评公共图书馆自评数据录入"全国公共图书馆评估定级管理服务平台"（登录中国图书馆学会网站点击进入相关栏目，平台使用培训由省图书馆学会统一安排）。

四、工作步骤

1. 6月至7月：部署我省参加第七次全国县级以上公共图书馆评估定级工作，派员参加文化和旅游部评估定级工作业务培训，组织开展省内评估定级业务培训。各地组织开展自查自评工作，将自评数据录入"全国公共图书馆评估定级管理服务平台"，在线上开展服务满意度测评。

2. 8月中旬至10月底：省文化和旅游厅、省图书馆学会对各设区市公共图书馆进行实地评估，并对部分县（市、区）公共图书馆进行抽查。审核各参评公共图书馆上报的数据。

3. 10月底前：各设区市将评估工作总结报告（加盖公章的扫描件及word版）发送至省文化和旅游厅公共服务处、省图书馆学会电子邮箱。

4. 10月中旬至11月：迎接文化和旅游部对我省公共图书馆评估工作的检查。

5. 11月4日前，汇总、审核全省公共图书馆评估结果并上报文化和旅游部公共服务司和中国图书馆学会。

五、工作要求

各地要高度重视此次评估定级工作，加强组织领导，坚持实事求是、公开公正的原则，坚决杜绝和防止弄虚作假。要严格落实中央八项规定及其实施细则精神、中央关于为基层减负的要求，精简评估材料，有电子材料的不再提供纸质版材料。各级公共图书馆要积极参加评估工作，对照评估标准要求，认真查找不足，努力加以整改，以评促建，不断提高内部管理水平和公共服务水平，进一步推动我省公共图书馆事业繁荣发展。同时，要高度重视新冠肺炎疫情防控工作，严格遵守本地疫情防控规定，灵活安排工作，避免人员聚集，确保评估工作安全。

请各设区市按照通知要求，制定本地区评估定级方案，确定1名评估定级工作联络员，于2022年6月28日前将工作方案和联络员信息（包括姓名、单位、职务、电话、手机、电子信箱）分别报送省文化和旅游厅和省图书馆学会。

六、联系人及联系方式

江苏省文化和旅游厅
联 系 人：宋伟敏
联系电话：025-87798895，传真：87798832
电子信箱：jswtltsw@163.com
通讯地址：南京市鼓楼区龙蟠里9号（210029）

江苏省图书馆学会
联 系 人：李浩，史叶明
联系电话：025-84356286
传　　真：025-84356282
电子信箱：jstsgxh@jslib.org.cn
通讯地址：南京市中山东路189号南京图书馆8026室

附件：1. 省级公共图书馆等级必备条件和评估标准
　　　2. 副省级、地市级（含直辖市所辖区县）公共图书馆等级必备条件和评估标准
　　　3. 县级公共图书馆等级必备条件和评估标准
　　　4. 少年儿童图书馆等级必备条件和评估标准

江苏省文化和旅游厅

2022年6月16日

附录三

第七次全国县级以上公共图书馆评估定级上等级馆名单

一级图书馆（1 302 个）

北京市（17 个）
首都图书馆
北京市东城区图书馆
北京市西城区图书馆
北京市西城区青少年儿童图书馆
北京市朝阳区图书馆
北京市海淀区图书馆
北京市丰台区图书馆
北京市石景山区图书馆
北京市房山区文化活动中心（北京市房山区图书馆）
北京市通州区图书馆
北京市顺义区图书馆
北京市昌平区图书馆
北京市大兴区图书馆
北京市怀柔区图书馆
北京市平谷区图书馆
北京市密云区图书馆
北京市延庆区图书馆

天津市（16 个）
天津图书馆（天津市少年儿童图书馆）
天津市滨海新区图书馆
中新天津生态城图书档案馆
天津空港经济区文化中心（图书馆）
泰达图书馆
天津市和平区图书馆
天津市河西区图书馆
天津市河东区图书馆
天津市东丽区图书馆
天津市西青区图书馆
天津市津南区图书馆
天津市北辰区图书馆
天津市武清区图书馆
天津市宝坻区图书馆
天津市宁河区图书馆
天津市静海区图书馆

河北省（69 个）
河北省图书馆
石家庄市图书馆
石家庄市桥西区图书馆
石家庄市鹿泉区图书馆
井陉县图书馆
正定县图书馆
赞皇县图书馆

赵县图书馆
新乐市图书馆
承德县图书馆
张家口市图书馆
张家口市崇礼区图书馆
张家口市宣化区图书馆
张家口市下花园区图书馆
张北县图书馆
秦皇岛市图书馆
卢龙县图书馆
唐山市图书馆
唐山市丰南区图书馆
唐山市丰润区图书馆
唐山市曹妃甸区图书馆
乐亭县图书馆
玉田县图书馆
遵化市图书馆
迁安市图书馆
廊坊市图书馆
廊坊市安次区图书馆
香河县图书馆
文安县图书馆
大厂回族自治县图书馆
霸州市图书馆
三河市图书馆
保定市图书馆
保定市徐水区图书馆
涞水县图书馆
定兴县图书馆
望都县图书馆
易县图书馆
曲阳县图书馆
涿州市图书馆
高碑店市图书馆
沧州市图书馆
海兴县图书馆
肃宁县图书馆
南皮县图书馆
献县图书馆

泊头市图书馆
任丘市图书馆
黄骅市图书馆
衡水市图书馆
衡水市冀州区图书馆
饶阳县图书馆
邢台市图书馆
邢台市南和区图书馆
宁晋县图书馆
新河县图书馆
威县图书馆
清河县图书馆
临西县图书馆
沙河市图书馆
邯郸市图书馆
临漳县图书馆
涉县图书馆
鸡泽县图书馆
广平县图书馆
馆陶县图书馆
魏县图书馆
武安市图书馆
定州市图书馆

山西省(31个)

山西省图书馆
太原市图书馆
太原市小店区图书馆
清徐县图书馆
大同市图书馆(大同市少儿图书馆)
大同市平城区图书馆
大同市云冈区图书馆
大同市云州区图书馆
朔州市图书馆
应县图书馆
怀仁市图书馆
汾阳市图书馆
晋中市图书馆

灵石县图书馆
介休市图书馆
长治市图书馆
长治市潞州区图书馆
长治市上党区图书馆
沁源县图书馆
晋城市图书馆
临汾市图书馆
曲沃县图书馆
洪洞县图书馆
古县图书馆
乡宁县图书馆
临猗县图书馆
新绛县图书馆
平陆县图书馆
芮城县图书馆
永济市图书馆
河津市图书馆

内蒙古自治区（36个）
内蒙古自治区图书馆
呼和浩特市图书馆
呼和浩特市赛罕区图书馆
包头市图书馆
包头市青山区图书馆
包头市昆都仑区图书馆
包头市九原区图书馆
固阳县图书馆
土默特右旗图书馆
呼伦贝尔市图书馆
兴安盟图书馆
兴安盟科右中旗图书馆
通辽市图书馆
通辽市科尔沁区图书馆
开鲁县图书馆
奈曼旗图书馆
库伦旗图书馆
霍林郭勒市图书馆

赤峰市图书馆
赤峰市红山区图书馆
赤峰市红山区少年儿童图书馆
赤峰市松山区图书馆
宁城县图书馆
喀喇沁旗图书馆
巴林左旗图书馆
鄂尔多斯市图书馆
鄂尔多斯市东胜区图书馆
伊金霍洛旗图书馆
达拉特旗图书馆
准格尔旗图书馆
鄂托克前旗图书馆
鄂托克旗图书馆
乌审旗图书馆
五原县图书馆
乌拉特前旗图书馆
阿拉善盟图书馆

辽宁省（32个）
辽宁省图书馆（辽宁省古籍保护中心）
沈阳市图书馆
沈阳市少年儿童图书馆
沈阳市沈河区图书馆
沈阳市皇姑区图书馆
沈阳市皇姑区少年儿童图书馆
沈阳市沈北新区图书馆
康平县图书馆
法库县图书馆
大连市图书馆
大连市少年儿童图书馆
大连市沙河口区图书馆
大连市西岗区图书馆
大连市甘井子区图书馆
大连市旅顺口区图书馆
大连市金州区图书馆
大连市经济技术开发区图书馆
瓦房店市图书馆

大连市普兰店区图书馆
鞍山市图书馆
鞍山市铁东区图书馆
海城市图书馆
本溪市图书馆
桓仁满族自治县图书馆
锦州市图书馆
北镇市图书馆
营口市图书馆
营口市鲅鱼圈区图书馆
辽阳市图书馆
凌源市图书馆
盘锦市兴隆台区图书馆
葫芦岛市图书馆

吉林省（27个）

吉林省图书馆（吉林省少年儿童图书馆）
长春市图书馆
长春市南关区图书馆
长春市宽城区图书馆
长春市朝阳区图书馆
长春市绿园区图书馆
长春市双阳区图书馆
长春市九台区图书馆
农安县图书馆
吉林市图书馆
永吉县图书馆
蛟河市图书馆
桦甸市图书馆
通化市图书馆
通化县图书馆
长白朝鲜族自治县图书馆
抚松县图书馆
松原市图书馆
前郭尔罗斯蒙古族自治县图书馆
乾安县图书馆
延边朝鲜族自治州图书馆
延吉市少年儿童图书馆

敦化市图书馆
龙井市图书馆
和龙市图书馆
安图县图书馆
梅河口市图书馆

黑龙江省（20个）

哈尔滨市香坊区图书馆
哈尔滨市呼兰区图书馆
哈尔滨市阿城区图书馆
哈尔滨市双城区图书馆
尚志市图书馆
齐齐哈尔市图书馆
依安县图书馆
甘南县图书馆
拜泉县图书馆
牡丹江市图书馆
桦南县图书馆
大庆市图书馆
鸡西市图书馆
双鸭山市图书馆
嘉荫县图书馆
铁力市图书馆
黑河市爱辉区图书馆
望奎县图书馆
庆安县图书馆
绥棱县图书馆

上海市（19个）

上海图书馆（上海科学技术情报研究所）
上海少年儿童图书馆
上海浦东图书馆
上海市黄浦区图书馆
上海市静安区图书馆
上海市徐汇区图书馆
上海市长宁区图书馆
上海市普陀区图书馆
上海市虹口区图书馆

上海市杨浦区图书馆
上海市宝山区图书馆
上海市闵行区图书馆
上海市嘉定区图书馆
上海市金山区图书馆
上海市松江区图书馆
上海市青浦区图书馆
上海市奉贤区图书馆
上海市崇明区图书馆
上海市黄浦区明复图书馆

江苏省(114个)

南京图书馆
金陵图书馆
南京市玄武区少年儿童图书馆
南京市秦淮区图书馆
南京市建邺区图书馆
南京市鼓楼区图书馆
南京市栖霞区图书馆
南京市雨花台区图书馆
南京市江宁区图书馆
南京市浦口区图书馆
南京市六合区图书馆
南京市溧水区图书馆
南京市溧水区儿童图书馆
南京市高淳区图书馆
南京江北新区图书馆
无锡市图书馆
无锡市梁溪区图书馆
无锡市锡山区图书馆
无锡市惠山区图书馆
无锡市滨湖区图书馆
无锡高新区(新吴区)图书馆
江阴市公共文化艺术发展中心(图书馆)
宜兴市图书馆
徐州市图书馆
徐州市鼓楼区图书馆
徐州市云龙区图书馆
徐州市泉山区图书馆
丰县图书馆
沛县图书馆
睢宁县图书馆
邳州市图书馆
新沂市图书馆
常州市图书馆
常州市金坛区图书馆
常州市武进区图书馆
常州市新北区图书馆
常州市天宁区图书馆
常州市钟楼区图书馆
常州市经济开发区图书馆
溧阳市图书馆
苏州图书馆
苏州市吴江区图书馆
苏州市吴中区图书馆
苏州市相城区图书馆
苏州市姑苏区图书馆
苏州工业园区图书馆
苏州高新区图书馆
张家港市图书馆
张家港市少年儿童图书馆
常熟市图书馆
太仓市图书馆
昆山市图书馆
南通市图书馆
南通市海门区图书馆
南通市通州区图书馆
南通市崇川区图书馆
南通市经济技术开发区图书馆
海安市图书馆
如皋市图书馆
如东县图书馆
启东市图书馆
连云港市图书馆
连云港市少年儿童图书馆
连云港市赣榆区图书馆
连云港市海州区图书馆

连云港市连云区图书馆
东海县图书馆
灌云县图书馆
灌南县图书馆
淮安市图书馆
淮安市少儿图书馆
淮安市清江浦区图书馆
淮安市淮安区图书馆
淮安市洪泽区图书馆
涟水县图书馆
盱眙县图书馆
金湖县图书馆
盐城市图书馆
盐城市大丰区图书馆
盐城市盐都区图书馆
盐城市亭湖区图书馆
东台市图书馆
建湖县图书馆
射阳县图书馆
阜宁县图书馆
滨海县图书馆
响水县图书馆
扬州市图书馆
扬州市少年儿童图书馆
扬州市江都区图书馆
扬州市邗江区图书馆
宝应县图书馆
高邮市图书馆
仪征市图书馆
镇江市图书馆
镇江市丹徒区图书馆
镇江市京口文化艺术中心(京口区图书馆)
镇江市润州区图书馆
丹阳市图书馆
句容市图书馆
扬中市图书馆
泰州市图书馆
泰州市海陵区图书馆
泰州医药高新技术产业开发区(泰州市高港区)图书馆
泰州市姜堰区图书馆
靖江市图书馆
泰兴市图书馆
兴化市图书馆
宿迁市图书馆
宿迁市宿豫区图书馆
宿迁市宿城区图书馆
沭阳县图书馆
泗阳县图书馆
泗洪县图书馆

浙江省(99个)

浙江图书馆(浙江省古籍保护中心)
杭州图书馆
杭州市上城区图书馆
杭州市拱墅区图书馆
杭州市西湖区图书馆
杭州高新技术产业开发区(滨江)图书馆
杭州市萧山图书馆
杭州市余杭区图书馆
杭州市临平区图书馆
杭州市富阳区图书馆
杭州市临安区图书馆
建德市图书馆
桐庐县图书馆
淳安县图书馆
宁波图书馆
宁波市海曙区图书馆
宁波市江北区图书馆
宁波市北仑区图书馆
宁波市镇海区图书馆
宁波市鄞州区图书馆
宁波市奉化区图书馆
余姚市图书馆
慈溪市图书馆
象山县图书馆
宁海县图书馆

温州市图书馆
温州市鹿城区图书馆
温州市龙湾区图书馆
温州市瓯海区图书馆
温州市洞头区图书馆
瑞安市图书馆
乐清市图书馆
龙港市图书馆
永嘉县图书馆
平阳县图书馆
苍南县图书馆
文成县图书馆
泰顺县图书馆(泰顺县少儿图书馆)
嘉兴市图书馆
嘉兴市南湖区图书馆
嘉兴市秀洲区图书馆
海宁市图书馆
平湖市图书馆
桐乡市图书馆(陆费逵图书馆)
嘉善县图书馆
张元济图书馆
湖州市图书馆
湖州市吴兴区图书馆
湖州市南浔区图书馆
德清县图书馆
长兴县图书馆
安吉县图书馆
绍兴图书馆
绍兴市越城区图书馆
绍兴市柯桥区图书馆
绍兴市上虞区图书馆
诸暨市图书馆
嵊州市图书馆
新昌县图书馆
金华市图书馆(严济慈图书馆、艾青纪念馆)
金华市婺城区图书馆
兰溪市图书馆
义乌市图书馆
东阳市图书馆

永康市图书馆
武义县图书馆
浦江县图书馆
磐安县图书馆
衢州市图书馆
衢州市柯城区图书馆
衢州市衢江区图书馆
江山市图书馆
常山县图书馆
开化县图书馆
龙游县图书馆
舟山市图书馆(舟山海洋数字图书馆)
舟山市定海区图书馆
舟山市普陀区图书馆
岱山县图书馆
嵊泗县图书馆
台州市图书馆
台州市椒江区图书馆
台州市黄岩区图书馆
台州市路桥区图书馆
温岭市图书馆
临海市图书馆
玉环市图书馆
三门县图书馆
天台县图书馆
仙居县图书馆
丽水市图书馆
丽水市莲都区图书馆
龙泉市图书馆
青田县图书馆
缙云县图书馆
遂昌县图书馆
松阳县图书馆
云和县图书馆
景宁畲族自治县图书馆

安徽省(52个)
合肥市图书馆

合肥市少年儿童图书馆
合肥市包河区图书馆
肥东县图书馆
长丰县图书馆
巢湖市图书馆
涡阳县图书馆
蒙城县图书馆
宿州市图书馆
砀山县图书馆
泗县图书馆
五河县图书馆
固镇县图书馆
颍上县图书馆
界首市图书馆
临泉县图书馆
阜南县图书馆
太和县图书馆
滁州市图书馆
天长市图书馆
明光市图书馆
全椒县图书馆
定远县图书馆
凤阳县图书馆
金寨县图书馆
舒城县图书馆
霍山县图书馆
马鞍山市图书馆
马鞍山市花山区图书馆
马鞍山市雨山区图书馆
含山县图书馆
和县图书馆
当涂县图书馆
无为市图书馆
南陵县图书馆
芜湖市湾沚区图书馆
芜湖市繁昌区图书馆
宣城市图书馆
绩溪县图书馆
广德市图书馆

铜陵市图书馆
铜陵市铜官区图书馆
东至县图书馆
青阳县图书馆
安庆市图书馆
桐城市图书馆
怀宁县图书馆
太湖县图书馆
黄山市图书馆
黄山市屯溪区图书馆
歙县图书馆
休宁县图书馆

福建省(42个)

福建省少年儿童图书馆
福州市图书馆
福州市仓山区图书馆
福州市台江区图书馆
福州市马尾区图书馆
福州市长乐区图书馆
福清市图书馆
闽侯县图书馆
永泰县图书馆
厦门市图书馆
厦门市少年儿童图书馆
集美图书馆
厦门市思明区图书馆
厦门市湖里区图书馆
厦门市集美区少年儿童图书馆
厦门市海沧区图书馆
厦门市同安区图书馆
厦门市同安区少年儿童图书馆
厦门市翔安区图书馆
漳州市长泰区图书馆
漳州市龙海区图书馆
泉州市图书馆
泉州市鲤城区图书馆
泉州市泉港区图书馆

晋江市图书馆
南安市图书馆
南安市李成智公众图书馆
石狮市图书馆
永春县图书馆
惠安县图书馆
三明市图书馆
三明市沙县区图书馆
永安市图书馆
建宁县图书馆
大田县图书馆
将乐县图书馆
清流县图书馆
莆田市图书馆
龙岩图书馆
上杭县图书馆
霞浦县图书馆
平潭综合实验区图书馆

江西省(56个)

江西省图书馆
南昌市图书馆
南昌市东湖区图书馆
南昌市青云谱区图书馆
南昌市青山湖区图书馆
南昌县图书馆
进贤县图书馆
景德镇市图书馆
乐平市图书馆
萍乡市图书馆
萍乡市湘东区图书馆
莲花县图书馆
芦溪县图书馆
九江市图书馆
庐山图书馆
修水县图书馆
德安县图书馆
都昌县图书馆

湖口县图书馆
新余市图书馆
分宜县图书馆
赣州市图书馆
赣州市章贡区图书馆
赣州市南康区图书馆
赣州市赣县区图书馆
瑞金市图书馆
龙南市图书馆
大余县图书馆
于都县图书馆
兴国县图书馆
会昌县图书馆
寻乌县图书馆
石城县图书馆
吉安市图书馆
吉安市青原区图书馆
吉安县图书馆
新干县图书馆
泰和县图书馆
遂川县图书馆
万安县图书馆
宜春市图书馆
樟树市图书馆
高安市图书馆
奉新县图书馆
万载县图书馆
上高县图书馆
靖安县图书馆
抚州市图书馆
抚州市临川区图书馆
崇仁县图书馆
金溪县图书馆
上饶市图书馆
上饶市信州区图书馆
上饶市广丰区图书馆
弋阳县图书馆
婺源县图书馆

山东省(128个)

山东省图书馆
济南市图书馆
济南市历下区图书馆
济南市市中区图书馆
济南市槐荫区图书馆
济南市天桥区图书馆
济南市历城区图书馆
济南市长清区图书馆
济南市章丘区图书馆
济南市济阳区图书馆
济南市莱芜区图书馆
济南市钢城区图书馆
平阴县图书馆
商河县图书馆
青岛市图书馆
青岛市市南区图书馆
青岛市市北区图书馆
青岛市李沧区图书馆
青岛市崂山区图书馆
青岛市黄岛区图书馆
青岛市城阳区图书馆(城阳区公共文化服务中心)
青岛市即墨区图书馆
胶州市图书馆(胶州市文化服务中心)
平度市图书馆
莱西市图书馆(莱西市群众文化服务中心)
淄博市图书馆
淄博市淄川区图书馆
淄博市张店区少儿图书馆
淄博市博山区图书馆
淄博市临淄区图书馆
淄博市周村区图书馆
桓台县图书馆
高青县图书馆
沂源县图书馆
枣庄市图书馆
枣庄市峄城区图书馆
枣庄市山亭区图书馆
滕州市图书馆
东营市图书馆
东营市东营区图书馆
东营市河口区图书馆
东营市垦利区图书馆
利津县图书馆
广饶县图书馆
烟台图书馆
烟台市芝罘区图书馆
烟台市福山区图书馆
烟台市牟平区图书馆
烟台市莱山区图书馆
烟台市蓬莱区图书馆
烟台经济技术开发区图书馆
龙口市图书馆
莱阳市图书馆
莱州市图书馆
招远市图书馆
栖霞市图书馆
海阳市图书馆
潍坊市图书馆
潍坊市坊子区图书馆
潍坊市奎文区图书馆
青州市图书馆
诸城市图书馆
寿光市图书馆
安丘市图书馆
高密市图书馆
昌邑市图书馆
临朐县图书馆
昌乐县图书馆
济宁市图书馆
济宁市兖州区图书馆
曲阜市图书馆
邹城市图书馆
微山县图书馆
鱼台县图书馆
金乡县图书馆

嘉祥县图书馆
汶上县图书馆
梁山县图书馆
泰安市图书馆
泰安市泰山区图书馆
肥城市图书馆
宁阳县图书馆
东平县图书馆
威海市图书馆
威海市环翠区图书馆
威海市文登区图书馆
荣成市图书馆
乳山市图书馆(乳山市文化和旅游公共服务中心)
日照市图书馆
日照市东港区图书馆
日照市岚山区图书馆
五莲县图书馆
莒县图书馆
临沂市图书馆
临沂市兰山区图书馆
临沂市罗庄区图书馆
临沂市河东区图书馆
沂南县图书馆
郯城县图书馆
沂水县图书馆
兰陵县图书馆
费县图书馆
平邑县图书馆
莒南县图书馆
蒙阴县图书馆
临沭县图书馆
德州市德城区图书馆
乐陵市图书馆
禹城市图书馆
宁津县图书馆
齐河县图书馆
平原县图书馆
夏津县图书馆
聊城市图书馆
聊城市茌平区图书馆
东阿县图书馆(东阿县文化事业发展中心)
高唐县图书馆
滨州市图书馆
滨州市沾化区图书馆
邹平市图书馆
无棣县图书馆
博兴县图书馆
菏泽市图书馆
菏泽市牡丹区图书馆
菏泽市定陶区图书馆
成武县图书馆
巨野县图书馆
东明县图书馆

河南省(64个)

郑州图书馆
巩义市图书馆
新密市图书馆
荥阳市图书馆
新郑市图书馆
郑州市金水区图书馆
中牟县图书馆
开封市图书馆
兰考县图书馆
洛阳市图书馆
洛阳市少年儿童图书馆
洛阳市涧西区图书馆
洛阳市老城区图书馆
洛阳市洛龙区图书馆
洛阳市孟津区图书馆
新安县图书馆
平顶山市图书馆
舞钢市图书馆
宝丰县图书馆
安阳市图书馆
林州市图书馆

鹤壁市图书馆
淇县图书馆
长垣市图书馆
辉县市图书馆
延津县图书馆
焦作市图书馆
沁阳市图书馆
修武县图书馆
濮阳市图书馆
许昌市图书馆
许昌市少年儿童图书馆
禹州市图书馆
襄城县图书馆
漯河市图书馆
三门峡市图书馆
灵宝市图书馆
义马市图书馆
三门峡市湖滨区公共图书馆
卢氏县图书馆
渑池县图书馆
南阳市图书馆
方城县图书馆
唐河县图书馆
永城市图书馆
商丘市梁园区图书馆
夏邑县图书馆
宁陵县图书馆
睢县图书馆
民权县图书馆
信阳市图书馆
信阳市平桥区明港图书馆
信阳市平桥区图书馆
罗山县图书馆
淮滨县图书馆
商城县图书馆
新县图书馆
固始县图书馆
周口市淮阳区图书馆
鹿邑县图书馆

西平县图书馆
汝南县图书馆
正阳县图书馆
济源市图书馆

湖北省(65个)

湖北省图书馆
武汉图书馆
武汉市少年儿童图书馆
武汉市江岸区图书馆
武汉市江汉区图书馆
武汉市硚口区图书馆
武汉市汉阳区图书馆
武汉市武昌区图书馆
武汉市青山区图书馆
武汉市洪山区图书馆
武汉市东西湖区图书馆
武汉经济技术开发区(汉南区)图书馆
武汉市蔡甸区图书馆
武汉市江夏区图书馆
黄石市图书馆
大冶市图书馆
阳新县图书馆
襄阳市图书馆
襄阳市襄州区图书馆
老河口市图书馆
枣阳市图书馆
宜城市图书馆
南漳县图书馆
谷城县图书馆
保康县图书馆
荆州市图书馆
松滋市图书馆
宜昌市图书馆
宜昌市西陵区图书馆
宜昌市夷陵区图书馆
宜都市图书馆
当阳市图书馆

枝江市图书馆
秭归县图书馆
兴山县图书馆
长阳土家族自治县图书馆
五峰土家族自治县图书馆
十堰市图书馆
竹溪县图书馆
孝感市图书馆
孝感市孝南区图书馆
应城市图书馆
孝昌县图书馆
荆门市图书馆
荆门市东宝区图书馆
京山市图书馆
鄂州市图书馆
黄冈市图书馆
麻城市图书馆
武穴市图书馆
蕲春县图书馆
黄梅县图书馆
罗田县图书馆
红安县图书馆
咸宁市图书馆
咸宁市咸安区图书馆
赤壁市图书馆
嘉鱼县图书馆
随州市图书馆
利川市图书馆
宣恩县图书馆
来凤县图书馆
仙桃市图书馆
潜江市图书馆
天门市图书馆

湖南省（51个）

湖南图书馆
湖南省少年儿童图书馆
长沙市图书馆
长沙市芙蓉区图书馆
长沙市开福区图书馆
长沙市天心区图书馆
长沙市岳麓区图书馆
长沙市雨花区图书馆
长沙市望城区雷锋图书馆
长沙县图书馆
浏阳市图书馆
宁乡市图书馆
衡阳市图书馆
衡东县荣桓图书馆
衡南县图书馆
衡阳县图书馆
株洲市图书馆
醴陵市图书馆
茶陵县图书馆
攸县图书馆
炎陵县图书馆
韶山市图书馆
湘乡市图书馆
邵阳市松坡图书馆
邵阳市少年儿童图书馆
邵东市图书馆
新宁县图书馆
隆回县魏源图书馆
岳阳市图书馆
临湘市图书馆
汨罗市图书馆
平江县图书馆
桃江县图书馆
石门县图书馆
临澧县图书馆
张家界市永定区图书馆
益阳市图书馆
资兴市图书馆
桂阳县图书馆
永州市冷水滩区图书馆
东安县图书馆
宁远县图书馆

祁阳陶铸图书馆
道县图书馆
辰溪县图书馆
涟源市图书馆
冷水江市图书馆
双峰县图书馆
花垣县图书馆
凤凰县图书馆
泸溪县图书馆

广东省（93个）

广东省立中山图书馆
广州图书馆
广州少年儿童图书馆
广州市越秀区图书馆
广州市海珠区图书馆
广州市荔湾区图书馆
广州市天河区图书馆
广州市白云区图书馆
广州市黄埔区图书馆
广州市花都区图书馆
广州市番禺区图书馆
广州市南沙区图书馆
广州市从化区图书馆
广州市增城区图书馆
深圳图书馆
深圳少年儿童图书馆
深圳市福田区图书馆
深圳市罗湖区图书馆
深圳市盐田区图书馆
深圳市南山区图书馆
深圳市宝安区图书馆
深圳市龙岗区图书馆
深圳市龙华区图书馆
深圳市坪山区图书馆
深圳市光明区图书馆
珠海市图书馆
珠海市金湾区图书馆

珠海市斗门区图书馆
汕头市图书馆
汕头市龙湖区图书馆
汕头市澄海区图书馆
佛山市图书馆
佛山市禅城区图书馆
佛山市南海区图书馆
佛山市顺德图书馆
佛山市高明区图书馆
佛山市三水区图书馆
韶关市武江区图书馆
韶关市曲江区图书馆
南雄市图书馆
河源市图书馆
河源市源城区图书馆
东源县图书馆
紫金县图书馆
和平县图书馆
梅州市剑英图书馆
梅州市梅江区图书馆
梅州市梅县区图书馆
兴宁市图书馆
平远县图书馆
蕉岭县图书馆
大埔县图书馆
五华县图书馆
惠州市图书馆
惠州市惠阳区图书馆
惠东县图书馆
博罗县图书馆
龙门县图书馆
东莞图书馆
中山纪念图书馆
江门市图书馆
江门市蓬江区图书馆（陈垣图书馆）
江门市新会区景堂图书馆
台山市图书馆
开平市图书馆
鹤山市图书馆

恩平市图书馆
阳春市图书馆
湛江市少年儿童图书馆
雷州市图书馆
茂名市图书馆
茂名市茂南区图书馆
信宜市图书馆
高州市图书馆
化州市图书馆
肇庆市图书馆
肇庆市端州图书馆
肇庆市鼎湖区图书馆
肇庆市高要区图书馆
四会市图书馆
广宁县图书馆
怀集县图书馆
封开县图书馆
德庆县图书馆
清远市图书馆
清远市清城区图书馆
英德市图书馆
连州市图书馆
潮州市图书馆
潮州市潮安区图书馆
揭阳市榕城区图书馆
罗定市图书馆
新兴县图书馆

广西壮族自治区(17个)

广西壮族自治区图书馆
广西壮族自治区桂林图书馆
南宁市图书馆
南宁市少年儿童图书馆
南宁市武鸣区图书馆
柳州市图书馆
柳州市城中区图书馆
鹿寨县图书馆
梧州市图书馆
北海市图书馆
钦州市图书馆
贵港市图书馆
玉林市图书馆
北流市图书馆
百色市图书馆
来宾市兴宾区图书馆
象州县图书馆

海南省(4个)

海南省图书馆
海口市龙华区图书馆
三亚市图书馆
保亭黎族苗族自治县图书馆

重庆市(39个)

重庆图书馆
重庆市少年儿童图书馆
重庆市万州区图书馆
重庆市黔江区图书馆
重庆市涪陵区图书馆
重庆市涪陵区少年儿童图书馆
重庆市渝中区图书馆
重庆市大渡口区图书馆
重庆市江北区图书馆
重庆市沙坪坝区图书馆
重庆市九龙坡区图书馆
重庆市南岸区图书馆
重庆市北碚图书馆
重庆市渝北区图书馆
重庆市巴南区图书馆
重庆市长寿区图书馆
重庆市江津区图书馆
重庆市合川区图书馆
重庆市永川区图书馆
重庆市南川区图书馆
重庆市綦江区图书馆
重庆市大足区图书馆

重庆市璧山区图书馆
重庆市铜梁区图书馆
重庆市潼南区图书馆
重庆市开州区图书馆
重庆市梁平区图书馆
重庆市武隆区图书馆
城口县图书馆
丰都县图书馆
垫江县图书馆
忠县图书馆
云阳县图书馆
奉节县图书馆
巫山县图书馆
巫溪县图书馆
石柱土家族自治县图书馆
秀山土家族苗族自治县图书馆
重庆市万盛经济技术开发区图书馆

四川省(69个)

四川省图书馆(四川省古籍保护中心)
成都图书馆(成都市古籍保护中心)
成都市锦江区图书馆
成都市金牛区图书馆
成都市武侯区图书馆
成都市成华区图书馆
成都高新区文化体育指导服务中心(图书馆)
成都市龙泉驿区图书馆
成都市青白江区图书馆
成都市新都区图书馆
成都市温江区图书馆
成都市双流区图书馆
成都市郫都区图书馆
成都市新津区图书馆
都江堰市图书馆
彭州市图书馆
简阳市图书馆
崇州市图书馆
金堂县图书馆

大邑县图书馆
蒲江县图书馆
自贡市图书馆
富顺县图书馆
米易县图书馆
泸州市图书馆
合江县图书馆
叙永县图书馆
什邡市图书馆
广汉市图书馆
绵竹市图书馆
绵阳市图书馆
绵阳市安州区图书馆
江油市图书馆
三台县图书馆
北川羌族自治县图书馆
广元市图书馆
苍溪县图书馆
旺苍县图书馆
青川县图书馆
剑阁县图书馆
遂宁市安居区图书馆
射洪市图书馆
隆昌市图书馆
资中县图书馆
乐山市图书馆
南充市图书馆
南充市高坪区图书馆
南部县图书馆
仪陇县图书馆
眉山市东坡区图书馆
仁寿县图书馆
宜宾市图书馆
宜宾市叙州区图书馆
屏山县图书馆
筠连县图书馆
广安市图书馆
达州市图书馆
达州市达川区图书馆

宣汉县图书馆
雅安市雨城区图书馆
汉源县图书馆
天全县图书馆
荥经县图书馆
巴中市图书馆
通江县图书馆
资阳市雁江区图书馆
安岳县图书馆
西昌市图书馆
宁南县图书馆

贵州省（18个）

贵州省图书馆
贵阳市图书馆
贵阳市少年儿童图书馆
贵阳市乌当区图书馆
六盘水市图书馆
遵义市图书馆
遵义市播州区图书馆
毕节市图书馆
毕节市七星关区图书馆
大方县图书馆
黔西市图书馆
威宁彝族回族苗族自治县图书馆
印江土家族苗族自治县图书馆
松桃苗族自治县图书馆
兴义市图书馆
晴隆县民族图书馆
都匀市图书馆
瓮安县图书馆

云南省（42个）

云南省图书馆
昆明市图书馆
昆明市五华区图书馆
昆明市官渡区图书馆
昆明市西山区图书馆

昆明少年儿童图书馆（昆明市盘龙区图书馆）
安宁市图书馆
曲靖市图书馆
曲靖市麒麟区图书馆
陆良县图书馆
富源县图书馆
师宗县图书馆
宣威市图书馆
玉溪市图书馆
玉溪市红塔区图书馆
易门县图书馆
丽江市图书馆
丽江市古城区图书馆
普洱市图书馆
楚雄彝族自治州图书馆
楚雄市图书馆
大姚县图书馆
禄丰市图书馆
牟定县图书馆
南华县图书馆
双柏县图书馆
武定县图书馆
姚安县图书馆
永仁县图书馆
元谋县图书馆
文山壮族苗族自治州图书馆
大理白族自治州图书馆
临沧市临翔区图书馆
昌宁县图书馆
腾冲市图书馆
腾冲市和顺图书馆
施甸县图书馆
个旧市图书馆
开远市图书馆
泸西县图书馆
弥勒市图书馆
石屏县图书馆

陕西省（26个）

陕西省图书馆
西安市新城区图书馆
西安市长安区图书馆
西安市高陵区图书馆
西安市鄠邑区图书馆
蓝田县图书馆
周至县图书馆
铜川图书馆
宝鸡市图书馆
宝鸡市陈仓区图书馆
千阳县图书馆
咸阳图书馆
三原县图书馆
渭南市临渭区图书馆
渭南市华州区图书馆
蒲城县图书馆
延安市图书馆
吴起县图书馆
榆林市星元图书楼
榆林市横山区图书馆
神木市图书馆
府谷县图书馆
汉中市汉台区图书馆
安康市汉滨区少年儿童图书馆
白河县图书馆
韩城市司马迁图书馆

甘肃省（18个）

甘肃省图书馆
兰州市图书馆
兰州市西固区图书馆
酒泉市肃州区图书馆
敦煌市图书馆
嘉峪关市图书馆
金昌市图书馆
张掖市甘州区图书馆
临泽县图书馆
高台县图书馆
天祝藏族自治县图书馆
白银市图书馆
通渭县图书馆
陇西县图书馆
天水市图书馆
天水市麦积区图书馆
华亭市图书馆
庆阳市西峰区少儿图书馆

青海省（2个）

西宁市图书馆
海南藏族自治州图书馆

宁夏回族自治区（10个）

宁夏回族自治区图书馆
石嘴山市图书馆
吴忠市图书馆
贺兰县图书馆
平罗县图书馆
盐池县图书馆
同心县图书馆
青铜峡市图书馆
隆德县图书馆
中宁县图书馆

新疆维吾尔自治区（24个）

新疆维吾尔自治区图书馆
伊犁哈萨克自治州图书馆
奎屯市图书馆
塔城地区图书馆
乌苏市图书馆
沙湾市图书馆
富蕴县图书馆
青河县图书馆
克拉玛依市图书馆
克拉玛依市克拉玛依区图书馆
克拉玛依市独山子区图书馆

昌吉回族自治州图书馆
木垒哈萨克自治县图书馆
吉木萨尔县图书馆
阜康市图书馆
呼图壁县图书馆
哈密市图书馆
库尔勒市图书馆
焉耆回族自治县图书馆
阿克苏地区图书馆

和静县东归图书馆
温宿县图书馆
和田地区图书馆
莎车县图书馆

新疆生产建设兵团（2个）
第八师石河子市图书馆
第六师五家渠市图书馆

二级图书馆（684个）

天津市（3个）
天津市南开区图书馆
天津市河北区图书馆
天津市红桥区图书馆

河北省（56个）
石家庄市藁城区图书馆
灵寿县图书馆
高邑县图书馆
无极县图书馆
平山县图书馆
晋州市图书馆
承德市图书馆
承德市双滦区图书馆
滦平县图书馆
围场满族蒙古族自治县图书馆
康保县图书馆
蔚县图书馆
涿鹿县图书馆
秦皇岛市海港区图书馆
秦皇岛市山海关区图书馆
秦皇岛市北戴河区图书馆
秦皇岛市抚宁区图书馆
青龙满族自治县图书馆

昌黎县图书馆
唐山市路南区图书馆
唐山市路北区图书馆
唐山市古冶区图书馆
唐山市开平区图书馆
滦南县图书馆
迁西县图书馆
滦州市图书馆
廊坊市广阳区图书馆
固安县图书馆
永清县图书馆
大城县图书馆
保定市竞秀区图书馆
保定市莲池区图书馆
唐县图书馆
顺平县图书馆
安国市图书馆
沧州市新华区图书馆
沧州市运河区图书馆
沧县图书馆
青县图书馆
东光县图书馆
盐山县图书馆
吴桥县图书馆
孟村回族自治县图书馆

河间市图书馆
武强县图书馆
邢台市信都区图书馆
内丘县图书馆
柏乡县图书馆
南宫市图书馆
邯郸市丛台区图书馆
邯郸市峰峰矿区图书馆
邯郸市肥乡区图书馆
成安县图书馆
大名县图书馆
磁县图书馆
曲周县图书馆

山西省（38个）
灵丘县图书馆
朔州市朔城区图书馆
朔州市平鲁区图书馆
山阴县图书馆
忻州市图书馆
宁武县图书馆
河曲县图书馆
原平市图书馆
阳泉市图书馆
平定县图书馆
盂县图书馆
吕梁市图书馆
孝义市图书馆
晋中市榆次区图书馆
晋中市太谷区图书馆
左权县图书馆
和顺县图书馆
昔阳县图书馆
寿阳县图书馆
祁县图书馆
平遥县图书馆
长治市潞城区图书馆
襄垣县图书馆

平顺县图书馆
黎城县人民图书馆
壶关县图书馆
长子县图书馆
武乡县图书馆
沁县图书馆
晋城市城区图书馆
沁水县图书馆
泽州县图书馆
陵川县图书馆
高平市图书馆
临汾市尧都区图书馆
襄汾县图书馆
侯马市图书馆
霍州市图书馆

内蒙古自治区（26个）
呼和浩特市新城区图书馆
呼和浩特市回民区图书馆
和林格尔县图书馆
托克托县图书馆
包头市达茂旗图书馆
呼伦贝尔市扎赉诺尔区图书馆
满洲里市图书馆
扎兰屯市图书馆
陈巴尔虎旗图书馆
兴安盟突泉县图书馆
科尔沁右翼前旗图书馆
通辽市扎鲁特旗图书馆
赤峰市林西县图书馆
翁牛特旗图书馆
巴林右旗图书馆
克什克腾旗图书馆
锡林郭勒盟东乌珠穆沁旗图书馆
乌兰察布市图书馆
巴彦淖尔市图书馆
巴彦淖尔市临河区图书馆
乌拉特中旗图书馆

杭锦后旗图书馆
鄂尔多斯市杭锦旗图书馆
乌海市海勃湾区图书馆
乌海市乌达区图书馆
阿拉善盟额济纳旗图书馆

辽宁省(11个)
沈阳市大东区少年儿童图书馆
庄河市图书馆
长海县图书馆
抚顺市图书馆
丹东市图书馆
东港市图书馆
锦州市少年儿童图书馆
营口市少年儿童图书馆
朝阳县图书馆
北票市图书馆
盘锦市少年儿童图书馆

吉林省(12个)
榆树市图书馆
德惠市图书馆
吉林市龙潭区图书馆
磐石市图书馆
辽源市图书馆
柳河县图书馆
长岭县图书馆
白城市图书馆
珲春市图书馆
汪清县图书馆
图们市图书馆
长白山图书馆

黑龙江省(17个)
黑龙江省图书馆
哈尔滨市道里区图书馆
齐齐哈尔市富拉尔基区图书馆

富裕县图书馆
克山县图书馆
讷河市图书馆
宁安市图书馆
东宁市图书馆
佳木斯市图书馆
汤原县图书馆
同江市图书馆
肇源县图书馆
勃利县图书馆
北安市图书馆
兰西县图书馆
明水县图书馆
海伦市图书馆

江苏省(2个)
徐州市铜山区图书馆
如皋市少年儿童图书馆

浙江省(1个)
金华市金东区图书馆

安徽省(35个)
安徽省图书馆
肥西县图书馆
庐江县图书馆
淮北市图书馆
淮北市杜集区图书馆
淮北市烈山区图书馆
濉溪县图书馆
亳州谯城区图书馆
利辛县图书馆
宿州市埇桥区图书馆
萧县图书馆
蚌埠市图书馆
淮南市少年儿童图书馆
寿县图书馆
来安县图书馆

六安市图书馆
六安市裕安区图书馆
六安市叶集区图书馆
六安市霍邱县图书馆
芜湖市镜湖区图书馆
宁国市图书馆
泾县图书馆
铜陵市郊区图书馆
枞阳县图书馆
池州市图书馆
石台县图书馆
安庆市大观区图书馆
潜山市图书馆
岳西县图书馆
望江县图书馆
宿松县图书馆
黄山市黄山区图书馆
黄山市徽州区图书馆
黟县图书馆
祁门县图书馆

福建省（28个）

福建省图书馆
福州市少年儿童图书馆
福州市晋安区图书馆
罗源县图书馆
连江县图书馆
闽清县图书馆
漳州市图书馆
漳浦县图书馆
诏安县图书馆
泉州市洛江区图书馆
德化县图书馆
安溪县沼涛图书馆
三明市少儿图书馆
三明市三元区图书馆
明溪县图书馆
泰宁县图书馆

宁化县图书馆
尤溪县图书馆
南平市图书馆
南平市建阳区图书馆
建瓯市图书馆
邵武市图书馆
光泽县图书馆
浦城县图书馆
政和县图书馆
宁德市图书馆
福安市图书馆
福鼎市图书馆

江西省（37个）

鹰潭市图书馆
鹰潭市余江区图书馆
南昌市新建区文化事业发展中心（图书馆）
安义县图书馆
萍乡市安源区图书馆
上栗县图书馆
九江市浔阳区图书馆
瑞昌市图书馆
永修县图书馆
彭泽县图书馆
新余市渝水区图书馆
信丰县图书馆
上犹县图书馆
崇义县图书馆
安远县图书馆
定南县图书馆
宁都县图书馆
全南县图书馆
井冈山市图书馆
吉水县图书馆
永丰县图书馆
万年县图书馆
永新县图书馆
丰城市图书馆

宜丰县图书馆
铜鼓县图书馆
抚州市东乡区图书馆
南城县图书馆
黎川县图书馆
南丰县图书馆
乐安县图书馆
宜黄县图书馆
资溪县图书馆
广昌县图书馆
德兴市图书馆
余干县图书馆
鄱阳县图书馆

山东省（17 个）

枣庄市市中区图书馆
枣庄市台儿庄区图书馆
济宁市任城区图书馆
新泰市图书馆
德州市图书馆
德州市陵城区图书馆
庆云县图书馆
临邑县图书馆
武城县图书馆
临清市图书馆
滨州市滨城区图书馆
惠民县图书馆
阳信县图书馆
曹县图书馆
单县图书馆
郓城县图书馆
鄄城县图书馆

河南省（37 个）

河南省图书馆
郑州市上街区图书馆
郑州市高新区图书馆
杞县图书馆

洛阳市西工区图书馆
伊川县图书馆
洛宁县图书馆
汝阳县图书馆
栾川县图书馆
宜阳县图书馆
嵩县图书馆
安阳市殷都区图书馆
汤阴县图书馆
滑县图书馆
鹤壁市山城区图书馆
浚县图书馆
卫辉市图书馆
获嘉县图书馆
封丘县图书馆
清丰县图书馆
长葛市图书馆
许昌市建安区图书馆
鄢陵县图书馆
漯河市郾城区图书馆
舞阳县图书馆
三门峡市陕州区图书馆
西峡县图书馆
邓州市图书馆
商丘市睢阳区图书馆
信阳市浉河区图书馆
周口市图书馆
周口市川汇区图书馆
沈丘县图书馆
驻马店市驿城区图书馆
平舆县图书馆
泌阳县图书馆
遂平县图书馆

湖北省（29 个）

武汉市黄陂区图书馆
武汉市新洲区图书馆
黄石市西塞山区图书馆

监利市图书馆
石首市图书馆
公安县图书馆
宜昌市点军区图书馆
宜昌市猇亭区图书馆
远安县图书馆
十堰市少年儿童图书馆
十堰市郧阳区图书馆
丹江口市图书馆
竹山县图书馆
房县图书馆
郧西县图书馆
汉川市图书馆
大悟县图书馆
钟祥市图书馆
黄冈市黄州区图书馆
团风县图书馆
浠水县图书馆
英山县图书馆
蕲春县少儿图书馆
通山县图书馆
崇阳县图书馆
随县图书馆
恩施土家族苗族自治州图书馆
咸丰县图书馆
巴东县图书馆

湖南省（44个）
衡阳市少年儿童图书馆
衡阳市珠晖区图书馆
耒阳市图书馆
祁东县图书馆
湘潭市图书馆
湘潭市岳塘区图书馆
湘潭县图书馆
武冈市图书馆
湘阴县图书馆
常德市图书馆

常德市鼎城区图书馆
安乡县图书馆
桃源县图书馆
汉寿县图书馆
澧县图书馆
津市市图书馆
张家界市武陵源区图书馆
桑植县图书馆
慈利县图书馆
益阳市资阳区图书馆
益阳市赫山区图书馆
沅江市图书馆
安化县图书馆
南县图书馆
郴州市图书馆
永兴县图书馆
临武县图书馆
汝城县图书馆
永州市图书馆
永州市零陵区图书馆
双牌县图书馆
江永县图书馆
新田县图书馆
蓝山县图书馆
江华瑶族自治县图书馆
怀化市鹤城区图书馆
会同县图书馆
溆浦县图书馆
麻阳苗族自治县图书馆
娄底市娄星区图书馆
新化县图书馆
湘西土家族苗族自治州图书馆
龙山县图书馆
永顺县图书馆

广东省（36个）
汕头市金平区图书馆
汕头市濠江区图书馆

汕头市潮阳区图书馆
汕头市潮南区图书馆
韶关市浈江区图书馆
乐昌市图书馆
仁化县图书馆
翁源县图书馆
新丰县图书馆
乳源瑶族自治县图书馆
连平县图书馆
丰顺县图书馆
陆丰市图书馆
海丰县图书馆
江门市江海区图书馆
阳江市图书馆
阳江市阳东区图书馆
阳西县图书馆
湛江市霞山区图书馆
廉江市图书馆
吴川市图书馆
茂名市电白区图书馆
清远市清新区图书馆
佛冈县图书馆
连山壮族瑶族自治县图书馆
连南瑶族自治县图书馆
阳山县图书馆
饶平县图书馆
揭阳市图书馆
普宁市图书馆
揭西县图书馆
惠来县图书馆
云浮市图书馆
云浮市云城区图书馆
云浮市云安区图书馆
郁南县图书馆

广西壮族自治区(17个)

南宁市青秀区图书馆
横州市图书馆
柳州市鱼峰区图书馆
柳州市柳江区图书馆
融水苗族自治县图书馆
全州县图书馆
灵川县图书馆
苍梧县图书馆
防城港市图书馆
灵山县图书馆
浦北县图书馆
容县图书馆
博白县图书馆
河池市宜州区图书馆
南丹县图书馆
来宾市图书馆
忻城县图书馆

海南省(5个)

海口市美兰区公共图书馆
东方市图书馆
陵水黎族自治县图书馆
昌江黎族自治县图书馆
澄迈县图书馆

重庆市(2个)

重庆市荣昌区图书馆
彭水苗族土家族自治县图书馆

四川省(64个)

成都市青羊区图书馆
自贡市大安区图书馆
自贡市贡井区图书馆
攀枝花市图书馆
攀枝花市仁和区图书馆
攀枝花市东区图书馆
盐边县图书馆
泸州市江阳区公共图书馆
泸州市龙马潭区图书馆
泸州市纳溪区图书馆

泸县图书馆
古蔺县图书馆
德阳市旌阳区图书馆
绵阳市涪城区图书馆
梓潼县图书馆
盐亭县图书馆
平武县图书馆
广元市朝天区图书馆
遂宁市图书馆
蓬溪县图书馆
大英县图书馆
内江市图书馆
内江市市中区图书馆
内江市东兴区图书馆
威远县图书馆
峨眉山市图书馆
犍为县图书馆
井研县图书馆
南充市嘉陵区图书馆
南充市顺庆区图书馆
阆中市图书馆
西充县图书馆
营山县图书馆
蓬安县图书馆
眉山市彭山区图书馆
青神县图书馆
丹棱县图书馆
宜宾市南溪区图书馆
广安市广安区图书馆
华蓥市图书馆
岳池县图书馆
邻水县图书馆
武胜县图书馆
达州市通川区图书馆
万源市图书馆
大竹县图书馆
渠县图书馆
雅安市图书馆
雅安市名山区图书馆

芦山县图书馆
巴中市巴州区图书馆
巴中市恩阳区图书馆
南江县图书馆
平昌县图书馆
资阳市图书馆
茂县图书馆
九寨沟县图书馆
甘孜县图书馆
德格县图书馆
泸定县图书馆
道孚县图书馆
德昌县图书馆
会东县图书馆
越西县图书馆

贵州省(21个)

贵阳市南明区图书馆
贵阳市白云区图书馆
盘州市图书馆
六盘水市六枝特区图书馆
湄潭县图书馆
习水县图书馆
关岭布依族苗族自治县图书馆
金沙县图书馆
织金县图书馆
纳雍县图书馆
赫章县图书馆
铜仁市碧江区图书馆
玉屏侗族自治县图书馆
思南县图书馆
德江县图书馆
黔西南布依族苗族自治州图书馆
安龙县图书馆
黔南布依族苗族自治州图书馆
福泉市图书馆
贵定县图书馆
龙里县图书馆

云南省(28个)
昆明市呈贡区图书馆
嵩明县图书馆
会泽县图书馆
罗平县图书馆
通海县图书馆
绥江县图书馆
保山市隆阳区图书馆
宁蒗彝族自治县图书馆
玉龙县图书馆
临沧市图书馆
耿马傣族佤族自治县图书馆
红河哈尼族彝族自治州图书馆
建水县图书馆
丘北县图书馆
砚山县图书馆
西双版纳傣族自治州图书馆
景洪市图书馆
勐腊县图书馆
勐海县图书馆
大理市大理图书馆
宾川县图书馆
洱源县图书馆
鹤庆县图书馆
巍山县图书馆
德宏傣族景颇族自治州图书馆
德钦县图书馆
维西县图书馆
泸水市图书馆

西藏自治区(2个)
昌都市图书馆
林芝市图书馆

陕西省(39个)
西安图书馆
西安市碑林区图书馆
西安市雁塔区图书馆
西安市阎良区图书馆
铜川市耀州区图书馆
扶风县图书馆
眉县图书馆
咸阳市秦都区图书馆
兴平市图书馆
乾县图书馆
彬州市图书馆
旬邑县图书馆
渭南市图书馆
富平县图书馆
合阳县图书馆
延安市宝塔区图书馆
延长县图书馆
延川县图书馆
黄陵县轩辕图书馆
靖边县图书馆
定边县图书馆
米脂县斌丞图书馆
佳县国桢图书馆
清涧县路遥图书馆
汉中市南郑区图书馆
城固县图书馆
洋县图书馆
略阳县图书馆
佛坪县图书馆
安康市图书馆
旬阳市图书馆
石泉县图书馆
平利县图书馆
汉阴县图书馆
紫阳县图书馆
洛南县图书馆
商南县图书馆
山阳县图书馆
柞水县图书馆

甘肃省（33 个）
兰州市安宁区图书馆
兰州市红古区图书馆
皋兰县图书馆
榆中县图书馆
玉门市图书馆
金塔县图书馆
瓜州县图书馆
肃北蒙古族自治县图书馆
民乐县图书馆
肃南裕固族自治县图书馆
永昌县图书馆
武威市图书馆
武威市凉州区图书馆
靖远县图书馆
白银市白银区少儿图书馆
定西市图书馆
定西市安定区图书馆
渭源县图书馆
临洮县图书馆
平凉市图书馆
崇信县图书馆
庄浪县图书馆
静宁县图书馆
天水市秦州区图书馆
张家川回族自治县图书馆
庆阳市图书馆
环县图书馆
镇原县图书馆
徽县图书馆
成县图书馆
甘南藏族自治州图书馆
临潭县图书馆
临夏回族自治州图书馆

青海省（7 个）
青海省图书馆
海北藏族自治州图书馆
海西蒙古族藏族自治州图书馆
大通回族土族自治县图书馆
民和回族土族自治县图书馆
共和县图书馆
格尔木市图书馆

宁夏回族自治区（11 个）
银川市西夏区图书馆
银川市金凤区图书馆
永宁县图书馆
灵武市图书馆
石嘴山市惠农区图书馆
吴忠市利通区图书馆
吴忠市红寺堡区图书馆
泾源县图书馆
彭阳县图书馆
西吉县图书馆
海原县图书馆

新疆维吾尔自治区（20 个）
乌鲁木齐市图书馆
伊宁县图书馆
察布查尔锡伯自治县图书馆
巩留县图书馆
特克斯县图书馆
新源县图书馆
塔城市图书馆
阿勒泰市图书馆
布尔津县图书馆
克拉玛依市白碱滩区图书馆
博尔塔拉蒙古自治州图书馆
昌吉市图书馆
奇台县图书馆
玛纳斯县图书馆
吐鲁番市图书馆
巴音郭楞蒙古自治州图书馆
博湖县图书馆
新和县图书馆

阿瓦提县图书馆
柯坪县图书馆

新疆生产建设兵团(6个)
第一师阿拉尔市图书馆
第十师北屯市图书馆
布尔津县图书馆
克拉玛依市白碱滩区图书馆
博尔塔拉蒙古自治州图书馆
昌吉市图书馆

三级图书馆(741个)

天津市(1个)
天津市蓟州区图书馆

河北省(44个)
石家庄市长安区图书馆
石家庄市新华区图书馆
石家庄市井陉矿区图书馆
石家庄市栾城区图书馆
石家庄市高新区图书馆
行唐县图书馆
元氏县图书馆
兴隆县图书馆
丰宁满族自治县图书馆
平泉市图书馆
张家口市桥东区图书馆
张家口市桥西区图书馆
张家口市万全区图书馆
沽源县图书馆
尚义县图书馆
阳原县图书馆
怀安县图书馆
怀来县图书馆
赤城县图书馆
保定市满城区图书馆
保定市清苑区图书馆
阜平县图书馆
高阳县图书馆
涞源县图书馆
蠡县图书馆
博野县图书馆
衡水市桃城区图书馆
安平县图书馆
故城县图书馆
景县图书馆
阜城县图书馆
深州市图书馆
邢台市襄都区图书馆
邢台市任泽区图书馆
临城县图书馆
隆尧县图书馆
巨鹿县图书馆
广宗县图书馆
平乡县图书馆
邯郸市邯山区图书馆
邯郸市复兴区图书馆
邯郸市永年区图书馆
邱县图书馆
辛集市图书馆

山西省(33个)
太原市尖草坪区图书馆
太原市晋源区图书馆
太原市万柏林区图书馆
古交市图书馆
阳曲县图书馆
大同市新荣区图书馆

天镇县图书馆
广灵县图书馆
左云县图书馆
右玉县图书馆
繁峙县图书馆
静乐县图书馆
五寨县图书馆
保德县图书馆
阳泉市城区图书馆
阳泉市郊区图书馆
文水县图书馆
临县图书馆
交城县图书馆
中阳县图书馆
榆社县图书馆
长治市屯留区图书馆
阳城县图书馆
大宁县图书馆
隰县图书馆
蒲县图书馆
运城市盐湖区图书馆
万荣县图书馆
闻喜县图书馆
稷山县图书馆
绛县图书馆
垣曲县图书馆
夏县图书馆

内蒙古自治区(34个)
呼和浩特市玉泉区图书馆
武川县图书馆
清水河县图书馆
土默特左旗文化图书馆
包头市东河区图书馆
包头市石拐区图书馆
包头市白云鄂博矿区图书馆
呼伦贝尔市海拉尔区图书馆
牙克石市图书馆

额尔古纳市图书馆
根河市图书馆
阿荣旗图书馆
新巴尔虎左旗图书馆
新巴尔虎右旗图书馆
鄂伦春自治旗图书馆
鄂温克族自治旗图书馆
莫力达瓦达斡尔族自治旗图书馆
兴安盟乌兰浩特市图书馆
通辽市科尔沁左翼后旗图书馆
锡林郭勒盟太仆寺旗图书馆
苏尼特左旗图书馆
二连浩特市图书馆
商都县图书馆
凉城县图书馆
兴和县图书馆
化德县图书馆
四子王旗图书馆
察哈尔右翼前旗图书馆
察哈尔右翼后旗图书馆
磴口县图书馆
乌拉特后旗图书馆
乌海市文化广电事业发展中心图书馆
阿拉善盟阿拉善左旗图书馆
阿拉善右旗图书馆

辽宁省(33个)
沈阳市于洪区图书馆
沈阳市苏家屯区图书馆
鞍山市铁西区图书馆
鞍山市立山区图书馆
鞍山市千山区图书馆
台安县图书馆
新宾满族自治县图书馆
清原满族自治县图书馆
本溪满族自治县图书馆
丹东市少年儿童图书馆
宽甸满族自治县图书馆

丹东市元宝区图书馆
黑山县图书馆
营口市老边区图书馆
阜新市新邱区图书馆
辽阳市宏伟区图书馆
辽阳县图书馆
灯塔市图书馆
铁岭市图书馆
铁岭市少年儿童图书馆
铁岭县图书馆
调兵山市图书馆
昌图县图书馆
西丰县图书馆
朝阳市图书馆
建平县图书馆
喀左县图书馆
朝阳市双塔区儿童图书馆
盘锦市图书馆
盘山县图书馆
葫芦岛市连山区图书馆
建昌县图书馆
兴城市图书馆

吉林省（10 个）
长春市二道区图书馆
吉林市丰满区图书馆
舒兰市图书馆
四平市图书馆
双辽市图书馆
东辽县图书馆
辉南县图书馆
集安市图书馆
白城市洮北区少年儿童图书馆
洮南市图书馆

黑龙江省（30 个）
哈尔滨市图书馆
齐齐哈尔市龙沙区图书馆
泰来县图书馆
林口县图书馆
绥芬河市图书馆
海林市图书馆
穆棱市图书馆
桦川县图书馆
富锦市图书馆
大庆市大同区图书馆
肇州县图书馆
杜尔伯特蒙古族自治县图书馆
鸡东县图书馆
虎林市图书馆
密山市图书馆
伊春市乌翠区图书馆
伊春市友好区图书馆
伊春市金林区图书馆
南岔县图书馆
绥滨县图书馆
嫩江市图书馆
孙吴县图书馆
五大连池市图书馆
绥化市北林区图书馆
绥化市北林区少年儿童图书馆
青冈县图书馆
安达市图书馆
肇东市图书馆
呼玛县图书馆
漠河市图书馆

安徽省（14 个）
淮北市相山区图书馆
灵璧县图书馆
怀远县图书馆
阜阳市图书馆
淮南市田家庵区图书馆
凤台县图书馆
六安市金安区图书馆
芜湖市鸠江区图书馆

芜湖市弋江区图书馆
芜湖市三山经开区图书馆
郎溪县图书馆
安庆市迎江区图书馆
安庆市宜秀区图书馆
歙县汪石铭图书馆

福建省(17个)

漳州市龙文区图书馆
南靖县图书馆
东山县图书馆
武夷山市图书馆
顺昌县图书馆
松溪县图书馆
龙岩市永定区图书馆
漳平市图书馆
连城县图书馆
长汀县图书馆
武平县图书馆
宁德市蕉城区图书馆
柘荣县图书馆
寿宁县图书馆
古田县图书馆
周宁县图书馆
屏南县图书馆

江西省(13个)

南昌市湾里管理局文化旅游产业发展服务中心(图书馆)
景德镇市昌江区图书馆
景德镇市珠山区图书馆
浮梁县图书馆
九江市濂溪区图书馆
九江市柴桑区图书馆
共青城市图书馆
武宁县图书馆
贵溪市图书馆
上饶市广信区图书馆

玉山县图书馆
铅山县图书馆
横峰县图书馆

河南省(53个)

郑州市中原区图书馆
郑州市管城回族区图书馆
郑州市惠济区图书馆
开封市祥符区图书馆
通许县图书馆
尉氏县图书馆
洛阳市瀍河回族区图书馆
洛阳市偃师区图书馆
平顶山市少年儿童图书馆
平顶山市新华区图书馆
平顶山市石龙区图书馆
叶县图书馆
鲁山县图书馆
郏县图书馆
汝州市图书馆
安阳市少年儿童图书馆
安阳县图书馆
内黄县图书馆
鹤壁市鹤山区图书馆
鹤壁市淇滨区图书馆
新乡市图书馆
新乡市牧野区图书馆
原阳县图书馆
孟州市图书馆
焦作市解放区图书馆
博爱县图书馆
武陟县图书馆
温县图书馆
濮阳县图书馆
南乐县图书馆
范县图书馆
台前县图书馆
临颍县图书馆

南召县图书馆
镇平县图书馆
内乡县图书馆
淅川县图书馆
社旗县图书馆
新野县图书馆
桐柏县图书馆
虞城县图书馆
柘城县图书馆
潢川县图书馆
息县图书馆
光山县图书馆
项城市图书馆
扶沟县图书馆
西华县图书馆
商水县图书馆
郸城县图书馆
上蔡县图书馆
新蔡县图书馆
确山县图书馆

湖北省(20个)

襄阳市少年儿童图书馆
襄阳市樊城区图书馆
黄石市黄石港区图书馆
黄石市下陆区图书馆
黄石市铁山区图书馆
荆州市荆州区图书馆
洪湖市图书馆
江陵县图书馆
安陆市图书馆
云梦县图书馆
荆门市掇刀区图书馆
沙洋县图书馆
鄂州市华容区图书馆
通城县图书馆
随州市曾都区图书馆
广水市图书馆

恩施市图书馆
建始县图书馆
鹤峰县图书馆
神农架林区图书馆

湖南省(32个)

衡阳市石鼓区图书馆
衡阳市雁峰区图书馆
衡阳市南岳区图书馆
衡阳市蒸湘区图书馆
常宁市图书馆
衡山县图书馆
株洲市少年儿童图书馆
株洲市天元区图书馆
湘潭市少年儿童图书馆
湘潭市雨湖区图书馆
城步苗族自治县图书馆
岳阳市君山区图书馆
岳阳市云溪区图书馆
岳阳市屈原管理区图书馆
岳阳市岳阳楼区图书馆
岳阳县图书馆
华容县图书馆
常德市武陵区图书馆
郴州市苏仙区图书馆
郴州市北湖区图书馆
宜章县图书馆
桂东县图书馆
安仁县图书馆
嘉禾县图书馆
怀化市图书馆
怀化市洪江区图书馆
洪江市图书馆
通道侗族自治县图书馆
中方县图书馆
新晃侗族自治县图书馆
沅陵县图书馆
保靖县图书馆

广东省(12个)

南澳县图书馆
韶关市图书馆
始兴县图书馆
龙川县图书馆
梅州市梅县区松口图书馆
惠州市惠城区图书馆
汕尾市图书馆
湛江市图书馆
湛江市麻章区图书馆
遂溪县图书馆
潮州市湘桥区图书馆
揭阳市揭东区图书馆

广西壮族自治区(43个)

南宁市良庆区图书馆
南宁市邕宁区图书馆
隆安县图书馆
上林县图书馆
宾阳县图书馆
柳州市柳南区图书馆
柳城县图书馆
融安县图书馆
桂林市临桂区图书馆
荔浦市图书馆
永福县图书馆
灌阳县图书馆
恭城瑶族自治县图书馆
岑溪市图书馆
藤县图书馆
北海市少年儿童图书馆
防城港市港口区图书馆
防城港市防城区图书馆
东兴市图书馆
上思县图书馆
平南县图书馆
陆川县图书馆
兴业县图书馆
百色市田阳区图书馆
平果市图书馆
凌云县图书馆
西林县图书馆
德保县图书馆
田林县图书馆
隆林各族自治县图书馆
贺州市图书馆
贺州市平桂区图书馆
钟山县图书馆
都安瑶族自治县图书馆
罗城仫佬族自治县图书馆
合山市图书馆
武宣县图书馆
金秀瑶族自治县图书馆
崇左市图书馆
凭祥市图书馆
龙州县图书馆
大新县图书馆
天等县图书馆

海南省(5个)

海口图书馆
儋州市图书馆
白沙黎族自治县图书馆
琼中黎族苗族自治县图书馆
琼海市图书馆

重庆市(2个)

重庆市双桥经开区图书馆
酉阳土家族苗族自治县图书馆

四川省(53个)

邛崃市图书馆
自贡市沿滩区图书馆
荣县图书馆
攀枝花市西区图书馆
德阳市图书馆

德阳市罗江区图书馆
中江县图书馆
绵阳市游仙区图书馆
广元市昭化区图书馆
广元市利州区图书馆
遂宁市船山区图书馆
乐山市市中区图书馆
乐山市金口河区图书馆
乐山市五通桥区图书馆
乐山沙湾区沫若图书馆
夹江县图书馆
沐川县图书馆
峨边彝族自治县图书馆
马边彝族自治县图书馆
眉山市图书馆
洪雅县图书馆
长宁县图书馆
兴文县图书馆
高县图书馆
珙县图书馆
广安市前锋区图书馆
开江县图书馆
宝兴县图书馆
乐至县图书馆
阿坝藏族羌族自治州图书馆
马尔康市图书馆
汶川县图书馆
金川县图书馆
小金县图书馆
松潘县图书馆
甘孜藏族自治州图书馆
康定市图书馆
巴塘县图书馆
白玉县图书馆
丹巴县图书馆
炉霍县图书馆
得荣县图书馆
理塘县图书馆
石渠县图书馆
新龙县图书馆
凉山彝族自治州图书馆
会理市图书馆
雷波县图书馆
美姑县图书馆
布拖县图书馆
喜德县图书馆
昭觉县图书馆
金阳县图书馆

贵州省（42个）

贵阳市花溪区图书馆
贵阳市观山湖区图书馆
修文县图书馆
息烽县图书馆
开阳县图书馆
清镇市图书馆
六盘水市钟山区图书馆
六盘水市水城区图书馆
赤水市图书馆
仁怀市图书馆
桐梓县图书馆
绥阳县图书馆
正安县图书馆
凤冈县图书馆
余庆县图书馆
务川仡佬族苗族自治县图书馆
安顺市图书馆
安顺市平坝区图书馆
普定县图书馆
镇宁布依族苗族自治县图书馆
紫云苗族布依族自治县图书馆
铜仁市万山区图书馆
江口县图书馆
贞丰县图书馆
册亨县图书馆
黔东南苗族侗族自治州图书馆
麻江县图书馆

镇远县图书馆
岑巩县图书馆
三穗县图书馆
天柱县图书馆
锦屏县图书馆
黎平县图书馆
榕江县图书馆
雷山县图书馆
荔波县民族图书馆
独山县图书馆
平塘县图书馆
罗甸县民族图书馆
长顺县图书馆
惠水县图书馆
三都水族自治县图书馆

云南省(79个)

昆明市东川区图书馆
昆明市晋宁区图书馆
石林彝族自治县民族图书馆
富民县图书馆
禄劝彝族苗族自治县图书馆
寻甸回族彝族自治县图书馆
宜良县图书馆
曲靖市少年儿童图书馆
曲靖市马龙区图书馆
曲靖市沾益区图书馆
玉溪市江川区图书馆
澄江市图书馆
峨山彝族自治县图书馆
华宁县图书馆
新平彝族傣族自治县民族图书馆
元江哈尼族彝族傣族自治县图书馆
保山市图书馆
龙陵县图书馆
昭通市图书馆
昭通市昭阳区图书馆
大关县图书馆

鲁甸县图书馆
巧家县图书馆
水富市图书馆
威信县图书馆
彝良县图书馆
永善县图书馆
镇雄县图书馆
华坪县图书馆
永胜县图书馆
普洱市思茅区图书馆
澜沧拉祜族自治县图书馆
景东彝族自治县图书馆
景谷傣族彝族自治县图书馆
江城哈尼族彝族自治县图书馆
墨江哈尼族自治县图书馆
孟连傣族拉祜族佤族自治县图书馆
宁洱哈尼族彝族自治县图书馆
西盟佤族自治县图书馆
镇沅彝族哈尼族拉祜族自治县图书馆
沧源佤族自治县图书馆
凤庆县图书馆
云县图书馆
永德县图书馆
镇康县图书馆
双江自治县图书馆
蒙自市图书馆
红河县图书馆
河口县民族图书馆
金平县图书馆
绿春县图书馆
屏边县图书馆
元阳县图书馆
文山市图书馆
富宁县图书馆
广南县图书馆
麻栗坡县图书馆
马关县图书馆
西畴县图书馆
剑川县图书馆

弥渡县图书馆
南涧县图书馆
祥云县图书馆
漾濞彝族自治县图书馆
永平县图书馆
云龙县图书馆
德宏州少年儿童图书馆
陇川县图书馆
芒市图书馆
梁河县图书馆
瑞丽市图书馆
瑞丽市畹町经济开发区图书馆
盈江县图书馆
怒江傈僳族自治州图书馆
福贡县图书馆
贡山独龙族怒族自治县图书馆
兰坪白族普米族自治县图书馆
迪庆藏族自治州图书馆
香格里拉市图书馆

西藏自治区（11个）

西藏自治区图书馆
山南市图书馆
山南市乃东区综合文化活动中心（县图书馆）
加查县综合文化活动中心（县图书馆）
贡嘎县综合文化活动中心（县图书馆）
琼结县综合文化活动中心（县图书馆）
措美县综合文化活动中心（县图书馆）
边坝县综合文化活动中心（县图书馆）
贡觉县综合文化活动中心（县图书馆）
丁青县综合文化活动中心（县图书馆）
那曲市图书馆

陕西省（49个）

西安市莲湖区图书馆
西安市灞桥区图书馆
西安市未央区图书馆
西安市临潼区图书馆
铜川市王益区图书馆
铜川市印台区图书馆
宜君县图书馆
宝鸡市渭滨区图书馆
宝鸡市金台区图书馆
宝鸡市凤翔区图书馆
岐山县图书馆
陇县图书馆
麟游县图书馆
凤县图书馆
太白县图书馆
泾阳县图书馆
武功县图书馆
礼泉县靳宝善图书馆
永寿县图书馆
长武县图书馆
淳化县图书馆
华阴市图书馆
潼关县图书馆
大荔县图书馆
澄城县图书馆
白水县图书馆
延安市安塞区图书馆
子长市图书馆
志丹县图书馆
甘泉县图书馆
富县图书馆
洛川县图书馆
宜川县图书馆
黄龙县图书馆
绥德县子洲图书馆
吴堡县柳青图书馆
子洲县图书馆
西乡县图书馆
勉县图书馆
宁强县图书馆
镇巴县图书馆
留坝县图书馆
宁陕县图书馆

岚皋县图书馆
镇坪县图书馆
商洛市图书馆
商洛市商州区少年儿童图书馆
丹凤县图书馆
杨凌示范区杨陵区图书馆

甘肃省（43个）

永登县图书馆
兰州新区图书馆
阿克塞哈萨克族自治县文化体育中心（图书馆）
嘉峪关少儿图书馆
金昌市少儿图书馆
金昌市金川区图书馆
山丹培黎图书馆
民勤县图书馆
古浪县图书馆
白银市平川区图书馆
会宁县图书馆
景泰县图书馆
岷县图书馆
漳县图书馆
秦安县图书馆
甘谷县图书馆
武山县图书馆
清水县图书馆
平凉市崆峒区图书馆
灵台县图书馆
庆城县图书馆
宁县图书馆
华池县图书馆
正宁县图书馆
合水县图书馆
陇南市图书馆
西和县图书馆
文县图书馆
礼县图书馆
康县图书馆
宕昌县图书馆
两当县图书馆
永靖县图书馆
广河县图书馆
康乐县图书馆
积石山保安族东乡族撒拉族自治县图书馆
东乡县图书馆
合作市图书馆
迭部县图书馆
卓尼县图书馆
舟曲县图书馆
碌曲县图书馆
夏河县图书馆

青海省（10个）

玉树藏族自治州图书馆
果洛藏族自治州图书馆
西宁市城东区图书馆
湟源县图书馆
门源回族自治县图书馆
刚察县图书馆
海晏县图书馆
贵德县图书馆
同仁市图书馆
河南蒙古族自治县图书馆

宁夏回族自治区（5个）

固原市图书馆
中卫市图书馆
银川市兴庆区图书馆
石嘴山市大武口区图书馆
固原市原州区图书馆

新疆维吾尔自治区（52个）

乌鲁木齐市水磨沟区图书馆
乌鲁木齐市经济技术开发区（头屯河区）图书馆

乌鲁木齐市米东区图书馆
伊宁市图书馆
霍尔果斯市图书馆
霍城县图书馆
昭苏县图书馆
尼勒克县图书馆
额敏县图书馆
裕民县图书馆
托里县图书馆
和布克赛尔蒙古自治县图书馆
哈巴河县图书馆
吉木乃县图书馆
福海县图书馆
博乐市图书馆
精河县图书馆
温泉县图书馆
哈密市伊州区图书馆
伊吾县图书馆
鄯善县图书馆
托克逊县图书馆
和硕县图书馆
尉犁县图书馆
轮台县图书馆
若羌县图书馆
库车市图书馆
乌什县图书馆
沙雅县图书馆
拜城县图书馆
克孜勒苏柯尔克孜自治州图书馆
阿图什市图书馆
阿克陶县图书馆
和田市图书馆
和田县图书馆
墨玉县图书馆
皮山县图书馆
洛浦县图书馆
策勒县图书馆
于田县图书馆
民丰县图书馆
喀什地区图书馆
喀什市图书馆
疏附县图书馆
英吉沙县图书馆
伽师县图书馆
岳普湖县图书馆
麦盖提县人民图书馆
泽普县图书馆
叶城县图书馆
巴楚县图书馆
塔什库尔干塔吉克自治县图书馆

新疆生产建设兵团（1个）

第四师可克达拉市图书馆

后 记

2019年,在江苏省文化和旅游厅的指导下,江苏省图书馆学会和南京图书馆根据第六次全国县级以上公共图书馆评估定级数据,编制出版了《江苏省公共图书馆事业发展报告(2013—2017)》,首次在评估定级后形成了重要成果,起到了存史、资政和学术研究之用,得到了学界和业界的好评,走在了全国同行的前列。

为做好延续工作,形成系列成果,江苏省文化和旅游厅决定每次评估定级后均要编制此类报告并出版发行。2023年第七次全国县级以上公共图书馆评估定级后,我们继续编制《江苏省公共图书馆事业发展报告(2018—2021)》,一茬接着一茬干,一次接着一次编,努力为推动图书馆事业可持续高质量发展提供学术和智力支撑。

本书在江苏省文化和旅游厅党组成员、副厅长、江苏省图书馆学会理事长钱钢的关心指导下,由南京图书馆馆长、江苏省图书馆学会常务副理事长、江苏省古籍保护中心主任陈军负责主编,南京图书馆研究交流部主任、江苏省图书馆学会秘书长李浩负责实施和统稿。其中,"江苏省公共图书馆事业发展总报告(2018—2021)"由李浩和马云贺负责撰稿,"江苏省公共图书馆大数据分析报告(2018—2021)"由安徽华博胜讯信息科技股份有限公司负责提供,"江苏省公共图书馆事业发展区域报告(2018—2021)"和"江苏省公共图书馆事业发展创新案例选编"由南京图书馆业务管理部及各设区市图书馆学会负责撰稿和编辑。东南大学出版社为本书出版做了大量工作。

在本书编写出版过程中,江苏省文化和旅游厅公共服务处汪亮处长等领导给予指导和支持;各设区市图书馆学会给予配合与帮助,在此一并表示衷心的感谢。

由于时间仓促和水平有限,本书难免有疏漏和不足之处,敬请广大读者批评指正。

《江苏省公共图书馆事业发展报告(2018—2021)》编写组

2024年6月